이한우

1961년 부산에서 태어나 고려대학교 영문과를 졸업하고 동 대학원 철학과 석사 및 한국외국어대학교 철학과 박사 과정을 수료했다. 〈뉴스위크 한국판〉과 〈문화일보〉를 거쳐 1994년부터 〈조선일보〉 기자로 일했고 2002~2003년에는 논설위원, 2014~2015년에는 문화부장을 지냈다.

2001년까지는 주로 영어권과 독일어권 철학책을 번역했고, 이후 『조선왕조실록』을 탐색하며 『이한우의 군주열전』(전 6권)을 비롯해 조선사를 조명한 책들을 쓰는 한편, 2012년부터는 『논어로 논어를 풀다』 등 동양 사상의 고전을 규명하고 번역하는 일을 동시에 진행해오고 있다.

2016년부터는 논어등반학교를 만들어 현대인의 눈높이에 맞추어 고전을 강의하고 있다. 2017년부터 2021년까지 약 5년에 걸쳐 『이한우의 태종실록』(전 19권)을 완역했으며, 그 외 대표 저서 및 역서로는 『이한우의 태종 이방원』(전 2권), 『이한우의 주역』(전 3권), 『완역 한서』(전 10권), 『이한우의 사서삼경』(전 4권), 『대학연의』(상·하) 등이 있다.

『논어』 강의 문의 논어등반학교 최인아책방(02-2088-7330)
『주역』 강의 및 『사기』 원문 강독 문의 서울숲양현재(010-7625-1503)

이한우의 설원 上

이한우의 지인지감 01

이한우의 설원 上

유향 찬집 완역 해설

이한우 옮김

말의 정원에서 만난 『논어』의 본질

『논어』와 『설원』

1. 둘 다 이야기 모음집이라는 오해

유향(劉向)이 찬집한 책 『설원(說苑)』이 2,000년 고전 『논어(論語)』와 밀접한 관계가 있다는 점을 밝히는 글은 아마도 국내에서는 이 글이 처음일 것이다. 『설원』에 대한 기존의 사전적 소개를 살펴보자.

먼저 『한국고전용어사전』은 이 책에 대해 "어떤 사실에 관해 설명을 달리하는 여러 책의 내용을 발췌해 정리한 책으로서 시비(是非)를 정하지 않고 양쪽의 설을 모두 수록했음"이라고 밝히면서 20권으로 된 제목을 열거하고 있다.

한 지방대 교수는 신문 기고에서 『설원』을 이렇게 풀이한다.

> 『설원(說苑)』은 기원전 6세기쯤 유향(劉向, 기원전 77~기원전 6년)이 편찬했다. 책 제목이 시사하는 바와 같이 여러 가지 이야기(說)를 동산(苑)에 모아놓았다는 의미다. 원래 이 책은 천자에게 간언하기 위한 일화를 모아놓은 것인데, 내용은 군주의 올바른 자세, 신하의 마음가짐, 일반적인 처세훈으로 나눌 수 있다. 고대부터 한나라 때까지의 온갖 지혜와 잠언이 담긴 이야기를 모아놓았는데, 그 분량이 상당해 무

려 800여 편에 이른다. 당나라 말기에서 오대십국 시기 사이에 흩어져 분실되어 5권만 남아 있었고, 송나라 문장가 증공(曾鞏)이 복원해 20권이 되었다. 기사 대부분은 고서에서 뽑은 일화와 이야기이지만, 원전이 사라졌기 때문에 이 책은 자료집으로도 큰 가치가 있다. 항간의 설화도 있어 풍속자료로서도 중요하다. 재미있는 이야기 두 가지를 추려본다.

기원전 6세기는 잘못이고, 기원전 1세기가 맞다. 이번에는 여러 번역본 중 하나에 실려 있는 책 소개를 살펴보자.

2,000년 전 나라를 이끈 군주들, 그리고 그 군주를 보좌한 신하들의 이야기 모음집이다. 황실과 민간에 소장된 관련 자료들을 모두 모은 후 선택, 분류, 정리해 편찬해서 사료 가치가 풍부할 뿐만 아니라 흥미롭고 교훈적인 이야기들이 가득하다.

이런 다양한 책 소개 속에 일관된 잘못이 하나 있다. '이야기 모음집'이라는 표현이 그것이다. 그러나 그것은, 곧 밝히겠지만 '술이부작(述而不作)'에 입각한 집필 방식을 모르는 데서 나온 잘못이다. 이런 잘못은 『논어』에 대해서도 그대로 이어진다. 즉 『논어』를 공자와 제자들의 말 모음집으로 보는 시각이 그것이다.

사실 이런 오류는 이미 본고장 중국에서부터 있었다. 양(梁)나라 황간(皇侃)은 "이 책은 공자의 문인에게서 나온 것이다. 먼저 자세히 따진 뒤에 사람들이 모두 좋다고 한 뒤에야 기록했으므로 '논(論)'이라 했다. '어(語)'란 논란에 대해 대답하고 설명한다는 말이다"라고 했고, 원(元)나라 하이손(何異孫)은 『논어』가 "글 뜻을 토론한 데서 생긴 이름"이라 했으며, 청(淸)나라 원매(遠枚)는 "논이란 의논이란 뜻이며,

어란 사람들에게 말한 것"이라고 풀이하는 등 의견이 다양한데, 이런 잘못은 자연스럽게 국내 학자들에게서도 그대로 발견된다. 그 이유는 『논어』가 술이부작된 책이라는 사실을 모르기 때문이다. 『논어』와 『설원』이 모두 술이부작된 책임을 깨닫지 못한 채 읽게 되면 그냥 잡스러운 이야기 모음집처럼 보일 수밖에 없다.

2. 술이부작된 책의 해독법

어떤 책을 술이부작하는 방법에 따라 저술했다면 그 해독법이 일반 책과 같을 수는 없다. 술이부작이란 오늘날 용어로 말하면 편집했다는 말이다. 즉 저자는 없고, 편찬 혹은 편집하는 사람이 일정한 목적이나 의도를 갖고서 순서에 따라 적절한 말이나 이야기를 배치했다는 뜻이다. 『논어』란 책이야말로 술이부작 집필 방식의 전형을 보여준다. 「학이(學而)」편 첫 대목을 예로 들어보자.

> 공자가 말했다.
>
> "① (문(文)을) 배우고 늘 그것을 익히면 정말로 기쁘지 않겠는가?
>
> ② 뜻을 같이하는 벗이 있어 먼 곳에 갔다가 바야흐로 돌아오니 정말로 즐겁지 않겠는가?
>
> ③ 남이 알아주지 않아도 속으로조차 서운해하지 않아야 정말로 군자가 아니겠는가?"

편의상 번호를 붙였다. ①은 임금이 명심해야 할 구절이다. 문을 배워 눈 밝은 임금[明君]이 되라는 메시지이기 때문이다. ③은 신하가 명심해야 할 구절이다. 곧은 신하[直臣]가 되라는 메시지이기 때문이다. 그러면 ②는 무엇인가? 이때의 먼 곳[遠]은 공(公)이다. 이 점은 『논어』 곳곳에서 확인할 수 있기 때문에 별도의 설명은 생략한다. ②는, 임금이 근(近), 즉 근신·후궁·환관 등에게 둘러싸여 있을 때 임금과 뜻을 같이하는 신하가 근(近)을 넘어 원(遠), 즉 공적인 공간으로 가서 임금과 조정에 대한 공적인 비판과 쓴소리를 듣고 돌아와서는 곧바로 그것을 전하면, 그 말을 전해 들은 임금이 "정말로[亦] 즐거워해야만" 그 신하는 다음에도 그런 소리를 전할 수 있다는 뜻이다. 다시 말해, ②는 눈 밝은 임금과 곧은 신하가 오래 함께할 수 있는 바람직한 방식을 제시하고 있다.

이렇게 해석해야만 바로 다음 구절에서 왜 범상(犯上)의 문제가 이어지는지를 명확히 알 수 있다. 범상이란 속으로 윗사람에게 기어오르려 하는 마음가짐을 뜻한다. 실은 바로 이 구절 때문에 ①·②·③ 또한 임금과 신하[君臣]의 문제로 풀이해야 하는 것이다.

> 유자(有子)가 말했다.
> "그 사람됨이 (부모에게) 효도하고 (형에게) 공순한 데도[孝弟] 윗사람을 범하기[犯上]를 좋아하는 자는 드물다. (또) 윗사람을 범하기를 좋아하지 않는데도 난을 일으키기를 좋아하는 자는 없다. 군자는 근본에 힘쓰니, 근본이 서야 도리가 생겨난다. 효도와 공순이라는 것은 어짊을 행하는 근본일 것이다."

유자가 던진 메시지는 단순히 효도와 공순 자체가 아니라, 신하 중에서 윗사람을 범하기를 좋아하는 자를 미리 가려내는 잣대로서의 효도와 공순이다. 이 문제는 바로 다음으로 이어진다.

> 공자가 말했다.

"아름다운 말과 고운 얼굴빛을 하는 사람 중에 (정말로) 드물구나! 어진 사람이여[巧言令色 鮮矣仁]."

이제 공자-유자-공자의 말이 왜 하나로 이어지는지를 알 수 있을 것이다. 이때 중요한 것은 『논어』를 편집한 미지의 천재가 이런 순서로 배치한 의도를 읽어내는 일이다. 여기까지만 놓고 볼 때, 그것은 바로 '곧은 신하를 찾아내는 법'임을 누구나 알 수 있다. 이를 모른 채 단지 이야기 모음집으로만 풀이한다면 바로 그 순간 문맥은 사라지고 개개 구절에 대한 인상비평만이 남게 된다. 주희는 이 점을 활용해, 실은 악용해 『논어』를 산산조각내고 말았다.

3. 술이부작한 『논어』의 주제들과 『설원』 20권의 주제

『논어』를 이처럼 술이부작으로 저술한 산물로 보고서 그 미지의 편집자가 술이부작한 의도에 초점을 맞출 경우 각 편이 일정한 주제를 갖고 있음을 누구나 확인하게 된다.

「학이(學而)」편은 『논어』 전체를 압축한 총론이라 할 수 있다. 이어 「위정(爲政)」편은 다움[德], 「팔일(八佾)」편은 일의 이치[事理=禮], 「이인(里仁)」편은 어짊[仁]을 다룬다. 이렇게 해서 사람을 알아보는[知人] 핵심 잣대들인 다움, 일의 이치, 어짊이 제시된다.

그리고 「공야장(公冶長)」편과 「옹야(雍也)」편에서는 이 세 가지 잣대를 통해 직접 역사 속 인물과 공자 제자들을 사례로 삼아 지인(知人)하는 훈련을 한다. 태권도 배우기에 비유하자면 기본 품새를 마치고 약속대련을 하는 셈이라고나 할까!

이어지는 「술이(述而)」편에서는 공자 본인의 내면세계에 대한 집중

소개를 통해 이상의 것들이 공자 자신에게는 어떻게 녹아들어 있는지를 확인한다. 한마디로 다지는[約=檢束] 편이다.

「태백(泰伯)」편은 주제가 지덕(至德)이니 「위정」편을 이어받은 심화 버전이다. 「자한(子罕)」편은 주제가 지인(至仁)으로 「이인」편을 이어받은 심화 버전이며, 「향당(鄕黨)」편은 주제가 공자 자신이 보여주는 예(禮)로서 「팔일」편을 이어받은 심화 버전이다. 이처럼 전반부 10편만 살펴봐도 얼마나 구성이 치밀한지 확인하게 된다.

이런 식으로 『논어』 주제를 정확히 그리고 차근차근 추출해내야만 『설원』이 던진 20개 제목, 즉 군도(君道)·신술(臣術)·건본(建本)·입절(立節)·귀덕(貴德)·복은(復恩)·정리(政理)·존현(尊賢)·정간(正諫)·경신(敬愼)·선세(善說)·봉사(奉使)·권모(權謀)·지공(至公)·지무(指武)·담총(談叢)·잡언(雜言)·변물(辨物)·수문(修文)·반질(反質)이 고스란히 『논어』가 품고 있는 주제들임을 쉽게 확인할 수 있다. 예를 들면 앞서 본 「학이」편 앞부분 세 구절만 갖고서도 군도와 신술 그리고 수문·반질이 관련됨을 알 수 있다. 군도와 신술은 언급했으니 수문과 반질에 대해서만 간략히 언급해보자.

『논어』에서 배운다는 말은 곧 문(文)을 배운다는 말이다. 이를 유향은 문을 닦는다고 해서 '수문(脩文=修文)'이라고 표현했다. 또 문질빈빈(文質彬彬)은 공자가 군자에게 요구했던 덕목이다. 그런데 문은 배우지만 질(質)은 본래 갖고 있는 것이다. 질은 배운다고 해서 얻을 수 있는 그런 것이 아니다. 학질(學質)이란 말이 성립할 수 없는 까닭이다. 그래서 이 점을 구체화해서 유향은 바탕으로 돌아가라[反質]고 말하고 있는 것이다. 군도·신술·수문·반질을 제외한 나머지 16개 제목도 모두 이처럼 『논어』와 밀접하게 연결되어 있음은 이 책 본문을 통해 확인할 수 있을 것이다.

결국 『설원』은 권별로 주제를 제시해놓았는데, 각 권에서 유향이 지녔던 술이부작의 의도를 읽어낸다면 그것이 결코 이야기 모음집이 아니라는 사실을 알아차릴 수 있다. 유향은 뭔가를 하고 있었던 것인데, 그 뭔가란 다름 아닌 유향식 『논어』 풀이다. 즉 유향은 자신이 얻어낸 『논어』 이해를 20개 주제를 중심으로 재구성해낸 것이다.

이렇게 되면 왜 제목이 하필 '설원(說苑)'인지를 보다 정확히 알 수 있다. 앞서 『논어』에 대해 중국의 학자들조차 엉뚱한 풀이를 하고 있음을 보았다. 이 문제에 대해서는 『논어』 끝 문장이 올바른 답을 제시한다.

부지언 무이지인야
不知言 無以知人也.

이는 공자 말이다.

"말을 알지 못하면 사람을 알 수 없다."

언행(言行)을 염두에 둘 때만 이에 대한 정확한 풀이가 가능하다. 그런데 일을 행하고 나서 그것을 통해 그 사람을 알아보려 한다면 이미 늦다. 그러니 사전에 말만 듣고서도 그 사람 됨됨이를 알아차릴 줄 알아야 사람을 안다[知人]고 할 수 있다는 말이다. 그래서 『논어(論語)』란 곧 말[語=言]을 논해서 사람을 알아보자[知人]는 책인 것이다. 유향 또한 『논어』를 염두에 두었기에 말[說=言]의 정원을 만들어서 말을 통해 사람을 알아보는 훈련서를 찬집하려 했던 것이다. 논어지인(論語知人)이 그것이다.

결론적으로 『설원』은 『논어』를 주희식 교조적 해석으로부터 우리를 해방시켜 본래 모습에 가까운 『논어』로 안내하는 최고의 가이드라고 할 것이다.

4. 덧붙이는 말

유향의 『설원』은 국내에도 여러 번역본이 있다. 그중 허호구가 옮긴 『역주 설원』이 비교적 오역이 적고 원문 교정도 있어 참고해 일부 반영했다.

그러나 이번에 필자는 단순 번역에 그치지 않고 『설원』을 『논어』화시키는 작업을 했다. 이런 시도는 전에는 없었던 것으로 안다. 그래서 내용 자체에 집중하기 위해 인물·사건에 대한 정보는 최소한만 소개했다. 독자 여러분도 유향이 제시한 20개 주제와 그에 따른 사례 제시에 맞춰 읽는 데 집중해주었으면 한다.

아무쪼록 이번 작업을 통해 『설원』을 제대로 자리매김하고 『논어』를 이해하는 제대로 된 길이 열리기를 바란다.

2022년 12월 탄주(灘舟) 이한우(李翰雨)

보심서실(普心書室)에서 쓰다

상권 차례

하권 차례

권1

군도[君道]

임금의 도리

1-1

(춘추시대) 진(晉)나라 평공(平公)이 (악사) 사광(師曠)에게 말했다.

"임금의 도리란 어떤 것인가?"

대답해 말했다.

"임금의 도리는 깨끗하고 맑아서 억지로 행함이 없어야 하고, 널리 사랑하는 데 힘써야 하며, 뛰어난 이[賢=賢臣]에게 일을 맡기느라 바빠야 합니다. 눈과 귀를 널리 열어 온 사방을 살펴야 합니다. 세속 흐름에 푹 빠져서도 안 되고, 좌우 측근들에 얽매여도 안 됩니다. 마음을 활짝 열어 멀리 보고, 우뚝하게 자기 생각을 세워야 합니다. 신하들에게 임할 때는 일과 성과를 여러 차례 살펴야 합니다. 이것이 임금이 잡아 쥐어야 할 도리입니다."

평공이 말했다.

"좋도다!"

晉平公問於師曠曰: '人君之道如何?' 對曰: '人君之道淸淨無爲, 務在博愛, 趨在任賢; 廣開耳目, 以察萬方; 不固溺於流俗, 不拘繫於左右; 廓然(확연)遠見, 踔然(탁연)獨立; 屢省考績, 以臨臣下. 此人君之操也.' 平公曰: '善!'

1-2

(전국시대) 제(齊)나라 선왕(宣王)이 윤문(尹文)에게 말했다.

"임금이 할 일이란 무엇인가."

윤문이 대답해 말했다.

"임금이 할 일이란 억지로 행함이 없으면서도[無爲] 능히 아래를 품어주는 것입니다. 무릇 일이 적으면 아래에서 쉽게 따르고, 법이 간략하면 아래에서 쉽게 지킵니다. 그렇게 해야만 백성은 정령(政令) 때문에 죄를 짓지 않습니다. (임금의) 큰 도리는 무리를 용납하고 (임금의) 큰 다움은 아래를 품어줍니다. 빼어난 임금들은 일을 적게 행했지만, 천하는 잘 다스려졌습니다. 『서경』(「주서(周書)·홍범구주(洪範九疇)」편)에 이르기를 '일에 밝아야 빼어나게 될 수 있다[睿作聖]'라고 했습니다. 『시경』(「주송(周頌)·천작(天作)」편)에 이르기를 '기산(岐山)에 평탄한 길을 놓으니, 자손들이 이에 그것을 지켜가도다!'라고 했습니다."

선왕이 말했다.

"좋도다!"

齊宣王謂尹文曰: '人君之事何如?' 尹文對曰: '人君之事, 無爲而能容下. 夫事寡易從, 法省易因; 故民不以政獲罪也. 大道容衆, 大德容下; 聖人寡爲而天下理矣. 書曰: "睿作聖." 詩曰: "岐有夷之行, 子孫其保之!"' 宣王曰: '善!'

1-3

(주나라) 성왕(成王)이 (주공의 아들) 백금(伯禽)을 봉해 노공(魯公-노나라 임금)으로 삼고서 그를 불러 일러주며 말했다.

"너는 남들 위에 있는 자가 가져야 할 도리를 아느냐? 무릇 높은 자리에 있는 자는 반드시 삼가는 마음으로 아래를 대하며 바른 도리로 하는 간언에 대해서는 고분고분 고맙게 받아들이고, 반드시 (신하들이) 꺼리지 않고 말할 수 있는 문을 열어놓음으로써 절도에 따라 편안하게 간언할 수 있는 자락을 깔아주며, 간언을 올리는 자들에게는 위엄으로 겁을 주어서는 안 되고 그 말을 바로잡으려 하지 말며 봐줄 만한 것이 있거든 곧장 채택하라. 무릇 문(文)만 있고 무(武)가 없으면 위엄으로 아래를 대할 수 없고 무만 있고 문이 없으면 백성은 두려워하기만 할 뿐 임금을 내 몸처럼 여기지 않으니, 문과 무를 함께 행해야 마침내 위엄과 다움이 이뤄진다. 이미 위엄과 다움이 이뤄지고 나면 백성이 임금을 내 몸과 같이 여기고 복종해서 깨끗하고 맑게 위와 통하고 교언영색하는 자들은 아래에서 막히니, 제대로 간언하는 자들은 나아갈 수 있고 충성스럽고 믿음이 있는 자들은 마침내 모여들게(혹은 길러지게)[畜] 될 것이다."

백금이 두 번 절하고 명을 받고서 물러갔다.

成王封伯禽爲魯公, 召而告之曰: '爾知爲人上之道乎? 凡處尊位者必以敬下, 順德規諫, 必開不諱之門, 撙節安靜以藉之, 諫者勿振以威, 毋格其言, 博采其辭, 乃擇可觀. 夫有文無武, 無以威下, 有武無文, 民畏不親, 文武俱行, 威德乃成; 既成威德, 民親以服, 淸白上通, 巧佞下塞, 諫者得進, 忠信乃畜.' 伯禽再拜受命而辭.

1-3은 성왕이 백금을 봉해주면서 당부한 말이다. 『논어』「미자(微子)」편에는 아버지 주공(周公)이 백금에게 당부하는 말이 실려 있다. 유가(儒家) 리더십의 핵심을 담고 있는 말이다.

군자다운 임금이 되려면 그 친척을 버리지 말며, 대신(大臣)으로 하여금 써주지 않는 것을 원망하지 않게 하며, 선왕의 신하들이 큰 문제[大故]가 없는 한 버리지 말며, 아랫사람 한 사람에게 모든 것이 갖춰져 있기를 요구하지 말라[無求備於一人=器之=寬].

1-4

(춘추시대) 진(陳)나라 영공(靈公)은 일을 하는 데에 편벽되고 말에도 잘못이 있었다. (대부) 설야(泄冶)가 말했다.

"진나라는 아마도 망하리라! 내가 서둘러 임금에게 간언했으나 임금은 내 말을 듣지 않고 오히려 위엄과 거동에서 잘못이 더 심했다. 무릇 위가 아래를 교화시킴은 마치 바람이 풀을 쓰러뜨리는[靡=偃(언)] 것과 같아서, 동쪽에서 바람이 불어오면 풀은 쓰러져 서쪽을 향하고 서쪽에서 바람이 불어오면 풀은 쓰러져 동쪽을 향하니, 바람이 어디서 불어오느냐에 따라 풀은 그쪽으로 쓰러진다. 이 때문에 임금은 일을 행할 때 조심하지 않으면 안 된다. 무릇 굽은 나무를 심어놓고 어찌 곧은 그림자를 얻을 수 있겠는가? 임금이 그 행동이나 일처리를 곧게 하지 않고 그 말을 삼가지 않는다면 능히 제왕이라는 칭호를 보존해서 빛나고 아름다운 이름을 (후세에) 드리울 수가 없다.

『주역』(「계사전(繫辭傳)」)에 이르기를 '군자가 자기 집에 머물며 그 말을 내는 바가 좋으면 1,000리 밖에서도 그것에 호응하는데, 하물며 가까이에 있는 사람임에랴. (반대로) 자기 집에 머물며 그 말을 내는 바가 좋지 못하면 1,000리 밖에서도 멀어져 가는데, 하물며 가까이에 있는 사람임에랴. (다스리는 자의) 말은 (자기 한) 몸에서 나와 백성에게 가해지며 (다스리는 자의) 행동은 가까운 곳에서 시작되어 먼 곳에서 나타난다. (이처럼) 말과 행동은 군자의 중추이니, 이런 중추가 어떻게 나타나느냐가 바로 영예와 치욕(의 갈림)을 주관한다. 말과 행동은 군자가 하늘과 땅을 움직이는 방법이니, 조심하지 않아서야 되겠는가?' 라고 했으니, (임금이 일함과 말함에 따라) 하늘과 땅이 움직이고 만물 만사가 달라지고 바뀐다.

『시경』(「대아(大雅)·억(抑)」편)에 이르기를 '네가 말을 낼 때 조심하고 네가 위엄과 거동을 취할 때 삼가면 평안하고 아름답지 않음이 없으리라'라고 했으니, 바로 임금의 일함과 말함을 가리킨다.

(그런데) 지금 임금은 이러한 조심함이 없는 데다가 방종해서 뭐든 함부로 하니, 망하지 않는다면 반드시 시해를 당할 것이다."

영공은 이를 듣고서 설야가 요상한 말을 한다고 여겨 그를 죽였는데, 뒤에 과연 징서(徵舒)[001]에게 시해되었다.

陳靈公行僻而言失, 泄冶曰: '陳其亡矣! 吾驟諫君, 君不吾聽而愈失威儀. 夫上之化下, 猶風靡草, 東風則草靡而西, 西風則草靡而東, 在風所由而草爲之靡, 是故 人君之動不可不愼也. 夫樹曲木者惡得直景(影), 人君不直其行, 不敬其言者, 未有能保帝王之號, 垂顯令之名者也. 易曰: "夫君子居其室, 出其言善, 則千里之外應之, 況其邇者乎? 居其室, 出其言不善, 則千里之外違之, 況其邇者乎? 言出於身, 加於民; 行發乎邇, 見乎遠. 言行君子之樞機, 樞機之發, 榮辱之主, 君子之所以動天地, 可不愼乎?" 天地動而萬物變化. 詩曰: "愼爾出話, 敬爾威儀, 無不柔嘉", 此之謂也. 今君不是之愼而縱恣焉, 不亡必弑.' 靈公聞之, 以泄冶爲妖言而殺之, 後果弑於徵舒.

1-1에서 1-4까지는 군주의 일하기와 말하기를 중심으로 사례를 골랐다. 설야의 말 중에 있는 '바람과 풀' 이야기는 『논어』「안연(顔淵)」편에도 나온다.

(노나라 실력자 대부) 계강자(季康子)가 공자에게 정치에 관해 물으면서 이

001 하징서(夏徵舒)다.

런 질문을 던졌다.

"만일 무도한 자를 죽여 없애 나라가 도리가 있는 데로 나아간다면 그것은 어떻습니까?"

공자가 말했다.

"대부여! 정치를 하면서 어찌 죽임을 쓸 수 있겠습니까? 대부께서 선하고자 한다면 자연스레 백성이 선해질 것이니, 군자의 다움은 바람이요 소인의 다움은 풀입니다. 풀에 (죽임과 같은) 거센 바람이 가해지면 풀은 반드시 쓰러지고(偃) 말 것입니다."

1-5

노(魯)나라 애공(哀公)이 공자(孔子)에게 물었다.

"내가 듣건대 군자는 도박을 하지 않는다는 말이 있는데, (실제로) 그런 말이 있는가?"

공자가 대답해 말했다.

"있습니다."

애공이 말했다.

"어째서 군자는 도박을 하지 않는가?"

공자가 대답해 말했다.

"도박을 할 경우 이승(二乘)[002]이 있기 때문입니다."

애공이 말했다.

"이승이 있다 해서 어찌 도박을 해서는 안 된다는 말인가?"

002 바둑에서 속임수를 말한다.

공자가 대답해 말했다.

"그리하면 나쁜 도리를 행하는 것이기 때문입니다."

애공이 두려워했다. 잠시 말을 잇지 못하다가 말했다.

"이런 정도인가? 군자가 나쁜 도리를 미워해야 함이 이런 정도로 심해야 한다는 것인가?"

공자가 대답해 말했다.

"나쁜 도리를 미워함이 제대로 심하지 못하다면 좋은 도리를 좋아함 역시 제대로 심하지 않을 것이고, 좋은 도리를 좋아함이 제대로 심하지 못하다면 백성이 임금을 제 몸과 같이 여김 역시 제대로 심할 수가 없습니다. 『시경』(「소남(召南)·초충(草蟲)」편)에 이르기를 '군자를 만나보지 못해 근심하는 마음 안타깝더니, 정말로 만나보고 나니 내 마음 기뻐라'라고 했으니, 시에서도 좋은 도리를 심하게 좋아함이 이와 같았습니다."

애공이 말했다.

"좋도다. 내가 듣건대 군자는 남의 아름다움은 이뤄주어도 남의 나쁜 점은 이뤄주지 않는다고 하더니, 나의 그대가 아니었으면 내 어디서 이런 말을 듣겠는가?"

魯哀公問於孔子曰: '吾聞君子不博, 有之乎?' 孔子對曰: '有之.' 哀公曰: '何爲其不博也?' 孔子對曰: '爲其有二乘.' 哀公曰: '有二乘則何爲不博也?' 孔子對曰: '爲行惡道也.' 哀公懼焉. 有間曰: '若是乎君子之惡惡道之甚也!' 孔子對曰: '惡惡道不能甚, 則其好善道亦不能甚; 好善道不能甚, 則百姓之親之也, 亦不能甚. 詩云: "未見君子, 憂心惙惙, 亦既見止, 亦既覯止, 我心則說", 詩之好善道之甚也如此.' 哀公曰: '善哉! 吾聞君子成人之美, 不成人之惡. 微吾子, 吾焉聞斯言也哉?'

1-5는 앞으로 이어질 친민(親民), 즉 백성을 내 몸과 같이 여기는 마음의 원천이 먼저 군주 자신이 좋은 도리를 심하게 좋아하고 나쁜 도리를 심하게 미워함에서 비롯됨을 이야기했다. 마지막에 애공이 한 말은 『논어』「안연(顔淵)」편에 있는 공자의 말이다.

군자는 남의 아름다움은 이뤄주고 남의 나쁜 점은 이뤄주지 않으니, 소인은 이와 정반대로 한다.

1-6

(한나라 경제의 셋째 아들) 하간헌왕(河間獻王)이 말했다.

"요(堯)임금은 천하에 마음을 두되 특히 힘든 백성에 뜻을 더 두어, 만백성이 죄에 걸려드는 것을 마음 아파하고 뭇 백성이 자기 삶을 제대로 살아내지 못함을 걱정했다. 한 사람의 백성이라도 굶는 자가 있으면 '이는 내가 그를 굶게 만든 것이다'라고 말했고, 한 사람의 백성이라도 추위에 떠는 자가 있으면 '이는 내가 그를 추위에 떨게 만든 것이다'라고 말했으며, 한 사람의 백성이라도 죄지은 자가 있으면 '이는 내가 그를 죄짓게 만든 것이다'라고 말했다. (이리하여) 어진 정치가 훤하게 밝아지고 마땅한 도리가 세워지자 다움이 널리 뻗어 나가고 교화가 넓어졌다. 그리되자 상을 내리지 않아도 백성은 부지런해졌고, 벌을 주지 않아도 백성은 다스려졌다. 내 마음을 그대로 백성에게 베푸는 일을 먼저 하고 뒤에 가르쳤으니, 이것이 바로 요임금이 보여준 도리다.

순(舜)임금 때 유묘씨(有苗氏)가 복종하지 않았는데, 그들이 이처럼 복종하지 않은 까닭은 태산이 남쪽에 있고 전산(殿山)이 북쪽에 있는

데다가 왼쪽에는 동정호 거센 물결이 있고 오른쪽에는 팽려호 큰 물길이 있었기 때문이다. 이런 지형과 험난함에 기대어 복종하지 않자 우(禹)가 유묘씨를 치려 했는데, 순임금이 허락지 않으며 말했다.

'일깨우고 가르치는 시도를 오히려 아직 충분히 다하지 못했으니, 끝까지 일깨우고 가르치도록 하자.'

그러고 나서 유묘씨가 복종하겠다고 청해오니, 천하 사람들은 그것을 듣고서 우가 취한 마땅함[義]을 잘못으로 여기면서 순임금이 보여준 다움[德]으로 귀의했다."

河間獻王曰: '堯存心於天下, 加志於窮民, 痛萬姓之罹罪, 憂衆生之不遂也. 有一民饑, 則曰此我饑之也; 有一人寒, 則曰此我寒之也; 一民有罪, 則曰此我陷之也. 仁昭而義立, 德博而化廣; 故不賞而民勸, 不罰而民治. 先恕而後教, 是堯道也. 當舜之時, 有苗氏不服, 其所以不服者, 大山在其南, 殿山在其北; 左洞庭之波, 右彭蠡之川; 因此險也, 所以不服, 禹欲伐之, 舜不許曰: "諭教猶未竭也, 究諭教焉." 而有苗氏請服, 天下聞之, 皆非禹之義, 而歸舜之德.'

1-7

주공(周公)이 천자 자리를 대신해 (임금)다움을 펴고 은혜를 베풀어 멀리까지도 일을 더욱 밝게 살피고자 12목(牧)에 사방으로 3명씩 내보내 먼 지방 백성을 점검케 해서, 굶주리거나 추위에 떨면서도 옷과 음식을 얻지 못하는 자나, 송사가 있는데도 관리 중에 직책을 다하지 못하는 자나, 뛰어난 재주를 지닌 사람이 있는데도 관리 중에 그들을 천거하지 않는 자가 있는지를 살펴서 천자에게 들어와 보고

하게 했다. 천자는 제후들이 와서 조현할 때 읍하고 나아오게 한 다음에 말했다.

"아! 짐의 정사와 가르침이 아마도 제대로 시행되지 않은 듯하도다. 어찌 짐이 다스리는 백성 중에 굶주리거나 추위에 떨면서도 옷과 음식을 얻지 못하는 자들이 있고, 송사가 있는데도 관리 중에 직책을 다하지 못하는 자가 있으며, 뛰어난 재주를 지닌 사람들이 있는데도 관리 중에 그들을 천거하지 않는 자가 있다는 것인가?"

제후들이 자기 나라로 돌아가 마침내 그 나라 대부들을 불러 천자가 한 말을 갖고서 고해주니, 백성이 이를 듣고 모두 기뻐하며 말했다.

"이야말로 참으로 천자이시다. 계신 곳이 얼마나 깊고 멀든 우리를 살펴주심이 밝으시니, 어찌 (가운데 제후나 대부들이) 속일 수 있으랴!"

그래서 12목 책임자들은 사방의 문을 활짝 열고 사방의 일을 눈 밝게 보며 사방의 말을 귀 밝게 들어야 했다. 이 때문에 가까이에 있는 자들에 대해서는 제 몸과 같이 여기고 먼 곳에 있는 자들에 대해서는 편안케 해주었다.

『시경』(「대아(大雅)·민로(民勞)」편)에 이르기를 "멀리 있는 자를 편안케 해 능히 가까운 이들도 제 몸처럼 여기니, 이로써 우리 왕을 안정시키리라" 한 것은 이를 가리켜 말한 것이다.

周公踐天子之位布德施惠, 遠而逾明, 十二牧, 方三人, 出舉遠方之民, 有饑寒而不得衣食者, 有獄訟而失職者, 有賢才而不舉者, 以入告乎天子, 天子於其君之朝也, 揖而進之曰: '意朕之政教有不得者與! 何其所臨之民有饑寒不得衣食者, 有獄訟而失職者, 有賢才而不舉者?' 其君歸也, 乃召其國大夫, 告用天子之言, 百姓聞之皆喜曰: '此誠天子也! 何居之深遠而見我之明也, 豈可欺哉!' 故牧者所以辟四門, 明四目, 達四聰也, 是以 近者親之, 遠者安之. 詩曰: '柔遠能邇, 以定我王', 此之謂矣.

1-8

하간헌왕이 말했다.

"우왕(禹王)은 백성이 굶주리고 있다는 말을 들으면 나는 더는 백성을 부릴 수 없다고 했고, 공업을 이뤄도 백성에게 이롭지 않으면 나는 더는 부지런히 하라고 백성을 권면할 수 없다고 했다. 그래서 황하를 소통시켜 인도하고 장강을 파서 아홉 지류와 통하게 하며 오호(五湖)의 물을 동해로 흐르게 했다. 백성 또한 힘들어도 원망하거나 괴롭게 여기지 않은 것은, 이익이 백성에게로 돌아갔기 때문이다."

河間獻王曰: '禹稱民無食, 則我不能使也; 功成而不利於人, 則我不能勸也; 故疏河以導之, 鑿江通於九派, 灑五湖而定東海, 民亦勞矣, 然而不怨者, 利歸於民也.'

1-8의 마지막 부분은 바로 공자가 『논어』「요왈(堯曰)」편에서 말한, "(백성을) 수고롭게 하되 원망하지 않게 하는(勞而不怨)" 바로 그것이다.

1-9

우왕이 밖에 나갔다가 죄인을 보자 수레에서 내려 사정을 묻고는 눈물을 흘리니, 좌우의 신하들이 말했다.

"무릇 죄인이란 도리를 순순히 따르지 않아서 그렇게 된 것인데, 군왕께서는 어찌 그 때문에 마음 아파하심을 이렇게까지 하십니까?"

우왕이 말했다.

"요순의 사람들은 모두 요순의 마음을 자기 마음으로 삼았다. 지금 과인이 임금이 되었는데, 백성이 각기 스스로 자기 마음을 마음으로 삼고 있으니 이 때문에 마음 아파하는 것이다."

『서경』(「주서(周書)·태서(泰誓)」편)에 이르기를 "백성에게 죄가 있다면 나 한 사람 때문이로다"라고 했다.

禹出見罪人, 下車問而泣之, 左右曰: '夫罪人不順道, 故使然焉, 君王何爲痛之至於此也?' 禹曰: '堯舜之人, 皆以堯舜之心爲心; 今寡人爲君也, 百姓各自以其心爲心, 是以 痛之.' 書曰: '百姓有罪, 在予一人.'

1-10

우국(虞國) 사람과 예국(芮國) 사람이 (밭 경계를 두고 다투다가) 문왕(文王)에게 물어보고자 해서, (길을 떠나) 문왕이 다스리는 경계 안에 들어서자 그곳 인민들이 사대부(士大夫)를 위해 사양하는 모습을 보았고, 도성 안으로 들어서자 그곳 사대부들이 공경(公卿)을 위해 사양하는 모습을 보았다. 두 나라 사람들은 서로에게 말했다.

"이곳 인민들은 사대부를 위해 사양하고 이곳 사대부들은 공경을 위해 사양하니, 그렇다면 이곳 임금 역시 천하를 들어 사양하고 거만하게 그 자리를 지키고 있지는 않으리라."

두 나라 사람들은 문왕을 직접 만나보지는 못했지만 다투던 밭을 한전(閒田)으로 삼기로 하고서 돌아왔다. 공자가 말했다.

"크도다! 문왕의 도리여! 거기에 더할 것이 없구나. 몸을 조금도 움직이지 않고서 달라지게 했고, 아무런 일을 하지 않고서도 이뤄냈도다! 자기 한 몸을 삼가고 조심하며 공손히 해서 우와 예가 스스로 평화로워졌다."

그런즉 『서경』(「주서(周書)·강고(康誥)」편)에 이르기를 "오직 문왕만이 삼가고 꺼리는 바가 있도다"라고 한 것은 바로 이를 가리키는 말이다.

虞人與芮人質其成於文王, 入文王之境, 則見其人民之讓爲士大夫; 入其國則見其士大夫讓爲公卿; 二國者相謂曰: '其人民讓爲士大夫, 其士大夫讓爲公卿, 然則此其君亦讓以天下而不居矣.' 二國者, 未見文王之身, 而讓其所爭以爲閑田而反. 孔子曰: '大哉文王之道乎! 其不可加矣! 不動而變, 無爲而成, 敬愼恭己而虞芮自平.' 故書曰: '惟文王之敬忌', 此之謂也.

1-11

(주나라) 성왕이 당숙우(唐叔虞)와 한가롭게 머물고 있을 때 오동나무 잎을 규(珪-홀)로 삼아 당숙우에게 주면서 말했다.

"나는 이것을 징표 삼아 그대를 봉하노라."

당숙우가 기뻐서 그것을 주공에게 말하니, 주공이 청해 말했다.

"천자께서 우를 봉하셨습니까?"

성왕이 말했다.

"나는 우와 놀이를 한 번 했을 뿐입니다."

주공이 말했다.

"신이 듣건대 천자는 우스갯말도 해서는 안 된다고 했습니다. 천자가 말을 하면 사관은 그것을 기록하고, 공인은 그것을 노래하며, 선비들은 그것을 칭송합니다."

이에 드디어 당숙우를 진(晉) 땅에 봉해주었다.

주공 단(旦)은 말의 중요성을 잘 알았다고 할 수 있다. (주공이) 한 번 말하자 성왕은 말을 더욱 중하게 여기게 되었고 아우를 사랑하는 마땅함을 밝혔으니, 왕실을 튼튼히 하는 보필이 있었다.

成王與唐叔虞燕居, 剪梧桐葉以爲珪, 而授唐叔虞曰: '余以此封汝.' 唐叔虞喜, 以告周公, 周公以請曰: '天子封虞耶?' 成王曰: '余一與虞戲也.' 周公對曰: '臣聞之, 天子無戲言, 言則史書之, 工誦之, 士稱之.' 於是 遂封唐叔虞於晉, 周公旦可謂善說矣, 一稱而成王益重言, 明愛弟之義, 有輔王室之固.

1-6에서 1-11까지 백성을 내 몸처럼 아꼈던(親民) 여러 선왕(先王)의 사례를 보여주었다. 이제는 그런 친민을 구체적으로 실현하는 방법으로써 사람 쓰는 '용인(用人)'의 문제를 다룬다.

1-12

요임금 시절에 순이 사도(司徒), 설(契)이 사마(司馬), 우가 사공(司空), 후직(后稷)이 전주(田疇-농사 담당), 기(夔)가 악정(樂正), 수(倕)가 공사(工師), 백이(伯夷)가 질종(秩宗-종실 담당), 고요(皐陶)가 대리(大理-법률 담당)를 맡았고 익(益)이 짐승을 모는 일을 관장했다. 요임금은 몸이 민첩하고 뛰어났지만 그중 한 가지 일도 맡지 않았는데도 요는 임금이 되고 아홉 사람은 신하가 되었으니, 이는 무슨 까닭인가? 요임금은 아홉 직책의 일을 훤히 알아서 아홉 사람으로 하여금 각기 그 일을 맡아 모두 자기가 맡은 일을 감당해 아홉 가지 공로를 이뤄내게 했으니, 요임금은 드디어 그들의 공업을 이뤄내게 함으로써 천하에 임금 노릇을 하게 된 것이다.

이 때문에 사람을 잘 볼 줄 아는 것[知人]은 임금의 도리요, 일을 잘 할 줄 아는 것[知事]은 신하의 도리다. 임금의 도리는 사람을 잘 볼 줄 아는 것이고 신하의 도리는 일을 잘 할 줄 아는 것이니, 이처럼 오랜 전통이 담긴 법도를 어지럽히지 않아야 천하는 잘 다스려진다.

當堯之時, 舜爲司徒, 契爲司馬, 禹爲司空, 后稷爲田疇, 夔爲樂正, 倕爲工師, 伯夷爲秩宗, 皋陶爲大理, 益掌敺禽. 堯體力便巧不能爲一焉, 堯爲君而九子爲臣, 其何故也? 堯知九職之事, 使九子者各受其事, 皆勝其任以成九功, 堯遂成厥功以王天下. 是故 知人者王道也, 知事者臣道也. 王道知人, 臣道知事, 毋亂舊法而天下治矣.

1-13

(은나라를 세운) 탕왕(湯王)이 이윤(伊尹)에게 물었다.

"삼공, 구경, 이십칠 대부, 팔십일 원사를 (뽑아 씀에 있어) 알아보는 데 어떤 도리가 있는가?"

이윤이 대답해 말했다.

"옛날에 요임금은 사람을 보는 순간 알아보았고, 순임금은 일을 맡긴 다음에 알아보았고, 우왕은 일을 이룬 다음에 그를 들어 썼습니다. 무릇 세 임금이 뛰어난 이를 들어 쓴 것이 모두 도리는 달랐으나 공업을 이뤄냈는데, 그러나 (여기에도) 여전히 잘못된 것이 있었습니다.

하물며 아무런 법도도 없이 자기 마음대로 자기 뜻에 맞는다고 사람을 쓰게 된다면 반드시 큰 잘못을 저지르게 될 것입니다. 그래서 임금이 신하로 하여금 스스로 자신의 능력을 바치게 한다면 만에 하나라도 잘못됨이 없을 것입니다."

湯問伊尹曰: '三公九卿, 二十七大夫, 八十一元士, 知之有道乎?' 伊尹對曰: '昔者堯見人而知, 舜任人然後知, 禹以成功擧之. 夫三君之擧賢, 皆異道而成功, 然尙有失者, 況無法度而任己, 直意用人, 必大失矣. 故君使臣自貢其能, 則萬一之不失矣.'

1-14

임금 된 자는 어떤 잣대로 뛰어난 이를 뽑아야 하는가?

무릇 임금 된 자는 뛰어난 재목을 얻어 자기를 보필하게 한 다음에야 다스리는 것이니, 비록 요순과 같은 눈 밝음이 있더라도 고굉(股肱-팔다리) 같은 신하들이 갖춰져 있지 않으면 임금의 은혜가 널리 퍼지지 않고 교화로 인한 은택이 행해지지 않는다. 그래서 눈 밝은 임금이 위에 있으면서 선비를 고르는 데 신중하고 뛰어난 이를 찾는 데 힘써서, 사방에 보좌를 두어 자기를 보필케 하며 영준한 인재들에게 관직을 맡겨 그 작위를 높이고 그 봉록을 무겁게 하면, 뛰어난 이는 (벼슬에) 나아와 눈부신 영예를 누리고 능력이 떨어지는 자는 물러나 자기 일에 힘쓰게 된다. 이 때문에 임금은 더는 남은 근심이 없고 아래에서는 사특한 마음을 갖지 않으니, 백관이 능히 다스려지고 신하들이 직무에 즐거이 임해 은혜가 많은 백성에게 펼쳐지고 윤택함이 초목에까지 미치게 된다.

옛날에 우순(虞舜-순임금)은 왼쪽에 우를, 오른쪽에 고요를 두어 (자기는) 당(堂) 아래로 내려가지 않아도 천하가 다스려졌으니, 이것이 바로 능력 있는 사람을 잘 부린 결과다.

王者何以選賢. 夫王者得賢材以自輔, 然後治也, 雖有堯舜之明, 而股肱不備, 則主恩不流, 化澤不行, 故明君在上, 愼於擇士, 務於求賢, 設四佐以自輔, 有英俊以治官, 尊其爵, 重其祿, 賢者進以顯榮, 罷者退而勞力, 是以 主無遺憂, 下無邪慝, 百官能治, 臣下樂職, 恩流群生, 澤潤草木. 昔者虞舜左禹右皐陶, 不下堂而天下治, 此使能之效也.

1-14는 그대로 『논어』「안연(顔淵)」편에서 말한, 다음 구절에 대한 자세한 풀이가 된다.

번지가 먼저 어질다는 것(仁)이 무엇이냐고 묻자 공자는 "사람을 사랑하는 것(愛人)"이라고 답한다. 이어 안다는 것(知)은 무엇이냐고 묻자 "사람을 아는 것(知人)"이라고 말한다. 그런데 번지가 이 말을 미처 이해하지 못하자 공자는 말했다. "곧은 사람을 들어 쓰고 모든 굽은 사람은 제자리에 두면, 굽은 자로 하여금 곧아지게 할 수 있다."
번지는 공자 앞을 물러 나와 자하를 찾아가 물었다. "지난번에 내가 부자를 뵙고서 안다는 것(知)이 무엇인지 묻자 부자께서는 '곧은 사람을 들어 쓰고 모든 굽은 사람은 제자리에 두면, 굽은 자로 하여금 곧아지게 할 수 있다'고 하셨다. 무엇을 말함인가?"
자하는 이미 공자의 말뜻을 알아차렸다는 듯이 "풍부하도다! 그 말씀이여!"라고 말한 다음 구체적인 사례를 들어 번지의 궁금증을 풀어준다.
"순(舜)임금이 천하를 소유함에 여러 사람 중에서 선발해 고요(皐陶)를 들어 쓰시니 어질지 못한 자들이 멀리 사라졌고, 탕왕(湯王)이 천하를 소유함에 여러 사람 중에서 선발해 이윤(伊尹)을 들어 쓰시니 어질지 못한 자들이 멀리 사라졌다."

1-15

무왕(武王)이 태공(太公)에게 물었다.

"뛰어난 이를 들어 썼는데도 나라가 위태롭거나 망하게 되는 까닭은 무엇인가?"

태공이 말했다.

"뛰어난 이를 불러다만 놓고 그의 능력을 제대로 쓰지 않아서, 뛰어난 이를 모았다는 이름만 있고 그 뛰어난 이를 실제로 썼다는 실질은 없기 때문입니다."

무왕이 말했다.

"그런 잘못은 어디서 비롯되는 것인가?"

태공이 말했다.

"소선(小善)을 좋아할 뿐 진짜로 뛰어난 이를 얻지 못한 때문입니다."

무왕이 말했다.

"소선을 좋아한다는 것은 무엇인가?"

태공이 말했다.

"임금이 자기를 칭찬하는 소리만 듣고 싶어 하고 자기를 비판하는 말을 듣지 않는다면, 뛰어나지 못한 자를 뛰어나다고 여기고 좋지 못한 자를 좋다고 여기며 충성스럽지 못한 자를 충성스럽다고 여기고 신실하지 못한 자를 신실하다고 여기게 됩니다. 이렇게 되면 자신을 칭찬해주는 자에 대해서는 공이 있다 여기고 자기 잘못을 지적하는 자에 대해서는 죄가 있다 여깁니다. 이 때문에 공이 있어도 상을 내리지 않고 죄를 지은 자를 벌하지 않게 됩니다. 많은 무리를 지은 자들은 출세하고 무리가 없는 자들은 쫓겨나지요. 이런 까닭에 소인배 같은 신하들은 서로 당을 지어 뛰어난 이를 가로막고 간사한 일을 저지르게 됩니다. 충성스러운 신하는 죄가 없는데도 비방으로 인해 죽게 되고, 간사한 신하는 공이 없는데도 명예와 상을 받게 됩니다. 그러니 나라는 위태로워지거나 망하는 구렁텅이로 빠질 밖에요."

무왕이 말했다.

"좋도다! 나는 지금 비방과 칭송이 나뉘는 실상을 들었다."

武王問太公曰: '擧賢而以危亡者, 何也?' 太公曰: '擧賢而不用, 是有擧賢之名, 而不得真賢之實也.' 武王曰: '其失安在?' 太公望曰: '其失在君好用小善而已, 不得真賢也.' 武王曰: '好用小善者何如?' 太公曰: '君好聽譽而不惡讒也, 以非賢爲賢, 以非善爲善, 以非忠爲忠, 以非信爲信; 其君以譽爲功, 以毁爲罪; 有功者不賞, 有罪者不罰; 多黨者進, 少黨者退; 是以 群臣比周而蔽賢, 百吏群黨而多姦; 忠臣以誹死於無罪, 邪臣以譽賞於無功. 其國見於危亡.' 武王曰: '善! 吾今日聞誹譽之情矣.'

1-16

무왕이 태공에게 물었다.

"뛰어난 이를 얻고 선비를 공경하는데도 혹 능히 잘 다스려지지 않는 것은 어째서인가?"

태공이 대답해 말했다.

"능히 홀로 결단하지 못하고 남의 말을 갖고서 결단하는 것은 재앙입니다."

무왕이 말했다.

"남의 말을 갖고서 결단한다는 것은 어떤 것인가?"

태공이 대답해 말했다.

"제거해야 할 것을 능히 (홀로) 결단하지 못해 남의 말을 갖고서 제거하고, 취해야 할 것을 능히 (홀로) 결단하지 못해 남의 말을 갖고서 취하며, 해야 할 일을 능히 (홀로) 결단하지 못해 남의 말을 갖고서 행하고, 벌해야 할 사람을 능히 (홀로) 결단하지 못해 남의 말을 갖고서 벌하며, 상을 줘야 할 것을 능히 (홀로) 결단하지 못해 남의 말을 갖고서 상을 주는 것입니다. (이렇게 되면) 뛰어난 이를 반드시 써야 할 필요도 없고 불초한 자를 반드시 내쫓을 필요도 없으며 선비를 반드시 공경해야 할 필요도 없습니다."

무왕이 말했다.

"좋도다! 그런 사람이 나라를 다스리는 것은 어떠한가?"

태공이 대답해 말했다.

"그런 임금은 사람됨이 (자기) 실상을 듣기를 싫어하고 남의 실상을 듣기를 좋아하며 자기 나쁜 점을 듣기를 싫어하고 남의 나쁜 점을 듣기를 좋아하니, 이 때문에 반드시 다스림에 이르지 못합니다."

무왕이 말했다.

"좋도다."

武王問太公曰: '得賢敬士, 或不能以爲治者, 何也?' 太公對曰: '不能獨斷, 以人言斷者殃也.' 武王曰: '何爲以人言斷?' 太公對曰: '不能定所去, 以人言去; 不能定所取, 以人言取; 不能定所爲, 以人言爲; 不能定所罰, 以人言罰; 不能定所賞, 以人言賞. 賢者不必用, 不肖者不必退, 而士不必敬.' 武王曰: '善, 其爲國何如?' 太公對曰: '其爲人惡聞其情, 而喜聞人之情; 惡聞其惡, 而喜聞人之惡; 是以 不必治也.' 武王曰: '善.'

1-17

제(齊)나라 환공(桓公)이 영척(甯戚)에게 물었다.

"관자(筦子-管仲)가 금년에 늙어서 과인을 버리고 세상으로 나아가려 하는데, 나는 (그가 떠난 후) 법령이 제대로 시행되지 않고 관리들 다수가 직책을 잃어 백성이 미워하고 원망하며 나라에 도적이 많아질까 두렵다오. 내가 어떻게 하면 간사한 자들이 일어나지 않고 백성이 먹고 입는 것이 풍족해질 수 있겠소?"

영척이 말했다.

"핵심은 뛰어난 이를 얻어 그들에게 일을 맡기는 것입니다."

환공이 말했다.

"뛰어난 이를 얻으려면 어찌해야 하오?"

영척이 대답해 말했다.

"그들이 나아올 수 있는 길을 열어주고 잘 살펴 그들을 써서 지위를 높여주고 복록을 무겁게 하며 이름을 높이 드날리게 해주신다면, 천하 선비들은 시끌벅적 발꿈치를 들고서 찾아오게 될 것입니다."

환공이 말했다.

"이미 (과인은) 뛰어난 이들을 들어서 쓰고 있는데, 선생께서 다행히도 와서 돕는 경우가 아니라면(경우를 제외하고는) 아직 포의굴기(布衣屈奇)하는 뛰어난 선비들이 문지방이 닳도록 찾아와 과인을 만나려는 일은 있지 않다오."

영척이 대답해 말했다.

"이는 임금께서 살피시는 것이 눈 밝지 못하고 천거하시는 것이 분명하지 않으며 쓰더라도 의심하고 관직을 주는 것이 낮고 복록이 적기 때문입니다. 또 무릇 나라가 뛰어난 선비를 얻지 못하는 까닭은 다섯 가지 장애 때문입니다. 임금이 뛰어난 선비를 좋아하지 않아서 알랑거리고 아첨하는 자가 곁에 있는 것이 첫 번째 장애요, 일을 편리하게 풀어내는 사람이 일찍이 쓰이지 못한 것이 두 번째 장애요, (임금의 눈과 귀가) 가려지고 막혀 반드시 측근들을 통해야만 임금에게 살핌의 대상이 되는 것이 세 번째 장애요, 옥사를 신랄하게 신문해서 과도한 법을 쓰는 것이 네 번째 장애요, 일을 잡아 쥔 자가 자기 욕망에 따라 나라의 권세와 명령을 제 마음대로 하는 것이 다섯째 장애입니다. 이 다섯 가지 장애를 없애면 호걸과 뛰어난 인재들이 아울러 일어나서 뛰어나고 사리를 아는 자들이 이르러 자기가 있어야 할 자리에 있을 것이고, 이 다섯 가지 장애를 없애지 못하면 위로는 관리와 백성의 실상이 가려지고 아래로는 뛰어난 선비들이 나아갈 길이 막혀버릴 것입니다.

이 때문에 눈 밝은 왕과 빼어난 임금이 다스리게 되면 마치 저 강이나 바다가 받아들이지 않는 물줄기가 없는 것처럼 되어 장구하게 온갖 냇물들을 주관하는 자가 되는 것과 같을 것입니다. 또 눈 밝은 왕과 빼어난 임금은 품어주지 않는 사람이 없기 때문에 백성은 안락함을 오래도록 누리게 됩니다.

이를 갖고서 살펴보자면, 임금을 편안케 하고 백성을 이롭게 하는 것은 단지 한 사람의 뛰어난 선비가 할 수 있는 일이 아닙니다."

환공이 말했다.

"좋도다! 내 장차 저 다섯 가지 장애를 잘 드러내어 나를 경계하는 근본으로 삼겠노라."

齊桓公問於甯戚曰: ‘筦(=管)子今年老矣, 爲棄寡人而就世也, 吾恐法令不行, 人多失職, 百姓疾怨, 國多盜賊, 吾何如而使姦邪不起, 民足衣食乎?’ 甯戚對曰: ‘要在得賢而任之.’ 桓公曰: ‘得賢奈何?’ 甯戚對曰: ‘開其道路, 察而用之, 尊其位, 重其祿, 顯其名, 則天下之士騷然擧足而至矣.’ 桓公曰: ‘既以擧賢士而用之矣, 微夫子幸而臨之, 則未有布衣屈奇之士踵門而求見寡人者.’ 甯戚對曰: ‘是君察之不明, 擧之不顯; 而用之疑, 官之卑, 祿之薄也; 且夫國之所以不能士者, 有五阻焉: 主不好士, 諂諛在旁, 一阻也; 言便事者, 未嘗見用, 二阻也; 壅塞掩蔽, 必因近習, 然後見察, 三阻也; 訊獄詰窮其辭, 以法過之, 四阻也; 執事適欲, 擅國權命, 五阻也. 去此五阻, 則豪俊並興, 賢智來處; 五阻不去, 則上蔽吏民之情, 下塞賢士之路; 是故 明王聖主之治, 若夫江海無不受, 故長爲百川之主; 明王聖君無不容, 故安樂而長久. 因此觀之, 則安主利人者, 非獨一士也.’ 桓公曰: ‘善, 吾將著夫五阻以爲戒本也.’

1-18

제나라 경공(景公)이 안자(晏子)에게 물었다.

“과인이 선생 말을 따라 제나라 정치를 잘 하려 하오.”

대답해 말했다.

“제가 듣건대, 나라에 관직이 갖춰진 다음이라야 좋은 정치를 할 수 있다고 했습니다.”

경공은 낯빛을 바꾸며 말했다.

“제나라가 비록 작지만 그렇다고 어찌 관직이 갖춰져 있지 않겠소?”

대답해 말했다.

"이는 신이 말씀드린 본뜻이 아닙니다. 옛날에 돌아가신 임금 환공께서는 몸이 게을러지고 나태해져서 말씀이나 명령이 민첩하지 못하면 습붕(隰朋-습명(隰明))이 (보좌해) 모셨고, 좌우 측근들이 잘못을 많이 저지르고 형벌이 실상에 맞지 않으면 현장(弦章)이 모셨고, 평소 거처하시는 바가 방종하거나 좌우 신하들이 겁에 질려 두려워할 때면 동곽아(東郭牙)가 모셨고, 논밭이 제대로 가꿔지지 않아 백성이 안정을 찾지 못하면 영척(甯戚)이 모셨고, 군대 장교들이 나태하고 병사들이 기강을 잃으면 왕자 성보(王子成父)가 모셨고, 다움과 마땅함이 실상을 잃고 신의와 행실이 쇠잔해지면 관자(筦子-관중)가 모셨습니다. 선군께서는 남의 장점으로 당신의 단점을 채워 넣었고, 남의 (다움의) 두터움으로 당신의 엷음을 보충하셨습니다. 이 때문에 사령(辭令)이 멀고 궁벽한 곳까지 전해져도 어기지 않았고, 죄가 있는 자에게 처벌을 가해도 대들지 않았습니다. 그래서 다른 제후들이 그 다움에 감복해 조현했고 천자는 제육(祭肉)을 보내주셨습니다. (그런데) 지금 임금께서는 잘못이 많은 데도 1명의 선비조차 들어와 잘못을 전해주는 사람이 없으니, 이 때문에 (관직이) 갖춰져 있지 않다고 말씀드린 것입니다."

경공이 말했다.

"좋도다."

齊景公問於晏子曰: '寡人欲從夫子而善齊國之政.' 對曰: '嬰聞之, 國具官而后政可善.' 景公作色曰: '齊國雖小, 則何爲不具官乎?' 對曰: '此非臣之所復也. 昔先君桓公, 身體墮懈, 辭會不給, 則隰朋侍; 左右多過, 刑罰不中, 則弦章侍; 居處肆縱, 左右懾畏, 則東郭牙侍; 田野不修, 人民不安, 則甯戚侍; 軍吏怠, 戎士偷, 則王子成父侍; 德義不中, 信行衰微, 則筦子侍; 先君能以人之長續其短, 以人之厚補其薄; 是以 辭令窮遠而不逆, 兵加於有罪而不頓; 是故 諸侯朝其德而天子致其胙. 今君之失多矣, 未有一士以聞者也, 故曰未具.' 景公曰: '善.'

1-19

(경공이 안자에게 말했다.)

"내가 듣건대 고료(高繚)는 선생과 교유가 있다고 하니, 과인이 그를 만나보기를 청하오."

안자가 말했다.

"제가 듣건대 땅을 넓히려 전쟁하는 자는 왕업을 이룰 수 없고 녹봉이나 얻으려 벼슬하는 자는 정치를 성공으로 이끌 수 없다고 했습니다. 고료의 경우 저와 형제처럼 지낸 지 오래되었습니다만 일찍이 저의 잘못을 지적한 적이 없고 저의 모자란 점을 채워준 적이 없으니, 그는 그저 녹봉을 위해 벼슬하는 신하일 뿐입니다. 어찌 제대로 임금을 보필할 수 있겠습니까?"

'吾聞高繚與夫子遊, 寡人請見之.' 晏子曰: '臣聞爲地戰者不能成王, 爲祿仕者不能成政. 若高繚與嬰爲兄弟久矣, 未嘗干嬰之過, 補嬰之闕, 特祿仕之臣也, 何足以補君.'

1-20

연(燕)나라 소왕(昭王)이 곽외(郭隗)에게 물었다.

"과인은 땅이 좁고 인구는 적은데 제나라 사람이 계(薊) 땅 8개 성을 빼앗아 가고 흉노가 누번(樓煩) 아래를 내달리고 있으니, 과인처럼 불초한 사람이 종묘를 이어받아 사직을 위태롭게 할까 걱정되오. 나라를 보존할 수 있는 도리가 있겠소?"

곽외가 말했다.

"있기는 한데 왕께서 능히 그 도리를 쓸 수 있을지 걱정됩니다."

소왕이 자리에서 일어나 그것을 듣고 싶다고 말하니, 곽외가 말했다.

"제(帝)의 신하는 이름은 신하이지만 실제는 스승이고, 왕(王)의 신하는 이름은 신하이지만 실제는 벗이며, 패(霸)의 신하는 이름은 신하이지만 실제는 손님이고, 위태로운 나라의 신하는 이름은 신하이지만 실제는 포로(나 노예)입니다. 지금 왕께서 장차 동쪽을 향해 눈짓으로 지시하고 안색으로써 사람을 부리면서 신하를 구하면 화장실 노역이나 할 신하가 찾아올 것이고, 남쪽을 향해 정사를 들으면서 읍양(揖讓)하는 예를 잃지 않으며 신하를 구하면 남의 신하를 맡을 만한 신하가 찾아올 것이며, 서쪽을 향해 서로 대등한 예를 행하며 낯빛을 갖춰 자기를 낮추고 권세에 올라타지 않으면서 신하를 구하면 붕우와 같은 신하가 찾아올 것이고, 북쪽을 향해 공손하게 복종하고 머뭇거리며 겸퇴(謙退)하는 태도로써 신하를 구하면 사부(師傅)와 같은 신하가 찾아올 것입니다.

이렇게 한다면 위로는 임금다운 임금인 왕자(王者)가 될 수 있고 아래로는 패자(霸者)가 될 수 있을 것이오니, 오로지 왕께서 선택하기에 달린 것입니다."

연왕이 말했다.

"과인이 배우기를 바라지만 스승이 없소."

곽외가 말했다.

"왕께서 진실로 도리를 일으키고자 하신다면 제가 천하의 선비들을 위해 길을 열 수 있게 해주시기를 청합니다."

이에 연왕이 늘 곽외를 윗자리에 앉아 남면하게 하기를 3년 동안 하니, 소자(蘇子-소진)는 이를 듣고서 동주(東周)에서 연나라로 귀의했고 추연(鄒衍)은 이를 듣고서 제나라에서 연나라로 귀의했으며 악의(樂毅)는 이를 듣고서 조(趙)나라에서 연나라로 귀의했고 굴경(屈景)은 이를 듣고서 초(楚)나라에서 연나라로 귀의했다. 네 사람이 모두 찾아오자, 과연 약한 연나라는 강한 제나라를 삼켰다. 무릇 연나라와 제나라는 서로 힘을 나란히 해 군사력을 비교할 나라가 아닌데도 그렇게 된 것은 네 사람의 힘 덕분이었다.

『시경』(「대아(大雅)·문왕(文王)」편)에 이르기를 "많고 많은 뛰어난 선비이여, 문왕은 그들로 해서 평안했도다"라고 한 구절은 이를 일러 말한 것이다.

燕昭王問於郭隗曰: '寡人地狹人寡, 齊人取薊八城, 匈奴驅馳樓煩之下, 以孤之不肖, 得承宗廟, 恐危社稷, 存之有道乎?' 郭隗曰: '有, 然恐王之不能用也.' 昭王避席曰 請聞之, 郭隗曰: '帝者之臣, 其名, 臣也, 其實, 師也; 王者之臣, 其名, 臣也, 其實, 友也; 霸者之臣, 其名, 臣也, 其實, 賓也; 危國之臣, 其名, 臣也, 其實, 虜也. 今王將東面, 目指氣使以求臣, 則廝役之材至矣; 南面聽朝, 不失揖讓之禮以求臣, 則人臣之材至矣; 西面等禮相亢, 下之以色, 不乘勢以求臣, 則朋友之材至矣; 北面拘指, 逡巡而退以求臣, 則師傅之材至矣. 如此則上可以王, 下可以霸, 唯王擇焉.' 燕王曰: '寡人願學而無師.' 郭隗曰: '王誠欲興道, 隗請爲天下之士開路.' 於是燕王常置郭隗上坐南面, 居三年, 蘇子聞之, 從周歸燕; 鄒衍聞之, 從齊歸燕; 樂毅聞之, 從趙歸燕; 屈景聞之, 從楚歸燕. 四子畢至, 果以弱燕并彊齊; 夫燕齊非均權敵戰之國也, 所以然者, 四子之力也. 詩曰: '濟濟多士, 文王以寧.' 此之謂也.

1-21

초나라 장왕(莊王)이 이미 정백(鄭伯-정나라 임금)을 굴복시키고 (정나라를 구원한) 진(晉)나라 군대를 패배시켰을 때, 장군 자중(子重)이 세 차례 말한 것이 모두 마땅하지 않았다. 장왕이 돌아오면서 신후(申侯)의 도읍을 지나게 되자 신후가 식사를 올렸는데, 해가 중천에 이르러도 왕이 식사하지 않으니 신후가 죄를 빌었다. 장왕은 한숨을 내쉬며 탄식해 말했다.

"내가 듣건대 그 임금이 뛰어난 데다가 더해서 스승이 있으면 왕자(王者)가 되고, 그 임금이 중간 정도라도 더해서 스승이 있으면 패자(霸者)가 되고, 그 임금이 하등인데 여러 신하 역시 임금만 못하면 망한다고 했다. (그런데) 지금 나는 하등의 임금인데 신하들 또한 불곡(不穀-과인과 같은 말로 임금이 스스로 겸칭하는 것)만 못하니, 불곡은 망하게 될까 두렵다. 또 세상에는 빼어난 이가 끊어지지 않고 나라에는 뛰어난 이가 끊어지지 않아서 천하에는 (분명) 뛰어난 이들이 있을 텐데도 나 홀로 그런 인재를 얻지 못하니, 나 같은 자가 어찌 밥을 먹을 수 있겠는가?"

전쟁에서는 큰 나라를 굴복시키고 의리상으로는 제후들을 복종시켰으면서도 자기에게는 빼어난 이나 사리를 아는 자가 없음을 근심하고 걱정하면서, 스스로 불초함을 안타까워하며 뛰어난 보좌를 해줄 인물을 얻고 싶은 생각에 해가 중천에 이르도록 밥 먹는 일을 잊었던 것이다. (장왕은 사리에) 눈 밝은 임금[明君]이라고 할 만하다.

楚莊王既服鄭伯, 敗晉師, 將軍子重, 三言而不當, 莊王歸, 過申侯之邑, 申侯進飯, 日中而王不食, 申侯請罪, 莊王喟然嘆曰: '吾聞之, 其君賢者也, 而又有師者王; 其君中君也, 而又有師者霸; 其君下君也, 而群臣又莫若君者亡. 今我, 下君也, 而群臣又莫若不穀恐亡, 且世不絕聖, 國不絕賢; 天下有賢而我獨不得, 若吾生者, 何以食爲?'

故戰服大國義從諸侯, 戚然憂恐聖知不在乎身, 自惜不肖, 思得賢佐, 日中忘飯, 可謂明君矣.

1-22

눈 밝은 군주에게는 세 가지 두려움이 있다. 첫째는 높은 자리에 있으면서 자기 잘못을 듣지 못할까 하는 두려움이고, 둘째는 뜻을 얻었다 해서 교만해질까 하는 두려움이며, 셋째는 천하의 지극히 좋은 말을 듣고서도 이를 실행하지 못하면 어떻게 할까 하는 두려움이다. 그렇다면 무엇으로 그러하다는 것을 알 수 있을까?

월왕(越王) 구천(勾踐)이 오(吳)나라와 싸워 크게 패배시키고 구이(九夷)를 차지한 때를 맞아서 남면해 왕(-패왕)으로 세워지니, 가까이로는 세 나라, 멀리는 다섯 나라가 신하로서 복종하게 되었다. 이에 여러 신하에게 영을 내려 말했다.

"나의 허물을 듣고서도 말하지 않는 자에 대해서는 형벌에 처할 것이다."

이는 높은 자리에 있으면서 자기 잘못을 듣지 못할까 두려워한 것이다.

옛날에 진(晉)나라 문공(文公)이 초나라와 전쟁해 대승을 거두고서 그 군영을 불태우니 불이 사흘 동안 꺼지지 않았는데, 문공이 철군하면서 근심하는 낯빛이 있자 모시는 자가 말했다.

"임금께서는 초나라에 대승을 거두셨는데 지금 근심하시는 기색이 있으시니 어째서입니까?"

문공이 말했다.

"내가 듣건대 전쟁에서 이기고도 능히 편안할 수 있는 사람은 아마도 오직 빼어난 이뿐이라고 했다. 무릇 남을 속여서 이기는 무리의 경우 일찍이 위험에 빠지지 않은 적이 없다. 나는 이 때문에 근심하는 것이다."

이는 뜻을 이루고서도 교만해질까 두려워한 것이다.

옛날에 제나라 환공이 관중과 습붕을 얻었을 때 그들이 말을 잘하는 것을 알아보았고 그들이 가진 의로움을 기쁘게 여겼다. 정월 조회에 태뢰(太牢-큰 제물)를 갖춰 선조들에게 올리게 했는데, 환공은 서쪽을 향해 서고 관중과 습붕은 동쪽을 향해 서니 환공이 찬사를 했다.

"내가 두 사람의 말을 들은 이래로 나의 눈이 더 눈 밝아지고 귀가 더 귀 밝아져서 감히 혼자서 제 마음대로 하지 못하니, 두 사람을 선조께 올리고자 합니다."

이는 천하의 지극히 좋은 말을 듣고서도 이를 실행하지 못하면 어떻게 할까 두려워한 것이다.

明主者有三懼, 一曰處尊位而恐不聞其過, 二曰得意而恐驕, 三曰聞天下之至言而恐不能行, 何以識其然也? 越王勾踐與吳人戰, 大敗之, 兼有九夷, 當是時也, 南面而立, 近臣三, 遠臣五, 令群臣曰聞吾過而不告者其罪刑, 此處尊位而恐不聞其過者也. 昔者晉文公與楚人戰, 大勝之, 燒其軍, 火三日不滅, 文公退而有憂色, 侍者曰: '君大勝楚, 今有憂色, 何也?' 文公曰: '吾聞能以戰勝而安者, 其唯聖人乎! 若夫詐勝之徒, 未嘗不危也, 吾是以憂.' 此得意而恐驕者也. 昔 齊桓公得筦仲隰朋, 辯其言, 說其義, 正月之朝, 令具太牢進之先祖, 桓公西面而立, 筦仲隰朋東面而立, 桓公贊曰: '自吾得聽二子之言, 吾目加明, 耳加聰, 不敢獨擅, 願荐之先祖.' 此聞天下之至言而恐不能行者也.

여기서 유향은 형이상(개념)-중(정의)-하(사례)의 3단계를 고스란히 보여준다. 세 가지 두려움이 상, 그 각각의 내용을 드러낸 것이 중, 구체적인 사례가 하이다. 형이상·중·하는 옮긴이가 『논어』를 이해하는 방법론이기도 하다.

1-23

제나라 경공이 사냥을 나갔는데, 산에 올라 호랑이를 만나고 늪으로 내려가 뱀을 만났다. 돌아와서 안자를 불러 그에 관해 물었다.

"오늘 과인이 사냥을 나갔다가 산에 올라서는 호랑이를 만나고 늪에 내려가서는 뱀을 만났는데, 아마도 이른바 상서롭지 못함인 듯하오."

안자가 말했다.

"나라에는 세 가지 상서롭지 못함이 있는데, 이 일은 거기에 포함되지 않습니다. 무릇 뛰어난 이가 있는데도 알아보지 못하는 것이 첫 번째 상서롭지 못함이고, 알고서도 쓰지 못하는 것이 두 번째 상서롭지 못함이며, 쓰기는 하되 일을 맡기지 않는 것이 세 번째 상서롭지 못함이니, 이른바 상서롭지 못함이란 마침내 이와 같은 것입니다.

지금 산에 올라 호랑이를 만난 것은 호랑이 집에 이른 것이고, 늪에 내려가 뱀을 만난 것은 뱀 구멍에 이른 것입니다. 호랑이 집과 뱀 구멍에 가서 그것을 본 것이 어찌 상서롭지 못함이겠습니까?"

齊景公出獵, 上山見虎, 下澤見蛇, 歸召晏子而問之曰: '今日寡人出獵,上山則見虎, 下澤則見蛇, 殆所謂不祥也.' 晏子曰: '國有三不祥, 是不與焉, 夫有賢而不知, 一不祥; 知而不用, 二不祥; 用而不任, 三不祥也; 所謂不祥乃若此者也. 今山上見虎, 虎之室也, 下澤見蛇, 蛇之穴也, 如虎之室, 如蛇之穴而見之, 曷爲不祥也.'

1-23에서 경공의 물음은 인간사와 귀신의 일을 넘나드는 혹(惑)에 해당하고, 안자의 답은 인간사를 인간사로 풀어내는 불혹(不惑), 즉 명(明)에 해당한다.

1-24

초나라 장왕이 사냥을 좋아하니 대부가 간언해 말했다.

"진(晉)나라와 (우리) 초나라는 서로 맞서는 나라이니 초가 진을 도모하지 않으면 진은 반드시 초를 도모할 터인데, 지금 왕께서는 사냥의 즐거움에 너무 빠져 계신 것이 아니겠습니까?"

왕이 말했다.

"내가 사냥하는 것은 장차 용사를 얻기 위함이다. (첫째) 개암나무 우거진 곳에서 호랑이와 표범을 찔러 죽이는 자가 있으면 나는 이를 통해 그가 용맹스럽다는 것을 알아차리고, (둘째) 무소와 코뿔소를 때려잡는 자가 있으면 나는 이를 통해 그가 힘이 세다는 것을 알아차리며, (셋째) 사냥을 마치고 자기가 잡은 것을 나눠주는 자가 있으면 나는 이를 통해 그가 어질다는 것을 알아차린다."

이런 방법을 통해 세 유형의 용사들을 얻었기에 초나라는 안정될 수 있었다.

그래서 옛말에 "뜻만 있다면 일이 잘못되는 경우는 없다"[003]라고 했으니, 이를 가리켜서 한 말이다.

楚莊王好獵, 大夫諫曰: '晉楚敵國也, 楚不謀晉, 晉必謀楚, 今王無乃耽於樂乎?' 王曰: '吾獵將以求士也, 其榛藂刺虎豹者, 吾是以知其勇也; 其攫犀搏兕者, 吾是以知其勁有力也; 罷田而分所得, 吾是以知其仁也.' 因是道也而得三士焉, 楚國以安. 故曰: 苟有志則無非事者, 此之謂也.

1-24는 무사를 알아보는 지인지감(知人之鑑)의 사례다.

1-25부터 1-32는 하늘에도 지성을 다해야 하는 임금의 마음가짐을 다룬다. 흔히 말하는 '지성이면 감천이다'라는 내용이다. 잘 들여다보면 강조점은 하늘에 대한 신앙보다는 임금 자신이 스스로 몸과 마음을 잡아 쥐어야 한다는 데 있다.

1-25

(은나라를 세운) 탕왕(湯王) 때 7년간 큰 가뭄이 들어 낙수(雒水)가 바닥을 드러내고 천(川)들이 말라서 모래는 불에 달군 듯하고 돌들은 구운 듯하니, 이에 (탕왕은) 사람을 시켜 세 발 쇠솥을 가지고 가서 산천에 제사 지내게 하고 이렇게 가르쳐 말했다. 축문은 이러했다.

'정치에 절도가 없어서입니까?

백성을 힘들게 만들어서입니까?

003 속담 "뜻이 있는 곳에 길이 있다"와 통한다.

뇌물 꾸러미가 마구 행해져서입니까?

남을 헐뜯는 무리가 창궐해서입니까?

궁실을 마구 지어서입니까?

여인들 청탁이 성행해서입니까?

어찌 비를 내리지 않음이 극에 이를 수 있습니까?'

대개 이 말을 다 마치기도 전에 하늘에서 큰비가 내렸다. 그러므로 하늘이 사람에게 호응하는 바는 마치 그림자가 원래의 형체를 따르는 것과 같고 메아리가 소리를 본떠 되돌아오는 것과 같다.

『시경』(「대아(大雅)·운한(雲漢)」편)에 이르기를 "하늘과 땅에 제사를 지내 어느 신이든 존숭하지 않는 바가 없었도다"라고 했는데, 이는 가뭄을 원망한 것이다.

湯之時大旱七年, 雒坼川竭, 煎沙爛石, 於是使人持三足鼎, 祝山川, 教之祝曰: 政不節耶? 使人疾耶? 苞苴行耶? 讒夫昌耶? 宮室營耶? 女謁盛耶? 何不雨之極也, 蓋言未已而天大雨, 故天之應人, 如影之隨形, 響之效聲者也. 詩云: '上下奠瘞, 靡神不宗', 言疾旱也.

1-26

은(殷)나라 태무(太戊-중종) 때 뽕나무와 닥나무가 조정 뜰에서 자라난 일이 있었는데, 저녁 무렵에 나기 시작해서 다음날 아침 무렵에는 한 아름이 되었다. 사관이 탕왕 사당에서 점칠 것을 청하니 태무가 그것을 따랐다.

점치는 이가 말했다.

"제가 듣건대 상서로움이란 복이 찾아오기 전에 먼저 오는 것이니 상서로움을 보고서도 좋지 않은 일을 하면 복은 생겨나지 않는다고 했고, 재앙이란 화가 찾아오기 전에 먼저 오는 것이니 재앙을 보고서도 능히 좋은 일을 하면 화는 이르지 않는다고 했습니다."

이에 마침내 일찍 조정에 나아가고 저녁 늦게 물러나며 병든 이를 찾아가 위로하고 상을 당한 자를 조문하니, 사흘 만에 뽕나무와 닥나무는 저절로 죽었다.

殷太戊時, 有桑穀生於庭, 昏而生, 比旦而拱, 史請卜之湯廟, 太戊從之, 卜者曰: '吾聞之, 祥者福之先者也, 見祥而爲不善, 則福不生; 殃者禍之先者也, 見殃而能爲善, 則禍不至.' 於是乃早朝而晏退, 問疾弔喪, 三日而桑穀自亡.

1-27

(은나라) 고종(高宗)이란 무정(武丁)인데, 다움이 높아 사람들이 그를 으뜸으로 삼았기에 묘호(廟號)를 고종이라고 했다. 성탕(成湯-탕왕) 이후 선왕의 도리가 사라지고 형법이 실상과 어긋나자 뽕나무와 닥나무가 나란히 조정(뜰)에 자라났는데, 7일 만에 한 아름이 되자 무정이 재상을 불러 물으니 그 재상은 이렇게 말했다.

"제가 비록 이유를 알지만 말씀드릴 수가 없습니다. (다만) 조기(祖己)에게 듣기를, 뽕나무·닥나무는 들판에서 자라는 나무인데 조정 뜰에서 났으니 생각건대 나라가 망할 것이라고 했습니다."

무정이 두렵고 놀라 몸을 바로 하고 행실을 닦으며 선왕의 정사를 사모했고, 망한 나라를 일으켜주고 끊어진 집안을 이어주며 숨어 지내는 선비들을 들어 쓰고 노인들을 봉양하는 도리를 밝게 시행했다. 3년이 지나자 오랑캐 중에서 여러 차례 통역을 거쳐가면서 조현한 곳이 일곱 나라였으니, 이로써 이르기를 망한 나라를 일으켜주고 끊어진 집안을 이어주는 임금이라고 했다. 그가 (임금)다움이 높다 여겼기 때문에 그를 높인 것이다.

高宗者, 武丁也, 高而宗之, 故號高宗. 成湯之後, 先王道缺, 刑法違犯, 桑穀俱生乎朝, 七日而大拱. 武丁召其相而問焉, 其相曰: '吾雖知之, 吾弗得言也. 聞諸祖己, 桑穀者野草也, 而生於朝, 意者國亡乎?' 武丁恐駭, 飭身修行, 思先王之政, 興滅國, 繼絶世; 擧逸民, 明養老. 三年之後, 蠻夷重譯而朝者七國, 此之謂存亡繼絶之主, 是以 高而尊之也.

여기서 "선왕의 정사를 사모했다"라는 것은 선왕의 정사를 이어받아 펼쳤다는 뜻이다. 또 "망한 나라를 일으켜주고 끊어진 집안을 이어주며 숨어 지내는 선비들을 들어 썼다"는 말은 『논어』「요왈(堯曰)」편에도 주나라 무왕이 펼친 정사로 그대로 나온다.

1-28

(춘추시대) 송(宋)나라에 큰 홍수가 나자 노(魯)나라 사신이 위문하며 말했다.

"하늘이 오랫동안 비를 내려 가득 차서 넘치게 하더니 물이 임금 계신 곳에까지 이르러 집정(執政-재상)을 근심하게 하니, (우리 임금께서) 신을 시켜 삼가 위로해드리라고 했습니다."

송나라 임금이 응답했다.

"과인이 재주가 없고 재계를 삼가지 않았으며 봉국을 제대로 다스리지 못하고 백성 부리기를 때에 맞게 하지 않아서 하늘이 재앙을 내렸는데, 심지어 귀국 임금에게까지 근심을 끼쳐 위로의 말씀을 받게 되니 부끄럽습니다."

(일의 이치를 아는) 군자가 이를 듣고서 말했다.

"송나라는 아마도 잘될 것이다."

어떤 이가 물었다.

"무슨 뜻입니까?"

군자가 말했다.

"옛날에 하나라 걸왕(桀王)이나 은나라 주왕(紂王)은 자기 잘못을 스스로 책임지지 않았기에 그 멸망이 갑작스러웠다. (반면에) 성탕·문왕·무왕은 자기 잘못을 스스로 책임질 줄 알았기에 그 일어남이 우뚝했다. 무릇 허물을 짓고서 그것을 고친다면 이것이야말로 허물을 짓지 않는 것이라 할 수 있다. 그래서 말하기를 아마도 잘될 것이라고 한 것이다."

송나라 임금이 이를 듣고는 아침 일찍 일어나고 밤늦게 잠들며 일찍 조회하고 늦게 퇴청했으며 죽은 이를 조문하고 병든 이를 문병하며 나랏일에 온 힘을 다 쏟으니, 3년 만에 풍년이 들고 정치는 태평에 이르렀다. 만일 송나라 임금이 군자가 한 말을 따르지 않았다면 곡식은 풍년 들지 않고 나라는 평안치 못했을 것이니, 『시경』(「주송(周頌)·경지(敬之)」편)에 이르기를 "내 두 어깨에 진 무거운 짐을 도와서 나의 임금다운 말하기와 일하기를 드러내 보이도록 하라"라고 한 것은 이를 가리켜 말한 것이다.

宋大水, 魯人弔之曰: '天降淫雨, 谿谷滿盈, 延及君地, 以憂執政, 使臣敬弔.' 宋人應之曰: '寡人不佞, 齋戒不謹, 邑封不修, 使人不時, 天加以殃, 又遺君憂, 拜命之辱.' 君子聞之曰: '宋國其庶幾乎!' 問曰: '何謂也?' 曰:

‘昔者夏桀殷紂不任其過, 其亡也忽焉; 成湯文武知任其過, 其興也勃焉; 夫過而改之, 是猶不過. 故曰其庶幾乎!’ 宋人聞之, 夙興夜寐, 早朝晏退, 弔死問疾, 戮力宇內. 三年, 歲豐政平. 嚮使宋人不聞君子之語, 則年穀未豐而國未寧, 詩曰: ‘佛時仔肩, 示我顯德行’, 此之謂也.

1-25부터 1-32까지는 모두 천인감응(天人感應)에 입각해 있지만, 전체를 관통하는 핵심이 되는 것은 이곳 1-28에 있는 군자의 말이다.

1-29

초나라 소왕(昭王)이 큰 병에 걸려 점을 치니, 점치는 자가 말했다.

“하신(河神)이 빌미가 된 것입니다.”

대부가 세 가지 희생을 쓸 것을 청하니 왕이 말했다.

“그만두어라. 옛날 선왕께서 땅을 나눠 봉해줄 때 산천 제사는 망제(望祭)의 예제를 뛰어넘지 못하게 하셨으니, 장강(長江)·한수(漢水)·저수(睢水)·장수(漳水)가 초나라가 망제를 지내는 곳이다. 화와 복이 이르는 것은 이 네 강을 넘지 않으니, 불곡(不穀-과인)이 다움이 없기는 하지만 하신에게 죄를 얻은 것은 아니다.”

드디어 하신에 제사를 지내지 않았다.

중니(仲尼-공자)가 이를 듣고서 말했다.

“소왕은 하늘과도 같은 도리를 안다고 할 것이니, 그가 나라를 잃지 않은 것은 마땅하도다.”

楚昭王有疾, 卜之曰: ‘河爲祟.’ 大夫請用三牲焉. 王曰: ‘止, 古者先王割地制土, 祭不過望; 江·漢·睢·漳, 楚之望也; 禍福之至, 不是過也. 不穀

雖不德, 河非所獲罪也.' 遂不祭焉. 仲尼聞之曰: '昭王可謂知天道矣, 其不失國, 宜哉!'

1-30

초나라 소왕 때 구름이 태양을 끼고서 사흘 동안 마치 새떼가 나는 듯한 모습으로 일어난 일이 있었다. 소왕이 이를 근심해 사람을 시켜 역마를 타고 동쪽으로 가서 태사 주려(州黎)에게 묻게 했다. 주려가 말했다.

"장차 왕의 몸에 해악이 끼칠 수 있는데, 영윤(令尹-초나라 재상)과 사마(司馬-군사 책임자)로 하여금 해명하게(혹은 기도하게) 하면 괜찮을 것입니다."

영윤과 사마가 이를 듣고서 목욕재계하고 자신들이 나아가 직접 기도하겠다고 했다.

왕이 말했다.

"그만두어라. 초나라에 불곡(不穀-과인)이 있는 것은 마치 몸에 가슴이 있는 것과 같고, 영윤과 사마가 있는 것은 마치 몸에 팔다리가 있는 것과 같다. 가슴에 병이 들었는데 그것을 팔다리에 떠넘긴다고 해서 어찌 이 사람 몸에서 병이 떠나겠는가?"

楚昭王之時, 有雲如飛鳥, 夾日而飛三日, 昭王患之, 使人乘馹東而問諸太史州黎, 州黎曰: '將虐於王身, 以令尹司馬說焉則可.' 令尹司馬聞之, 宿齋沐浴, 將自以身禱之焉. 王曰: '止, 楚國之有不穀也, 由身之有匈脅也; 其有令尹司馬也, 由身之有股肱也. 匈脅有疾, 轉之股肱, 庸爲去是人也?'

1-31

주(邾)나라 문공(文公)이 역산(嶧山)으로 천도하는 일을 점치게 하니, 사관이 말했다.

“백성에게는 이롭고 임금께는 이롭지 않습니다.”

임금이 말했다.

“만일 백성에게 이롭다면 과인의 이로움이다. 하늘이 백성을 낳아 임금을 세운 것은 그것을 통해 백성을 이롭게 하려는 것이다. 백성이 이미 이롭다면 나도 반드시 더불어 이로울 것이다.”

모시는 자가 말했다.

“(천도하지 않으면) 명이 길어질 수 있는데 임금께서는 어찌 그런 결정을 하지 않으십니까?”

임금이 말했다.

“명이란 백성을 잘 길러주는 데 있고 목숨의 길고 짧음은 때에 달렸다. 백성이 진실로 이롭다면 길함이 이보다 클 수 있겠는가?”

드디어 역산으로 도읍을 옮겼다.

邾文公卜徙於繹, 史曰: ‘利於民不利於君.’ 君曰: ‘苟利於民, 寡人之利也, 天生烝民而樹之君, 以利之也, 民旣利矣, 孤必與焉!’ 侍者曰: ‘命可長也, 君胡不爲?’ 君曰: ‘命在牧民, 死之短長, 時也; 民苟利矣, 吉孰大焉.’ 遂徙於繹.

1-32

초나라 장왕(莊王)[004]은 하늘이 요상한 징조를 보이지 않고 땅에서도 요얼(妖孽-재앙)이 나타나지 않는 것을 보고서는 산천에 기도해 말했다.

"하늘은 혹시라도 저를 잊으신 것입니까?"

이는 능히 하늘에서 자기 잘못을 찾으려 한 것으로, (이렇게 되면) 반드시 (신하들) 간언을 거스르지 않을 것이고 편안한 때도 위태로워짐을 잊지 않을 것이다. 그랬기 때문에 능히 마침내 패업의 공로를 이룰 수 있었다.

楚莊王見天不見妖, 而地不出孽, 則禱於山川曰: '天其忘予歟?' 此能求過於天, 必不逆諫矣, 安不忘危, 故能終而成霸功焉.

하늘에서 자기 잘못을 찾으려 했다는 것은 지공(至公)한 마음가짐을 나타낸다. 그런 마음이라야 간언을 잘 들을 수 있고 심모원려(深謀遠慮)해 나라의 안정을 도모할 수 있다.

1-33부터 1-46까지는 바람직한 군신 관계와 임금이 신하를 대하는 바른 도리를 집중적으로 다룬다.

004 춘추시대 초나라 국군(國君)으로, 목왕(穆王)의 아들이며 춘추오패(春秋伍霸)의 한 사람이다. 즉위한 뒤 손숙오(孫叔敖)를 기용해 내정을 정비하고 수리(水利)를 일으켰다. 3년에 용(庸)나라를 멸망시키고 송나라를 공격했으며, 이어 육혼(陸渾)의 융(戎)을 토벌한 데 이어 여세를 몰아 낙양(洛陽) 근처에서 위세를 떨쳤다. 주나라를 대체할 뜻을 품고 있었는데, 천자인 주왕(周王)의 사신 왕손만(王孫滿)에게 주(周) 왕실의 구정(九鼎)의 경중(輕重)을 물었다가 오히려 반론을 당하기도 했다. 9년 약오씨(若敖氏)의 반란을 진압하고, 필지(泌地)에서 진(晉)나라 군대를 대패시켰다. 그 후 진(陳)나라와 정(鄭)나라, 송나라 등 전통이 오래된 나라에 압박을 가했지만 멸망시키지는 않았다. 이 때문에 제환공(齊桓公)이나 진문공(晉文公) 등과 더불어 오패(伍霸)로 불린다.

1-33

탕왕이 말했다.

"약을 복용할 때는 낮은 사람에게 먼저 맛보게 한 다음에 높은 사람에게 바치고, 입에 쓴 말은 높은 사람에게 먼저 바친 다음에 낮은 사람에게 들려준다."

약을 낮은 사람에게 맛보게 한 다음에 높은 사람에게 바치는 것을 가르침[教]이라 하고, 입에 쓴 말을 높은 사람에게 먼저 바친 다음에 낮은 사람에게 들려주는 것을 도리[道]라고 한다. 그래서 남에게 먼저 맛보게 한 다음에 먹는 자는 맛볼 수 있는 것이 많지만, 입에 쓴 말을 음미하게 한 다음에 좋은 말을 듣는 자는 얻어들을 수 있는 것이 적다. 이 때문에 눈 밝은 임금은 약이 되는 말에 있어서는 반드시 스스로 듣고 스스로 이해하며 스스로 고르고 스스로 취하며 스스로 보존하고 스스로 실행한다. 도리는 여러 차례 취함으로써 분명해지고, 여러 차례 행함으로써 드러나며, 여러 차례 만사에 베풀어봄으로써 보존된다. 그러므로 도리를 구하는 자는 눈으로 하지 않고 마음으로 하며, 도리를 취하는 자는 손으로 하지 않고 귀로써 한다.

湯曰: '藥食先嘗於卑, 然後至於貴; 藥言先獻於貴, 然後聞於卑.' 故藥嘗乎卑, 然後至乎貴, 教也; 藥言獻於貴, 然後聞於卑, 道也. 故使人味食然後食者, 其得味也多; 使人味言然後聞言者, 其得言也少. 是以 明王之言, 必自他[005]聽之, 必自他聞之, 必自他擇之, 必自他取之, 必自他聚之, 必自他藏之, 必自他行之; 故道以數取之爲明, 以數行之爲章, 以數施之萬物

005 他는 也의 오자로 본다. 이하에서도 마찬가지다.

爲藏. 是故 求道者不以目而以心, 取道者不以手而以耳.

1-33은 임금이 간언을 대하는 마음가짐을 말하고 있다. 약언(藥言)은 귀에 거슬린다고 했다.

1-34

초나라 문왕(文王)이 큰 병에 걸리자 대부들에게 고해 말했다.

"관요(筦饒)는 마땅함으로 나를 범했고 일의 이치로 나를 어겼으니, 함께 있을 때면 편안치 못했고 그를 보지 않으면 생각도 나지 않았다. 그러나 내가 얻은 바가 있으니, 반드시 내가 살아 있을 때 작위를 내리겠노라. (반대로) 신후백(申侯伯)은 내가 하고자 하는 것이 있으면 나에게 그것을 하도록 권유했고 내가 즐기고자 하는 것이 있으면 나보다 먼저 그것을 알아차리고서 할 수 있게 했으니, 함께 있을 때면 편안해서 보지 않으면 곧장 생각이 났다. 그러나 내가 잃은 바가 있으니, 반드시 내가 살아 있을 때 그를 내보내야겠다."

대부들이 그렇게 하시라고 했다. 마침내 관요에게는 대부 벼슬을 내려주었고, 신후백에게는 선물을 주면서 떠나가게 했다. 신후백이 장차 정(鄭)나라에 가려고 하자 왕이 말했다.

"반드시 조심해야 할 것이다. 그대는 사람됨이 어질지 않은데 남의 정권을 차지하려 하니, 노(魯)·위(衛)·송(宋)·정나라로 가서는 안 될 것이다."

이 말을 듣지 않고 드디어 정나라에 갔는데, 3년이 지나자 정나라 정권을 얻었으나 다섯 달 만에 정나라 사람이 그를 죽이고 말았다.

楚文王有疾, 告大夫曰: '筦饒犯我以義, 違我以禮, 與處不安, 不見不思, 然吾有得焉, 必以吾時爵之; 申侯伯, 吾所欲者, 勸我爲之; 吾所樂者, 先我行之. 與處則安, 不見則思, 然吾有喪焉, 必以吾時遺之.' 大夫許諾, 乃爵筦饒以大夫, 贈申侯伯而行之. 申侯伯將之鄭, 王曰: '必戒之矣, 而爲人也不仁, 而欲得人之政, 毋以之魯·衛·宋·鄭.' 不聽, 遂之鄭, 三年而得鄭國之政, 五月而鄭人殺之.

1-34에서 문왕은 신후백을 받아들였으나 그가 교언영색(巧言令色)하는 자임을 끝내 꿰뚫어 보았으니 혼군(昏君)은 아니라 하겠다.

1-35

(진(晉)나라 대부) 조간자(趙簡子)가 난격(欒激)과 놀다가 장차 그를 황하에 빠뜨리려 하면서 말했다.

"내가 일찍이 음악과 여색을 좋아하면 난격이 그것들을 가져다주었고, 내가 일찍이 궁실이나 정자와 누각 짓기를 좋아하면 난격이 그것을 지어주었으며, 내가 일찍이 훌륭한 말과 좋은 마부를 좋아하면 난격이 구해다 주었다.

(그런데) 지금 내가 뛰어난 선비를 좋아한 지 6년이 되었으나 난격은 일찍이 단 1명도 추천하지 않았으니, 이는 나의 잘못은 늘어나게 하고 나의 좋은 점은 줄어들게 한 것이다."

趙簡子與欒激遊, 將沈於河 曰: '吾嘗好聲色矣, 而欒激致之; 吾嘗好宮室臺榭矣, 而欒激爲之; 吾嘗好良馬善御矣, 而欒激求之. 今吾好士六年矣, 而欒激未嘗進一人, 是進吾過而黜吾善也.'

1-36

어떤 사람이 조간자에게 말했다.

"그대는 어째서 잘못을 고치지 않는 것입니까?"

조간자가 말했다.

"옳소."

좌우 사람들이 말했다.

"그대는 잘못이 없는데 무엇을 고친다는 말입니까?"

조간자가 말했다.

"내가 '옳소'라고 한 것은 반드시 나에게 잘못이 있어서가 아니라, 내가 장차 이를 통해 간언하는 자를 오게 하려는 것이다. 지금 내가 그것을 물리치면 이는 간언하는 자를 물리치는 것이 된다. 간언하는 자가 반드시 (나를 찾아오는 발길을) 멈추게 되면 나는 하루도 지나지 않아 잘못을 저지를 것이다."

或謂趙簡子曰: '君何不更乎?' 簡子曰: '諾.' 左右曰: '君未有過, 何更?' 君曰: '吾謂是諾, 未必有過也, 吾將以來諫者也, 今我卻之, 是卻諫者, 諫者必止, 我過無日矣.'

1-37

(진나라) 한무자(韓武子)가 사냥을 나가서 짐승들을 이미 한곳에 모았고 사냥하는 수레가 모였는데, 전령이 와서 "진공이 훙했다"라고 고했다. 무자가 난회자(欒懷子-欒盈)에게 말했다.

"그대는 실로 내가 사냥을 좋아함을 알고 있으며 또 짐승들을 이미 한곳에 모았고 사냥하는 수레가 모여들었는데, 내가 사냥을 마친 다음에 조문을 가도 되겠는가?"

회자가 대답해 말했다.

"범씨(范氏)가 망한 것은 돕는 자는 많았으나 잘못을 잡아주는 자는 적었기 때문입니다. 지금 신은 군에게 돕는 사람일 뿐이고 뇌(蠱)는 군에게 잘못을 잡아주는 자인데, 군께서는 어찌 뇌에게 묻지 않으십니까?"

무자가 말했다.

"영(盈) 그대는 나를 바로잡으려는 것인가? 그대가 나를 바로잡았는데, 어찌 반드시 뇌에게 물어야겠는가?"

드디어 사냥을 그쳤다.

韓武子田, 獸已聚矣, 田車合矣, 傳來告曰: '晉公薨.' 武子謂欒懷子曰: '子亦知吾好田獵也, 獸已聚矣, 田車合矣, 吾可以卒獵而後弔乎?' 懷子對曰: '范氏之亡也, 多輔而少拂, 今臣於君, 輔也; 蠱於君, 拂也, 君胡不問於蠱也?' 武子曰: '盈而欲拂我乎? 而拂我矣, 何必蠱哉?' 遂輟田.

1-38

(위나라 신하) 악사 경(經)이 금(琴-거문고의 일종)을 연주하자 위(魏)나라 문후(文侯)가 일어나 춤을 추면서 이렇게 읊었다.

"내가 무슨 말을 하면 어기는 일이 없어야 할 것이로다."

사경이 금을 내던져 문후를 쳤으나 맞지 않고 (문후의) 면류관 술에 부딪혀 떨어졌다.

문후가 좌우 신하들에게 말했다.

"남의 신하 된 자가 그 임금을 내려치면 그 죄는 어떻게 되는가?"

좌우에서 말했다.

"그 죄는 삶아 죽이는 팽형(烹刑)에 해당합니다."

악사 경을 붙들고 당 아래로 한 계단 내려가니 악사 경이 말했다.

"신이 한 말씀만 드리고 죽어도 되겠습니까?"

문후가 말했다.

"그리하라."

악사 경이 말했다.

"옛날에 요순이 임금이 되었을 때는 오직 말을 하면 신하들이 어기지 않을까만을 걱정했고, 걸주가 임금이 되었을 때는 오직 말을 하면 신하들이 어길까만을 걱정했습니다. 신은 걸주를 내려친 것이지 우리 임금을 내려친 것이 아닙니다."

문후가 말했다.

"그를 풀어주라! 이는 과인이 잘못한 것이다. 금을 성문에 걸어두어 과인이 잘못한 증거로 삼고, 면류관 술은 고치지 말고 그대로 두어 과인이 경계하는 물건으로 삼으리라."

師經鼓琴, 魏文侯起舞, 賦曰: '使我言而無見違.' 師經援琴而撞文侯不中, 中旒潰之, 文侯謂左右曰: '爲人臣而撞其君, 其罪如何?' 左右曰: '罪當烹.' 提師經下堂一等. 師經曰: '臣可一言而死乎?' 文侯曰: '可.' 師經曰: '昔堯舜之爲君也, 唯恐言而人不違; 桀紂之爲君也, 唯恐言而人違之. 臣撞桀紂, 非撞吾君也.' 文侯曰: '釋之! 是寡人之過也. 懸琴於城門以爲寡人符, 不補旒以爲寡人戒.'

여기서 악사 경이 한 말은 『논어』 「자로(子路)」편에 나오는 공자 말과 그대로 통한다.

(노나라) 정공(定公)이 물었다. "한마디 말로써 나라를 흥하게 할 수 있다고 했는데, 그런 일이 있을 수 있는가?"

공자가 말했다.

"말은 이와 같이 기약할 수 없거니와, 사람들의 말 중에 '임금 노릇 하기가 어렵고 신하 노릇 하기가 쉽지 않다'라는 것이 있습니다. 만일 임금 노릇 하기의 어려움을 안다면 한마디 말로 나라를 흥하게 하는 것을 기약할 수 없겠습니까?"

다시 정공이 물었다.

"한마디 말로써 나라를 망하게 할 수 있다 하니, 그런 일이 있을 수 있는가?"

이에 공자가 말했다.

"말은 이와 같이 기약할 수 없거니와, 사람들의 말 중에 '군주 된 것은 내 즐거울 것이 없고, 오로지 내가 말을 하면 어기지 않는 것이 즐겁다'라는 것이 있습니다. 만일 군주의 말이 선한데 어기는 이가 없다면 이 또한 좋지 않겠습니까마는, 만일 군주의 말이 선하지 못한데 어기는 이가 없다면 어찌 한마디 말로 나라를 망하게 함을 기약하지 못하겠습니까?"

1-39

제나라 경공이 누(蔞) 땅에 놀러 갔다가 안자가 졸했다는 소식을 들었다. 공은 수레에 올라 소복을 입고 역마를 바꿔가며 내달리다가 스스로 느리다고 여겨 수레에서 내려 달렸고, 그것이 수레 속도만 못하다는 것을 알고는 다시 수레에 올랐다. 국도(國都-수도)에 이르도록 네 번이나 수레에서 내려 달리고 또 곡을 하면서, 시신 앞에 나아가 엎드려 소리쳐 울며 말했다.

"그대 대부께서는 밤낮없이 과인을 꾸짖어 자그마한 잘못도 그냥 내버려 두지 않았으나 과인은 아직도 음탕하고 몸을 거둬 다잡지 못해서 원망과 죄책이 백성 마음에 무겁게 쌓여 있소이다. (그런데) 지금 하늘이 제나라에 화를 내린 것이 과인이 아니라 선생 몸에 끼쳤으니, 제나라 사직은 위태롭게 되었소. 백성은 장차 누구에게 하소연하리오?"

齊景公遊於蔓, 聞晏子卒, 公乘輿素服, 馹而驅之, 自以爲遲, 下車而趨, 知不若車之速, 則又乘, 比至於國者四下而趨, 行哭而往矣, 至伏屍而號曰: '子大夫日夜責寡人, 不遺尺寸, 寡人猶且淫泆而不收, 怨罪重積於百姓. 今天降禍於齊國, 不加寡人而加夫子, 齊國之社稷危矣, 百姓將誰告矣?'

1-40

안자가 몰(沒-사망)한 지 17년 되던 어느 날 경공이 여러 대부와 술을 마셨다. 공이 활을 쏘았으나 화살이 과녁을 벗어났는데, 당상에 있던 신하들이 훌륭하다고 소리치는 것이 마치 한입에서 나온 것과 같았다. 공은 얼굴빛을 바꾸며 크게 탄식하고는 활과 화살을 내던져 버렸다. 현장(弦章)이 들어오니 공이 말했다.

"장! 내가 안자를 잃은 이래 지금에 17년인데, 일찍이 내 잘못이나 좋지 못한 점에 대해서는 들은 것이 없고 지금 활을 쏘아 과녁을 벗어났음에도 훌륭하다고 소리치는 것이 마치 한입에서 나온 것과 같았다."

현장이 대답해 말했다.

"이는 여러 신하가 불초하기 때문입니다. 앎으로는 임금이 좋아하는 바를 알기에 부족하고, 용맹으로는 임금 안색을 범하기에 부족합니다. 그런데 한 가지는 있으니, 신이 듣건대 (저들은) 임금이 좋아하는 일이 있으면 신하는 복종하고 임금이 즐기는 음식이 있으면 신하는 그것을 먹습니다. 무릇 자벌레는 누런 잎을 먹으면 몸이 누렇게 되고 푸른 잎을 먹으면 몸이 푸르게 됩니다. 임금께서는 그런데도 아첨하는 사람의 말을 좋아하시겠습니까?"

공이 말했다.

"좋도다! 오늘 한 말을 보니 그대가 임금이고 내가 신하인 것 같구나."

이때 어부가 물고기를 바치니, 공이 생선 50수레를 현장에게 내려주게 했다. 돌아가는 길에 생선 실은 수레가 길을 가득 메우고 있자 현장은 수레 끄는 사람의 손을 잡고 말했다.

"좀 전에 훌륭하다고 소리친 자들은 모두 어부처럼 하려는 자들이다. 옛날에 안자는 상을 거절함으로써 임금을 바로잡았기에 임금의 과실을 가리지 못했는데, 지금 여러 신하는 아첨하며 이익을 구하기 때문에 화살이 벗어났는데도 훌륭하다고 소리치는 것이 한입에서 나온 것과 같았다. 지금 (내가) 임금을 보필하면서 남들에게 드러내지 못해놓고 생선만 받는다면, 이는 안자의 마땅함에 어긋나면서 아첨하는 무리의 욕심을 따르는 것이다."

굳게 사양하고 생선을 받지 않았다.

군자가 말했다.

"현장의 깐깐함은 마침내 안자가 남긴 교훈 덕이다."

晏子沒十有七年, 景公飮諸大夫酒, 公射出質, 堂上唱善, 若出一口, 公作色太息, 播弓矢. 弦章入, 公曰: '章, 自吾失晏子, 於今十有七年, 未嘗聞吾過不善, 今射出質而唱善者, 若出一口.' 弦章對曰: '此諸臣之不肖也, 知不足知君之善, 勇不足以犯君之顏色. 然而有一焉, 臣聞之: 君好之, 則臣服之; 君嗜之, 則臣食之. 夫尺蠖食黃, 則其身黃, 食蒼則其身蒼; 君其猶有食陷人言乎?' 公曰: '善! 今日之言, 章爲君, 我爲臣.' 是時海人入魚, 公以五十乘賜弦章歸, 魚乘塞塗, 撫其御之手, 曰: '曩之唱善者, 皆欲若魚者也. 昔者晏子辭賞以正君, 故過失不掩, 今諸臣諂諛以干利, 故出質而唱善如出一口, 今所輔於君, 未見衆而受若魚, 是反晏子之義而順諂諛之欲也.' 固辭魚不受. 君子曰: 弦章之廉, 乃晏子之遺訓也.

1-41부터 1-46까지는 무엇보다 임금이 임금다움을 갖추는 것이 군도(君道)의 뿌리임을 강조하면서 「군도」편을 마무리한다.

1-41

무릇 하늘이 사람을 낳아준 것은 대개 임금을 위해서가 아니요, 하늘이 임금을 세운 것은 대개 임금 자리를 위해서가 아니다. 무릇 남의 임금이 되어 그 사사로운 욕심만 행하고 자기 백성을 돌아보지 않는다면, 이는 하늘의 뜻을 받들지 않고 그 자리에서 마땅히 해야 할 일을 잊어버린 것이다. 이런 사람을 『춘추』에서는 유능한 임금이라 여기지 않고 오랑캐로 간주했으니, 정백(鄭伯-정나라 임금)이 한 사람을 미워해서 그 군대까지 아울러 버리자 이에 이적으로 간주해 임금으로 여기지 않았다는 말이 있게 된 것이다.

임금이 이것으로써 스스로를 돌아보지 않고 그 하는 짓이 이미 하늘이 임금을 세워준 실상을 잃는다면, 그 마음이 어찌 자기가 마땅히 해야 할 바를 알겠는가? 그래서 말하기를 '나라(-봉국)를 소유한 제후들은 『춘추』를 배우지 않으면 안 된다'라고 했으니, 바로 이를 두고 한 말이다.

夫天之生人也, 蓋非以爲君也; 天之立君也, 蓋非以爲位也. 夫爲人君行其私欲而不顧其人, 是不承天意忘其位之所以宜事也, 如此者, 春秋不予能君而夷狄之, 鄭伯惡一人而兼棄其師, 故有夷狄不君之辭, 人主不以此自省, 惟既以失實, 心奚因知之, 故曰: 有國者不可以不學春秋, 此之謂也.

1-42

제나라 신하가 자기 임금을 시해하자 노(魯)나라 양공(襄公)이 창을 들고 일어나며 말했다.

"어찌 신하이면서 감히 자기 임금을 시해하는가?"

악사 구(懼)가 말했다.

"저 제나라 임금은 나라를 제대로 다스리지도 못하고 불초한 자에게 일을 맡겨 자기 한 사람의 욕심만 멋대로 풀어놓으며 만백성을 학대했으니, 임금을 세워준 뜻에 맞지 않습니다. 그 몸이 죽은 것은 자업자득인데, 지금 임금께서는 만백성의 목숨을 아끼지 않으시고 한 사람의 죽음만 슬퍼하시는 것이 어찌 이렇게 지나칠 수 있습니까? 그 신하가 이미 도리가 없으니 그 임금 역시 안타까워할 필요가 없습니다."

齊人弑其君, 魯襄公援戈而起曰: '孰臣而敢殺其君乎?' 師懼曰: '夫齊君治之不能, 任之不肖, 縱一人之欲以虐萬夫之性, 非所以立君也. 其身死自取之也; 今君不愛萬夫之命而傷一人之死, 奚其過也. 其臣已無道矣, 其君亦不足惜也.'

1-43

공자가 말했다.

"문왕은 원년(元年)과 같고 무왕은 춘왕(春王)과 같으며 주공은 정월(正月)과 같다.

문왕은 왕계(王季)를 아버지로, 태임(太妊)을 어머니로 두고 태사(太姒)를 비로 삼았으며 무왕·주공을 아들로 두고 태전(泰顚)·굉요(閎夭)를 신하로 삼았으니 그 뿌리가 아름다웠다.

무왕은 자기 몸을 바로 함으로써 자기 나라를 바로잡고 자기 나라를 바로 함으로써 천하를 바로잡았는데, 무도한 자들을 토벌하고 죄가 있는 사람을 형벌에 처해 한 번 정벌에 나서자 천하가 바르게 되었으니 그 일이 바르다. 봄은 그 시기가 되면 만물이 모두 다 생겨나듯이, 임금이 그 도리에 이르자 만인이 모두 다 다스려졌다.

주공이 자기부터 잘 교화하자 천하가 그에 복종했으니, 그 열렬함이 지극하다 할 것이다."

孔子曰: '文王似元年, 武王似春王, 周公似正月. 文王以王季爲友, 以太任爲母, 以太姒爲妃, 以武王周公爲子, 以泰顚閎夭爲臣, 其本美矣. 武王正其身以正其國, 正其國以正天下, 伐無道, 刑有罪, 一動天下正, 其事正矣. 春致其時, 萬物皆及生, 君致其道, 萬人皆及治. 周公戴己而天下順之, 其誠至矣.'

1-44

임금을 높이고 신하를 낮추는 것은 형세가 그렇게 만드는 것이다. 무릇 형세를 잃으면 권력이 기울게 되니, 그러므로 천자가 도리를 잃으면 제후들이 높아지고 제후들이 정사를 잃으면 대부가 일어나며 대부가 관직을 잃으면 서인들이 일어난다. 이로써 보자면 위에서 도리를 잃지 않았는데 아래에서 세력을 얻는 일은 일찍이 없었다.

尊君卑臣者, 以勢使之也. 夫勢失則權傾, 故天子失道, 則諸侯尊矣; 諸侯失政, 則大夫起矣; 大夫失官, 則庶人興矣. 由是觀之, 上不失而下得者, 未嘗有也.

1-45

공자가 말했다.

"하나라의 도리가 망하지 않았으면 상나라의 다움[德]은 일어나지 않았을 것이고, 상나라의 다움이 망하지 않았으면 주나라의 다움은 일어나지 않았을 것이며, 주나라의 다움이 망하지 않았으면 춘추시대란 생겨나지 않았을 것이다. 춘추시대가 일어나고서야 군자들은 주나라 도리가 망한 것을 알아차렸다."

그래서 위아래가 서로 허물어뜨리는 것이 마치 물과 불이 서로 멸하는 것과 같았으니, 임금이 자신을 잘 살피지 않아서 신하를 크게 성대하게 만들어주어서는 안 될 것이다. 이는 (신하의) 사문(私門)은 성대해지고 (임금의) 공가(公家-왕실)는 훼멸되기 때문이니, 임금이 이를 잘 살피지 않으면 국가는 위태롭게 된다. 관자(筦子-관중)가 말했다.

"권력은 둘이 가질 수 없고, 정사가 두 집에서 나오면 안 된다."

그래서 말하기를 "종아리가 허벅지보다 크면 걷기 어렵고, 손가락이 팔보다 크면 물건을 쥐기 어렵다"라고 했으니, 근본이 작고 말단이 크면 서로 부릴 수가 없다.

孔子曰: '夏道不亡, 商德不作; 商德不亡, 周德不作; 周德不亡, 春秋不作; 春秋作而後君子知周道亡也.' 故上下相虧也, 猶水火之相滅也, 人君不可不察而大盛其臣下. 此私門盛而公家毀也, 人君不察焉, 則國家危殆矣. 筦子曰: '權不兩錯, 政不二門.' 故曰: '脛大於股者難以步, 指大於臂者難以把', 本小末大, 不能相使也.

1-46

사성자한(司城子罕)이 송나라 재상이 되어 송나라 임금에게 일러 말했다.

"나라가 위태롭고 안정되는 것이나 백성이 다스려지고 어지러워지는 것은 임금이 상과 벌을 어떻게 시행하는가에 달렸습니다. 상이 마땅하면 뛰어난 이가 더욱 힘쓰게 되고, 벌이 마땅하면 간사한 자들이 그치게 됩니다. 상이 마땅하지 못하면 뛰어난 이는 힘쓰지 않고, 벌이 마땅하지 않으면 간사한 자들은 그치지 않습니다. 간사한 자들은 친한 사람끼리 당을 이뤄 위를 속이고 임금을 가려 벼슬과 봉록을 다툴 것이니, 신중하게 하지 않으면 안 됩니다. 무릇 상과 선물을 내려주는 것은 사람이라면 누구나 좋아하는 일이니 임금께서 스스로 시행하시고, 형벌과 살육을 집행하는 것은 사람이라면 누구나 싫어하는 일이니 신이 그것을 맡아 하겠습니다."

임금이 말했다.

"좋도다. 그대가 나쁜 일을 주관하고 과인이 좋은 일을 행한다면 나는 제후들의 웃음거리가 되지 않는다는 것을 알겠다."

이에 송나라 임금은 자신이 상과 선물을 내려주고 자한에게는 형벌권을 주었다. 나라 사람들은 형륙의 권한이 전적으로 자한에게 있음을 알고서, 대신들은 그와 가까이했고 백성은 그에게 빌붙었다. 1년쯤 지나자 자한은 자기 임금을 내쫓고 정사를 제 마음대로 했다.

그러므로 말하기를 "임금이 약해져서는 안 되고, 대부가 강해져서는 안 된다"라고 했고 노자는 말하기를 "물고기는 연못을 벗어나서는 안 되고, 나라의 중대한 기물[利器-권한]을 남에게 빌려주어서는 안 된다"라고 했으니, 이를 일러 한 말이다.

司城子罕相宋, 謂宋君曰: '國家之危定, 百姓之治亂, 在君之行賞罰也; 賞當則賢人勸, 罰得則姦人止; 賞罰不當, 則賢人不勸, 姦人不止, 姦邪比周, 欺上蔽主, 以爭爵祿, 不可不愼也. 夫賞賜讓與者, 人之所好也, 君自行之; 刑罰殺戮者, 人之所惡也, 臣請當之.' 君曰: '善, 子主其惡, 寡人行其善, 吾知不爲諸侯笑矣.' 於是宋君行賞賜而與子罕刑罰, 國人知刑戮之威, 專在子罕也, 大臣親也, 百姓附之, 居期年, 子罕逐其君而專其政. 故曰: 無弱君無彊大夫. 老子曰: '魚不可脫於淵, 國之利器不可以借人.' 此之謂也.

권2

신술[臣術]

신하의 처신술

2-1

남의 신하 된 자의 처신술은 고분고분 따르면서 명을 실행하는 것이니, 감히 자기 마음대로 하는 일이 없어야 하고 의리상으로 구차스럽게 영합하지[苟合] 말아야 하며 지위가 구차스럽게 높아지려 해서는 안 된다. (이렇게 해야만) 반드시 나라에 도움이 있고 반드시 임금에게 보필함이 있다. 그렇게 되면 그 몸은 높아지고 자손들도 그 존귀함을 보존하게 된다. 그러므로 남의 신하 된 자가 일을 행함에는 여섯 가지 바른 행함[六正]과 여섯 가지 그릇된 행함[六邪]이 있다. 육정(六正)을 행하면 영화롭게 되고 육사(六邪)를 범하면 치욕을 당하게 되니, 영화와 치욕이란 복과 화가 찾아오는 문이다. 무엇을 일러 육정·육사라고 하는가?

육정이란 다음과 같다.

첫째, 어떤 일이 아직 태동하기 전에, 또 아직 형체나 조짐이 드러나기 전에 홀로 환하게 그 존망의 기미와 득실(得失-일의 얻고 잃음)의 요체를 미리 알아차리니, 일이 나타나기 전에 이를 미리 막아서 임금으로 하여금 초연하게 영광된 자리에 높이 서게 한다. 이로써 온 천하로부터 진충(盡忠)하다[孝]는 칭송을 받는 부류가 빼어난 신하[聖臣]다.

둘째, 마음을 비우고 그 뜻을 깨끗이 해 선(善)으로 나아가서 도리를 믿고 임금을 일의 마땅함으로 면려하며 임금을 깨우쳐 장구한 계획을 세우도록 하니, 장차 미덕을 순종토록 하고 악(惡)을 고치고 구제함으로써 공을 세우고 일을 성취시킨다. 그러고 나서는 그러한 공을 모두 임금에게 돌리고 감히 자신의 공로를 자랑하지 않는 부류가 훌륭한 신하[良臣]다.

셋째, 몸을 낮추고 겸손히 해 아침 일찍 일어나고 밤늦게 잠자리에 들며 뛰어난 이를 추천하는 일에 게으르지 않으니, 늘 옛날 뛰어난 이의 행실을 임금에게 들려주어 군주의 의지를 이끎으로써 국가와 사직과 종묘를 편안히 해주는 부류가 충성스러운 신하[忠臣]다.

넷째, 드러나지 않은 부분을 밝게 살펴 일의 성패 알아보기를 남보다 빨리함으로써 일찍 대비해 구해내고 끌어내어 복구시키며, 또 이간질을 막고 재앙의 근원을 근절시키며 화를 돌려 복이 되게 함으로써 임금으로 하여금 끝내 근심이 없도록 한다. 이러한 부류가 일을 아는 신하[智臣]다.

다섯째, 법을 잘 지켜 받들어서 자기가 맡은 일에 충실하되, 많은 녹(祿)이나 상을 사양한다. 선물이나 뇌물을 받지 않고 의복을 단정하게 하며 음식을 절약하고 검소하게 하는 부류가 반듯한 신하[貞臣]다.

여섯째, 군주가 어리석어 나라에 혼란이 발생하거나 임금의 정치가 도리에 어긋날 때, 감히 군주의 성난 안색을 범하고[犯顔][006] 군주의 허물을 면전에서 지적하기를 죽음도 불사한다. 그 몸이 죽더라도 국가만 편안하면 된다고 여겨서 자기가 한 일을 후회하지 않는 부류가 곧은 신하[直臣]다.

이를 일러 육정(六正)이라 한다.

육사란 다음과 같다.

첫째, 관직에 안주하고 봉록을 탐하며, 사사로운 자기 집안일에만 열심이고 공사(公事)에는 힘쓰지 않으며 자신의 지혜나 능력을 공익에는 쓰지 않는다. 임금에게 바칠 논책(論策)은 궁색(窮塞)·기갈(飢渴)하며, 그 절조를 다하지 않고 오히려 세태에 따라 부침하며 놀아나고, 임금의 좌우를 관망할 뿐 독자적인 견해는 조금도 없다. 이런 부류가 자리만 채우는 신하[具臣]다.

006 군주가 안색이 변하며 화를 내더라도 해야 할 말을 하는 것을 뜻한다.

둘째, 군주가 어떤 말을 하든 모두 좋다고 하고 군주가 어떤 일을 하든 모두 옳다고 하며, 은밀히 군주가 좋아하는 것을 찾아 바쳐서 군주의 눈과 귀를 즐겁게 한다. 억지로 군주의 생각에 영합해 차지한 관직을 보존하며, 군주와 함께 즐기면서 그로 인한 폐해(弊害)에 대해서는 돌아보지 않는다. 이런 부류가 아첨하는 신하[諛臣]다.

셋째, 마음속은 간사하고 사악한 생각으로 가득 차 있으면서 겉으로는 근신하며, 교묘한 말과 온화한 낯빛으로[巧言令色] 남에게 환심을 사지만 속으로는 뛰어난 사람을 질투한다. 누군가를 추천할 때는 우수한 점을 과장되게 칭찬하고 단점은 가리며 누군가를 비방할 때는 허물을 과장되게 나타내고 우수한 점을 가려서, 군주가 포상과 징벌을 모두 적절하게 시행하지 못하게 하고 명령을 제대로 집행할 수 없게 한다. 이런 부류가 간사한 신하[姦臣]다.

넷째, 지혜는 족히 그 잘못을 변호하면 옳은 듯이 느껴지게 만들고, 언변도 풍부해 남을 혹하게 하며, 뒤집으면 쉬운 말인데도 이를 위대한 문장처럼 떠벌린다. 안으로는 골육지친의 관계를 이간시키고, 밖으로는 조정에 질투와 혼란의 풍조를 만든다. 이런 부류가 중상하는 신하[讒臣]다.

다섯째, 대권을 쥐고 전횡하며 사사건건 시비를 걸고, 국가의 대사를 빌미로 나라는 잡아 쥐고서 사사로이 패거리를 지어 자기 집만 부유하게 하며, 임의로 성지(聖旨-임금의 명령)를 위조해 스스로 존귀해지게 한다. 이런 부류가 전횡하는 신하[賊臣=權姦]다.

여섯째, 화려하고 교묘한 말로 군주를 속여서 불의(不義)에 빠지게 한다. 사사로이 당파를 결성해 군주의 눈을 가리고, 군주로 하여금 흑백을 구분하지 못하게 해서 시비가 불분명하게 만든다. 시기를 틈타 자기 책임을 벗고 다시 기회를 이용해 다른 세력에 기대어, 군주의 악명이 전국에 전해지고 사방 이웃 나라에까지 퍼지도록 한다. 이런 부류가 나라를 망하게 하는 신하[亡國之臣]다.

이를 일러 육사(六邪)라 한다.

따라서 현신(賢臣)은 육정지도(六正之道)로써 처신하고 육사지술(六邪之術)을 배격해야 한다. 그래야 위가 편안하고 아래가 잘 다스려져서, 살아서는 사람들이 좋아함을 얻게 되고 죽어서도 사모함을 받게 된다. 이것이 바로 신하 된 자의 처신술이다.

人臣之術, 順從而復命, 無所敢專, 義不苟合, 位不苟尊; 必有益於國, 必有補於君; 故其身尊而子孫保之. 故人臣之行有六正六邪, 行六正則榮, 犯六邪則辱, 夫榮辱者, 禍福之門也. 何謂六正六邪? 六正者: 一曰萌芽未動, 形兆未見, 昭然獨見存亡之幾, 得失之要, 預禁乎未然之前, 使主超然立乎顯榮之處, 天下稱孝焉, 如此者聖臣也. 二曰虛心白意, 進善通道, 勉主以體誼, 諭主以長策, 將順其美, 匡救其惡, 功成事立, 歸善於君, 不敢獨伐其勞, 如此者良臣也. 三曰卑身賤體, 夙興夜寐, 進賢不解, 數稱於往古之德行事以厲主意, 庶幾有益, 以安國家社稷宗廟, 如此者忠臣也. 四曰明察幽, 見成敗早, 防而救之, 引而復之, 塞其間, 絕其源, 轉禍以爲福, 使君終以無憂, 如此者智臣也. 五曰守文奉法, 任官職事, 辭祿讓賜, 不受贈遺, 衣服端齊, 飮食節儉, 如此者貞臣也. 六曰國家昏亂, 所爲不道, 然而敢犯主之嚴顔, 面言君之過失, 不辭其誅, 身死國安, 不悔所行, 如此者直臣也, 是爲六正也. 六邪者: 一曰安官貪祿, 營於私家, 不務公事, 懷其智, 藏其能, 主饑於論, 渴於策, 猶不肯盡節, 容容乎與世沈浮上下, 左右觀望, 如此者具臣也. 二曰主所言皆曰善, 主所爲皆曰可, 隱而求主之所好即進之, 以快主之耳目, 偷合苟容與主爲樂, 不顧其後害, 如此者諛臣也. 三曰中實頗險, 外容貌小謹, 巧言令色, 又心嫉賢, 所欲進則明其美而隱其惡, 所欲退則明其過而匿其美, 使主妄行過任, 賞罰不當, 號令不行, 如此者姦臣也. 四曰智足以飾非, 辯足以行說,反言易辭而成文章, 內離骨肉之親, 外妒亂朝廷, 如此者讒臣也. 五曰專權擅勢, 持抔國事以爲輕重, 私門成黨以富其家, 又復增加威勢, 擅矯主命以自顯貴, 如此者賊臣也. 六曰諂主以邪, 墜主不義, 朋黨比周, 以蔽主明, 入則辯言好辭, 出則更復異其言語, 使白黑無別, 是非無間, 伺侯可推, 因而附然, 使主惡布於境內, 聞於四鄰, 如此者亡國之臣也, 是謂六邪. 賢臣處六正之道, 不行六邪之術, 故上安而下治, 生則見樂, 死則見思, 此人臣之術也.

2-1은 아주 유명한 신하 분류법이다. 이어서 2-2와 2-3에서 신하의 지위별 과제를 제시한다.

2-2

탕왕(湯王)이 이윤(伊尹)에게 물었다.

"삼공(三公)·구경(九卿)·대부(大夫)·열사(列士)라고 하는데, 그것들 간에 차이는 무엇인가?"

이윤이 대답했다.

"삼공이란 큰 도리를 알고 통달하며 변화에 대응하는 것이 끝이 없고, 만물의 실상을 풀어내고 하늘의 도리에 달통한 자입니다. 그들의 말은 음양을 조섭(調攝)하고 사계절을 바로잡으며 비바람을 절도 있게 하니, 이런 자라면 들어서 삼공으로 삼을 수 있습니다. 그래서 삼공의 일이란 늘 도리에 있습니다.

구경이란 사계절을 잃지 않고 운하 등 물길을 통하게 하며 제방을 수축하고 오곡을 심으며 지리에 통한 자입니다. 능히 통하지 못하는 것을 통하게 하고 이롭지 못한 것을 이롭게 하니, 이런 자라면 들어서 구경으로 삼을 수 있습니다. 그래서 구경의 일이란 늘 다움에 있습니다.

대부란 들고나는 것을 백성과 함께하고 무리와 더불면서 취하고 버리는 것 역시 백성과 이익을 함께하고 인사에 통달해서 행동하는 바도 먹줄로 잰 듯 정확합니다. 또 말로 남을 해치는 일이 없으며, 자기가 하는 말이 세상에 모범이 될 만해 자신을 해치지도 않습니다. 국경의 거래를 통하게 해서 나라 재정을 살찌우는 일도 그들이 맡은 바이니, 이런 자라면 들어서 대부로 삼을 수 있습니다. 그래서 대부의 일이란 늘 어짊에 있습니다.

열사란 마땅함을 알아서 자기 마음을 잃지 않고 일에 공로를 세우되 그 상을 독점하지 않습니다. 정치에는 진실하고 간언은 강하게 해서 간사함이 없고 사사로움이 없으며 공을 세우고 말에는 법도가 있으니, 이런 자라면 들어서 열사로 삼을 수 있습니다.

그리하여 도리와 다움과 어짊과 마땅함이 정해지면 천하는 바르게 되니, 이 네 가지야말로 밝은 왕의 신하이면서도 신하로 간주해서는 안 되는 경우입니다."

탕왕이 말했다.

"누구를 일러 신하이면서도 신하로 여겨서는 안 된다는 말인가?"

이윤이 대답해 말했다.

"임금이 신하라고 불러서는 안 되는 경우는 네 가지입니다. 여러 백부와 숙부는 신하이지만 신하라고 불러서는 안 되고, 같은 항렬의 여러 형님도 신하이지만 신하라고 불러서는 안 되며, 선왕이 거느렸던 신하들도 신하이지만 신하라고 불러서는 안 되고, 다움이 성대한 선비도 신하이지만 신하라고 불러서는 안 됩니다. 이것을 일러 큰 순리[大順]라고 합니다."

湯問伊尹曰: '三公九卿大夫列士, 其相去何如?' 伊尹對曰: '三公者, 知通於大道, 應變而不窮, 辯於萬物之情, 通於天道者也; 其言足以調陰陽, 正四時, 節風雨, 如是者擧以爲三公, 故三公之事, 常在於道也. 九卿者, 不失四時通溝渠, 修隄防, 樹五穀, 通於地理者也; 能通不能通, 能利不能利, 如此者擧以爲九卿, 故九卿之事, 常在於德也. 大夫者, 出入與民同衆, 取去與民同利, 通於人事, 行猶擧繩, 不傷於言, 言足法於世, 不害於身, 通於關梁, 實於府庫, 如是者擧以爲大夫, 故大夫之事常在於仁也. 列士者, 知義而不失其心, 事功而不獨專其賞, 忠政強諫而無有姦詐, 去私立公而言有法度, 如是者擧以爲列士, 故列士之事, 常在於義也. 故道德仁義定而天下正, 凡此四者明王臣而不臣.' 湯曰: '何謂臣而不臣?' 伊尹對曰: '君之所不名臣者四, 諸父·臣而不名, 諸兄·臣而不名, 先生之臣·臣而不名, 盛德之士·臣而不名, 是謂大順.'

2-3

탕왕이 이윤에게 말했다.

"옛날에 삼공·구경·대부·열사를 둔 까닭은 무엇인가?"

이윤이 대답해 말했다.

"삼공은 왕의 일[王事=國事]에 참여하고, 구경은 삼공의 일에 참여하고, 대부는 구경의 일에 참여하고, 열사는 대부의 일에 참여합니다. 그런데 참여하는 사람 중에서도 깊이 참여하는 사람이 있으니, 이를 일러 일을 하는 근본을 아는 사람[事宗]이라고 합니다. 일을 하는 근본을 아는 사람을 잃지 않아야 (조정의) 안팎이 마치 하나인 것처럼 됩니다."

湯問伊尹曰: '古者所以立三公·九卿·大夫·列士者, 何也?' 伊尹對曰: '三公者, 所以參王事也; 九卿者, 所以參三公也; 大夫者, 所以參九卿也; 列士者, 所以參大夫也. 故參而有參, 是謂事宗, 事宗不失, 外內若一.'

2-4

자공(子貢)이 공자에게 물었다.

"지금 신하 중에서는 누가 뛰어납니까?"

공자가 말했다.

"나는 (지금 신하들에 대해서는) 잘 모르겠지만 옛날에는 제나라 포숙(鮑叔)과 정나라 자피(子皮)가 뛰어난 이였지."

자공이 물었다.

"그렇다면 제나라 관중이나 정나라 자산은 (뛰어난 이가) 아닙니까?"

공자가 말했다.

"사(賜-자공의 이름)야! 너는 단지 하나만 알고 둘은 모르는구나. 네가 듣기에는 뛰어난 이를 나아오게 하는 것이 뛰어나느냐, 아니면 자기가 온 힘을 다하는 것이 뛰어나느냐?"

자공이 말했다.

"뛰어난 이를 나아오게 하는 것이 뛰어나지요."

공자가 말했다.

"그렇다. 나는 포숙이 관중을 나아오게 하고 자피가 자산을 나아오게 했다는 말은 들었으나, 관중이나 자산이 누구를 나아오게 한 바는 들어본 적이 없다."

子貢問孔子曰: '今之人臣孰爲賢?' 孔子曰: '吾未識也, 往者齊有鮑叔, 鄭有子皮, 賢者也.' 子貢曰: '然則齊無筦仲, 鄭無子產乎?' 子曰: '賜, 汝徒知其一, 不知其二, 汝聞進賢爲賢耶? 用力爲賢耶?' 子貢曰: '進賢爲賢?' 子曰: '然, 吾聞鮑叔之進筦仲也, 聞子皮之進子產也, 未聞筦仲子產有所進也.'

2-4부터는 먼저 재상론을 다루는데, 특히 재상감의 기준을 다양하게 제시하고 있다. 그런데 이곳과 달리 『논어』 「공야장(公冶長)」편에서의 정나라 자산에 대한 공자의 평가는 매우 좋다.

(자산에게는) 군자의 네 가지 도리가 있었으니, 몸가짐이 공손했고〔恭〕 윗사람을 섬김에 공경을 다했으며〔敬〕 백성을 보살피는 데 있어 은혜로웠으며〔惠〕 백성을 부림이 마땅했다〔義〕.

그러면서 장문중(臧文仲)이라는 대부에 대해서는 나아오게 해야 할 뛰어난 이를 천거하지 않았다는 이유로 다음과 같이 비판한다. 「위령공(衛靈公)」편이다.

장문중은 지위를 도둑질한 자〔竊位者〕라 할 것이다. 유하혜가 뛰어나다는 것을 알고서도 더불어 조정에 서지 아니했다.

2-5

위(魏)나라 문후(文侯)가 장차 재상을 임명하기 위해 이극(李克)을 불러서 물었다.

"과인이 장차 재상을 임명하려고 하는데, 계성자(季成子)와 적촉(翟觸) 중에서 임명한다면 나는 누구를 임명하는 것이 좋겠소?"

이극이 말했다.

"신이 듣건대 지위가 낮은 사람은 높은 사람의 일에 대해 의견을 낼 수 없고, 외부 사람은 내부 사람의 일에 대해 의견을 낼 수 없으며, 소원한 사람은 친근한 사람의 일에 대해 의견을 내지 않는다고 했습니다. 신하 된 자는 소원하고 지위가 낮으니 감히 명을 따를 수가 없습니다."

문후가 말했다.

"이는 국가의 일이니, 바라건대 선생은 일에 임해 사양하지 마시오."

이극이 말했다.

"임금께서 깊이 살피지 않은 때문이니, (깊이 살피신다면) 얼마든지 알 수 있습니다. 그 사람이 존귀할 때는 그가 천거하는 사람을 살펴보고, 부유할 때는 그가 어울리는 사람을 살펴보며, 가난할 때는 그가 취하지 않는 바를 살펴보고, 곤궁할 때는 그가 하지 않는 바를 살펴봐야 합니다. 이를 통해 살피신다면 얼마든지 (사람됨을) 알 수 있습니다."

문후가 말했다.

"선생은 나가도 좋소. 과인은 재상을 결정했소."

이극이 물러나서 적황(翟黃-적촉)을 방문하니, 적황이 물었다.

"제가 듣건대 임금께서 선생에게 재상에 관해 물었다는데, 과연 누가 재상이 될지 알지 못합니다."

이극이 말했다.

"계성자가 재상이 될 것이네."

적황이 낯빛을 바꾸고 불쾌해하면서 말했다.

"촉은 선생에게 실망했습니다."

이극이 말했다.

"그대는 어찌 갑자기 나에게 실망을 하는가? 그대가 나를 그대 임금에게 천거하는 말을 한 것은 아마도 나와 한패를 이뤄 높은 벼슬을 구하려 한 것이었나 보군. 임금께서 나에게 재상에 관해 물어보시기에 나는 이렇게 답했네.

'임금께서 깊이 살피지 않은 때문이니, (깊이 살피신다면) 얼마든지 알 수 있습니다. 그 사람이 존귀할 때는 그가 천거하는 사람을 살펴보고, 부유할 때는 그가 어울리는 사람을 살펴보며, 가난할 때는 그가 취하지 않는 바를 살펴보고, 곤궁할 때는 그가 하지 않는 바를 살펴봐야 합니다. 이를 통해 살피신다면 얼마든지 (사람됨을) 알 수 있습니다.'

임금께서 말씀하시기를 '선생은 나가도 좋소. 과인은 재상을 결정했소'라고 하시기에, 이것으로써 나는 계성자가 재상이 되리라는 것을 알아차린 것이네."

적황이 불쾌해하면서 말했다.

"저는 어째서 바로 재상이 될 수 없습니까? 서하태수(西河太守-吳起)는 제가 (추천해서) 맡겼고, 계사내사(計事內史)도 제가 (추천해서) 맡겼습니다. 왕께서 중산(中山)을 공격하고자 하실 때 나는 악양(樂羊)으로 나아가게 했고, 중산을 다스릴 만한 신하가 없다고 하시기에 선생을 나아가게 했으며, 왕자를 가르칠 스승이 없다고 하시기에 굴후부(屈侯附)를 나아가게 했습니다. 제가 어찌 계성자보다 못하단 말입니까?"

이극이 말했다.

"계성자만 못하다네. 계성자는 식읍에 1,000종(鍾)의 수입이 있었는데, 10분의 9는 밖에다 쓰고 10분의 1만 집 안에 썼네. 이렇게 해서 동쪽에서 복자하(卜子夏), 전자방(田子方), 단간목(段干木)을 얻었는데, 그가 천거한 이들은 임금의 스승이 될 만했지만, 그대가 천거한 이들은 신하가 될 만한 재목이라네."

적황은 마침내 부끄러워하며 말했다.

"제가 선생께 드릴 말씀이 없으니, 스스로 더 닦은 다음에 배움을 청하겠습니다."

말이 아직 끝나지도 않았는데 좌우 사람들은 계성자가 재상에 세워졌다고 말했다.

이에 적황이 아무 말 없이 낯빛을 바꾸고 속으로 부끄러워하며 감히 집 밖으로 나오지 못한 것이 석 달이었다.

魏文侯且置相, 召李克而問焉, 曰: '寡人將置相, 置於季成子與翟觸, 我孰置而可?' 李克曰: '臣聞之, 賤不謀貴, 外不謀內, 疏不謀親, 臣者疏賤, 不敢聞命.' 文侯曰: '此國事也, 願先生臨事勿辭.' 李克曰: '君不察故也, 可知矣. 貴視其所擧, 富視其所與, 貧視其所不取, 窮視其所不爲. 由此觀之, 可知矣.' 文侯曰: '先生出矣, 寡人之相定矣.' 李克出, 過翟黃, 翟黃問曰: '吾聞君問相於先生, 未知果孰爲相?' 李克曰: '季成子爲相.' 翟黃作色不說曰: '觸失望於先生.' 李克曰: '子何遽失望於我, 子之言我於子之君也, 豈與我比周而求大官哉? 君問相於我, 臣對曰: "君不察故也, 貴視其所擧, 富視其所與, 貧視其所不取, 窮視其所不爲, 由此觀之可知也." 君曰: "出矣, 寡人之相定矣." 以是知季臣子爲相.' 翟黃不說曰: '觸何遽不爲相乎? 西河之守, 觸所任也; 計事內史, 觸所任也; 王欲攻中山, 吾進樂羊; 無使治之臣, 吾進先生; 無使傅其子, 吾進屈侯附. 觸何負於季成子?' 李克曰: '不如季成子. 季成子食采千鍾, 什九居外一居中; 是以東得卜子夏, 田子方, 段干木, 彼其所擧人主之師也, 子之所擧, 人臣之才也.' 翟黃方然而慚曰: '觸失對於先生, 請自修, 然後學.' 言未卒, 而左右言季成子立爲相矣. 於是 翟黃默然變色內慚, 不敢出, 三月也.

2-6

초나라 영윤(令尹-재상)이 죽자 경공(景公)이 성공건(成公乾)을 만나서 말했다.

"영윤 자리는 장차 어디로 돌아갈 것 같소?"

성공건이 말했다.

"아마도 굴춘(屈春)에게로 돌아가겠지요."

경공이 화를 내며 말했다.

"조정 사람들은 나에게 돌아올 거라고 여기는데요."

성공건이 말했다.

"그대는 자질이 모자라고 굴춘은 넉넉합니다. 자의획(子義獲)은 천하의 지극한 근심거리인데도 그대는 그를 벗으로 삼았고, 명학(鳴鶴)과 추구(芻狗)는 지혜가 크게 적은데도 그대는 그들을 아껴주었소. 치이자피(鴟夷子皮)는 날마다 굴춘을 모셨고 손파(損頗)는 그의 벗이 되었으니, 두 사람은 지혜가 충분히 영윤이 될 만한데도 감히 자기 지혜를 제 마음대로 쓰지 않고 굴춘에게 맡겼습니다. 그래서 저는 정사가 굴춘에게 돌아갈 것이라고 말한 것입니다."

楚令尹死, 景公遇成公乾曰: '令尹將焉歸?' 成公乾曰: '殆於屈春乎!' 景公怒曰: '國人以爲歸於我.' 成公乾曰: '子資少, 屈春資多, 子義獲天下之至憂也, 而以爲友; 鳴鶴與芻狗, 其知甚少, 而子玩之. 鴟夷子皮日侍於屈春, 損頗爲友, 二人者之智, 足以爲令尹, 不敢專其智而委之屈春. 故曰: 政其歸於屈春乎!'

2-7

전자방(田子方)이 서하(西河)를 건너 적황(翟黃)을 방문했다. 적황은 휘장을 둘러친 수레에 화려한 덮개를 하고서 황금 장식을 한 말굴레에 옥을 끈으로 묶어 대자리를 눌렀는데, 4마리 말이 끄는 이런 수레가 80대였다.

자방은 그것을 바라보며 임금이라 생각하고는 길이 좁고 낮아서 수레를 한쪽으로 밀쳐놓고 행렬을 기다렸다. 적황이 도착해서 그를 보았더니 자방인지라, 수레에서 내려 빠른 걸음으로 가서 스스로를 낮추며 말했다.

"적촉(翟觸-적황)입니다."

전자방이 말했다.

"그대였구먼! 나는 조금 전에 그대를 보면서 혹시 임금인가 했는데, 그대가 도착하고서 보니 신하였네. 도대체 어찌 된 일인가?"

적황이 대답해 말했다.

"이는 모두 임금께서 신에게 내려준 것인데, 30년 동안 모아두었더니 이렇게 되었습니다. 때마침 한가한 틈을 타서 광야로 가다가 딱 선생과 마주치게 된 것입니다."

자방이 말했다.

"어떻게 그대는 수레를 그처럼 많이 받을 수 있었는가?"

적황이 대답해 말했다.

"옛날에 서하에 지킬 만한 태수가 없어 제가 오기(吳起)를 나아가게 했고, 서하 밖 영업(寧鄴)에 현령이 없어 제가 서문표(西門豹)를 나아가게 했습니다. 그래서 위나라에는 초나라가 침입하는 근심이 없어졌습니다. 산조(酸棗)에 현령이 없어 제가 북문가(北門可)를 나아가게 했더니, 그래서 위나라에는 제나라가 침입하는 근심이 없어졌습니다.

위나라가 중산국(中山國)을 공격하려 하기에 제가 악양(樂羊)을 나아가게 해서 중산국을 뽑아버렸습니다. 이미 중산국을 뽑아버린 뒤에는 위나라에 잘 다스릴 만한 신하가 없어 제가 이극(李克)을 나아가게 하니, 위나라가 크게 다스려졌습니다. 이처럼 다섯 대부를 나아가게 한 일로 인해 작위와 녹봉이 배로 늘어났기 때문에 이렇게 된 것입니다."

자방이 말했다.

"그렇다면 그대는 계속 그쪽으로 힘쓰시게. 위나라 재상은 그대에게 가지 않고 다른 사람에게 갈 것이네."

적황이 대답해 말했다.

"임금의 친동생 중에 공손계성(公孫季成)이란 사람이 있는데, 자하(子夏)를 나아오게 하니 임금께서는 그를 스승으로 삼았고 단간목을 나아오게 하니 그를 벗으로 삼았으며 선생을 나아오게 하니 임금께서 존경하셨습니다. 그가 나아오게 한 사람은 스승이고 벗이고 존경하는 사람이지만 제가 나아오게 한 사람은 모두 자리를 지키며 녹봉을 받는 신하들이니, 어떻게 위나라 재상에 오르겠습니까?"

자방이 말했다.

"내가 듣건대, 그 자신이 뛰어난 자도 뛰어나지만, 능히 뛰어난 이를 나아오게 하는 것 또한 뛰어나다고 했네. 그대가 천거한 다섯 사람이 모두 뛰어나니, 그대가 계속 그쪽으로 힘쓴다면 마침내 그다음에 (재상이) 될 것이네."

田子方渡西河, 造翟黃, 翟黃乘軒車, 載華蓋黃金之勒, 約鎮簟席, 如此者其駟八十乘. 子方望之以爲人君也, 道狹下抵車而待之. 翟黃至而睹其子方也, 下車而趨, 自投下風, 曰: '觸.' 田子方曰: '子與! 吾嚮者望子疑以爲人君也, 子至而人臣也, 將何以至此乎?' 翟黃對曰: '此皆君之所以賜臣也, 積三十歲故至於此, 時以間暇祖之曠野, 正逢先生.' 子方曰: '何子賜車輦之厚也?' 翟黃對曰: '昔者西河無守, 臣進吳起; 而西河之外, 寧鄴無令, 臣進西門豹; 而魏無趙患, 酸棗無令, 臣進北門可; 而魏無齊憂, 魏欲攻中山, 臣進樂羊而中山拔; 中山已拔, 魏無使治之臣, 臣進李克而魏國大治. 是以 進此五大夫者, 爵祿倍以故至於此.' 子方曰: '可, 子勉之矣, 魏國之相不去子而之他矣.' 翟黃對曰: '君母弟有公孫季成者, 進子夏而君師之, 進段干木而君友之, 進先生而君敬之, 彼其所進, 師也, 友也, 所敬者也, 臣之所進者, 皆守職守祿之臣也, 何以至魏國相乎?' 子方曰: '吾聞身賢者賢也, 能進賢者亦賢也, 子之五舉者盡賢, 子勉之矣, 子終其次也.'

2-7에서는 스승 같은 신하, 벗 같은 신하를 언급하고 있다. 뒤에 나오지만, 그 밖의 다른 유형은 노비 같은 신하다. 그리고 자신이 뛰어난 것 못지않게 뛰어난 이를 천거하는 일 또한 중요함을 강조하고 있다. 2-8도 마찬가지다.

2-8

제나라 위왕(威王)이 요대(瑤台)에서 놀고 있을 때 성후경(成侯卿-추기(鄒忌))이 일을 아뢰고자 왔는데, 따르는 수레가 매우 많았다. 왕이 그것을 바라보다가 좌우 신하들에게 일러 말했다.

"저기 오는 자가 누구인가?"

좌우에서 말했다.

"성후경입니다."

왕이 말했다.

“나라가 지극히 가난하건만 어찌하여 행차가 저리도 성대한가?”

좌우에서 말했다.

“남에게 준 사람은 그것을 따져 물을 수 있고, 남에게 받은 사람은 그것을 바꿀 수 있습니다.”

왕이 그 설을 시험 삼아 물어보고자 했다. 성후경이 도착해 왕을 알현하고 말했다.

“기(忌)입니다.”

왕이 응답하지 않자 또 말했다.

“기입니다.”

왕이 응답하지 않자 또 말했다.

“기입니다.”

왕이 말했다.

“나라가 지극히 가난하건만 어찌하여 행차가 이리도 성대한가?”

성후경이 말했다.

“저의 죽을죄를 용서하시고 신이 그 이유를 말할 수 있게 해주십시오.”

왕이 말했다.

“그리하라.”

대답해 말했다.

“제가 전거자(田居子)를 천거해 서하를 맡게 하니 (그쪽의) 진(秦)나라와 양(梁)나라가 약해졌고, 제가 전해자(田解子)를 천거해 남성(南城)을 맡게 하니 초(楚)나라 사람들이 비단을 안고 조현했으며, 제가 검탁자(黔涿子)를 천거해 명주(冥州)를 맡게 하니 연(燕)나라 사람들이 희생(犧牲)을 보내오고 조(趙)나라 사람들이 자성(粢盛-제사에 쓰는 곡식)을 보내왔습니다. 제가 전종수자(田種首子)를 천거해 즉묵(卽墨)을 맡게 하자 제나라 재정이 풍족해졌고, 제가 북곽도발자(北郭刀勃子)를 천거해 대사(大士)[007]로 삼자 구족(九族)이 더욱 친목하고 백성이 더욱 부유해졌습니다. 이처럼 훌륭한 사람들을 천거하니 왕께서는 베개를 높이 베고 누울 수 있게 되었을 뿐인데, 어찌 나라가 가난함을 근심하십니까?"

齊威王遊於瑤台, 成侯卿來奏事, 從車羅騎甚衆, 王望之謂左右曰: '來者何爲者也?' 左右曰: '成侯卿也.' 王曰: '國至貧也, 何出之盛也?' 左右曰: '與人者有以責之也, 受人者有以易之也.' 王試問其說. 成侯卿至, 上謁曰: '忌也.' 王不應. 又曰: '忌也.' 王不應. 又曰: '忌也.' 王曰: '國至貧也, 何出之盛也?' 成侯卿曰: '赦其死罪, 使臣得言其說.' 王曰: '諾'. 對曰: '忌擧田居子爲西河而秦梁弱, 忌擧田解子爲南城, 而楚人抱羅綺而朝, 忌擧黔涿子爲冥州, 而燕人給牲, 趙人給盛, 忌擧田種首子爲即墨, 而於齊足究, 忌擧北郭刀勃子爲大士, 而九族益親, 民益富. 擧此數良人者, 王枕而臥耳, 何患國之貧哉?'

2-9

진(秦)나라 목공(穆公)이 장사꾼을 시켜 위(衛)나라에서 소금을 실어오게 하고자 장사꾼을 불렀는데, 장사꾼은 숫양 5마리 가죽을 (대가로) 주고 백리해(百里奚)를 사서 수레를 몰고 진나라로 가게 했다. 진나라 목공이 백리해의 수레를 끌고 온 소가 살찐 것을 보고 말했다.

"짐은 무겁고 길은 멀어 험했을 텐데, 소가 어찌 이처럼 살쪘는

007 형벌을 주관하는 대리경(大理卿)과 같다.

가?"

대답해 말했다.

"신은 때에 맞게 먹이와 물을 주고 사납게 다루지 않았습니다. 험한 곳이 있으면 제가 몸소 앞뒤를 살폈기에 이 때문에 살찐 것입니다."

목공은 그가 군자임을 알아보고서 담당 관리에게 그를 목욕시키고 의관을 갖추게 한 뒤 더불어 좌담을 나눠보고는 크게 기뻐했다. 다른 날 공손지(公孫支)와 정사를 논하는데, 공손지가 크게 불안해하면서 말했다.

"임금께서는 귀 밝고 눈 밝으시며 깊이 사려해 살피시는데, 아마도 빼어난 이를 얻으신 듯하옵니다."

공이 말했다.

"그렇다. 나는 저 백리해의 말을 듣고 기뻤다. 저 사람은 빼어난 이에 가깝다 할 것이다."

공손지는 드디어 갔다가 기러기를 갖고 돌아와 축하하며 말했다.

"임금께서 사직을 지켜낼 빼어난 신하를 얻으셨으니, 감히 사직의 복을 경하드립니다."

공은 사양하지 않고 두 번 절하고서 그것을 받았다. 다음날 공손지가 마침내 상경(上卿) 자리를 백리해에게 양보할 것을 청하며 말했다.

"진나라는 궁벽한 곳에 처해 있고 백성은 견문이 좁고 무지하니, 이것이 위태로움과 망함의 근본입니다. 신은 높은 자리에 있는 것이 부족함을 스스로 알고 있으니 양보할 것을 청하옵니다."

공이 허락하지 않자 공손지가 말했다.

"임금께서는 빈상(賓相)의 천거 없이도 사직을 지켜낼 빼어난 신하를 얻으셨으니 임금의 복이시고, 신은 뛰어난 이를 만나 그에게 양보하니 신의 복입니다. 지금 임금께서는 이미 그 복을 얻으셨으니, 신으로 하여금 복을 잃게 하심이 될 일이겠습니까? 청컨대 끝내 물러나겠습니다."

공이 (그래도) 허락하지 않자 공손지가 말했다.

"신이 불초한데도 높은 자리에 있다면 이는 임금께서 도리를 잃는 것이요 신이 불초해서 임금으로 하여금 도리를 잃게 만든다면 이는 신의 잘못이니, 뛰어난 이를 나아오게 하고 불초한 이를 물러나게 하는 것이야말로 임금의 눈 밝음입니다. 신이 높은 자리에 처해서 임금의 임금다움을 폐기한다면 이는 역신(逆臣)이나 하는 짓이니, 신은 장차 도망쳐버리겠습니다."

공이 마침내 그것을 받아들였다. 그래서 백리해는 상경이 되어 국사를 처리하고, 공손지는 차경(次卿)으로서 그를 보좌했다.

秦穆公使賈人載鹽於衛, 徵諸賈人, 賈人買百里奚以五羖羊之皮, 使將車之秦, 秦穆公觀鹽, 見百里奚牛肥, 曰: '任重道遠以險, 而牛何以肥也?' 對曰: '臣飮食以時, 使之不以暴; 有險, 先後之以身, 是以 肥也.' 穆公知其君子也, 令有司其沐浴爲衣冠與坐, 公大悅, 異日與公孫支論政, 公孫支大不寧曰: '君耳目聰明, 思慮審察, 君其得聖人乎!' 公曰: '然, 吾悅夫奚之言, 彼類聖人也.' 公孫支遂歸取鴈以賀曰: '君得社稷之聖臣, 敢賀社稷之福.' 公不辭, 再拜而受, 明日, 公孫支乃致上卿以讓百里奚曰: '秦國處僻, 民陋以愚無知, 危亡之本也, 臣自知不足以處其上, 請以讓之.' 公不許, 公孫支曰: '君不用賓相而得社稷之聖臣, 君之祿也; 臣見賢而讓之, 臣之祿也. 今君旣得其祿矣, 而使臣失祿可乎? 請終致之!' 公不許. 公孫支曰: '臣不肖而處上位是君失倫也, 不肖失倫, 臣之過, 進賢而退不肖, 君之明也, 今臣處位, 廢君之德而逆臣之行也, 臣將逃.' 公乃受之. 故百里奚爲上卿以制之, 公孫支爲次卿以佐之也.

2-10

(진(晉)나라 대부) 간주(簡主-조간자(趙簡子))가 진양(晉陽)에서 한단(邯鄲)으로 가다가 중도에 멈추니, 수레를 끌던 관리가 나아와 어째서 멈추느냐고 물었다. 간주가 말했다.

"동안우(董安于)가 뒤처졌기 때문이다."

관리가 말했다.

"이는 삼군(三軍)의 일인데, 군께서는 어찌 한 사람 때문에 삼군을 지체시키십니까?"

"알겠다."

100걸음쯤 몰아가다가 또 멈추자 관리가 장차 나아가 간언하려고 했는데, 동안우가 때마침 도착했다. 간주가 말했다.

"진(秦)나라 길이 진(晉)나라와 마주치는 것을 내가 사람을 시켜 막았어야 했는데 깜빡했도다."

동안우가 말했다.

"그것이 제가 뒤처진 까닭입니다."

간주가 말했다.

"관의 보옥(寶玉)을 내가 사람을 시켜 실었어야 했는데 깜빡했도다."

대답해 말했다.

"그것이 제가 뒤처진 까닭입니다."

간주가 말했다.

"행인(行人-외교관) 촉과(燭過)는 나이가 많고 그의 말은 일찍이 진나라에 규범이 되지 않은 바가 없었는데, 내가 사람을 시켜 하직 인사를 하고 안부를 물었어야 했는데 깜빡했도다."

대답해 말했다.

"그것이 제가 뒤처진 까닭입니다."

간주는 안을 잘 살피고 밖으로 사람을 볼 줄 알았다고 할 것이로다! 그래서 자기 몸은 편안했고 나라는 안정되었다. 어사대부 주창(周昌)이 말했다.

"임금이 실로 능히 간주와 같다면 조정은 위태롭지 않을 것이다."

趙簡主從晉陽之邯鄲, 中路而止, 引車吏進問何爲止, 簡主曰: '董安于在後.' 吏曰: '此三軍之事也, 君奈何以一人留三軍也?' 簡主曰: '諾.' 驅之百步又止, 吏將進諫, 董安于適至, 簡主曰: '秦道之與晉國交者, 吾忘令人塞之.' 董安于曰: '此安于之所爲後也.' 簡主曰: '官之寶璧吾忘令人載之.' 對曰: '此安于之所爲後也.' 簡主曰: '行人燭過年長矣 言未嘗不爲晉國法也 吾行忘令人辭且聘焉.' 對曰: '此安于之所爲後也.' 簡主可謂內省外知人矣哉! 故身佚國安, 御史大夫周昌曰: '人主誠能如趙簡主, 朝不危矣.'

2-10에서 조간자와 동안우는 사직지신(社稷之臣)이란 무엇인지를 잘 보여주고 있다. 2-9에서 백리해가 사직지신임을 말했는데, 이어 2-11에서도 사직지신에 관한 이야기가 이어진다. 군주제 사회에서는 최고의 신하가 바로 사직지신이기 때문이다.

2-11

안자(晏子)가 경공(景公)을 모실 때였는데, 공이 말했다.

"아침이라 추우니 따뜻한 음식을 가져다주시오."

대답해 말했다.

"저는 임금을 위해 주방에서 음식을 만드는 신하가 아니니 감히 사양합니다."

공이 말했다.

"그러면 가죽옷이나 가져다주시오."

대답해 말했다.

"저는 임금의 전택(田澤)을 관장하는 신하가 아니니 감히 사양합니다."

"그러면 선생은 과인에게 어떤 사람이오?"

대답해 말했다.

"사직지신입니다."

공이 말했다.

"사직지신이 뭐요?"

대답해 말했다.

"사직지신은 능히 사직을 바로 세우니, 위아래의 마땅함을 분변해서 그 이치에 맞게끔 하고 백관의 질서를 제어해서 각각 그 마땅함을 얻게끔 하며 사령(辭令-외교 문서와 명령)을 지어서 사방에 반포합니다."

이때부터 임금은 안자를 만나볼 때면 반드시 예(禮)로써 대했다.

晏子侍於景公, 公曰: '朝寒請進熱食.' 對曰: '嬰非君之廚養臣也, 敢辭.' 公曰: '請進服裘.' 對曰: '嬰非君田澤之臣也, 敢辭.' 公曰: '然, 夫子於寡人奚爲者也?' 對曰: '社稷之臣也.' 公曰: '何謂社稷之臣?' 對曰: '社稷之臣, 能立社稷, 辨上下之宜, 使得其理; 制百官之序, 使得其宜; 作爲辭令, 可分布於四方.' 自是之後, 君不以禮不見晏子也.

2-11부터 2-15까지는 안자의 사례를 통해 사직지신이란 어떤 것인지를 보여주고 있다.

2-12

제후(齊侯-제나라 경공)가 안자에게 물었다.

"충신이 자기 임금을 섬길 때는 어떠하오?"

대답해 말했다.

"임금이 어려움을 만나도 따라 죽지 않고, 임금이 나라 밖으로 달아나도 전송하지 않습니다."

임금이 말했다.

"땅을 떼어 봉해주고 벼슬을 나눠 귀하게 해주었건만, 임금이 어려움이 있는데도 따라 죽지 않고 나라 밖으로 달아나도 전송하지 않는다면 충성스럽다고 할 수 있겠소?"

대답해 말했다.

"말을 하면 쓰여서 죽을 때까지 어려움이 없을 텐데 신하가 어찌 따라 죽을 것이며, 간언을 하면 바로 따르므로 죽을 때까지 도망칠 일이 없을 텐데 신하가 어찌 전송하겠습니까? 만약에 신하가 말을 했는데도 쓰지 않아 어려움이 생겨났다면 따라 죽는다고 해봤자 헛된 죽음이고, 간언을 했는데도 따르지 않아서 도망치게 되었다면 전송한다고 해봤자 임금을 속이는 짓입니다. 그래서 충신이란 능히 임금에게 좋은 말이 들어가게 하지, 임금과 더불어 어려움에 빠지지 않습니다."

齊侯問於晏子曰: '忠臣之事其君何若?' 對曰: '有難不死, 出亡不送.' 君曰: '裂地而封之, 疏爵而貴之; 君有難不死, 出亡不送, 可謂忠乎?' 對曰: '言而見用, 終身無難, 臣何死焉; 諫而見從, 終身不亡, 臣何送焉. 若言不見用, 有難而死之, 是妄死也; 諫而不見從, 出亡而送之, 是詐爲也. 故忠臣者能納善於君而不能與君陷難者也.'

2-12에서 말하는 충신은 사직지신과 통한다.

2-13

안자가 조회에 나올 때 다 낡은 수레에 둔한 말이 그것을 끌었는데, 경공이 보고서 말했다.

"아! 선생의 녹봉이 적은가 보오! 어찌 제대로 감당도 못 하는 아주 나쁜 수레를 타는 것이오?"

안자가 대답해 말했다.

"임금께서 내려주시는 것에 의지해서 얼마든지 삼족(三族-부모·형제·처자)이 먹고살 수 있고 나라 안에서 교유하는 사람들이 모두 살아갈 수 있습니다. 신은 따뜻한 옷을 입고 배불리 먹으면서 낡은 수레 둔한 말로써도 제 몸을 받들 수 있으니, 신으로서는 충분합니다."

안자가 나가자 공이 양구거(梁丘據)를 보내 그에게 큰 수레와 말 4필을 내려주었는데, 세 번이나 돌려보내며 받지 않으니 공이 불쾌해하며 급히 안자를 불렀다. 안자가 도착하자 공이 말했다.

"선생이 받지 않으면 과인도 (앞으로) 수레를 타지 않겠소."

안자가 대답해 말했다.

"임금께서 신으로 하여금 백관을 다스리게 하셨으니 신은 의복·음식 등 봉양을 절약함으로써 제나라 사람들에게 모범을 보이고자 하는데도 그러나 오히려 그들이 사치하고 자신들의 행실을 돌아보지 않을까 두렵습니다. 그런데 지금 큰 수레와 말 4필은 임금이 위에서 타시는 것인데 신 또한 아래에서 그것을 타게 되면 백성은 마땅하지 않은 쪽으로 나아가 입고 먹는 것에서 사치를 부리며 자기 행실을 돌아보지 않을 것이니 (이리되면) 신은 그들을 금하게 할 방도가 없습니다."

결국 사양하고 받지 않았다.

晏子朝, 乘敝車, 駕駑馬, 景公見之曰: '嘻! 夫子之祿寡耶! 何乘不任之甚也!' 晏子對曰: '賴君之賜, 得以壽三族及國交遊皆得生焉, 臣得暖衣飽食, 敝車駑馬, 以奉其身, 於臣足矣.' 晏子出, 公使梁丘據遺之輅車乘馬, 三返不受, 公不悅, 趣召晏子, 晏子至, 公曰: '夫子不受, 寡人亦不乘.' 晏子對曰: '君使臣臨百官之吏, 臣節其衣服飲食之養, 以先齊國之人, 然猶恐其侈靡而不顧其行也; 今輅車乘馬, 君乘之上, 臣亦乘之下, 民之無義, 侈其衣食而不顧其行者, 臣無以禁之.' 遂讓不受也.

2-14

경공이 술을 마실 때 진환자(陳桓子)가 모시고 있었는데, 멀리서 안자가 오는 것을 보고는 경공에게 말씀을 올렸다.

"안자에게 벌주를 내릴 것[浮=罰酒]을 청하옵니다."

공이 말했다.

"무슨 까닭으로?"

대답해 말했다.

"안자는 검은 베로 만든 옷을 입고 값싼 사슴 가죽 외투를 걸친 채 나무할 때나 쓰는 수레를 타고 다니면서 둔한 말이 끄는 수레를 타고 조회를 하러 오니, 이는 임금께서 은혜를 내려주심을 숨기는 짓입니다."

공이 말했다.

"그리하라."

술 따르는 사람이 잔을 받들어 안자에게 주며 말했다.

“임금께서 선생에게 벌주를 내리셨습니다.”

안자가 말했다.

“무슨 까닭인가?”

진환자가 말했다.

“임금께서 벼슬과 지위를 내리시어 그 몸을 높여주고 백만 녹봉을 주시어 집안을 부유하게 해주시니, 여러 신하 중에 벼슬이 그대보다 높은 사람이 없고 녹봉이 그대보다 두터운 사람이 없습니다. 그런데 지금 그대께서는 베로 만든 옷을 입고 값싼 사슴 가죽 외투를 걸친 채 나무할 때나 쓰는 수레를 타고 다니면서 둔한 말이 끄는 수레를 타고 조회를 하러 오니, 이는 임금께서 은혜를 내려주심을 숨기는 짓입니다. 그러니 그대에게 벌주를 내리신 것입니다.”

안자는 자리를 벗어나며 말했다.

“벌주를 마신 다음에 말을 할까요? 말을 한 다음에 벌주를 마실까요?”

공이 말했다.

“말을 한 다음에 마시시오.”

안자가 말했다.

“임금께서 벼슬과 지위를 내려주시어 이 몸을 현달하게 해주셨지만, 저는 감히 현달을 위해 받은 것이 아니라 임금의 명령을 행하기 위해 받은 것입니다. 백만 녹봉을 주시어 집안을 부유하게 해주셨지만, 저는 감히 부자가 되기 위해 받은 것이 아니라 임금께서 내려주신 것을 널리 퍼뜨리기 위해 받은 것입니다.

신이 듣건대 옛날의 뛰어난 임금은 신하가 두터운 녹봉을 받고서도 향리의 가족[國族=鄕族]을 돌보지 않으면 허물로 여겼고, 일에 임해 자리만 지키면서 그 맡은 바를 감당하지 못하면 허물로 여겼다고 했습니다. 궁궐 안에 속한 신하들은 신의 부형과 같으니 만일 임금 곁을 떠나 들판이나 국경 지역을 떠도는 이가 생긴다면 이는 신의 죄이고, 궁궐 밖에 속한 신하들은 신이 맡고 있는 사람들이니 만일 사방을 떠도는 사람들이 생긴다면 이는 신의 죄입니다. 무기가 완비되지 않고 전차가 제대로 정비되어 있지 않은 것 또한 신의 죄입니다. (그러나) 낡은 수레와 둔한 말을 타고 임금을 조현하는 것은 신의 죄가 아닙니다. 또 신이 임금께 내려받은 것으로 인해 신의 아버지 친족 중에 수레를 타지 않는 이가 없고 어머니 친족 중에 입을 것과 먹을 것이 부족한 이가 없으며 처가 식구 중에 추위에 떨고 굶주리는 자가 없지만, 나라 안에 벼슬하지 못한 선비 중에는 신을 기다려서야 방을 짓기 위해 아궁이에 불을 때는 자가 수백 집입니다. (그렇다면 이것은) 임금이 내려주신 것을 숨긴 것입니까, 널리 드러낸 것입니까?"

공이 말했다.

"좋도다. 나를 대신해 무우(無宇-진환자의 이름)가 벌주를 마시도록 하오."

景公飲酒, 陳桓子侍, 望見晏子而復於公曰: ‘請浮晏子.’ 公曰: ‘何故也?’ 對曰: ‘晏子衣緇布之衣, 麋鹿之裘, 棧軫之車, 而駕駑馬以朝, 是隱君之賜也.’ 公曰: ‘諾.’ 酌者奉觴而進之曰: ‘君命浮子.’ 晏子曰: ‘何故也?’ 陳桓子曰: ‘君賜之卿位以尊其身, 寵之百萬以富其家, 群臣之爵, 莫尊於子, 祿莫厚於子; 今子衣布衣之衣, 麋鹿之裘, 棧軫之車而駕駑馬以朝, 則是隱君之賜也, 故浮子.’ 晏子避席曰: ‘請飲而後辭乎? 其辭而後飲乎?’ 公曰: ‘辭然後飲.’ 晏子曰: ‘君賜卿位以顯其身, 嬰不敢爲顯受也, 爲行君令也; 寵之百萬以富其家, 嬰不敢爲富受也, 爲通君賜也; 臣聞古之賢君, 臣有受厚賜而不顧其國族, 則過之; 臨事守職不勝其任, 則過之; 君之內隸, 臣之父兄, 若有離散在於野鄙者, 此臣之罪也; 君之外隸, 臣之所職, 若有播亡在四方者, 此臣之罪也; 兵革不完, 戰車不修, 此臣之罪也. 若夫敝車駑馬以朝, 意者, 非臣之罪也, 且臣以君之賜, 臣父之黨無不乘車者, 母之黨無不足以衣食者, 妻之黨無凍餒者, 國之簡士待臣而後擧火者數百家, 如此爲隱君之賜乎? 彰君之賜乎?' 公曰: '善, 爲我浮無宇也.'

2-15

안자가 마침 식사를 하고 있었는데 임금이 보낸 사자가 왔기에, 그와 나눠서 먹다 보니 배불리 먹지 못했다. 사자가 돌아와서 이 사실을 경공에게 전하자 경공이 말했다.

"아! 선생 집 안이 이처럼 가난한데도 과인은 알지 못했으니 이는 과인의 잘못이다."

관리에게 영을 내려 1,000호가 사는 현 하나를 안자에게 주도록 하니, 안자는 두 번 절하고 사양하며 말했다.

"우리 집은 가난하지 않습니다. 임금께서 내려주신 것으로써 삼족이 은택을 입고 교유하는 벗들에게도 미쳤으며 백성도 진휼했으니, 임금이 내려주신 것이 두텁습니다. 우리 집은 가난하지 않습니다!

제가 듣건대 임금에게 두텁게 받아 사람들에게 두텁게 베푼다면, 이는 임금을 대신해서 임금 노릇 하는 것인지라 충신이라면 하지 않는 일이라고 했습니다. 임금에게 두텁게 받아서 자기 집에 간직해놓기만 한다면, 이는 궤짝에 그냥 담아놓는 것인지라 어진 사람이라면 하지 않는 일이라고 했습니다. 또 임금에게 두텁게 받아놓고도 사람들에게 베푼 바 없이 몸이 죽고 나서야 재물이 다른 사람에게 옮겨간다면, 이는 관리해 저장만 하는 것인지라 사리를 아는 자라면 하지 않는 일이라고 했습니다.

제가 듣건대, 남의 신하가 되어 조정에 나아가서는 임금을 충성으로 섬기지 못하고 물러나서는 능히 아랫사람을 청렴으로 대하지 못하면 8승의 베와 한 말의 쌀로 충분하다고 했습니다."

사자가 세 차례나 갔다가 돌아왔으나 끝내 사양하고 받지 않았다.

晏子方食, 君之使者至, 分食而食之, 晏子不飽, 使者返言之景公, 景公曰: '嘻, 夫子之家若是其貧也, 寡人不知也, 是寡人之過也.' 令吏致千家之縣一於晏子. 晏子再拜而辭, 曰: '嬰之家不貧, 以君之賜, 澤覆三族, 延及交遊, 以振百姓, 君之賜也厚矣, 嬰之家不貧也! 嬰聞之, 厚取之君而厚施之人, 代君爲君也, 忠臣不爲也; 厚取之君而藏之, 是筐篋存也, 仁人不爲也; 厚取之君而無所施之, 身死而財遷於他人, 是爲宰藏也, 智者不爲也. 嬰也聞, 爲人臣, 進不事上以爲忠, 退不克下以爲廉, 八升之布, 一豆之食, 足矣.' 使者三返, 遂辭不受也.

2-16

(제나라 경) 진성자(陳成子)가 치이자피에게 일러 말했다.

"어떤 마음으로 늘 나와 함께할 것인가?"

대답해 말했다.

"주군이 죽더라도 나는 죽지 않을 것이고, 주군이 달아나도 나는 달아나지 않을 것입니다."

진성자가 말했다.

"그러면 그대는 무엇으로 늘 나와 함께한다는 것인가?"

대답해 말했다.

"아직 죽지 않았을 때 죽게 될 일을 제거하고 아직 달아나지 않았을 때 달아날 일을 제거할 것이니, 이에 어찌 따라 죽거나 달아날 일이 있겠습니까?"

陳成子謂鴟夷子皮曰: '何與常也?' 對曰: '君死吾不死, 君亡吾不亡.' 陳成子曰: '然子何以與常?' 對曰: '未死去死, 未亡去亡, 其有何死亡矣!'

2-16은 앞서 보았던 2-12와 같은 취지의 내용이다.

2-17

명을 따라 임금을 이롭게 하는 것을 고분고분함[順]이라 하고 명을 따라 임금을 해롭게 하는 것을 아첨[諛=諂]이라 하며, 명을 거슬러 임금을 이롭게 하는 것을 충성[忠]이라 하고 명을 거슬러 임금을 병들게 하는 것을 어지러움[亂]이라고 한다.

임금에게 잘못이 있는데도 간쟁하지 않으면 장차 나라가 위태로워지고 사직이 망하게 되니, 임금에게 능히 할 말을 다 해서 임금이 그 말을 쓰면 머물러 있고 쓰지 않으면 떠나가는 것을 일러 간(諫)이라 하고, 임금에게 할 말을 다 하고서 임금이 쓰면 괜찮고 쓰지 않으면 죽는 것을 일러 쟁(諍)이라 한다. 서로 합심하고 힘을 함께해서 여러 신하를 거느리고 함께 임금을 굳게 바로잡으면 임금이 비록 마음은 편치 않더라도 들어주지 않을 수 없으니, 드디어 나라의 큰 환난이 풀리고 나라의 큰 폐해가 없어져서 임금을 높이고 나라를 안정시키는 데 이르게 된다. 이를 일러 보(輔)라고 한다. 능히 임금의 명에 맞서고 임금이 하는 일에 반대하면서 임금의 무거운 권력을 빌려 나라의 위태로움을 안정시키니, 임금의 치욕을 제거하고 덜어냄으로써 족히 나라의 큰 이익을 이뤄낸다. 이를 일러 필(弼)이라고 한다.

그러므로 간쟁·보필하는 사람은 사직을 지키는 신하다. 그래서 눈 밝은 임금은 그런 신하에 대해 예로써 높이지만 어두운 임금은 그런 신하를 자신의 적으로 여기니, 그래서 눈 밝은 임금은 상을 내리고 어두운 임금은 죽여버린다.

눈 밝은 임금은 묻기를 좋아하는 데[好問=好學] 반해 어두운 임금은 혼자 마음대로 하기를 좋아하며[好德], 눈 밝은 임금은 뛰어난 이를 높이고 능력 있는 신하를 잘 부림으로써 그들이 세운 공로를 향유하지만 어두운 임금은 뛰어난 이를 두려워하고 능력 있는 신하를 질투해서 그들이 세운 공업을 깎아내린다. 충성스러운 신하는 벌주고 간적(奸賊)에게는 상을 주니, 무릇 이런 자들을 일러 지극히 어두운 임금이라고 한다.

(하나라) 걸왕과 (은나라) 주왕이 망한 것도 그 때문이니, 『시경』(「대아(大雅)·탕(蕩)」편)에 이르기를 "일찍이 제대로 신하들 말을 듣지 않아서 나라의 큰 명이 그로 인해 기울었도다"라고 한 것은 이를 가리켜 한 말이다.

從命利君謂之順, 從命病君謂之諛, 逆命利君謂之忠, 逆命病君謂之亂, 君有過不諫諍, 將危國殞社稷也, 有能盡言於君, 用則留之, 不用則去之, 謂之諫; 有能盡言於君, 用則可, 不用則死, 謂之諍; 有能比知同力, 率群下相與彊矯君, 君雖不安, 不能不聽, 遂解國之大患, 除國之大害, 成於尊君安國謂之輔; 有能亢君之命, 反君之事, 竊君之重以安國之危, 除主之辱攻伐足以成國之大利, 謂之弼. 故諫諍輔弼之人, 社稷之臣也, 明君之所尊禮, 而闇君以爲己賊; 故明君之所賞, 闇君之所殺也. 明君好問, 闇君好獨, 明君上賢使能而享其功; 闇君畏賢妒能而滅其業, 罰其忠, 而賞其賊, 夫是之謂至闇, 桀紂之所以亡也. 詩云: '曾是莫聽, 大命以傾', 此之謂也.

2-17에서는 충신을 좀 더 세분화해서 간(諫)·쟁(諍)·보(輔)·필(弼)로 풀어냈다. 이는 『순자』「신도(臣道)」편에 거의 그대로 나온다. 판본에 따라서는 이 2-17의 내용을 2-16에서 계속 이어지는 치이자피의 말로 보기도 한다.

2-18에서는 다시 간쟁하는 방법을 다룬다. 신하는 일로써 임금을 돕고 말로써 임금을 돕는데, 간쟁은 말로써 돕는 일에 속한다.

2-18

간자(簡子-조간자)에게는 가신 윤작(尹綽)과 사궐(赦厥)이 있었다. 간자가 말했다.

"궐은 나를 사랑하기에 나에게 간언할 때는 반드시 많은 사람이 없는 데서 하지만, 작은 나를 사랑하지 않아서 나에게 간언할 때는 반드시 많은 사람이 있는 데서 한다."

윤작이 말했다.

"궐은 주군의 추한 면이 드러날까 안타까워하고 주군의 허물을 안타까워하지 않는 데 반해, 신은 주군의 허물을 안타까워하고 주군의 추한 면이 드러날까에 대해서는 안타까워하지 않는 것입니다."

공자가 말했다.

"군자로다 윤작이요! 면전에서 비판은 하되 칭송은 하지 않았도다."

簡子有臣尹綽·赦厥. 簡子曰: '厥愛我, 諫我必不於衆人中; 綽也不愛我, 諫我必於衆人中.' 尹綽曰: '厥也愛君之醜而不愛君之過也, 臣愛君之過而不愛君之醜.' 孔子曰: '君子哉! 尹綽, 面訾, 不面譽也.'

2-19

고료(高繚)가 안자 아래에서 벼슬해 3년 동안이나 아무런 사고가 없었는데도 안자가 그를 내쫓으니, 좌우에서 간언해 말했다.

"고료는 선생을 섬기기를 3년이나 했는데도 일찍이 벼슬이나 자리를 주지 않고 내쫓으시니, 그 의리상으로 될 일입니까?"

안자가 말했다.

"나는 비루하고 천박한 사람인지라 네 가지 벼리[四維-예·의·염·치]를 세운 다음이라야 곧아질 수 있는데, 지금 이 사람은 3년 동안 나를 섬기면서 일찍이 나의 허물을 제대로 도운 적이 없었다. 이 때문에 내쫓은 것이다."

高繚仕於晏子, 三年無故, 晏子逐之, 左右諫曰: '高繚之事夫子, 三年曾無以爵位, 而逐之, 其義可乎?' 晏子曰: '嬰仄陋之人也, 四維之然後能直, 今此子事吾三年, 未嘗弼吾過, 是以 逐之也.'

마땅히 해서는 안 되는 일을 굳이 하는 것도 예(禮), 즉 사리(事理)가 아니고, 마땅히 해야 하는데도 하지 않는 것 또한 예가 아니다. 고료는 후자에 해당한다.

2-20

자공(子貢)이 공자에게 물었다.

"저는 남 아래에 있으면서도 남 아래에 있는 사람의 도리가 무엇인지를 아직 알지 못합니다."

공자가 말했다.

"남 아래에 있는 사람은 아마도 흙과 같아야 하리라. 씨앗을 뿌리면 오곡이 자라나고 거기를 파면 단 샘물이 나오며 초목을 심어주고 짐승을 길러주며 산 사람을 서게 하고 죽은 사람을 들어가게 하니, 공로는 많지만, 그것을 내세워 말하지 않는다. 남 아래에 있는 사람은 아마도 흙과 같아야 하리라."

子貢問孔子曰: '賜爲人下, 而未知所以爲人下之道也?' 孔子曰: '爲人下者, 其猶土乎! 種之則五穀生焉, 掘之則甘泉出焉, 草木植焉, 禽獸育焉, 生人立焉, 死人入焉, 多其功而不言, 爲人下者, 其猶土乎!'

2-20은 공자가 『논어』와 『주역』에서 강조하는 '불벌(不伐)', 즉 공을 세우고도 자랑하지 않음의 문제와 직결된다. 또한 이것이 바로 「학이(學而)」편에 나오는 "남(-임금)이 알아주지 않아도 속으로조차 서운해하지 않아야 진실로 군자가 아니겠는가!"의 본뜻이다.

2-21

손경(孫卿-순자)이 말했다.

"젊은 사람이 어른을 섬기고 지위가 낮은 사람이 높은 사람을 섬기며 불초한 사람이 뛰어난 이를 섬기는 것, 이는 천하에 두루 통하는 마땅함이다.

사람이 지위가 높으면서도 남의 윗사람 된 도리를 제대로 하지 못하고 낮은 지위에 있으면서도 남의 아래에 있는 것을 부끄럽게 여기는 것, 이는 간사한 사람의 마음이다. 몸에서 간사한 마음을 떼어내지 못하고 행동에서 간사한 도리를 떼어내지 못한 채로 그러면서 많은 이에게 칭송받기를 구한다면 실로 어렵지 않겠는가?"

孫卿曰: '少事長, 賤事貴, 不肖事賢, 此天下之通義也. 有人貴而不能爲人上, 賤而羞爲人下, 此姦人之心也, 身不離姦心, 而行不離姦道, 然而求見譽於衆, 不亦難乎?'

2-22

(위(衛)나라 대부) 공숙문자(公叔文子)가 사유(史臾)에게 물었다.

"무자승(武子勝)이 조간자를 섬긴 지 오래인데도 그 총애가 느슨해지지 않는 것은 어째서인가?"

사유가 말했다.

"무자승은 견문이 넓고 재능이 많은데도 지위가 낮습니다. 임금이 제 몸처럼 여기며 가까이하면 민첩하게 공손함을 다하고, 소원하게 대하더라도 공손함을 잃지 않고 원망하는 낯빛이 없습니다. 조정에 들어와서는 국가의 모책에 참여하고 밖에 나와서는 자기가 받은 총애를 드러내지 않으며 임금이 복록을 내려주면 만족할 줄을 알아 사양합니다. 그렇기 때문에 총애가 오래갈 수 있었습니다."

公叔文子問於史臾曰: '武子勝事趙簡子久矣, 其寵不解, 奚也?' 史臾曰: '武子勝, 博聞多能而位賤, 君親而近之, 致敏以遜, 貌而疏之, 則恭而無怨色, 入與謀國家, 出不見其寵, 君賜之祿, 知足而辭, 故能久也.'

2-20에서 말한 불벌(不伐)하는 신하의 전형적 사례다. 이런 신하가 바

로 곧은 신하(直臣)다.

2-23

(『서경』「주서(周書)」)「태서(泰誓)」에서 말했다.

"아랫사람에게 아부하며 윗사람을 속이는 자는 사형에 처하고, 윗사람에게 아부하며 아랫사람을 속이는 자는 형벌에 처하라. 국정에 함께 참여해 들으면서도 백성에게 아무런 유익함을 주지 못하는 자는 물러가게 하고, 높은 자리에 있으면서 능히 뛰어난 이를 나아오게 하지 못하는 자는 내쫓으라."

이것이 바로 유능한 이를 나아오게 하고 그렇지 못한 사람을 내쫓는 방법이다. 그래서 전(傳)에 이르기를 "유능한 사람을 해치는 자는 나라를 망하게 하는 자[殘]이고, 유능한 사람을 덮어서 가리는 자는 나라를 해치는 자[讒]이며, 아무 죄 없는 사람을 모함하는 자는 나라를 망치는 자[賊]이다"라고 한 것이다.

泰誓曰: '附下而罔上者死, 附上而罔下者刑; 與聞國政而無益於民者退, 在上位而不能進賢者逐.' 此所以勸善而黜惡也. 故傳曰: '傷善者國之殘也, 蔽善者國之讒也, 愬無罪者國之賊也.'

2-24

(『예기』) 왕제(王制)에서 말했다.

"귀신·일시(日時)·복서(卜筮-점) 등을 핑계로 대중을 의혹케 하는 자는 죽여야 한다."

王制曰: '假於鬼神時日卜筮以疑於衆者殺也.'

판본에 따라 2-24와 2-25가 붙어 있기도 한데, 여기서는 분리했다.

2-25

자로(子路)가 포(蒲) 땅 현령이 되어 수재에 대비해서 백성과 함께 봄에 강과 개천을 정비했는데, 사람들이 귀찮고 힘들어하자 사람들에게 각기 도시락 하나와 국 한 그릇씩을 주었다. 공자가 이를 듣고서 자공을 보내 엎어버리게 하자, 자로는 화가 나고 기분이 나빠 공자에게 가서 만나뵙고 말했다.

"저는 장차 폭우가 찾아올 것이니 수재가 있을까 걱정해 사람들과 함께 강과 개천을 정비해서 대비하려 했고, 백성 대부분이 먹을 것이 떨어졌기에 사람들에게 도시락 하나와 국 한 그릇씩을 주었는데, 부자께서 자공을 시켜 그것을 저지하신 것은 어째서입니까? 부자께서는 제가 어짊을 행하는 것을 저지하신 것입니다. 부자께서는 저에게 어짊을 가르치고는 어짊을 행하려는 것을 금하셨으니, 저는 받아들일 수가 없습니다."

공자가 말했다.

"백성이 굶주린다고 여겼으면 어찌 임금에게 아뢰어 창고를 열어서 그들에게 밥을 먹이지 않았느냐? 네가 사사로이 먹을 것을 준 것은 임금의 은혜를 널리 공표하지 않고 다만 네가 베푸는 은덕과 의리만을 보여준 것이니, 속히 그친다면 (그나마) 괜찮겠지만 그렇지 않다면 너는 얼마 안 가서 죄를 받을 것이다."

자로는 마음속으로 복종하며 물러갔다.

子路爲蒲令, 備水災, 與民春修溝瀆, 爲人煩苦, 故予人一簞食, 一壺漿. 孔子聞之, 使子貢復之, 子路忿然不悅, 往見夫子曰: '由也以暴雨將至, 恐有水災, 故與人修溝瀆以備之, 而民多匱於食, 故與人一簞食一壺漿, 而夫子使賜止之, 何也? 夫子止由之行仁也, 夫子以仁教而禁其行仁也, 由也不受.' 子曰: '爾以民爲餓, 何不告於君, 發倉廩以給食之? 而以爾私饋之, 是汝不明君之惠, 見汝之德義也, 速已則可矣, 否則爾之受罪不久矣.' 子路心服而退也.

2-25에 묘사된 자로처럼 그저 눈앞의 상황이 불쌍해서 시혜를 베푸는 것을 '아녀자의 어짊', 즉 부인지인(婦人之仁)이라고 한다. 군자는 제대로 된 어짊(大仁)과 부인지인(小仁)을 구별해야 할 것이다.

권3

건본[建本]

근본을 세움

3-1

공자(孔子)가 말했다.

"군자가 근본에 힘쓰는 것은, 근본이 서야 도리가 생겨나기 때문이다."

무릇 뿌리가 바르지 못한 것은 가지가 반드시 굽고, 시작이 성대하지 않으면 끝은 반드시 쇠미해진다.

『시경』(「소아(小雅)·서묘(黍苗)」편)에 이르기를 "높은 곳과 낮은 곳이 이미 고르게 되니 샘물 또한 맑도다"라고 했는데, 근본이 서야 도리가 생겨난다는 말이다.

『춘추』의 뜻에, 봄을 바르게 시작한 자에게는 어지러운 가을이 없고 임금을 바르게 하면 나라에 위태로운 일이 없다고 했다.

『역』[008]에 이르기를 "그 근본을 세우면 만물 만사가 다스려지고 (처음에) 털끝만큼이라도 잘못이 있으면 (끝에 가서는) 1,000리나 어긋나게 된다"라고 했다.

이 때문에 군자는 근본을 세움을 귀하게 여기고 처음을 세움을 무겁게 여긴다.

孔子曰: '君子務本, 本立而道生.' 夫本不正者末必倚, 始不盛者終必衰. 詩云: '原隰既平, 泉流既清'. 本立而道生, 春秋之義; 有正春者無亂秋, 有正君者無危國, 易曰: '建其本而萬物理, 失之毫釐, 差以千里'. 是故 君子貴建本而重立始.

008 지금 전하는 『주역(周易)』은 아니다.

3-1의 첫 부분에 있는 공자의 말은 『논어』 「학이(學而)」편에 나온다. 근본에 힘쓴다는 것은 군자의 '다움', 즉 '덕(德)'을 정립하는 문제이고, 시작과 끝은 '일', 즉 '사(事)'를 풀어가는 문제다. 근본과 시작이 서로 통하고 있다. 이를 제자 유자(有子)가 이어받아 이렇게 풀어냈다.

유자(有子)가 말했다.

"그 사람됨이 효도하고 공순하면서(孝弟) 윗사람을 범하기(犯上)를 좋아하는 자는 드물다. (또) 윗사람을 범하기를 좋아하지 않으면서 난을 일으키기를 좋아하는 자는 없다. 군자는 근본에 힘쓰니, 근본이 서야 도리가 생겨난다. 효도와 공순은 어짊을 행하는 근본이라 할 만하다."

3-2

위(魏)나라 무후(武侯)가 오자(吳子-오기(吳起))에게 원년(元年)에 대해 물으니, 오자가 대답해 말했다.

"나라 임금은 반드시 그 처음을 신중히 해야 함을 말한 것입니다."

"처음을 신중히 한다는 것은 무슨 말인가?"

말했다.

"처음을 바르게 하는 것입니다."

"처음을 바르게 한다는 것은 무슨 말인가?"

"지혜를 밝게 하는 것이니, 만일 지혜가 밝지 않다면 어찌 바르게 볼 수 있겠습니까? 많이 듣고서 그중에 (의심스러운 것은 제쳐두고) 바른 것을 잘 골라내는 것이 바로 지혜를 밝게 하는 것입니다. 이 때문에 옛날에 임금이 처음 정사를 들어 다스릴 때는, 대부는 한 번 간언하게 하고 선비는 한 번 만나보았으며 일반 서민들이 알현을 청하면 반드시 이르게 했고 공족(公族-왕족)이 묻기를 청하면 반드시 말해주었으며 사방에서 찾아오는 사람들을 물리치지 않았으니, 참으로 (임금이) 막히거나 가려지지 않았다고 할 만합니다. 봉록을 나눠 줄 때는 반드시 하늘 일에 맞게 주었고 형벌을 쓸 때는 반드시 죄상에 딱 맞았으며 임금의 마음가짐이 반드시 어질어 백성의 이익을 생각하고 백성의 해악을 제거했으니, 참으로 백성 무리를 잃지 않았다고 할 수 있습니다. 임금이 반드시 몸을 바로 하고서 근신들을 반드시 잘 고르되 대부는 관직을 겸하지 못하게 하고 백성을 다스리는 권한을 한 집안에 있지 않게 했으니, 권세를 부리지 않았다고 할 수 있습니다. 이것이 모두 『춘추』의 뜻이면서 원년의 근본입니다."

魏武侯問元年於吳子, 吳子對曰: '言國君必愼始也.' '愼始奈何?' 曰: '正之', '正之奈何?' 曰: '明智, 智不明, 何以見正, 多聞而擇焉, 所以明智也. 是故 古者君始聽治, 大夫而一言, 士而一見, 庶人有謁必達, 公族請問必語, 四方至者勿距, 可謂不壅蔽矣; 分祿必及, 用刑必中, 君心必仁, 思民之利, 除民之害, 可謂不失民衆矣; 君身必正, 近臣必選, 大夫不兼官, 執民柄者不在一族, 可謂不權勢矣. 此皆春秋之意, 而元年之本也.'

3-2에서 보듯 근본이란 임금 마음가짐의 근본이자 임금이 일을 행함에 있어서의 근본, 즉 일의 시작임을 말하고 있다.

3-3

공자가 말했다.

"몸을 움직이는 데는 여섯 가지 근본이 있으니, 근본이 선 다음이라야 군자가 될 수 있다. 몸을 세우는 데는 마땅함이 있어야 하니 효가 근본이 되고, 상을 치르는 데는 예가 있어야 하니 진정으로 슬퍼함이 근본이 되며, 전쟁을 할 때는 대오가 있어야 하니 (대오를 지키려면) 용감함이 근본이 되고, 정치를 하는 데는 이치가 있어야 하니 유능함(혹은 농업)이 근본이 되며, 나라를 유지하는 데는 예가 있어야 하니 후사를 세우는 것이 근본이 되고, 재주(혹은 재물)가 있는 사람이 나타나는 데는 때가 있으니 부지런히 힘씀이 근본이 된다.

근본을 방치해서 견고하지 못할 때는 곁가지를 풍성하게 하려고 힘써서는 안 되고, 친척들이 기뻐하지 않을 때는 외부 사람들을 사귀려고 힘써서는 안 되며, 일을 함에 있어 시작과 끝이 제대로 되지 않았을 때는 여러 가지 일을 하려고 힘써서는 안 되고, 듣고 기억하는 것을 제대로 말로 표현할 수 없을 때는 말을 많이 하려고 힘써서는 안 되며, 가까이 있는 사람들이 기뻐하지 않을 때는 멀리 있는 사람들과 잘 지내려고 힘써서는 안 된다. 이 때문에 근본으로 돌아가 가까운 것부터 닦는 것이 군자가 가야 할 길이다."

孔子曰: '行身有六本, 本立焉, 然後爲君子. 立體有義矣, 而孝爲本; 處喪有禮矣, 而哀爲本; 戰陣有隊矣, 而勇爲本; 政治有理矣, 而能爲本; 居國有禮矣, 而嗣爲本; 生才有時矣, 而力爲本. 置本不固, 無務豐末; 親戚不悅, 無務外交; 事無終始, 無務多業; 聞記不言, 無務多談; 比近不說, 無務修遠. 是以 反本修邇, 君子之道也.'

3-3은 자기 한 몸을 세우는 근본을 말한 것이다. 이어지는 3-4는 군군신신(君君臣臣), 부부자자(父父子子)라는 『논어』에 나오는 개념을 축으로 삼아 서로가 서로에게 근본이 되어줌을 말하고 있다.

3-4

하늘이 낳아주고 땅이 길러주는 것 중에서 사람과 사람 사이의 도리(혹은 사람이 사람다운 도리)보다 귀한 것이 없고 부모와 자식의 도리, 임금과 신하의 도리보다 큰 것이 없으니, 아버지의 도리는 두루 통하지 않음이 없음이요 자식의 도리는 어짊이며 임금의 도리는 마땅함이요 신하의 도리는 충성스러움이다.

뛰어난 아버지는 자식에 대해 사랑과 은혜로써 길러주고 가르침과 일깨워줌으로써 자라게 해주니, 그 마땅함을 길러주고 그 거짓됨을 단속하며 그 절도를 때에 맞게 해주고 그 베풂을 신중하게 한다. 자식이 7살 이상이 되면 아버지는 자식을 위해 눈 밝은 스승과 훌륭한 친구를 골라서 나쁜 일을 보지 못하게 하고 조금씩 차근차근 좋은 쪽으로 나아가게 함으로써 일찍 교화될 수 있게 한다. 그래서 뛰어난 아들이 부모를 섬길 때는 말을 하고 의견을 내며 응대함에 있어 부모의 귀에 거슬리지 않게 하고, 달려가거나 나아가고 물러날 때 그리고 용모를 취함에 있어 부모의 눈에 거슬리지 않게 하며, 몸을 낮추고 또 낮춰 부모의 마음에 거슬리지 않게 한다.

군자가 부모를 섬길 때는 다움을 쌓음으로써 하니, 자식이란 부모의 근본이기 때문이다. 그래서 (부모가 말씀을 하면) 명을 미루고서 따르지 않아서는 안 되니, 만약에 명을 미루고서 따르지 않는 자가 있다면 이는 부모를 해치는 자다. 그러므로 부모가 편안해하는 것이라면 자식은 모두 제공해야 한다.

뛰어난 신하가 임금을 섬길 때는, 벼슬을 받는 날부터 임금을 아버지로 여기고 나라를 집안으로 여기며 함께 벼슬하는 선비들을 형제처럼 여겨야 한다.

그래서 만약에 나라를 편안하게 하고 백성을 이롭게 하는 일이 있으면 그 어려움을 피하지 않고 그 수고로움을 꺼리지 않음으로써 신하로서의 마땅함을 이뤄내야 한다. 그리하여 그 임금 또한 그를 도와서 자신의 임금다움을 성취하게 된다.

무릇 임금과 신하가 백성에 대해 갖는 관계는, 서로에게 돌아가면서 근본이 되어주는 것이 마치 순환하듯이 해 끝이 없는 것과도 같다. 공자 역시 말하기를 "사람이 행해야 할 것 중에 효도보다 큰 것은 없다"라고 했다. 효행이 집 안에서 이뤄지면 밖에까지 아름다운 이름이 퍼져가니, 이를 일러 뿌리를 잘 세우면 아름다운 꽃들이 저절로 무성해진다고 말하는 것이다. 임금은 신하를 근본으로 삼고 신하는 임금을 근본으로 삼으며 부모는 자식을 근본으로 삼고 자식은 부모를 근본으로 삼아야 하니, 근본을 내팽개치면 아무리 아름다운 꽃이라도 시들고 만다.

天之所生, 地之所養, 莫貴乎人人之道, 莫大乎父子之親, 君臣之義; 父道聖, 子道仁, 君道義, 臣道忠. 賢父之於子也, 慈惠以生之, 教誨以成之, 養其誼, 藏其僞, 時其節, 愼其施; 子年七歲以上, 父爲之擇明師, 選良友, 勿使見惡, 少漸之以善, 使之早化. 故賢子之事親, 發言陳辭, 應對不悖乎耳; 趣走進退, 容貌不悖乎目; 卑體賤身, 不悖乎心. 君子之事親以積德, 子者親之本也, 無所推而不從命, 推而不從命者, 惟害親者也, 故親之所安子皆供之. 賢臣之事君也, 受官之日, 以主爲父, 以國爲家, 以士人爲兄弟; 故苟有可以安國家, 利人民者不避其難, 不憚其勞, 以成其義; 故其君亦有助之以遂其德. 夫君臣之與百姓, 轉相爲本, 如循環無端, 夫子亦云: '人之行莫大於孝.' 孝行成於內而嘉號布於外, 是謂建之於本而榮華自茂矣. 君以臣爲本, 臣以君爲本; 父以子爲本, 子以父爲本, 棄其本, 榮華槁矣.

3-5

자로(子路)가 (공자에게) 말했다.

"무거운 짐을 지고 먼 길을 가는 사람은 땅을 가려서 쉬지 않고, 집이 가난한데 부모를 모셔야 하는 사람은 녹봉의 많고 적음을 가리지 않고 벼슬살이합니다.

옛날에 내가 양친을 섬길 때는 늘 명아주와 콩잎 열매를 먹게 했고 부모를 위해 100리 밖에서 쌀을 지고 왔습니다. 부모님이 돌아가신 다음에 남쪽으로 (벼슬을 하러) 초나라에 가게 되어서는 100승의 수레가 뒤따르고 만종(萬鍾)의 곡식을 쌓아두었으며 여러 겹 돗자리에 앉아 각종 솥을 늘어놓고 (맛난) 밥을 먹었는데, 명아주와 콩잎 열매를 먹게 하고 부모를 위해 쌀을 지고 오고 싶었으나 다시는 그럴 수 없었습니다. 새끼줄에 꿰어놓은 마른 물고기는 얼마 동안이나 좀이 슬지 않을까요? 부모의 장수함도 문틈 사이로 말이 휙 지나가듯 한순간이로군요."

초목이 자라고 싶어도 서리와 이슬이 그렇게 하지 못하게 만들듯이, 뛰어난 이(자로)가 부모를 봉양하고 싶어도 부모는 기다려주지 않는다. 그래서 말하기를 "집이 가난한데 부모를 모셔야 하는 사람은 녹봉의 많고 적음을 가리지 않고 벼슬살이한다"라고 한 것이다.

子路曰: '負重道遠者, 不擇地而休; 家貧親老者, 不擇祿而仕. 昔者由事二親之時, 常食藜藿之實而爲親負米百里之外, 親沒之後, 南遊於楚, 從車百乘, 積粟萬鍾, 累茵而坐, 列鼎而食, 願食藜藿負米之時不可復得也; 枯魚銜索, 幾何不蠹, 二親之壽, 忽如過隙.' 草木欲長, 霜露不使, 賢者欲養, 二親不待, 故曰: '家貧親老不擇祿而仕也.'

3-5는 자로의 말을 통해 부모가 자식의 근본임을 절절하게 보여주고 있다.

3-6

(주공의 아들) 백금(伯禽)이 강숙(康叔) 봉(封)과 함께 성왕(成王)을 조현하고서 주공(周公)을 찾아뵈었는데, 세 번 뵐 적마다 세 번 매를 치니 강숙이 놀라는 낯빛을 하고서 백금에게 일러 말했다.

"상자(商子)라는 사람이 있는데, 뛰어난 이이니 그대가 함께 가서 만나보자."

강숙 봉이 백금과 함께 상자를 찾아뵙고 말했다.

"저희 두 사람은 아무개 아무개이옵니다. 얼마 전에 함께 성왕을 조현하고서 주공을 찾아뵈었는데, 세 번 뵐 적마다 세 번 매를 치니 그 이유는 어째서입니까?"

상자가 말했다.

"두 사람은 어찌 남산 남쪽에 있는 교(橋)라는 나무를 가서 보지 않는가?"

두 사람이 남산 남쪽으로 가서 나무가 있는 것을 보았더니, 교나무가 높이 솟았는데 열매가 달려 위로 향하고 있었다. 돌아와 그런 내용을 상자에게 고하니 상자가 말했다.

"교나무란 아버지의 도리와 같은 것이다."

(또) 상자가 말했다.

"두 사람은 어찌 남산 북쪽에 있는 재(梓)라는 나무를 가서 보지 않는가?"

두 사람이 남산 북쪽으로 가서 나무가 있는 것을 보았더니, 재나무가 무성한데 열매가 달려 아래로 향하고 있었다. 돌아와 그런 내용을 상자에게 고하니, 상자가 말했다.

"재나무란 자식의 도리와 같은 것이다."

두 사람이 다음날 주공을 뵈면서 문에 들어가 종종걸음을 하고서 당위로 올라가 무릎을 꿇으니, 주공이 그들의 머리를 쓰다듬으며 위로하고 음식을 내주면서 말했다.

"어떤 군자를 만나보았느냐?"

두 사람이 대답해 말했다.

"상자를 만나보았습니다."

주공이 말했다.

"군자로다, 상자여!"

伯禽與康叔封朝於成王, 見周公三見而三笞, 康叔有駭色, 謂伯禽曰: '有商子者, 賢人也, 與子見之.' 康叔封與伯禽見商子曰: '某某也, 日吾二子者, 朝乎成王, 見周公, 三見而三笞, 其說何也?' 商子曰: '二子盍相與觀乎南山之陽有木焉, 名曰橋.' 二子者往觀乎南山之陽, 見橋竦焉實而仰. 反以告乎商子, 商子曰: '橋者, 父道也.' 商子曰: '二子盍相與觀乎南山之陰有木焉, 名曰梓.' 二子者往觀乎南山之陰, 見梓勃焉實而俯. 反以告商子, 商子曰: '梓者, 子道也.' 二子者明日見乎周公, 入門而趨, 登堂而跪, 周公拂其首, 勞而食之曰: '安見君子?' 二子對曰: '見商子.' 周公曰: '君子哉! 商子也.'

3-6에서 두 사람은 성왕을 만나기 전에 먼저 주공부터 만나보았어야 했던 것이다.

3-7

증자(曾子)가 오이를 재배하다가 잘못해서 그 뿌리를 자르자, (아버지) 증석(曾晳)이 화를 내며 큰 몽둥이를 들어 그를 내리쳤다. 증자가 땅바닥에 고꾸라졌다가 잠시 후에 깨어나 벌떡 일어나서 나아가 말했다.

"조금 전에 제가 대인(大人-아버지)께 죄를 짓자 대인께서 힘써 저를 가르쳐주셨는데, 힘들지 않으십니까?"

물러나 병풍을 치고는 거문고를 뜯으며 노래를 불렀는데, 이는 아버지 증석에게 그 노랫소리를 들려주어 자신이 평온함을 알게 하려는 것이었다.

공자가 이를 듣고서 문인들에게 일러 말했다.

"삼(參-증자)이 오거든 안에 들이지 말라!"

증자는 스스로 죄가 없다고 생각했지만, 사람을 보내 공자에게 사죄하니 공자가 말했다.

"너는 고수(瞽叟)에게 순(舜)이라는 아들이 있다는 것을 들어보지 못했느냐? 순이 아버지를 섬길 때, 아버지가 그를 찾아 일을 시키려 하면 일찍이 곁에 없었던 적이 없었고 찾아서 죽이려 하면 일찍이 찾을 수가 없었으며 작은 회초리로 때리면 맞았고 큰 회초리로 때리려 하면 달아났다. 아버지의 거친 분노를 피하기 위함이었다. 그런데 지금 너는 (아버지의) 거친 분노에 몸을 맡겼고, 몸을 곧게 세워 피하지를 않았다. 자기 몸을 죽여 아버지를 마땅하지 못한 함정에 빠뜨린 것이니, 효성스럽지 못함이 이보다 클 수 있겠는가? 너는 천자의 백성이 아니냐? 천자의 백성을 죽게 만든다면 죄가 어떠하겠느냐?"

증자와 같은 재질을 가진 사람이 공자 문하에 몸을 두고 있었음에도 죄가 됨을 스스로 몰랐으니, 마땅한 도리를 지키는 일은 참으로 어렵도다!

曾子藝瓜而誤斬其根, 曾皙怒, 援大杖擊之, 曾子仆地; 有頃乃蘇, 蹶然而起, 進曰: '曩者參得罪於大人, 大人用力教參, 得無疾乎!' 退屏鼓琴而歌, 欲令曾皙聽其歌聲, 令知其平也. 孔子聞之, 告門人曰: '參來勿內也!' 曾子自以無罪, 使人謝孔子, 孔子曰: '汝不聞瞽叟有子名曰舜, 舜之事父也, 索而使之, 未嘗不在側, 求而殺之, 未嘗可得; 小箠則待, 大箠則走, 以逃暴怒也. 今子委身以待暴怒, 立體而不去, 殺身以陷父不義 不孝, 孰是大乎? 汝非天子之民邪? 殺天子之民罪奚如?' 以曾子之材, 又居孔子之門, 有罪不自知處義, 難乎!

3-7에서 주목해야 할 발언은 공자의 "너는 천자의 백성"이라는 말이다. 자식이라 하더라도 아버지가 마음대로 할 수 없음을 말하고 있다. 또한 부자라는 사(私)보다 군신(君臣)이라는 공(公)을 우선시하고 있다.

3-8

백유(伯兪)가 잘못을 저지르고는 그 어머니가 매질을 하자 눈물을 흘렸다.

그 어머니가 말했다.

"전에는 너를 매질해도 일찍이 우는 것을 못 보았는데 지금은 우니 어째서인가?"

대답해 말했다.

"전에는 제가 죄를 지어 매를 맞으면 아팠는데, 지금은 어머니 힘이 없어 아프질 않으니 이 때문에 우는 것입니다."

그래서 (세상에는) 이런 말이 있다. 부모가 화를 내시거든 원망하는 뜻을 갖지 말고 얼굴빛으로 드러내지 말며 그 죄를 깊이 받아들여 부모가 자기를 가엾게 여기도록 하는 것이 최상이요, 부모가 화를 내시거든 원망하는 뜻을 갖지 말고 얼굴빛으로 드러내지 않는 것이 그다음이요, 부모가 화를 내시거든 원망하는 뜻을 갖고 얼굴빛으로 드러내는 것이 최악이다.

伯俞有過, 其母笞之泣, 其母曰: '他日笞子未嘗見泣, 今泣何也?' 對曰: '他日俞得罪笞嘗痛, 今母之力衰, 不能使痛, 是以 泣.' 故曰: 父母怒之, 不作於意, 不見於色, 深受其罪, 使可哀憐, 上也; 父母怒之, 不作於意, 不見其色, 其次也; 父母怒之, 作於意, 見於色, 下也.

『논어』「위정(爲政)」편에서 공자는 최상의 효도는 색난(色難)이라고 했다. 부모 앞에서 낯빛을 숨기기가 어렵다는 말이다. 이는 여기서 말하는 "얼굴빛으로 드러내지 말며"와 정확히 통한다.

3-9

어른은 다움을 갖춰야 하고 어린 사람은 배움을 갖춰야 한다는 것이 대학(大學)의 가르침이다. 아직 어떤 일이 일어나지 않았을 때 그것을 금지하는 것을 예방(預防)이라 하고, 가능할 때 맞춰 가르치는 것을 적시(適時)라고 하며, 서로 상대방의 좋은 점을 보고서 따라가는 것을 강마(講磨)라고 하고, 배우면서 절도를 넘지 않고 이를 베푸는 것을 순종(順從)이라고 한다. 일이 일어나고 나서 금지하게 되면 서로 충돌해서 이기지 못하고, 때가 지나간 다음에 배우면 힘만 들고 이루기는 어렵다. 잡다하게 가르침을 베풀어서 공손하지 못하게 되면 (배움이) 무너지고 어지러워져 다스려지지 않고, 홀로 배워서 함께하는 벗이 없으면 고루하고 견문이 적게 된다.

그래서 (세상에는) 이런 말이 있다. 벽옹(辟雍)에는 밝은 군자가 있고 반궁(泮宮)에는 뛰어난 인재가 있으니, 마을과 큰길에 위의(威儀)가 훌륭한 학자들이 많아서 서로 바탕을 지키며 애씀으로써 족속을 이어간다.

成人有德, 小子有造, 大學之教也; 時禁於其未發之曰預, 因其可之曰時, 相觀於善之曰磨, 學不陵節而施之曰馴. 發然後禁, 則扞格而不勝; 時過然後學, 則勤苦而難成. 雜施而不遜, 則壞亂而不治; 獨學而無友, 則孤陋而寡聞. 故曰: 有昭辟雍, 有賢泮宮, 田里周行, 濟濟鏘鏘, 而相從執質, 有族以文.

3-9는 교육의 방법을 구체적으로 제시하고 있다. 이는 뒤의 장에서 더 상세하게 이어지는데, 핵심은 배움을 좋아하는 호학(好學), 묻기를 좋아하는 호문(好問)이다. 호학과 호문은 같은 뜻이다.

3-10

주나라 소공(召公)이 19살에 바른 성품을 드러내 관례를 행했는데 관례를 하면 방백(方伯)이나 제후가 될 수 있다. 사람이 어리고 몽매할 때 스승을 구해 근본을 바르게 하지 않으면 몸을 세워 본성을 온전하게 할 수가 없다. 무릇 어린 사람은 분명 어리석고 어리석은 자는 망령되게 행동한다. 어리석은 자가 망령되게 행동하면 몸을 능히 보전할 수 없다.

맹자가 말하기를 "사람은 모두 밥을 먹어 배고픔을 벗어날 줄은 알지만 배워서 어리석음을 벗어날 줄은 모른다"라고 했다. 그래서 좋은 재질을 가진 어린 사람은 반드시 배우고 묻기에 부지런히 힘써 자기 본성을 닦아야 한다.

지금, 사람은 진실로 능히 자기 재주를 갈고닦아 스스로 자기 신명을 열렬히 해서 일과 사물의 호응을 살피고 도리의 요체에 통달하며, 일의 시작과 끝의 실마리를 깊이 살펴 한계가 없는 안에서 소요(逍遙)하고 세상 티끌 먼지를 벗어나 두루 돌아다니며 우뚝 홀로 서서 초연하게 세상과 관계를 끊으니, 이는 가장 빼어난 이가 자유로이 노니는 까닭이다. 그러나 근래 사람들은, 마음을 편안히 하고서 거문고 타고 책 읽으며 옛날의 빼어난 이를 흠모하고 바라보며 뛰어난 대부들을 벗 삼는 것을 제대로 하지 못한다. 배우고 묻고 강구하고 변별하며 날로 스스로 즐기고, 세상일과는 거리를 두고 이해관계를 분명히 하며 얻음과 잃음을 헤아려서 화와 복을 살피며, 의견을 내고 법도를 세워 법식으로 삼는다. 근본과 곁가지를 끝까지 추적하고 일의 실상을 찾아내며 죽어서는 사업을 남기고 살아서는 영광스러운 이름이 있으니, 이는 모두 인재라면 능히 미칠 수 있는 것이다. 그러나 이를 제대로 할 수 없는 까닭은 소홀히 하고 오만하고 해이하고 나태해 일도 없이 한가로이 지내는 날이 많기 때문이니, 그래서 근본을 잃어 이름을 날리지 못하는 것이다.

무릇 배움이란 이름을 높이고 몸을 세우는 근본이다. 거동과 용모가 같을 경우에는 용모를 꾸미는 사람이 좋고, 바탕과 성품이 같은 경우라면 배우고 묻는 자가 지혜롭다. 이 때문에 절차탁마(切磋琢磨)하는 숫돌은 쇠가 아니지만, 쇠를 날카롭게 갈 수 있고, 유학(-『시경』과 『서경』)의 법도에 맞는 말은 내가 쓴 것은 아니지만 내 마음을 갈고

닦을 수 있다. 무릇 묻고 또 묻는 선비는 밤낮없이 뜻을 일으켜 마음을 갈고닦음으로써 더욱 지혜롭게 일의 이치를 분별하니, 이 때문에 처신하는 바가 온전하고 몸을 세워서 위태롭지 않다. 그리하여 선비란 진실로 눈 밝기를 깊게 하고 살피기를 널리 해 영광스러운 이름을 후세에 드리울 수 있다. 그러나 묻고 또 묻는 도리를 좋아하지 않는다면 곧 앎의 근본을 해치고 앎의 근원을 틀어막게 되니, 이와 같다면 어떻게 몸을 세우겠는가?

준마는 비록 빨리 달리기는 하지만 백락(伯樂)을 만나지 못하면 1,000리를 갈 수가 없고, 간장(干將)이라는 칼이 비록 날카로우나 사람의 힘을 빌리지 않으면 스스로는 아무것도 벨 수가 없으며, 오호(烏號)라는 활이 비록 좋은 활이기는 하지만 도지개가 없으면 스스로를 감당할 수 없다. (이와 마찬가지로) 사람의 재주가 비록 높다 해도 학문에 힘쓰지 않으면 빼어남에 이를 수 없다. 물이 모여 큰 내를 이루면 교룡(蛟龍)이 살 수 있고, 흙이 쌓여 산을 이루면 예장(豫樟)나무가 자라며, 배움이 쌓여 빼어남을 이루면 부귀존현이 이르게 된다. 천금의 가죽옷은 1마리 여우 가죽으로 만들 수 없고 누각과 종묘의 서까래를 하나의 나뭇가지로 지을 수 없듯이, 선왕의 법도는 한 선비의 지혜로 지은 것이 아니다. 그래서 (세상에는) 이런 말이 있다. 묻고 또 묻는 것은 앎의 근본이고 생각하고 또 생각하는 것은 앎의 방법이다. 『중용』에서 말했다.

"묻기를 좋아함은 앎에 가깝고, 힘써 행함은 어짊에 가까우며, 부끄러워할 줄 앎은 용기에 가깝다."

작은 것을 쌓아 능히 크게 된 인물은 아마도 오직 중니(仲尼-공자)뿐이리라.

배움이란 실상으로 돌아가서 본성을 다스리며 자기가 가진 재주를 다 하는 것이고, 뛰어난 이를 제 몸처럼 여겨 배우고 묻는 것은 다움을 자라나게 하는 것이며, 사귐을 논하며 벗과 뜻을 합치는 것은 서로를 도와 이뤄주는 것이다. 『시경』(「위풍(衛風)·기오(淇奧)」편)의 "자르듯이 쪼개듯이 쪼듯이 갈듯이 하라[如切如磋如琢如磨]"라는 말은 이를 가리키는 것이다.

周召公年十九, 見正而冠, 冠則可以爲方伯諸侯矣. 人之幼稚童蒙之時, 非求師正本, 無以立身全性. 夫幼者必愚, 愚者妄行; 愚者妄行, 不能保身, 孟子曰: 人皆知以食愈饑, 莫知以學愈愚, 故善材之幼者必勤於學問以修其性. 今人誠能砥礪其材, 自誠其神明, 睹物之應, 通道之要, 觀始卒之端, 覽無外之境, 逍遙乎無方之內, 彷徉乎塵埃之外, 卓然獨立, 超然絕世, 此上聖之所以遊神也. 然晚世之人, 莫能閒居靜思, 鼓琴讀書, 追觀上古, 友賢大夫; 學問講辯日以自虞, 疏遠世事分明利害, 籌策得失, 以觀禍福, 設義立度, 以爲法式; 窮追本末, 究事之情, 死有遺業, 生有榮名; 此皆人材之所能逮也, 然莫能爲者, 偷慢懈墮, 多暇日之故也, 是以失本而無名. 夫學者, 崇名立身之本也, 儀狀齊等而飾貌者好, 質性同倫而學問者智; 是故 砥礪琢磨非金也, 而可以利金; 詩書壁言, 非我也, 而可以厲心. 夫問訊之士, 日夜興起, 厲中益知, 以別分理, 是故 處身則全, 立身不殆, 士苟欲深明博察, 以垂榮名, 而不好問訊之道, 則是伐智本而塞智原也, 何以立軀也? 騏驥雖疾, 不遇伯樂, 不致千里; 干將雖利, 非人力不能自斷焉; 烏號之弓雖良, 不得排檠, 不能自正; 人才雖高, 不務學問, 不能致聖. 水積成川, 則蛟龍生焉; 土積成山, 則豫樟生焉; 學積成聖, 則富貴尊顯至焉. 千金之裘, 非一狐之皮; 臺廟之榱, 非一木之枝; 先王之法, 非一士之智也. 故曰: 訊問者智之本, 思慮者智之道也. 中庸曰: '好問近乎智, 力行近乎仁, 知恥近乎勇.' 積小之能大者, 其惟仲尼乎! 學者所以反情治性盡才者也, 親賢學問, 所以長德也; 論交合友, 所以相致也. 詩云: '如切如磋, 如琢如磨', 此之謂也.

3-11

지금 무릇 땅을 개간해서 곡식을 심어 생계를 이어가고 장례를 치러 보내며 각종 약초를 섞어 질병을 치료하고, 각자는 집을 지어 더위와 비를 피할 줄 알고 누각이나 정자를 지어 습기를 피하며, 집에 들어와서는 부모를 제 몸처럼 여길 줄 알고 조정에 나아가서는 임금을 높일 줄 알며, 안으로는 남녀의 구별이 있고 밖으로는 붕우들과 사귐이 있으니, 이는 빼어난 이가 가르친 다음으로서 유자(儒子)는 이를 이어받고 전해줌으로써 후세를 가르치고 일깨워준다.

지금 무릇 근래의 나쁜 사람들은 도리어 유자를 비난해서 말하기를 "무엇하러 유자가 되는가?"라고 한다. 이 같은 사람은 바로 근본을 비난하는 것이니, 비유하자면 자기도 곡식을 먹고 옷을 입으면서도 오히려 농사짓고 길쌈하는 사람을 비난하는 것이고, 배와 수레를 이용하며 편안함을 누리면서도 그것을 만든 장인을 비난하는 것이며, 가마솥과 시루에 밥을 지어 먹어 생활하면서도 질그릇 굽는 장인과 대장장이를 비난하는 것이다. 이를 일러 실상과 동떨어져서 마음으로 몽매한 짓을 행하는 것이라 한다. 이런 사람들은 골육을 제 몸처럼 여기지 않고 뛰어난 선비를 벗 삼지 않으니, 이는 삼대(三代-하·은·주)에서 내다 버린 사람으로 제대로 된 임금이라면 용서하지 않을 자들이다. 그러므로 『시경』(「소아(小雅)·항백(巷伯)」편)에 이르기를 "승냥이나 호랑이에게 던져주리라. 승냥이나 호랑이가 먹지 않으면 저 북방에 내다 버리고, 북방에서 받아주지 않으면 저 하늘에다 던져버리리라"라고 했으니, 이를 일러 말한 것이다.

今夫辟地殖穀, 以養生送死, 銳金石, 雜草藥以攻疾, 各知構室屋以避暑雨, 累臺榭以避潤濕, 入知親其親, 出知尊其君, 內有男女之別, 外有朋友之際, 此聖人之德教, 儒者受之傳之, 以教誨於後世. 今夫晩世之惡人, 反非儒者曰: '何以儒爲?' 如此人者, 是非本也, 譬猶食穀衣絲, 而非耕織者也; 載於船車, 服而安之, 而非主匠者也; 食於釜甑, 須以生活, 而非陶冶者也; 此言違於情而行矇於心者也. 如此人者, 骨肉不親也, 秀士不友也, 此三代之棄民也, 人君之所不赦也. 故詩云: '投畀豺虎, 豺虎不食, 投畀有北, 有北不受, 投畀有昊', 此之謂也.

3-11에서는 근본을 저버린 사람들의 위선적 태도를 구체적으로 지적하고 있다. 즉 "골육을 제 몸처럼 여기지 않고 뛰어난 선비를 벗 삼지 않는다"는 것은 친친현현(親親賢賢)의 도리를 잃은 것이다.

3-12

맹자가 말했다.

"사람은 자기 밭에 거름 줄 줄은 알면서도 자기 마음에 거름 줄 줄은 모른다. 밭에 거름을 주는 것은 싹이 잘 자라 곡식을 얻는 것에 지나지 않지만, 마음에 거름을 주는 것은 행실을 바꿔 그 하고자 하는 바를 얻게 된다. 마음에 거름을 준다는 것은 무슨 말인가? 널리 배우고 많이 듣는 것이다. 행실을 바꾼다는 것은 무슨 말인가? 본성을 한결같이 하면서 지나친 행위를 그치는 것이다."

孟子曰: '人知糞其田, 莫知糞其心; 糞田莫過利曲得粟, 糞心易行而得其所欲. 何謂糞心? 博學多聞; 何謂易行? 一性止淫也.'

3-12부터는 근본을 배양하는 방법으로 '배움'을 제시하고 있다.

3-13

자사(子思)가 말했다.

"배움이란 재주를 더해주는 방법이고 숫돌은 칼날을 날카롭게 하는 도구인데, 내가 일찍이 그윽한 곳에서 깊이 생각해보니 배움만큼 빠른 것이 없었다. 내 일찍이 발꿈치를 들고서 바라보았으나, 높은 곳에 올라가서 널리 보는 것만큼 멀리까지 잘 보이는 것은 없었다. 바람 부는 방향으로 소리를 치면 소리를 더 빠르게 하지 않더라도 듣는 자들이 많고, 언덕에 올라가서 부르면 팔을 늘리지 않더라도 먼 곳에 있는 자들까지 내 손짓을 보게 된다. 그러므로 물고기는 물결을 타고서 헤엄치고 새는 바람을 타고서 날며 초목은 때를 타고서 생장하는 것이다."

子思曰: '學所以益才也, 礪所以致刃也, 吾嘗幽處而深思, 不若學之速; 吾嘗跂而望, 不若登高之博見. 故順風而呼, 聲不加疾而聞者衆; 登丘而招, 臂不加長而見者遠. 故魚乘於水, 鳥乘於風, 草木乘於時.'

3-14

공자가 말했다.

"다른 사람과 온종일 있어도 조금도 권태롭지 않은 것은 아마도 배움뿐일 것이리라! 그 신체가 봐줄 만한 것이 없고 그 용력이 두려워할 필요가 없으며 그 선조가 칭송할 만한 것이 없고 그 친척들이 언급할 만한 것이 없더라도 사방에 이름이 알려지고 제후에게까지 훤히 드러나는 것은 아마도 배움뿐일 것이리라!

『시경』(「대아(大雅)·가악(假樂)」편)에 이르기를 '잘못하지도 않고 잊히지도 않아서 선왕의 옛 모범을 따르는도다'라고 한 것은 무릇 배움을 가리켜 한 말이리라."

孔子曰: '可以與人終日而不倦者, 其惟學乎! 其身體不足觀也, 其勇力不足憚也, 其先祖不足稱也, 其族姓不足道也; 然而可以聞四方而昭於諸侯者, 其惟學乎! 詩曰: "不愆不亡, 率由舊章", 夫學之謂也.'

3-15

공자가 말했다.

"이(鯉-공자 아들)야, 군자가 되고자 한다면 배우지 않을 수 없고, 다른 사람을 만나볼 때는 꾸미지 않을 수 없다. 꾸미지 않으면 좋은 용모가 없고, 좋은 용모가 없으면 삼감을 잃고, 삼감을 잃으면 거짓됨이 없는 마음이 없고, 거짓됨이 없는 마음이 없으면 일의 이치인 예를 잃고, 예를 잃으면 사람으로서 제대로 설 수가 없다[不立]. 저 멀리 있어도 광채가 나는 것은 꾸몄기 때문이고, 가까이 있어도 더욱 밝아 보이는 것은 배웠기 때문이다. (배움이 없는 것을) 탁한 연못에 비유하자면, 물이 거기로 흘러 들어가서 왕골이나 부들이 자라나게 되면 위에서 내려다보았을 때 그것이 물의 원천이 아님을 그 누가 알겠느냐!"

孔子曰: '鯉, 君子不可以不學, 見人不可以不飾; 不飾則無貌, 無根則失敬; 失理則不忠, 不忠則失禮, 失禮則不立. 夫遠而有光者, 飾也; 近而逾明者, 學也. 譬之如污池, 水潦注焉, 菅蒲生之, 從上觀之, 誰知其非源也.'

3-15는 '예'와 '서다(立)' 관계를 분명히 하고 있다. 『논어』 「계씨(季氏)」편에 나오는 공자의 말이다.

예를 배우지 않으면 설 수 없다.

「요왈(堯曰)」편에서도 이렇게 말했다.

예를 알지 못하면 설 수 없다.

3-16

공호자(公扈子)가 말했다.

"나라를 소유한 제후라면 『춘추(春秋)』를 배우지 않으면 안 된다. 날 때부터 존귀한 자는 교만하고 날 때부터 부유한 자는 우쭐대며, 날 때부터 존귀하고 부유한 자는 또한 거울로 삼는 것이 없으면 스스로 깨닫는 경우가 드물다.

『춘추』란 나라의 거울이다. 『춘추』 안에는 임금을 시해한 것이 36건, 나라가 망한 것이 52건이고, 제후 중에서 나라 밖으로 달아나 사직을 보전하지 못한 자들이 매우 많다. 먼저 그런 사례들을 본 다음에 바른길을 따르지 않는 자는 없다."

公扈子曰: '有國者不可以不學, 春秋, 生而尊者驕, 生而富者傲, 生而富貴, 又無鑑而自得者鮮矣. 春秋, 國之鑑也. 春秋之中, 弑君三十六, 亡國五十二, 諸侯奔走不得保社稷者甚衆, 未有不先見而後從之者也.'

3-16에서는 배워야 할 내용 중 하나로 『춘추』를 언급하고 있다. 주목해야 할 것은, 일반 선비를 대상으로 한 것이 아니라 적어도 봉국을 소유한 제후를 대상으로 말하고 있다는 점이다. 유향이 제왕을 염두에 두고 이 책을 썼음을 알 수 있는 대목이다.

3-17

진(晉)나라 평공(平公)이 사광(師曠)에게 물었다.

"내 나이 70인데 배우고자 하나 이미 늦은 것 같아 걱정스럽다."

사광이 말했다.

"어찌 촛불을 밝히지 않으십니까?"

평공이 말했다.

"어찌 남의 신하가 되어 자기 임금을 희롱하는가?"

사광이 말했다.

"눈먼 신하가 어찌 감히 자기 임금을 희롱하겠습니까? 신이 듣건대, 젊어서 배움을 좋아하면 떠오르는 햇빛의 밝음과 같고, 장년이 되어 배움을 좋아하면 정오의 햇빛처럼 빛나고, 나이 들어 배움을 좋아하면 촛불을 켠 밝음과 같다고 했습니다. 촛불을 켜서 밝은 것과 어둠 속을 가는 것 중에 어느 것이 낫겠습니까?"

평공이 말했다.

"좋도다!"

晉平公問於師曠曰: '吾年七十, 欲學, 恐已暮矣.' 師曠曰: '何不炳燭乎?' 平公曰: '安有爲人臣而戲其君乎?' 師曠曰: '盲臣安敢戲其君乎? 臣聞之, 少而好學, 如日出之陽; 壯而好學, 如日中之光; 老而好學, 如炳燭之

明. 炳燭之明, 孰與昧行乎?' 平公曰: '善哉!'

3-18

하간헌왕(河間獻王)이 말했다.

"탕왕(湯王)은 빼어난 임금이 되는 도리에 대한 배움을 태양에 비유했고, 가만히 머물며 홀로 생각하는 것을 (작은) 불에 비유했다. 무릇 빼어난 임금이 되는 도리에 대한 배움을 저버리는 것은 마치 태양이 빛을 저버리는 것과 같으니, 어찌 마침내 홀로 생각하는 불의 밝음(을 저버리는 데)에 미치겠는가? (이런 작은 불빛으로는) 작은 것을 볼 수 있을 뿐 큰 지혜를 얻는 데는 쓸 수가 없다. 오직 배우고 묻는 것만이 다움과 지혜를 넓히고 밝힐 수 있을 뿐이다."

河間獻王曰: '湯稱學聖王之道者, 譬如日焉; 靜居獨思, 譬如火焉. 夫捨學聖王之道, 若捨日之光, 何乃獨思火之明也; 可以見小耳, 未可用大知, 惟學問可以廣明德慧也.'

3-18은 『논어』 「위령공(衛靈公)」편에 나오는 공자의 말과 그대로 통한다.

내 일찍이 종일토록 밥을 먹지 않고 밤새도록 잠을 자지 않고 생각만 해보았으나 유익함이 없었다. (생각만 하는 것은) 배우는 것만 못하다.

이는 곧 근본을 세우는 가장 효과적인 방법은 배움과 물음임을 제시한 것이다.

3-19

양구거(梁丘據)가 안자(晏子)에게 말했다.

"나는 죽어도 선생께는 미치지 못할 것입니다."

안자가 말했다.

"내가 듣건대 (쉼 없이) 행하는 자는 늘 이루고 (쉼 없이) 가는 자는 늘 목적지에 도달한다고 했소. 나라고 해서 다른 사람들과 다를 바가 없는데, 늘 행하며 내버려 두지 않았고 늘 가면서 쉬지 않았기 때문에 미치기 어려운 것이오."

梁丘據謂晏子曰: '吾至死不及夫子矣.' 晏子曰: '嬰聞之, 爲者常成, 行者常至; 嬰非有異於人也, 常爲而不置, 常行而不休者, 故難及也.'

3-18은 "학이시습(學而時習)" 가운데 '학(學)'의 중요성을 풀어낸 것이고, 3-19는 '시습(時習)'의 중요성을 풀어낸 것이다. '시(時)'는 '때때로'가 아니라 '항시', '늘'임을 확연히 보여준다.

3-20

영월(甯越)은 (전국시대 조나라) 중모(中牟)의 시골 사람인데, 농사짓는 노고가 힘겨워서 친구에게 이렇게 말했다.

"어떻게 하면 이 고통에서 벗어날 수 있을까?"

친구가 말했다.

"배움 만한 것이 없으니, 30년 동안 배우면 통달할 수 있을 것이네."

영월이 말했다.

"15년 동안 하겠네. 남들이 장차 쉬더라도 나는 쉬지 않을 것이고, 남들이 장차 눕더라도 나는 감히 눕지 않을 것이네."

15년 동안 배우니 주(周)나라 위공(威公)이 그를 스승으로 삼았다. 무릇 달리는 사람은 아무리 빨라 봤자 2리도 못 가서 멈추게 되고, 걸어가는 사람은 느리기는 하지만 100리를 가고도 멈추지 않는다. 지금 영월처럼 별것 아닌 재주로도 오래도록 (배우기를) 멈추지 않았으니, 그가 제후의 스승이 된 것이 어찌 마땅하지 않으리오!

甯越, 中牟鄙人也, 苦耕之勞, 謂其友曰: '何爲而可以免此苦也?' 友曰: '莫如學, 學三十年則可以達矣.' 甯越曰: '請十五歲, 人將休, 吾將不休; 人將臥, 吾不敢臥.' 十五歲學而周威公師之. 夫走者之速也, 而不過二里止; 步者之遲也, 而百里不止. 今甯越之材而久不止, 其爲諸侯師, 豈不宜哉!

앞의 글들에 이어 '꾸준히' 배우는 것이 중요함을 일깨우는 글이다.

3-21

공자가 (용맹을 좋아하는 제자) 자로(子路)에게 일러 말했다.

"너는 무엇을 좋아하느냐?"

자로가 말했다.

"긴 칼을 좋아합니다."

공자가 말했다.

"그런 것을 묻는 게 아니다. 네가 가진 능력에 배움이 더해진다면 남들이 어찌 너에게 미치겠는가!"

자로가 말했다.

"배움이 도움이 되겠습니까?"

공자가 말했다.

"무릇 임금에게 간언하는 신하가 없으면 정사를 그르치게 되고, 선비에게 가르침을 주는 벗이 없으면 제대로 된 말을 듣지 못한다. 미친 듯 날뛰는 말은 채찍을 놓을 수 없고, 이미 불에 쬐어 굳어진 활은 도지개로 되돌리려 한들 바로잡지 못한다. 나무는 먹줄이 있어야 곧아지듯이 사람은 간언을 받아들여야 빼어나게 된다. 배움을 받아서 묻기를 중하게 여긴다면 누군들 순조롭게 이루지 못하겠는가? 어짊을 헐뜯고 좋은 선비를 미워하면 장차 형벌을 받게 된다. 군자이고자 한다면 배우지 않을 수 없다."

자로가 말했다.

"남산(南山)에 대나무가 있는데, 굳이 펴서 바로잡지 않아도 스스로 곧아서 베어다가 화살을 만들어 쏘면 코뿔소 가죽도 꿰뚫습니다. 그런데 배워서 뭘 하겠습니까?"

공자가 말했다.

"화살 끝에 깃을 붙이고 살촉을 박아서 날카롭게 갈면 그것이 더욱 깊이 박히지 않겠느냐?"

자로가 절하며 말했다.

"삼가 가르침을 받아들이겠습니다."

孔子謂子路曰: '汝何好?' 子路曰: '好長劍.' 孔子曰: '非此之問也, 謂以汝之所能, 加之以學, 豈可及哉!' 子路曰: '學亦有益乎?' 孔子曰: '夫人君無諫臣則失政; 士無教交, 則失聽; 狂馬不釋其策, 操弓不返於檠; 木受繩則直, 人受諫則聖; 受學重問, 孰不順成; 毁仁惡士, 且近於刑. 君子不可以不學.' 子路曰: '南山有竹, 弗揉自直, 斬而射之, 通於犀革, 又何學爲乎?' 孔子曰: '括而羽之, 鏃而砥礪之, 其入不益深乎?' 子路拜曰: '敬受教哉!'

3-21에서 자로는 공자에게 꾸지람을 받고 있다. 『논어』에서도 자로는 배움을 가벼이 여기다가 공자에게 여러 차례 야단을 맞는다. 질(質-바탕)은 좋았지만, 문(文-애씀)을 배우는 데 힘쓰지 않았던 자로에게 공자는 사람이 사람다워지려고 애쓰는 도리를 배울 것을 가르치고 있다. 그것이 바로 공자가 말하는 문질빈빈(文質彬彬), 즉 문과 질이 잘 조화된 상태다. 3-22도 같은 문맥이다.

3-22

자로가 공자에게 물었다.

"옛날의 배움을 내버리고 제 뜻대로 하고 싶은데 괜찮겠습니까?"

공자가 말했다.

"안 된다. 옛날에 동이(東夷)가 제하(諸夏-중국)의 의리를 사모했는데, (동이의) 한 딸이 있어서 그 남편이 죽자 딸을 위해 사서(私壻-사사로운 사위)를 들여주되 평생토록 새로 시집을 보내지는 않았다. 시집을 가지 않았다는 점에서는 물론 시집을 가지 않은 것이지만, 그러나 정절(貞節)의 의리는 아니다. 창오(蒼梧)의 동생이 아내를 맞아들였는데, 미모가 뛰어나서 동생은 형에게 아내를 바꾸자고 했다. 형을 위한 충심이란 점에서는 충심이지만, 그러나 이는 사리에 맞지 않다. 그런데 지금 너는 옛날의 배움을 내버리고 제 뜻대로 하고 싶어 하니, 네가 그른 것을 옳다 하고 옳은 것을 그르다 여길 줄을 어찌 알겠는가? 그 처음을 순리대로 하지 않을 경우 (뒤에 가서 일을 그르치고서) 비록 후회한다 한들 만회하기 어려울 것이로다!"

子路問於孔子曰: '請釋古之學而行由之意, 可乎?' 孔子曰: '不可, 昔者東夷慕諸夏之義, 有女, 其夫死, 爲之內私婿, 終身不嫁, 不嫁則不嫁矣, 然非貞節之義也; 蒼梧之弟, 娶妻而美好, 請與兄易, 忠則忠矣, 然非禮也. 今子欲釋古之學而行子之意, 庸知子用非爲是, 用是爲非乎!不順其初, 雖欲悔之, 難哉!'

3-22는 특히 공자의 마지막 말이 중요한데, 그 시작이나 처음이 순조롭지 않으면 좋은 결과를 얻을 수 없다는 뜻이다. 이는 그 처음을 신중히 하는 신시(愼始)의 중요성을 보여주는 것이면서, 동시에 근본을 세운다는 것을 그 시작이나 처음을 잘하는 문제로 확대해서 풀이하고 있다. 이는 3-23에서 보다 상세하게 전개된다.

3-23

무겁고 두터운 담장은 아래가 다져지지 않았다고 해서 반드시 무너지는 것은 아니지만 흐르는 물이 그 밑바닥을 파고들면 반드시 먼저 무너진다. 나무뿌리가 얕아서 깊지 않다고 해도 반드시 쓰러지는 것은 아니지만 회오리바람이 일어나고 폭우가 쏟아지면 반드시 먼저 뽑혀버린다. 군자라는 사람이 한 나라에 사는데 그 어짊과 마땅함을 높이지 않고 뛰어난 신하를 존경하지 않더라도 반드시 망하는 것은 아니지만 하루아침에 비상한 변고가 생겨 수레가 치달리고 사람들이 내달리면서 갑자기 화가 닥치게 되면, 그제야 비로소 목구멍이 마르고 입술이 타들어가서 하늘을 우러러 탄식하며 혹시라도 하늘이 구원해주기를 바란다 한들 실로 어렵지 않겠는가?

공자가 말했다.

"그 처음을 조심하지 않고서 뒤에 뉘우친다 한들, 비록 뉘우쳐도 미칠 수가 없다."

『시경』(「왕풍(王風)·중곡유퇴(中谷有蓷)」편)에 이르기를 "눈물을 삼키며 슬퍼한들 어찌 미칠 수 있으리오"라고 했으니, 이는 먼저 근본을 바로잡지 않으면 끝에 가서 근심하게 됨을 말한 것이다.

豐牆磽下未必崩也, 流行潦至, 壞必先矣; 樹木根核不深, 未必橛也, 飄風起, 暴雨至, 拔必先矣. 君子居於是國, 不崇仁義, 不尊賢臣, 未必亡也; 然一旦有非常之變, 車馳人走, 指而禍至, 乃始乾喉燋脣, 仰天而歎, 庶幾焉天其救之, 不亦難乎? 孔子曰: '不愼其前, 而悔其後, 雖悔無及矣.' 詩曰: '啜其泣矣, 何嗟及矣?' 言不先正本而成憂於末也.

3-24

우군(虞君)이 분성자(盆成子)에게 물었다.

"지금 장인들은 오래될수록 정교해지고 미모는 나이 들수록 쇠퇴한다. 지금 사람들은 장년에 이르기 전에 마음의 기술을 더욱더 쌓아서 장차 미모가 쇠퇴할 것에 대비해야 한다. 미모란 반드시 늙기 전에 다 사라지게 되겠지만, 지모(智謀)란 어릴 때 닦아놓은 것이 조금도 달라지지 않는다. 아름다운 미모란 멋진 듯하지만, 또한 다 없어지고 말 것인데, 어찌 호탕하게 무능한 몸뚱이에 의탁할 것인가! 그러므로 기술을 가진 자는 몸에 얽매이지 않아서 일찍이 명성이 사라지지 않지만, 미색은 늘 활짝 피어 있을 수는 없다."

虞君問盆成子曰: '今工者久而巧, 色者老而衰; 今人不及壯之時, 益積心技之術, 以備將衰之色, 色者必盡乎老之前, 知謀無以異乎幼之時. 可好之色, 彬彬乎且盡, 洋洋乎安託無能之軀哉! 故有技者不累身而未嘗滅, 而色不得以常茂.'

3-25

제(齊)나라 환공(桓公)이 관중(管仲)에게 물었다.

"임금다운 임금은 무엇을 귀하게 여기는가?"

말했다.

"하늘을 귀하게 여깁니다."

환공이 우러러 하늘을 쳐다보자 관중이 말했다.

"제가 말씀드린 하늘은 저 위에 있는 푸르고 아득한 하늘을 가리키는 것이 아닙니다. 남의 임금 된 자는 백성을 하늘로 여겨야 합니다. 백성이 자신과 함께하면 편안하고, 백성이 도와주면 강해지고, 백성이 비난하면 위태로워지고, 백성이 등을 돌리면 망합니다."

『시경』(「소아(小雅)·각궁(角弓)」편)에 이르기를 "백성이 선량하지 않아 서로 상대방을 원망하네"라고 했으니, 백성이 그 위를 원망하는데 끝내 망하지 않는 경우는 없다.

齊桓公問管仲曰: '王者何貴?' 曰: '貴天.' 桓公仰而視天, 管仲曰: '所謂天者, 非謂蒼蒼莽莽之天也; 君人者以百姓爲天. 百姓與之則安, 輔之則彊, 非之則危, 背之則亡.' 詩云: '人而無良, 相怨一方'. 民怨其上, 不遂亡者, 未之有也.

3-25에서 중요한 것은 하늘이 저 창공이 아니라 곧 백성임을 말한 대목일 것이다. 마찬가지로 천리(天理)나 천도(天道)의 천(天) 또한 저 하늘이 아니라 백성이자 임금의 지공(至公)한 마음이다. 따라서 천리는 '하늘의 이치'가 아니라 '하늘과도 같은 이치'이며 천도 또한 '하늘의 도리'가 아니라 '하늘과도 같은 도리'임을 분명히 인식해야 한다. 이 장은 임금에게 근본이 되는 것은 백성임을 말하고 있다.

3-26

하간헌왕이 말했다.

"관자(管子-관중)가 말하기를, (백성은) 창고가 가득 차야 예절을 알고 입고 먹을 것이 풍족해야 영욕을 안다고 했다."

무릇 곡식은 국가가 번창하게 해주고 남녀가 아름답고 훌륭해지게 해주며 예와 마땅함이 행해지게 해주고 사람의 마음이 안정되게 해준다.

『상서(尙書)』에서 오복을 말할 때 부(富)를 맨 처음으로 말했고 자공(子貢)이 정치하는 법도를 묻자 공자는 "부유하게 해주어야 하고, 이미 부유해졌거든 마침내 백성을 가르쳐야 한다"라고 했으니, 이것이 나라를 다스리는 근본이다.

河間獻王曰: '管子稱倉廩實, 知禮節; 衣食足, 知榮辱.' 夫穀者, 國家所以昌熾, 士女所以姣好, 禮義所以行, 而人心所以安也. 尙書五福以富爲始, 子貢問爲政, 孔子曰: '富之, 旣富乃教之也', 此治國之本也.

3-26은 백성을 다스리는 근본은 무엇보다 넉넉하고 부유하게 해주는 것에 있음을 말하고 있다. 하간헌왕이 언급한 공자의 말은 『논어』「자로(子路)」편에 나온다.

공자가 위나라에 갈 때 염유가 수레를 몰았다. 공자가 "인민이 많구나!"라고 하자 염유는 "이미 인민이 많으면 또 무엇을 더해야 합니까?"라고 물었다. 공자는 "그들을 부유하게 해주어야 한다"라고 답했다. 다시 염유가 "이미 부유해지면 또 무엇을 더해야 합니까?"라고 묻자 공자는 "(사람의 도리를) 가르쳐야 한다"라고 답했다.

3-27

(진(晉)나라) 문공(文公)이 (대부) 구계(咎季)를 찾아갔는데, 그 집 사당이 서쪽 담에 붙어 있는 것을 보고서 공이 물었다.

"담 서쪽에는 누가 살고 있는가?"

대답해 말했다.

"임금의 늙은 신하가 살고 있습니다."

"집을 서쪽으로 더 넓혀 지으라."

대답해 말했다.

"저의 충성스러움은 늙은 신하의 힘만 못해서, 그 담이 무너졌는데도 새로 고쳐 짓지 못하고 있습니다."

공이 말했다.

"어째서 고쳐 짓지 못하는가?"

대답해 말했다.

"하루만 농사일을 하지 않아도 100일을 먹지 못하기 때문입니다."

문공이 나와서 마부에게 그 이야기를 해주었더니, 마부가 수레의 가로나무에 머리를 조아리며 말했다.

"(『서경』 「주서(周書)」) 「여형(呂刑)」편에 이르기를 '왕 한 사람에게 경사로운 일이 있으면 만백성이 그에 의지한다'라고 했습니다. 임금의 눈 밝음은 많은 신하의 복이니, 이에 나라에 명을 내리시어 궁실을 지나치게 지어 남의 집(짓는 일)을 방해하지 말게 하고 토목 공사를 때에 맞게 해서 농사일을 해치지 말게 하소서."

文公見咎季, 其廟傳於西牆, 公曰: '孰處而西?' 對曰: '君之老臣也.' 公曰: '西益而宅.' 對曰: '臣之忠, 不如老臣之力, 其牆壞而不築.' 公曰: '何不築?' 對曰: '一日不稼, 百日不食.' 公出而告之僕, 僕頓首於軫曰: '呂刑云: "一人有慶, 兆民賴之." 君之明, 群臣之福也, 乃令於國曰: 毋淫宮室, 以妨人宅, 板築以時, 無奪農功.' 輕 領

3-28

초(楚)나라 공왕(恭王)은 총애하는 아들이 많아 세자 자리가 정해지지 않았다. 굴건(屈建)이 말했다.

"초나라는 반드시 난이 많을 것이다. 무릇 토끼 1마리가 길거리를 내달리면 많은 사람이 쫓아가겠지만, 한 사람이 토끼를 잡고 나면 많은 사람은 더는 달려가지 않을 것이다. 명분이 정해지지 않으면 1마리 토끼가 내달릴 때 많은 사람이 (그것을 잡느라) 소란해질 것이고, 명분이 이미 정해졌으면 설사 탐욕스러운 사내라 할지라도 그칠 줄 안다. (그런데) 지금 초나라에는 총애하는 아들은 많건만 세자 자리에 주인이 없으니, 난이 이로부터 생겨날 것이다. 무릇 세자란 나라의 기틀이자 백성의 희망인데, 나라에 이미 기틀이 없고 또 백성으로 하여금 희망을 잃게 했으니 그 근본을 끊어버린 것이다. 근본이 끊어지면 어지러움이 생겨나는 법으로, 이는 마치 토끼가 내달리는 것과 같다."

공왕이 이를 전해 듣고서 강왕(康王)을 세워 태자로 삼았지만, 그 후에 오히려 영윤(令尹) 위(圍)와 공자 기질(棄疾)의 난이 일어났다.

楚恭王多寵子, 而世子之位不定. 屈建曰: '楚必多亂. 夫一兔走於街, 萬人追之; 一人得之, 萬人不復走. 分未定, 則一兔走, 使萬人擾; 分已定, 則雖貪夫知止. 今楚多寵子而嫡位無主, 亂自是生矣. 夫世子者, 國之基也, 而百姓之望也; 國既無基, 又使百姓失望, 絕其本矣. 本絕則撓亂, 猶兔走也.' 恭王聞之, 立康王爲太子, 其後猶有令尹圍, 公子棄疾之亂也.

3-28부터 3-30까지는 나라의 근본을 세우는 문제, 즉 세자를 세우는 문제의 차원에서 건본(建本)을 다루고 있다.

3-29

진(晉)나라 양공(襄公)이 훙했는데 뒤를 이을 임금이 나이가 어리니, (대부) 조선자(趙宣子)가 재상이 되어 대부들에게 말했다.

"어린 임금을 세우면 난이 많을까 걱정이니 옹(雍)을 세울 것을 청합니다. 옹은 나이가 많고 지금 나라 밖으로 나가 진(秦)나라에 있는데, 진나라는 대국이니 후원이 되기에 충분할 것입니다."

가계(賈季)가 말했다.

"공자 악(樂)을 세우는 것만 못합니다. 악은 나라 관리들의 총애를 받고 있고 돌아가신 임금께서 총애해서 적(翟)나라에서 벼슬하게 했으니, 적나라가 이 때문에 후원이 될 것입니다."

(양공의 부인) 목영(穆嬴)이 태자를 안고서 조정에 나와 부르짖었다.

"돌아가신 임금은 무슨 죄이고 그 후사는 또 무슨 죄이기에 적자인 태자를 세우지 않고 버리고서 밖에서 임금을 찾는 것이오?"

조정을 나와서 태자를 안고 선자를 만나서 말했다.

"난을 걱정해서 나이 많은 임금을 세우려 하시는데, 나이 많은 임금을 세운다 해도 어린 태자가 장성하게 되면 난이 곧바로 닥치게 될 것이오."

선자는 이를 근심하다가 드디어 태자를 세웠다.

晉襄公薨, 嗣君少, 趙宣子相, 謂大夫曰: '立少君, 懼多難, 請立雍; 雍長, 出在秦, 秦大, 足以爲援.' 賈季曰: '不若公子樂, 樂有寵於國, 先君愛而仕之翟, 翟是以爲援.' 穆嬴抱太子以呼於庭曰: '先君奚罪, 其嗣亦奚罪, 舍嫡嗣不立而外求君子.' 出朝抱以見宣子曰: '惡難也, 故欲立長君, 長君立而少君壯, 難乃至矣.' 宣子患之, 遂立太子也.

3-30

조간자(趙簡子)가 양자(襄子)를 후계로 삼자 동안우(董安于)가 말했다.

"무휼(無恤)은 아무런 재주가 없는데 지금 후계로 삼은 것은 어째서입니까?"

간자가 말했다.

"이 사람은 그 됨됨이가 사직을 위해서라면 능히 치욕을 참아낼 수 있기 때문입니다."

그 뒤에 지백(智伯)이 양자와 술을 마시다가 양자의 머리에 술을 부으니, 다른 대부들이 그를 죽일 것을 청했다. 이에 양자가 말했다.

"선군께서 나를 세울 때, 능히 치욕을 참아낼 수 있을 것이라고 했지 어찌 능히 사람을 찔러 죽일 수 있을 것이라고 했던가!"

10달이 지나 지백이 진양(晉陽)에서 양자를 포위했는데, 양자는 군대를 나눠 지백을 쳐서 크게 이기고는 그 머리(즉 해골)에 옻칠해 술잔을 만들었다.

趙簡子以襄子爲後, 董安于曰: '無恤不才, 今以爲後, 何也?' 簡子曰: '是其人能爲社稷忍辱.' 異日, 智伯與襄子飮, 而灌襄子之首, 大夫請殺之, 襄子曰: '先君之立我也, 曰能爲社稷忍辱, 豈曰能刺人哉!' 處十月, 智伯圍襄子於晉陽, 襄子疏隊而擊之, 大敗智伯, 漆其首以爲酒器.

권4

입절[立節]

절의를 세움

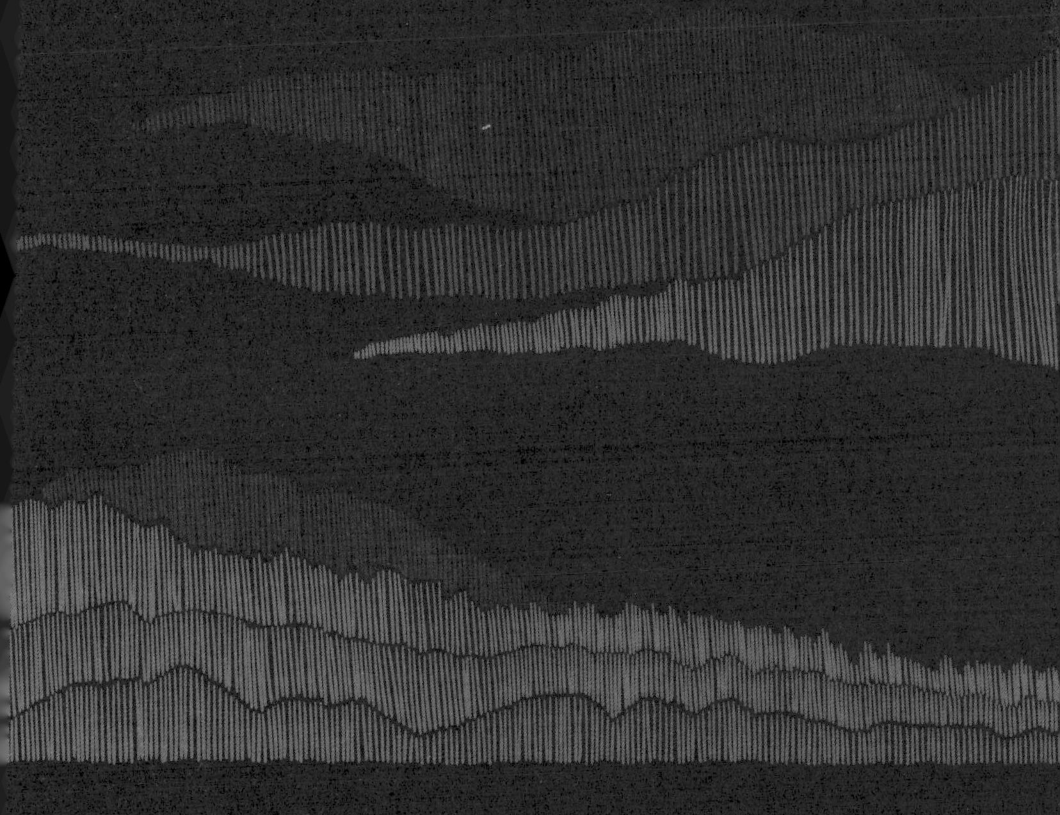

4-1

선비나 군자로서 용기 있고 과감하게 행동하는 자가 절의를 세워 마땅함을 행하지 않고 헛되이 목숨을 버려서 이름을 더럽힌다면 어찌 애통하지 않겠는가! 선비란 몸을 죽여 어짊을 이루고 위해(危害)를 당하더라도 마땅함을 세워서 절의와 이치에 의거하며 죽을 곳을 따지지 않는다. 그래서 능히 몸은 죽어도 이름은 후세에 전해지니, 용기와 과단성이 없다면 누가 능히 이를 행할 수 있겠는가!

士君子之有勇而果於行者, 不以立節行誼, 而以妄死非名, 豈不痛哉! 士有殺身以成仁, 觸害以立義, 倚於節理而不議死地; 故能身死名流於來世, 非有勇斷, 孰能行之?

4-1에서 강조하는 살신성인(殺身成仁)은 『논어』 「위령공(衛靈公)」편에서 공자가 한 말 중에 나온다.

> 뜻있는 선비(志士)와 어진 사람(仁人)은 목숨을 구걸하려고 어짊을 해치는 일이 없고, 몸을 죽여 어짊을 이루는 경우는 있다.

그리고 이어지는 4-2와 4-3에서는 은나라의 왕자로서 마지막까지 주왕(紂王)에게 충성스러운 간언을 했던 비간(比干) 등의 예가 살신성인한 사례로 언급된다.

4-2

자로(子路)가 말했다.

"능히 부지런히 노력함을 달가워하지 않고 빈궁함을 편안히 여기지 못하며 죽음을 가벼이 여기지 못하면서 '나는 능히 마땅함을 행할 수 있다'라고 말한다면 나는 믿지 않을 것이다."

옛날에 신포서(申包胥)는 진(秦)나라 조정에 서서 7일 낮밤을 울음소리를 그치지 않고 슬퍼함으로써 드디어 초(楚)나라를 보존했으니, 능히 부지런히 노력함을 달가워하지 않았다면 어찌 능히 이런 일을 행할 수 있었겠는가?

증자(曾子)는 베옷과 묵은 솜으로 만든 도포조차 제대로 갖춰 입지 못하고 술지게미와 쌀겨로 지은 밥과 명아주와 콩잎으로 끓인 국조차 배불리 먹지 못하면서도 의리에 부합하지 않으면 상경(上卿) 자리라도 사양했으니, 빈궁함을 편안히 여기지 못했다면 어찌 능히 이런 일을 행할 수 있었겠는가?

비간(比干)은 장차 죽게 되었는데도 간언이 더욱 충성스러웠으며 백이(伯夷)·숙제(叔齊)는 수양산에서 굶어 죽으면서도 지조가 더욱 드러났으니, 죽음을 가벼이 여기지 못했다면 어찌 능히 이런 일을 행할 수 있었겠는가?

그래서 무릇 선비가 마땅함을 세우고 도리를 행하고자 한다면 어렵고 쉬움을 논하지 않은 뒤라야 능히 그것을 행할 수 있으며, 몸을 세우고 이름을 드러내고자 한다면 이로움과 해로움을 따지지 않은 뒤라야 능히 그것을 이룰 수 있다.

『시경』(「당풍(唐風)·초료(椒聊)」편)에 이르기를 "저기 저 사람 크고 또 독실하도다"라고 했으니, 선량하고 독실하며 자기를 닦고 분발하는 군자가 아니고서야 그 누가 능히 그것을 행할 수 있겠는가?

子路曰: '不能甘勤苦, 不能恬貧窮, 不能輕死亡; 而曰我能行義, 吾不信也.' 昔者, 申包胥立於秦庭, 七日七夜喪不絕聲, 遂以存楚, 不能甘勤苦, 安能行此! 曾子布衣縕袍未得完, 糟糠之食, 藜藿之羹未得飽, 義不合則辭上卿, 不恬貧窮, 安能行此! 比干將死而諫逾忠, 伯夷叔齊餓死于首陽山而志逾彰, 不輕死亡, 安能行此! 故夫士欲立義行道, 毋論難易而後能行之; 立身著名, 無顧利害而後能成之. 詩曰: '彼其之子, 碩大且篤', 非良篤修激之君子, 其誰能行之哉?

4-3

(은나라) 왕자 비간(比干)은 몸을 죽여 그 충성스러움을 이루었고 백이·숙제는 몸을 죽여 그 청렴함을 이루었으며 미생(尾生)은 몸을 죽여 신의를 지켰으니, 이 세 사람은 모두 천하의 마땅함에 통달한 선비라 하겠다. 그들이라고 해서 어찌 자기 몸을 아끼지 않았겠는가마는, 그들은 생각하기를 무릇 마땅함이 서지 못하고 이름이 드러나지 못하는 것을 선비 된 자의 부끄러움이라고 여겼다. 그랬기에 몸을 죽여 그런 행동을 수행할 수 있었던 것이다.

이로써 살피건대 비천하고 빈궁한 것은 선비의 부끄러움이 아니다. 무릇 선비가 부끄러워해야 할 바란, 천하에서 충성스럽다고 하는 것에 선비가 참여하지 못하는 것이고 천하에서 신의가 있다고 하는 것에 선비가 참여하지 못하는 것이며 천하가 청렴하다고 하는 것에 선비가 참여하지 못하는 것이다. 이 세 가지가 자기 몸에 있으면 그 이름이 후세에 전해져서 해와 달과 더불어 없어지지 않으며 설사 도리가 없는 세상이라도 더럽혀지지 않을 것이다.

그렇다면 (선비는) 죽음을 좋아하고 살기를 싫어하는 것이 아니며,

부귀를 싫어하고 빈천을 즐거이 여기는 것이 아니다. 그 도리로써 말미암고 그 이치를 따르는 데도 존귀함이 자기 몸에 이른다면 선비는 사양하지 않을 것이다. 공자는 말하기를 "부를 구한다고 해서 얻을 수 있다면 설사 채찍을 잡는 비천한 일일지라도 나는 실로 그 일을 하겠지만, 부를 구한다고 해서 얻을 수 있는 것이 아니라면 나는 내가 좋아하는 바를 따를 것이다"[009]라고 했으니, 이는 크게 빼어난 이(-공자)가 잡아 쥔 절조(節操)다. 『시경』(「패풍(邶風)·백주(柏舟)」편)에 이르기를 "내 마음은 돌이 아니기에 굴릴 수가 없고, 내 마음은 자리가 아니기에 돌돌 말 수가 없다"라고 했으니, 이는 자기를 잃지 않음을 말한 것이다. 능히 자기를 잃지 않은 다음이라야 더불어서 (남들의) 어려움을 구제할 수 있으니, 이것이 바로 선비나 군자가 일반 대중을 뛰어넘는 까닭이다.

王子比干殺身以作其忠, 伯夷叔齊殺身以成其廉, 尾生殺身以成其信此三子者, 皆天下之通士也, 豈不愛其身哉? 以爲夫義之不立, 名之不著是士之恥也, 故殺身以遂其行. 因此觀之, 卑賤貧窮, 非士之恥也. 夫士之所恥者, 天下擧忠而士不與焉, 擧信而士不與焉, 擧廉而士不與焉; 三者在乎身, 名傳於後世, 與日月並而不息, 雖無道之世不能污焉. 然則非好死而惡生也, 非惡富貴而樂貧賤也, 由其道, 遵其理, 尊貴及己, 士不辭也. 孔子曰: '富而可求, 雖執鞭之士, 吾亦爲之; 富而不可求, 從吾所好', 大聖之操也. 詩云: '我心匪石, 不可轉也, 我心匪席, 不可卷也', 言不失己也. 能不失己, 然後可與濟難矣, 此士君子之所以越衆也.

009 『논어』「술이(述而)」편에 나오는 말이다.

4-4

초(楚)나라가 진(陳)나라를 토벌하면서 진나라 도성 서문을 불태우고, 이어서 항복한 진나라 백성으로 하여금 그것을 수리하게 했다. 공자가 그곳을 지나가다가 수레 앞턱 가로나무에 기대어 올리는 예를 표하지 않자, 자로가 말했다.

"예에 의하면 세 사람 앞을 지날 때는 수레에서 내리고, 두 사람 앞을 지날 때는 수레 앞턱 가로나무에 기대어 예를 표하게 되어 있습니다. (그런데) 지금 진나라 성문을 수리하는 사람들이 수도 없이 많은데 스승님께서는 어찌 예를 표하지 않으십니까?"

공자가 말했다.

"내가 듣건대 나라가 망했는데도 그것을 알지 못하는 것은 지혜롭지 못한 것이고, 알고서도 항쟁하지 않는 것은 충성스럽지 못한 것이며, 충성스러우면서도 (나라를 위해) 죽지 않는 것은 염직(廉直)하지 못한 것이라고 했다. 지금 진나라 성문을 수리하는 사람들은 이 중에서 하나도 행한 바가 없으니, 나는 그 때문에 가로나무에 기대는 예를 행하지 않았다."

楚伐陳, 陳西門燔, 因使其降民修之, 孔子過之, 不軾, 子路曰: '禮過三人則下車, 過二人則軾; 今陳修門者人數衆矣, 夫子何爲不軾?' 孔子曰: '丘聞之, 國亡而不知, 不智; 知而不爭, 不忠; 忠而不死, 不廉; 今陳修門者不行一於此, 丘故不爲軾也.'

4-4에 있는 공자의 말 속에는 절의를 세우는 문제가 담겨 있다.

4-5

공자가 제(齊)나라 경공(景公)을 알현하자 경공은 늠구(廩丘) 땅을 주어 식읍으로 삼게 했다. 공자가 사양하고 받지 않더니, 나와서 제자들에게 말했다.

"내가 듣건대 군자는 자기 공로에 준해서 녹을 받는다고 했다. (그런데) 지금 경공에게 유세하자 경공은 아직 시행도 하지 않고서 나에게 늠구를 내려주었으니, 그가 나를 알지 못함이 참으로 심하도다!"

드디어 하직하고 떠나버렸다.

孔子見齊景公, 景公致廩丘以爲養. 孔子辭不受, 出謂弟子曰: '吾聞君子當功以受祿. 今說景公, 景公未之行而賜我廩丘, 其不知丘亦甚矣!' 遂辭而行.

4-5를 보면, 도리에 맞으면 행하고 도리에 맞지 않으면 구차스럽게 복록을 구하지 않는 것이 바로 절의를 세우는 출발임을 알 수 있다. 『논어』에는 이와 비슷한 예가 수없이 많다. 하나만 보자. 그중 「미자(微子)」편에는 바로 이 제나라 경공과의 일화가 실려 있다. 어쩌면 같은 일을 다른 측면에서 기록한 것인지도 모른다.

제나라 경공이 공자를 대우하려는 마음으로 이렇게 말했다.

"만일 계씨처럼 해야 한다면 내 불가능하겠지만, 계씨와 맹씨의 중간으로는 대우할 수 있다."

그리고 또 말했다.

"내가 늙어서 쓸 수는 없다."

이에 공자는 떠나버렸다.

4-6

증자가 다 떨어진 옷을 입은 채 밭을 갈고 있었는데, 노나라 임금이 사람을 보내 식읍을 내려주면서 말했다.

"이걸로 옷을 수선하기를 바란다."

증자가 받지 않으니, 사자는 돌아갔다가 다시 와서 주었으나 또 (증자가) 받지 않았다. 사자가 말했다.

"선생이 남에게 요구한 것도 아니고, 남이 주는 것인데 어찌 받지 않습니까?"

증자가 말했다.

"신(臣)이 듣건대, 남에게 받은 사람은 그 사람을 두려워하고 남에게 준 사람은 그 사람에게 교만하게 군다고 했습니다. 임금께서 주시는 것이니 저에게 교만하게 하지는 않으시겠지만, 저로서는 두렵지 않겠습니까?"

끝내 받지 않았다. 공자가 이를 듣고 말했다.

"삼(參-증자)의 말은 그의 절의를 보전하기에 충분하구나."

曾子衣弊衣以耕, 魯君使人往致邑焉, 曰: '請以此修衣.' 曾子不受, 反復往, 又不受. 使者曰: '先生非求於人, 人則獻之, 奚爲不受?' 曾子曰: '臣聞之, 受人者畏人, 予人者驕人; 縱子(君)有賜不我驕也, 我能勿畏乎?' 終不受. 孔子聞之曰: '參之言, 足以全其節也.'

4-7

자사(子思)가 위(衛)나라에 있을 때 겉옷도 없는 솜옷에 20일 동안 아홉 끼밖에 못 먹으니 전자방(田子方)이 그 이야기를 듣고서 사람을 시켜 여우 가죽으로 만든 흰 갖옷을 보냈는데, 그가 받지 않을 것을 걱정해서 이렇게 말했다.

"나는 남에게 빌려줄 경우에는 결국 잊어버리니, 내가 남에게 주는 것은 버리는 것과 같다."

자사가 사양하고 받지 않으니 자방이 말했다.

"나는 있고 그대는 없는데, 어째서 받지 않는 것입니까?"

자사가 말했다.

"제가 듣건대 남에게 함부로 물건을 주는 것을 도랑에 물건을 버리는 것만 못하다고 했습니다. 내 비록 가난하지만 차마 내 몸을 도랑처럼 만들 수는 없습니다. 이 때문에 내가 감히 받지 못하는 것입니다."

子思居於衛, 縕袍無表, 二旬而九食, 田子方聞之, 使人遺狐白之裘, 恐其不受, 因謂之曰: '吾假人, 遂忘之; 吾與人也, 如棄之.' 子思辭而不受, 子方曰: '我有子無, 何故不受?' 子思曰: '伋聞之, 妄與不如棄物於溝壑, 伋雖貧也, 不忍以身爲溝壑, 是以 不敢當也.'

4-6과 4-7에서 증자와 자사가 보여준 모습은 『논어』「이인(里仁)」편에 나오는 공자 말과 그대로 통한다.

공자가 말했다.

"선비라 자처하는 사람이 말로는 도리에 뜻을 두었다고 하면서도 나쁜 옷과 나쁜 음식을 입고 먹는 것을 부끄럽게 생각한다면, 그런 자와는 아무것도 함께 토의할 수 없다."

4-8

송(宋)나라 양공(襄公) 자보(玆父)가 환공(桓公)의 태자였을 때 환공에게는 후처가 낳은 아들이 있었으니 공자 목이(目夷)였다. 환공이 목이를 아꼈는데, 자보는 공이 그를 사랑함은 장차 그를 태자로 세우기 위해서라고 여겨 공에게 청해 말했다.

"청컨대 목이를 태자로 세우소서. 신은 그를 위해 재상이 되어 돕겠습니다."

공이 말했다.

"무슨 연유인가?"

대답해 말했다.

"제 외삼촌은 위(衛)나라에 계시고 신을 아끼시는데, 만약에 끝내 제가 태자로 세워질 경우에는 위나라에 갈 수가 없게 됩니다. 이처럼 위나라에 발길을 끊게 된다면 이는 어머니를 배반하는 것입니다. 또 신이 목이의 위에 있기에는 부족하다는 것을 스스로 알고 있습니다."

공이 허락하지 않자 힘써 다시 청하니, 공이 허락하고서 장차 공자 목이를 세우려고 했다. 이에 목이가 사양하며 말했다.

"형이 세워지고 동생이 아래에 있는 것, 이것이 바로 마땅함이요, 동생이 세워지고 형이 아래에 있는 것은 마땅하지 못함입니다. 마땅하지 못한데도 저로 하여금 그런 짓을 하라고 하신다면 저는 장차 달아날 것입니다."

그러고는 위나라로 달아났는데, 자보도 그를 따라갔다. 3년이 지나 환공이 병이 드니, 사람을 시켜서 자보를 불러오게 하면서 "만약에 오지 않는다면 이는 나로 하여금 근심으로 죽게 만드는 것"이라고 일러주었다. 자보가 마침내 돌아오자 공은 다시 그를 세워 태자로 삼았고, 그런 다음에야 목이가 돌아왔다.

宋襄公茲父爲桓公太子, 桓公有後妻子, 曰公子目夷, 公愛之, 茲父爲公愛之也. 欲立之, 請於公曰: '請使目夷立, 臣爲之相以佐之.' 公曰: '何故也?' 對曰: '臣之舅在衛, 愛臣, 若終立則不可以往, 絕跡於衛, 是背母也. 且臣自知不足以處目夷之上.' 公不許, 彊以請公, 公許之, 將立公子目夷, 目夷辭曰: '兄立而弟在下, 是其義也; 今弟立而兄在下, 不義也; 不義而使目夷爲之, 目夷將逃.' 乃逃之衛, 茲父從之. 三年, 桓公有疾, 使人召茲父, 若不來, 是使我以憂死也, 茲父乃反, 公復立之以爲太子, 然後目夷歸也.

4-8은 자보와 목이 모두 일의 이치(禮)를 잘 알아서 절의를 지킨 경우라 하겠다.

4-9

진(晉)나라 여희(驪姬)가 헌공(獻公)에게 태자 신생(申生)을 참소하자 헌공이 장차 그를 죽이려 했는데, 공자 중이(重耳)가 신생에게 일러 말했다.

"일이 이렇게 된 것은 그대 죄가 아닌데, 그대는 어찌 나아가 말씀드리지 않는 것입니까? 잘 말씀드린다면 반드시 죄를 면할 것입니다."

신생이 말했다.

"안 될 일이오. 내가 잘 해명을 한다 해도 여희가 반드시 죄를 얻게 터인데, 우리 임금께서는 늙으시어 여희가 없으면 잠자리가 편안치 않으시고 음식을 드시더라도 달게 드시지 못할 것이오. 어찌 우리 임금께서 한스러움을 품고서 (삶을) 마치게 할 수 있겠소?"

중이가 말했다.

“해명을 안 할 것 같으면 속히 떠나는 편이 좋을 것입니다.”

신생이 말했다.

“안 될 일이오. 떠나감으로써 이 상황을 면한다면 그것은 우리 임금의 악행을 (온 세상에) 드러내는 꼴이 되오. 무릇 아버지 허물을 훤히 드러내면서 제후들에게 아름다운 이름을 얻는다 한들 누가 기꺼이 나를 받아들이겠소? 나라 안에 있으면 종실에게 곤경을 당하고 나라 밖으로 나가면 도망 다니느라 곤경에 처할 것이니, 이는 나의 죄악을 더 무겁게 할 뿐이오. 내가 듣건대 충성스러운 자는 임금(의 허물)을 드러내지 않고 사리를 아는 자는 죄악을 거듭하지 않으며 용맹스러운 자는 죽음에서 도망치지 않는다고 했으니, 이 같은 상황을 나는 온몸으로 감당할 것이오.”

드디어 칼에 엎어져 죽었다.

군자가 이를 듣고 말했다.

“하늘의 명이로다, 세자여!”

『시경』(「소아(小雅)·항백(巷伯)」편)에서 말했다.

“알록달록 화려해라, 무늬조개 문양으로 비단을 짜네.
저 참소하는 사람, 실로 너무도 심하구나!”

晉驪姬譖太子申生於獻公, 獻公將殺之, 公子重耳謂申生曰: ‘爲此者非子之罪也, 子胡不進辭, 辭之必免於罪.’ 申生曰: ‘不可, 我辭之, 驪姬必有罪矣, 吾君老矣, 微驪姬寢不安席, 食不甘味, 如何使吾君以恨終哉!’ 重耳曰: ‘不辭則不若速去矣.’ 申生曰: ‘不可, 去而免於此, 是惡吾君也; 夫彰父之過而取美諸侯, 孰肯納之? 入困於宗, 出困於逃, 是重吾惡也. 吾聞之, 忠不暴君, 智不重惡, 勇不逃死, 如是者, 吾以身當之.’ 遂伏劍死. 君子聞之曰: ‘天命矣夫世子!’ 詩曰: ‘萋兮斐兮, 成是貝錦. 彼譖人者, 亦已太甚!’

4-10

진나라 헌공 때 뜻있는 선비가 있었으니 호돌(狐突)이라고 했고 태자 신생의 사부였다. 공이 여희를 세워 부인(夫人)으로 삼자 나라에 많은 우환이 생겼는데, 호돌은 병을 핑계로 집 밖을 나가지 않았다. 6년이 지나 헌공이 참소로 태자를 죽이려 할 때, 태자는 장차 죽음을 앞두고서 사람을 시켜 호돌에게 일러 말했다.

"우리 임금께서는 늙으셨고 국가에는 환난이 많으니, 사부께서 한 번 나오셔서 우리 임금을 보필해주신다면 저 신생은 사약을 받고 죽더라도 여한이 없을 것입니다."

두 번 절하고 머리를 조아린 다음에 죽으니, 호돌이 마침내 다시 헌공을 섬겼다.

3년 후에 헌공이 졸하자 호돌은 여러 대부에게 하직 인사를 하며 말했다.

"저는 태자의 명을 받아 조정에 나왔다가 지금 일이 끝났으니, 어지러운 세상에서 오래 사는 것보다는 차라리 죽어서 태자에게 보답하는 것이 낫겠습니다."

마침내 돌아가 자살했다.

晉獻公之時, 有士焉, 曰狐突, 傅太子申生, 公立驪姬爲夫人, 而國多憂, 狐突稱疾不出. 六年, 獻公以譖誅太子, 太子將死, 使人謂狐突曰: '吾君老矣, 國家多難, 傅一出以輔吾君, 申生受賜以死不恨.' 再拜稽首而死, 狐突乃復事獻公. 三年, 獻公卒, 狐突辭於諸大夫曰: '突受太子之詔, 今事終矣, 與其久生亂世也, 不若死而報太子.' 乃歸自殺.

4-9와 4-10을 보면 신생이 살신성인할 수 있었던 절의는 스승 호돌을

통해 세워진 것임을 알 수 있다.

이하부터 이 편의 끝까지는 절의를 세운 선비들의 사례를 다양하게 제시한다.

4-11

초(楚)나라 평왕(平王)이 분양(奮揚)을 시켜 태자 건(建)을 죽이게 했는데, 아직 태자에게 이르기 전에 (분양이) 사람을 보내 그 사실을 일러주니 태자가 송(宋)나라로 달아났다. 왕이 분양을 부르고, 성보(城父) 사람을 시켜 그를 잡아 오게 했다.

왕이 말했다.

"이번 일은 말이 내 입에서 나와 너의 귀에만 들어간 것인데, 누가 건에게 알려주었는가?"

대답해 말했다.

"신이 일러주었습니다. 왕께서 애초에 신에게 명하기를 '건을 섬기기를 나를 섬기듯 하라'라고 하셨습니다. 신이 비록 재주는 없지만 두 마음을 품을 수는 없었습니다. 그래서 처음 명하신 대로 봉행하고 돌아왔으니, 그래서 태자에게 일러주었던 것입니다. 얼마 후에 뉘우쳤지만 실로 그때는 어떻게 할 수가 없었습니다."

왕이 말했다.

"그런데도 감히 내게 온 것은 어째서인가?"

대답해 말했다.

"사자로 가서는 명을 행하지 못했고 소환을 당했는데도 오지 않는다면, 이는 죄과를 거듭하는 것이니 도망치더라도 받아줄 곳이 없습니다."

왕이 마침내 그를 용서해주었다.

楚平王使奮揚殺太子建, 未至而遣之, 太子奔宋. 王召奮揚, 使城父人執之以至. 王曰: '言出於予口, 入於爾耳, 誰告建也?' 對曰: '臣告之, 王初命臣曰: 事建如事余, 臣不佞, 不能貳也; 奉初以還, 故遣之, 已而悔之, 亦無及也.' 王曰: '而敢來, 何也?' 對曰: '使而失命, 召而不來, 是重過也, 逃無所入.' 王乃赦之.

4-12

진(晉)나라 영공(靈公)이 포악해 조선자(趙宣子)가 자주 간언하니, 영공이 그를 싫어해서 서지미(鉏之彌)를 시켜 해치게 했다. 서지미가 새벽에 찾아가니 침실 문은 열려 있고 선자는 옷을 잘 차려입고서 장차 조회에 나갈 준비를 하고 있었는데, 아직 시간이 일러서 자리에 앉아 졸고 있었다.

지미가 물러나 탄식하며 말했다.

"(집에 있으면서도 임금에 대한) 공경을 잊지 않고 있으니 백성의 주인이다. 백성의 주인을 해치는 것은 불충이고, 임금의 명을 버리는 것은 불신이다. 이에는 한길이 있으니, 죽는 것뿐이로다."

드디어 (스스로) 홰나무에 머리를 찧어 죽었다.

晉靈公暴, 趙宣子驟諫, 靈公患之, 使鉏之彌賊之; 鉏之彌晨往, 則寢門闢矣, 宣子盛服將朝, 尙早, 坐而假寢, 之彌退, 歎而言曰: '不忘恭敬, 民之主也. 賊民之主, 不忠; 棄君之命, 不信. 有一於此, 不如死也.' 遂觸槐而死.

4-13

제(齊)나라 사람 중에 자란자(子蘭子)란 자가 있어 백공(白公) 승(勝)을 섬겼는데, 승이 장차 난을 일으키려 하면서 마침내 자란자에게 일러 말했다.

"내가 장차 나라에 큰일을 일으키고자 하니, 바라건대 그대가 함께해주게."

자란자가 말했다.

"내가 그대를 섬기면서 그대와 함께 임금을 시해한다면 이는 그대의 마땅하지 못함을 돕는 것이고, (그렇다고) 환난을 두려워해서 그대를 떠난다면 이는 그대가 겪게 될 환난에서 도망치는 것입니다. 그렇기 때문에 그대와 함께 임금을 죽이는 일을 하지 않음으로써 내 마땅함을 이루고, 이 뜰에서 목을 매닮으로써 내 행실을 이루겠습니다."

齊人有子蘭子者, 事白公勝, 勝將爲難, 乃告子蘭子曰: '吾將擧大事於國, 願與子共之.' 子蘭子曰: '我事子而與子殺君, 是助子之不義也; 畏患而去子, 是遁子於難也. 故不與子殺君, 以成吾義, 契領於庭, 以遂吾行.'

4-14

초나라에 신명(申鳴)이라는 선비가 있었으니, 집에 있으면서 그 아버지를 잘 봉양했다. 효성이 초나라 전역에 소문이 나서 왕이 그에게 재상 자리를 주려고 했는데, 신명이 사양하고 받지 않자 그 아버지가 말했다.

"왕께서 너를 재상으로 삼으려 하는데 너는 어째서 받지 않는 것이냐?"

신명이 대답해 말했다.

"아버지에게 효자 되는 것을 버리고 왕에게 충신이 되면 뭐하겠습니까?"

그 아버지가 말했다.

"만약에 나라에서 녹을 받고 조정에서 마땅함을 세워 네가 즐거우면 나는 걱정이 없을 것이니, 나는 네가 재상이 되기를 바란다."

신명이 말했다.

"알겠습니다."

드디어 조정에 들어가니, 초왕이 이에 그에게 재상 자리를 주었다. 3년이 지나 백공(白公)이 난을 일으켜 사마자기(司馬子期)를 죽이니, 신명이 장차 거기에 가서 죽으려 했다.

아버지가 만류하며 말했다.

"아비를 버리고 가서 죽는 것이 될 일이냐?"

신명이 말했다.

"제가 듣건대, 무릇 벼슬하는 사람은 몸을 임금에게 귀속시키고 녹을 부모에게 귀속시킨다고 했습니다. 지금 이미 아버지를 버리고 임금을 섬기고 있는데 임금의 난에 죽지 않을 수 있겠습니까?"

드디어 하직을 하고 가서 그 참에 병사를 거느리고 백공을 에워쌌다.

백공이 석걸(石乞)에게 말했다.

"신명이란 자는 천하의 용맹스러운 자인데, 지금 군대로 나를 에워쌌으니 나는 어떻게 해야 하는가?"

석걸이 말했다.

"신명이란 자는 천하의 효자입니다. 가서 그 아비를 군사로 협박하면 신명이 그것을 듣고서 반드시 올 것이니, 그때 그와 담판을 하십시오."

백공이 말했다.

"좋다."

곧바로 가서 그 아버지를 잡아 온 뒤에 군사로 하여금 지키게 하고는 신명에게 일러 말했다.

"그대가 나와 함께하면 나는 그대와 더불어 초나라를 나눠 갖겠지만, 그대가 나와 함께하지 않으면 그대 아버지는 죽게 될 것이다."

신명이 눈물을 흘리면서 이렇게 응답했다.

"처음에는 내가 아버지의 효자였지만 지금 나는 임금의 충신이다. 내가 듣건대 그 사람의 밥을 먹는 자는 그 사람의 일을 위해 죽고, 그 사람의 녹을 받는 사람은 자기 능력을 다한다고 했다. 지금 나는 이미 아버지의 효자가 될 수 없고 마침내 임금의 충신이니, 내가 어찌 내 몸을 온전히 할 수 있겠는가?"

북채를 잡고 진격하라는 북을 쳐서, 드디어 백공을 죽였으나 그 아버지 또한 죽었다. 왕이 그에게 황금 100근을 상으로 내려주자 신명이 말했다.

"임금이 주는 밥을 먹으면서 임금이 겪는 난을 피하면 충신이 아니고, 임금의 나라를 안정시키느라 신의 아비를 죽였으니 효자가 아닙니다. 충신과 효자라는 명칭을 둘 다 세울 수는 없고 충신과 효자의 행실을 둘 다 온전히 할 수도 없습니다. 이러고도 살아간다면 무슨 면목으로 천하에 (장부로서) 설 수 있겠습니까?"

드디어 자살했다.

楚有士申鳴者, 在家而養其父. 孝聞於楚國, 王欲授之相, 申鳴辭不受, 其父曰: '王欲相汝, 汝何不受乎?' 申鳴對曰: '舍父之孝子而爲王之忠臣, 何也?' 其父曰: '使有祿於國, 立義於庭, 汝樂吾無憂矣, 吾欲汝之相也.'

申鳴曰: '諾.' 遂入朝, 楚王因授之相. 居三年, 白公爲亂, 殺司馬子期, 申鳴將往死之. 父止之曰: '棄父而死, 其可乎?' 申鳴曰: '聞夫仕者身歸於君而祿歸於親, 今旣去父事君, 得無死其難乎?' 遂辭而往, 因以兵圍之. 白公謂石乞曰: '申鳴者, 天下之勇士也, 今以兵圍我, 吾爲之奈何?' 石乞曰: '申鳴者, 天下之孝子也, 往劫其父以兵, 申鳴聞之必來, 因與之語.' 白公曰: '善.' 則往取其父, 持之以兵, 告申鳴曰: '子與吾, 吾與子分楚國; 子不與吾, 子父則死矣.' 申鳴流涕而應之曰: '始吾父之孝子也, 今吾君之忠臣也; 吾聞之也, 食其食者死其事, 受其祿者畢其能; 今吾已不得爲父之孝子矣, 乃君之忠臣也, 吾何得以全身!' 援桴鼓之, 遂殺白公, 其父亦死. 王賞之金百斤, 申鳴曰: '食君之食, 避君之難, 非忠臣也; 定君之國, 殺臣之父, 非孝子也. 名不可兩立, 行不可兩全也, 如是而生, 何面目立於天下.' 遂自殺也.

4-15

제(齊)나라 장공(莊公)이 장차 거(莒)나라를 치려고 하면서 오승(五乘-5대의 수레)으로 대접하는 빈객들을 징집하니, 기량(杞梁)과 화주(華舟) 둘은 참여할 수가 없었다. 그래서 집으로 돌아와 밥도 먹지 않자 그(중 한 사람의) 어머니가 말했다.

"너희가 살아서는 마땅함을 행한 바가 없고 죽어서는 이름이 남지 않는다면 설사 오승의 빈객이 된다 하더라도 누가 너희를 비웃지 않겠느냐? 너희가 살아서는 마땅함을 행하고 죽어서는 이름이 남는다면 오승의 빈객이라 하더라도 모두 너희의 아래에 있을 것이다."

서둘러 밥을 먹고 마침내 길을 떠났다. 기량과 화주가 함께 병거(兵車)를 타고서 장공을 모시고 가서 거나라에 이르니, 거나라 사람들이 그들에 맞섰다. 기량과 화주가 병거에서 내려 싸워서 갑수(甲首) 300명을 붙잡으니, 장공이 그치게 하고서 말했다.

"멈춰라! 그대들과 함께 제나라를 향유할 것이다."

기량과 화주가 말했다.

"임금께서는 오승의 자제들을 징집하시면서 우리 두 사람을 참여시키지 않으셨으니, 이는 우리의 용기를 낮춰보신 것입니다. 적에 맞서 어려움을 겪고 있는데 우리를 이익(-제나라를 함께 향유한다는 말)으로 저지시키시니, 이는 우리 행동을 더럽히는 것입니다. 적진에 깊이 들어가 적군을 많이 죽이는 것은 신들의 일이고, 제나라를 향유하는 이익은 우리가 알 바 아닙니다."

드디어 나아가 싸워 적의 군진을 무너뜨리니, 적의 삼군이 감당하지 못했다. 거나라 성 아래에 이르렀는데, 거나라 사람들이 땅에 숯불을 깔아놓아 두 사람은 한동안 들어가지 못하고 서 있었다. 습후(隰侯) 중(重)이 거우(車右)였는데, 이렇게 말했다.

"내가 듣건대, 옛날의 병사 중에 위험을 무릅쓰고 어려움을 헤쳐나간 자는 일의 완수를 위해 방해되는 것들을 없애준다고 했소. 오시오, 내가 그대들을 건너갈 수 있게 해주겠소."

습후 중이 방패를 잡고 숯불 위에 엎드리자 두 사람이 그를 타고 들어갔고, 돌아보며 곡을 하는데 화주가 뒤처져서 탄식했다. 기량이 말했다.

"너는 용기가 없는가? 어찌 그리 오래 곡을 하는가?"

화주가 말했다.

"내가 어찌 용기가 없겠는가? 이 사람은 용맹스럽기가 우리와 같은데 우리보다 먼저 죽었으니, 이 때문에 슬퍼한 것이라네."

거나라 사람들이 말했다.

"그대들은 우리를 죽이지 마시오. 그러면 그대들과 함께 거나라를 향유할 수 있을 것이오."

기량과 화주가 말했다.

"자기 나라를 버리고 적국에 귀의하는 것은 충신이 아니고, 임금을 저버리고 (적에게) 상을 받는 것이 바른 행동이 아니며, 또 닭이 우는 새벽에 약속을 하고서 한낮에 이를 잊는 것은 신의가 아니오. 적진에 깊이 들어가 적군을 많이 죽이는 것이 신들의 일이니, 거나라를 향유하는 이익은 우리가 알 바 아니오."

드디어 나아가 싸워 27명을 죽이고 자신들도 죽었다.

기량의 아내가 이 소식을 듣고 곡을 하니, 성이 기울어 모퉁이가 무너졌다. 이것이 기량 아내에 관한 금곡(琴曲-거문고 노래)이 생겨난 까닭이다.

齊莊公且伐莒, 爲五乘之賓, 而杞梁華舟獨不與焉. 故歸而不食, 其母曰: '汝生而無義, 死而無名, 則雖五乘, 孰不汝笑也? 汝生而有義, 死而有名, 則五乘之賓盡汝下也.' 趣食乃行, 杞梁華舟同車侍於莊公而行至莒, 莒人逆之. 杞梁華舟下鬥, 獲甲首三百, 莊公止之曰: '子止, 與子同齊國.' 杞梁華舟曰: '君爲五乘之賓, 而舟梁不與焉, 是少吾勇也; 臨敵涉難, 止我以利, 是污吾行也; 深入多殺者, 臣之事也, 齊國之利, 非吾所知也.' 遂進鬥, 壞軍陷陣, 三軍弗敢當. 至莒城下, 莒人以炭置地, 二人立有間, 不能入. 隰侯重爲右曰: '吾聞古之士, 犯患涉難者, 其去遂於物也, 來, 吾踰子.' 隰侯重仗楯伏炭, 二子乘而入, 顧而哭之, 華舟後息. 杞梁曰: '汝無勇乎? 何哭之久也?' 華舟曰: '吾豈無勇哉, 是其勇與我同也, 而先吾死, 是以 哀之.' 莒人曰: '子毋死, 與子同莒國.' 杞梁華舟曰: '去國歸敵, 非忠臣也; 去長受賜, 非正行也; 且雞鳴而期, 日中而忘之, 非信也. 深入多殺者, 臣之事也, 莒國之利非吾所知也.' 遂進鬥, 殺二十七人而死. 其妻聞之而哭, 城爲之阤, 而隅爲之崩. 此非(琴曲)所以起也.

4-16

월(越)나라 군사가 제(齊)나라에 이르자 옹문자적(雍門子狄)이 죽겠다고 청하니, 제나라 임금이 말했다.

"북과 목탁 소리가 아직 들리지 않았고 화살과 돌을 아직 서로 쏘지도 않았으며 긴 창이나 무기를 아직 서로 부딪치지도 않았는데 그대는 어찌 죽기에 힘쓰는가? 남의 신하 된 자의 예(禮-사리)인가?"

옹문자적이 대답해 말했다.

"신이 듣건대, 옛날에 왕께서 동산에서 사냥하실 때 수레 왼쪽 바퀴에서 삐걱거리는 소리가 나자 거우(車右)가 죽기를 청했는데, 왕께서 말씀하시기를 '그대는 어째서 죽으려 하는가?'라고 하시니 거우가 대답하기를 '그 때문에 우리 임금께서 놀라셨기 때문입니다'라고 했습니다. 왕께서 '수레 왼쪽 바퀴가 삐걱거리는 소리를 낸 것은 공사(工師)의 죄인데, 그것이 그대와 무슨 상관인가?'라고 하자, 거우가 '신은 공사가 수레를 만드는 것은 보지 못했고 삐걱거리는 소리를 내서 우리 임금을 놀라게 하는 것만 보았습니다'라고 하고는 드디어 목을 찔러서 죽었다고 합니다. 이런 일이 있었다는 것을 알고 계십니까?"

제나라 임금이 말했다.

"그런 일이 있었지."

옹문자적이 말했다.

"지금 월나라 군대가 이르렀으니, 그것이 우리 임금을 놀라게 했습니다. 그 일이 어찌 수레 왼쪽 바퀴만 못한 일이겠습니까? 거우는 왼쪽 바퀴 때문에도 죽을 수 있었는데 신은 홀로 월나라 군대 때문에 죽을 수 없다는 말씀입니까?"

드디어 목을 찔러서 죽었다. 이날 월나라 사람들이 군대를 이끌고 70리를 퇴각하면서 말했다.

“제나라 왕에게 있는 신하들이 옹문자적과 같다면 월나라 사직에 제사 음식을 바치지 못할 수도 있다.”

드디어 군사를 이끌고 돌아가니, 제나라 임금은 옹문자적에게 상경(上卿)에 해당하는 예를 갖춰 장례를 거행해주었다.

越甲至齊, 雍門子狄請死之, 齊王曰: ‘鼓鐸之聲未聞, 矢石未交, 長兵未接, 子何務死之? 爲人臣之禮邪?’ 雍門子狄對曰: ‘臣聞之, 昔者王田於囿, 左轂鳴, 車右請死之, 而王曰: “子何爲死?” 車右對曰: “爲其鳴吾君也.” 王曰: “左轂鳴者工師之罪也, 子何事之有焉?” 車右曰: “臣不見工師之乘而見其鳴吾君也.” 遂刎頸而死. 知有之乎?’ 齊王曰: ‘有之.’ 雍門子狄曰: ‘今越甲至, 其鳴吾君也, 豈左轂之下哉? 車右可以死左轂, 而臣獨不可以死越甲也?’ 遂刎頸而死. 是日越人引甲而退七十里, 曰: ‘齊王有臣, 鈞如雍門子狄, 擬使越社稷不血食.’ 遂引甲而歸, 齊王葬雍門子狄以上卿之禮.

4-17

초나라 사람들이 장차 오나라 사람들과 전쟁을 하려고 했는데, 초나라 군사는 적고 오나라 군사는 많으니 초나라 장군 자낭(子囊)이 말했다.

“우리가 이 나라를 치면 반드시 패배해서 임금을 욕되게 하고 땅이 줄어들 것이니, 충신이라면 차마 할 수 없는 일이다.”

임금에게 복명하지도 않고 병사를 물려 퇴각한 뒤, 국도(國都) 교외에 이르러서야 사람을 보내 임금에게 복명했다.

“신이 죽을 것을 청합니다.”

임금이 말했다.

“그대 대부가 도망친 것은 나라의 이로움을 위해서였고 지금 실제로 나라에 이로우니, 그대 대부를 죽일 수 없다.”

자낭이 말했다.

“도망친 사람이 죄가 없으면 후세에 임금의 신하 된 자는 모두 이롭지 못하다는 명분으로 신이 도망친 것을 본받으려 할 것입니다. 이렇게 되면 초나라는 끝내 천하에서 가장 약한 나라가 될 것이니, 신이 죽을 것을 청합니다.”

물러나 칼에 엎어져 죽었다. 임금이 말했다.

“진실로 이와 같다면 그대 대부의 마땅함을 이뤄줄 것이오.”

이에 세 치 두께의 오동나무 관을 만들어서 (형벌 도구인) 도끼와 모루를 그 위에 올려놓고 온 나라 사람들에게 돌려 보여주었다.

楚人將與吳人戰, 楚兵寡而吳兵衆, 楚將軍子囊曰: ‘我擊此國必敗, 辱君虧地, 忠臣不忍爲也.’ 不復於君, 黜兵而退, 至於國郊, 使人復於君曰: ‘臣請死!’ 君曰: ‘子大夫之遁也, 以爲利也, 而今誠利, 子大夫毋死!’ 子囊曰: ‘遁者無罪, 則後世之爲君臣者, 皆入不利之名而效臣遁. 若是則楚國終爲天下弱矣, 臣請死.’ 退而伏劍. 君曰: ‘誠如此, 請成子大夫之義.’ 乃爲桐棺三寸, 加斧質其上, 以徇於國.

4-18

송(宋)나라 강공(康公)이 (제나라 땅) 아읍(阿邑)을 공격해서 선보(單父) 사람들을 도륙하니, 성공조(成公趙)가 말했다.

“애초에 나는 스스로 사리를 알지 못해서, 천승의 제후국에 있으면 만승의 천자국이 감히 정벌할 수 없고 만승의 천자국에 있으면 천하가 감히 도모하지 못한다고 여겼다. 지금 내가 아읍에 살고 있는데 송나라가 선보 사람들을 도륙했으니, 그렇다면 나는 스스로 설 수가 없다. 장차 가서 송나라 임금을 주살하겠다."

조는 드디어 송나라로 들어갔지만 3개월 동안 송왕을 만나볼 수가 없었다. 혹자가 말했다.

"어찌 이웃 나라 사신을 통해 송왕을 만나지 않는 것입니까?"

성공조가 말했다.

"안 됩니다. 내가 이웃 나라 사신을 통해 찔러 죽이면 후세 사신들로 하여금 신임을 받지 못하게 만드는 꼴이 되니, 지니고 온 부절의 신빙이 쓸데없게 되면 모두 성공조가 그렇게 만들었다고 말할 것입니다. 안 됩니다."

혹자가 말했다.

"어찌 여러 신하가 은사(隱士)를 인도해서 왕을 알리려는 기회를 틈타 찔러 죽이지 않는 것이오?"

성공조가 말했다.

"안 됩니다. 내가 여러 신하가 은사를 인도해서 왕을 알리려는 기회를 틈타 찔러 죽인다면 후세의 신하들은 신임을 받지 못할 것이고 변사(辯士)는 돌봄을 받지 못하게 되니, 모두 성공조가 그렇게 만들었다고 말할 것입니다. 안 됩니다. 내가 듣건대 옛날의 뛰어난 선비들은 화가 났을 때 이치를 생각하고 위태로울 때도 마땅함을 잊지 않아서, 반드시 바르게 일을 행해 원하는 바를 구할 뿐이라고 했습니다."

1년이 지나 송나라 강공이 병들어 죽으니 성공조가 말했다.

"청렴한 선비는 이름을 욕되게 하지 않고 신의를 지키는 선비는 게으르게 일을 행하지 않는다. 지금 나는 아읍에 살고 있는데 송나라가 선보를 도륙했으니, 이는 이름을 욕되게 한 것이다. 또 송왕을 주살하는 일에 나섰으나 1년이 지나도록 이루지 못했으니, 이는 게으르게 일을 행한 것이다. 내가 이러고서도 살아간다면 무슨 면목으로 천하 선비들을 보겠는가!"

드디어 팽산(彭山) 위에 서서 말라 죽었다.

宋康公攻阿, 屠單父, 成公趙曰: '始吾不自知, 以爲在千乘則萬乘不敢伐, 在萬乘則天下不敢圖. 今趙在阿而宋屠單父, 則是趙無以自立也. 且往誅宋王!' 趙遂入宋, 三月不得見. 或曰: '何不因鄰國之使而見之.' 成公趙曰: '不可, 吾因鄰國之使而刺之, 則使後世之使不信, 荷節之信不用, 皆曰趙使之然也, 不可!' 或曰: '何不因群臣道徒處之士而刺之.' 成公趙曰: '不可, 吾因群臣道徒處之士而刺之, 則後世之臣不見信, 辯士不見顧, 皆曰趙使之然也. 不可! 吾聞古之士怒則思理, 危不忘義, 必將正行以求之耳.' 期年, 宋康公病死, 成公趙曰: '廉士不辱名, 信士不惰行, 今吾在阿, 宋屠單父, 是辱名也; 事誅宋王, 期年不得, 是惰行也. 吾若是而生, 何面目而見天下之士.' 遂立槁於彭山之上.

4-19

필힐(佛肹)이 중모현(中牟縣)을 근거지로 삼아 반란을 일으키고서 녹읍을 적은 푯말과 쇠솥을 나란히 걸어두고 말했다.

"나와 함께하는 자에게는 녹읍을 주고, 함께하지 않는 자는 쇠솥에 삶아 죽이겠다."

중모의 사내들이 모두 거기에 참여했으나, 성 북쪽에 사는 여자(餘子-각 호에 한 명씩 배당된 군역자 이외의 자제) 전기(田基)만이 홀로 뒤에 도착해서는 옷을 걷고 쇠솥 안으로 뛰어들려고 하면서 말했다.

"내가 듣건대 의로운 사람은 헌거(軒車)와 관면(冠冕)이 내 앞에 놓여 있더라도 마땅하지 않으면 받지 않고, 형벌하는 도끼를 내 뒤에 들이대더라도 의로우면 죽음을 회피하지 않는다고 했소."

마침내 옷을 걷고 장차 쇠솥 안으로 들어가려 하자 필힐이 손을 내저으며 그만두게 했다. (뒤에) 조간자가 중모를 도륙해 그것을 차지하고서 공로가 있는 사람을 논할 때 전기를 첫째로 꼽으니, 전기가 말했다.

"내가 듣건대 청렴한 선비는 다른 사람을 부끄럽게 만들지 않는다고 했습니다. 그런데 이처럼 중모의 공로를 받게 된다면 중모의 선비들은 평생토록 부끄럽게 여길 것입니다."

그 어머니를 포대기에 싸서 남쪽으로 가서 초나라로 옮겼더니, 초나라 왕이 그의 의로움을 높이 사서 사마(司馬)로 대우해주었다.

佛肸用中牟之縣畔, 設祿邑炊鼎曰: '與我者受邑, 不與我者其烹.' 中牟之士皆與之, 城北餘子田基獨後至, 袪衣將入鼎曰: '基聞之, 義者軒冕在前, 非義弗受; 斧鉞於後, 義死不避.' 遂袪衣將入鼎, 佛肸播而止之. 趙簡子屠中牟, 得而取之, 論有功者, 用田基爲始, 田基曰: '吾聞廉士不恥人, 如此而受中牟之功, 則中牟之士終身慚矣.' 襁負其母, 南徙於楚, 楚王高其義待以司馬.

4-19 필힐의 일은 『논어』「양화(陽貨)」편에 나온다.

필힐이 공자를 부르자 공자는 가려고 했다. 이에 자로가 말한다.

"옛날에 제가 스승님께 듣기를 '직접 그 몸으로 불선을 한 자일 경우 군자는 (그 무리에) 들어가지 않는다'라고 하셨습니다. 필힐은 지금 중모를 근거지로 삼아 반란을 일으켰는데, 스승님께서 가려고 하심은 어짜서입니까?"

이에 공자가 말했다.

"그렇다. 이런 말이 있다. '단단하다고 말하지 않겠는가, 갈아도 얇아지지 않는다. 희다고 말하지 않겠는가, 검은 물을 들여도 검어지지 않는다.' 내가 어찌 뒤웅박과 같이 한곳에만 매달려 있어서 먹지(마시지) 못하는 것과 같겠는가?"

4-20

제나라 대부 최저(崔杼)가 장공(莊公)을 시해했는데, (대부인) 형(邢)땅 출신 괴외(蒯聵, ?~기원전 478년)는 진(晉)나라에 사신으로 갔다가 돌아오는 중이었다. 그 마부가 말했다.

"최저가 장공을 시해했다는데 그대께서는 장차 어찌하실 것입니까?"

괴외가 말했다.

"빨리 몰아라! 장차 들어가서 죽음으로써 임금께 보답할 것이다."

그 마부가 말했다.

"임금의 무도함에 대해서는 사방 제후들까지 듣지 못한 사람이 없으니, 주인께서 그를 위해 죽으신다면 실로 안 될 일이 아니겠습니까?"

괴외가 말했다.

"말은 그럴싸하다만 그러나 실로 늦었다. 자네가 좀 더 일찍 말해주었더라면 내가 능히 간언했을 것이고, 간언했는데도 들어주지 않았다면 나는 능히 떠났을 것이다. (그런데) 지금 나는 이미 간언을 하지 못한 데다가 또 떠나지도 못했다. 내가 듣건대 그 임금의 녹을 먹었다면 그 임금의 일을 위해서 죽어야 한다고 했다. 내가 이미 어지러운 임금의 녹을 먹었으니, 어찌 다시 다스릴 줄 아는 임금을 얻어 그를 위해 죽겠느냐?"

드디어 수레를 급히 달려 도성으로 들어가서 죽었다. 그 마부가 말했다.

"어떤 사람은 어지러운 임금을 만났는데도 오히려 죽었는데, 나는 다스릴 줄 아는 윗사람을 만났으니 죽지 않을 수 있으랴!"

마침내 말고삐에 자기 목을 매고 수레 위에서 죽었다. 군자가 이를 듣고 말했다.

"괴외는 절의를 지켜 의롭게 죽었다고 할 수 있다. 죽음이란 사람이라면 다 어려워하는 것이다. 마부의 죽음은 비록 의리에 부합한다고는 할 수 없지만, 그러나 그 또한 지사의 뜻이 있다."

『시경』(「대아(大雅)·증민(蒸民)」편)에 이르기를 "밤낮으로 나태해지지 않고서 한 사람을 섬기리라"라고 했으니, 바로 괴외 같은 사람을 가리키는 것이다. 맹자가 말하기를 "용기 있는 선비는 그 머리를 잃을 각오를 잃지 않는다"라고 했으니, 바로 마부 같은 사람을 말한다.

齊崔杼弑莊公, 邢蒯聵使晉而反, 其僕曰: '崔杼弑莊公, 子將奚如?' 邢蒯聵曰: '驅之, 將入死而報君.' 其僕曰: '君之無道也, 四鄰諸侯莫不聞也, 以夫子而死之不亦難乎?' 邢蒯聵曰: '善能言也, 然亦晚矣, 子早言, 我能諫之, 諫不聽我能去, 今既不諫又不去; 吾聞食其祿者死其事, 吾既食亂君之祿矣, 又安得治君而死之?' 遂驅車入死. 其僕曰: '人有亂君, 人猶死之; 我有治長, 可毋死乎?' 乃結轡自刎於車上. 君子聞之曰: '邢蒯聵可謂守節死義矣; 死者人之所難也, 僕夫之死也, 雖未能合義, 然亦有志之意矣.' 詩云: '夙夜匪懈, 以事一人', 邢生之謂也. 孟子曰: '勇士不忘喪其元', 僕夫之謂也.

4-20 최저는 바로 제나라 장공을 시해하고 경공을 세운 인물이다. 최저 이야기는 『논어』에도 나온다.

4-21

연(燕)나라 소왕(昭王)이 악의(樂毅)를 보내 제나라를 토벌하게 하니 (제나라) 민왕(閔王)이 도망쳤다. 연나라 군대가 처음 제나라 땅에 들어갔을 때, 합읍(蓋邑) 사람 왕촉(王歜)이 뛰어나다는 말을 듣고서 삼군에 영을 내려 말했다.

"합읍 주변 30리 안으로는 들어가지 말라."

촉 때문이다. 얼마 후에 사람을 시켜 촉에게 일러 말했다.

"제나라 사람들 대부분이 그대의 의로움을 높이니, 나는 그대를 장군으로 삼고 1만 호 고을에 봉해주겠다."

촉이 연나라 사람에게 굳게 사양하니, 연나라 사람이 말했다.

"그대가 들어주지 않으면 나는 삼군을 이끌고 와서 합읍을 도륙할 것이다."

왕촉이 말했다.

"충신은 두 임금을 섬기지 않고 정녀(貞女)는 두 남자에게 시집가지 않는 법이오. 제나라 왕이 나의 간언을 들어주지 않아서 나는 물러나 초야에서 농사를 짓고 있었는데, 나라가 이미 파괴되어 망하는 바람에 내 몸도 능히 보존할 수 없게 되었소. (그런데) 지금 다시 군대로 겁박하니, 내가 임금의 장군이 된다면 이는 걸왕(桀王)을 도와 포악한 짓을 하는 것과 같소. 목숨을 부지하느라 의롭지 못하게 사느니 실로 삶겨 죽는 게 낫겠소."

드디어 나뭇가지에 몸을 매달아 스스로 목숨을 끊었다. 제나라의 도망쳤던 대부들이 이를 듣고 말했다.

"왕촉은 평민인데도 의로움을 지켜서 제나라를 배신하고 연나라로 가지 않았는데, 하물며 우리처럼 자리에 있으면서 녹을 먹은 자들임에랴!"

마침내 서로 모여 거(莒)나라로 가서, 공자를 찾아 세워서 양왕(襄王)으로 삼았다.

燕昭王使樂毅伐齊, 閔王亡. 燕之初入齊也, 聞蓋邑人王歜賢, 令於三軍曰: '環蓋三十里毋入', 以歜之故. 已而使人謂歜曰: '齊人多高子之義, 吾以子爲將, 封子萬家.' 歜固謝燕人, 燕人曰: '子不聽, 吾引三軍而屠蓋邑.' 王歜曰: '忠臣不事二君, 貞女不更二夫; 齊王不聽吾諫, 故退而耕於野. 國既破亡, 吾不能存, 今又劫之以兵, 爲君將, 是助桀爲暴也, 與其生而無義, 固不如烹.' 遂懸其軀於樹枝, 自奮絕脰而死. 齊亡, 大夫聞之曰: '王歜布衣義猶不背齊向燕, 况在位食祿者乎?' 乃相聚如莒, 求諸公子, 立爲襄王.

4-22

좌유(左儒)는 두백(杜伯)과 친구였는데, 둘 다 주(周)나라 선왕의 신하가 되었다. 선왕이 장차 죄 없는 두백을 죽이려 하자 좌유가 왕에게 쟁론하기를 아홉 번이나 거듭했으나 왕은 허락하지 않았다. 왕이 말했다.

"임금은 어기고 친구는 특별히 여기는 자가 바로 너로구나."

좌유가 대답해 말했다.

"신이 듣건대 임금이 옳고 친구가 그르면 임금을 순종해 친구를 꾸짖고, 친구가 옳고 임금이 그르면 친구를 따라 임금을 거스른다고 했습니다."

왕이 화가 나서 말했다.

"네가 말을 바꾸면 살려주고 말을 바꾸지 않으면 죽이겠다."

좌유가 대답해 말했다.

"신이 듣건대 옛날의 뛰어난 선비들은 마땅함을 굽혀서까지 그릇됨을 따르지 않았고, 말을 바꿔서까지 살기를 구하지 않았다고 했습니다. 그러니 신은 능히 임금의 허물을 밝히고 죽음으로써 두백의 무죄를 변론하는 것입니다."

왕이 두백을 죽이자 좌유도 (따라) 죽었다.

左儒友於杜伯, 皆臣周宣王, 宣王將殺杜伯而非其罪也. 左儒爭之於王, 九復之而王弗許也, 王曰: '別君而異友, 斯汝也.' 左儒對曰: '臣聞之, 君道友逆, 則順君以誅友; 友道君逆, 則率友以違君.' 王怒曰: '易而言則生, 不易而言則死.' 左儒對曰: '臣聞古之士不枉義以從邪, 不易言以求生, 故臣能明君之過, 以死杜伯之無罪.' 王殺杜伯, 左儒死之.

4-23

거나라 목공(穆公)에게 주려부(朱厲附)라는 신하가 있었다. 목공을 섬겼지만, 인정을 받지 못해 겨울에는 산속에 살면서 도토리와 밤을 주워 먹고 여름에는 늪이나 못가에 살면서 마름과 연뿌리를 먹고 살았는데, 목공이 난을 만나 죽으니 주려부가 장차 가서 죽으려 했다. 그의 친구가 말했다.

"자네는 임금을 섬기면서 인정을 받지 못했는데 지금 임금이 난을 만났다고 해서 그대가 가서 죽으려 하니, 생각건대 그것은 아니라고 보네."

주려부가 말했다.

"애초에 나는 임금이 나를 알아주지 않는다고 여겼지만, 지금 임금이 죽었는데도 내가 따라 죽지 않는다면 이는 정말로 나를 알아주었던 것일세. 나는 장차 죽어 천하에 그 신하를 몰라주는 자에게 경종을 울리려 하네."

드디어 가서 죽었다.

莒穆公有臣曰朱厲附, 事穆公, 不見識焉, 冬處於山林食杼栗, 夏處於洲澤食蔆藕. 穆公以難死, 朱厲附將往死之. 其友曰: '子事君而不見識焉, 今君難吾子死之, 意者其不可乎!' 朱厲附曰: '始我以爲君不吾知也, 今君死而我不死, 是果知我也; 吾將死之, 以激天下不知其臣者.' 遂往死之.

4-24

초나라 장왕이 운몽(雲夢)에서 사냥하면서 과치라는 꿩을 쏘아 잡았는데, 신공(申公) 자배(子倍)가 달려들어 그것을 빼앗았다. 왕이 장차 신공을 죽이려 하자 대부가 간언해 말했다.

"자배는 스스로를 아껴 처신을 잘하는 사람[自好者]이니, 다투어 왕의 꿩을 빼앗았을 때는 반드시 이유가 있을 것입니다. 왕께서는 일단 그 점을 살피소서."

석 달이 지나지 않아 자배가 병에 걸려 죽었다. 필(邲) 땅 전투에서 초나라가 진(晉)나라에 대승을 거둔 뒤 돌아와 논공행상할 때, 신공 자배의 동생이 상을 내려줄 것을 왕에게 청하면서 말했다.

"남들은 전쟁터에서 공을 세웠지만, 신의 형은 왕께서 사냥하는 수레 아래에서 공을 세웠습니다."

왕이 말했다.

"무슨 말인가?"

대답해 말했다.

"신의 형이 옛날 책을 읽었는데, 과치를 쏘아 잡는 사람은 석 달이 지나지 않아 반드시 죽는다고 했습니다. 그래서 신의 형은 다투어 그것을 빼앗았고, 그 때문에 일찍 죽은 것입니다."

왕이 명을 내려 서고에 가서 그것을 찾아보니 기록에 과연 그런 내용이 있었다. 마침내 그에게 두터운 상을 내렸다.

楚莊王獵於雲夢, 射科雉得之, 申公子倍攻而奪之. 王將殺之, 大夫諫曰: '子倍自好者也, 爭王雉必有說, 王姑察之.' 不出三月, 子倍病而死. 邲之戰, 楚大勝晉, 歸而賞功, 申公子倍之弟請賞於王曰: '人之有功也, 賞於車下.' 王曰: '奚謂也?' 對曰: '臣之兄讀故記曰: 射科雉者不出三月必死, 臣之兄爭而得之, 故夭死也.' 王命發乎府而視之, 於記果有焉, 乃厚賞之.

권5

귀덕[貴德]

다움을 귀하게 여김

5-1

빼어난 이가 천하 백성에게 나아갈 때는 마치 어린아이를 대하는 것과 같다. (그래서) 굶주린 자는 먹여주고 추위에 떠는 자는 옷을 입혀주며, 거느리고 길러주고 육성하고 성장시키면서 오로지 그들이 크게 되지 못할까 봐만 걱정한다.

『시경』(「소남(召南)·감당(甘棠)」편)에 이르기를 "무성한 팥배나무는 자르지도 말고 베지도 말라! 소백이 머물던 곳이라"라고 했으니, 전(傳)에 이르기를 섬현(陝縣) 동쪽은 주공이 주관하고 서쪽은 소공이 주관했다고 했다. 소공이 그 직무를 맡아서 뽕잎을 따고 누에를 칠 때를 맞게 되었을 때 백성의 일을 바꾸려 하지 않았으니, 그래서 읍 안에 들어가지 않고 팥배나무 아래에 머물면서 송사를 판단하자 섬 땅 사람들이 모두 각자 자기가 있어야 할 자리를 얻을 수 있었다. 이 때문에 후세 사람들은 그를 사모해서 칭송의 노래를 지어 불렀으니, 아름답게 여겼기에 그것을 말로 드러냈고, 말로는 부족하니 찬탄했고, 찬탄만으로는 부족하니 노래를 지어 칭송했던 것이다. 무릇 시는 사모한 다음에 쌓이고 쌓인 다음에 가득 차고 가득 찬 다음에 터져 나오게 되므로, 바른 도리를 따라서 터져 나와 그 노래가 그 마땅한 지위에 이른 것이다. 백성이 그 아름다움을 찬탄하며 그 공경함을 지극히 해서 팥배나무도 베지 못하게 했으니, 그 정령과 가르침이 어찌 시행되지 않을 수 있으랴!

공자가 말했다.

"나는 이 「감당」이라는 시에서 종묘를 공경함을 알았다."

그 사람을 깊이 존경하면 반드시 그 자리를 공경하게 되니, 만물 만사를 순리대로 편안하게 한다면 옛날 빼어난 이의 도리에 거의 가까우리라.

聖人之於天下百姓也, 其猶赤子乎! 饑者則食之, 寒者則衣之; 將之養之, 育之長之; 惟恐其不至於大也. 詩曰: '蔽芾甘棠, 勿剪勿伐, 召伯所茇.' 傳曰: 自陝以東者周公主之, 自陝以西者召公主之. 召公述職當桑蠶之時, 不欲變民事, 故不入邑中, 舍于甘棠之下而聽斷焉, 陜間之人皆得其所. 是故 後世思而歌詠之, 善之, 故言之; 言之不足, 故嗟嘆之; 嗟嘆之不足, 故歌詠之. 夫詩思然後積, 積然後滿, 滿然後發, 發由其道而致其位焉; 百姓嘆其美而致其敬, 甘棠之不伐也, 政教惡乎不行! 孔子曰: '吾於甘棠, 見宗廟之敬也.' 甚尊其人, 必敬其位, 順安萬物, 古聖之道幾哉!

5-1부터 계속해서 다움, 즉 덕(德)을 이야기하지만, 일반인의 다움이 아니라 군덕(君德), 즉 임금다움에 관한 서술이 이어지고 있다. 『논어』에서는 「위정(爲政)」편이 덕(德), 「태백(泰伯)」편이 지덕(至德)을 다루는데, 그 또한 마땅히 일차적으로는 군덕을 말하는 것이다. 이 편을 『논어』의 그 두 편과 연관 지어서 읽으면 큰 도움이 된다.

5-2

어진 사람이 펼치는 다움과 가르침은 진실로 마음속에서 측은해하고 마음속에서 정성을 다해 그 마음을 능히 그칠 수 없으니, 그래서 천하를 다스릴 때는 마치 물에 빠진 사람을 건지듯이 하며, 천하의 강자가 약자를 능멸하고 다수가 소수에게 횡포를 부리며 어린 고아가 파리해 죽거나 다치고 포로가 된 사람을 보면 그런 것을 참아내지 못한다. 이 때문에 공자는 72명 제후를 두루 거치면서 한 번이라도 도리를 실행해 그 다움을 베풂으로써 백성이 보전되어 온전하게 양육되고 뭇 백성이 자기 사는 곳을 편안히 여기며 만물 만사가 화락해 각자 즐겁게 마치기를 바랐으나, 끝내 이런 임금을 만나지 못했다. 그래서 기린을 보게 되자 눈물을 흘리며 자신의 도리가 행해지지 않고 다움과 은택이 충분히 베풀어지지 못했음을 슬퍼했고, 이 때문에 물러나 『춘추』를 지어 소왕(素王-다움은 갖췄으나 임금이 되지 못한 사람)의 도리를 밝혀 후세 사람들에게 보여주었다. 일찍이 그런 생각을 중지하거나 잊은 적이 없었던 것이다. 그래서 온갖 왕들이 그를 높였고 지사들은 법도로 삼아 그 문장을 외워서 지금까지도 전해짐이 끊이지 않았으니, 그 다움이 여기에 이른 것이다. 『시경』(「소아(小雅)·황황자화(皇皇者華)」편)에서 말하기를 "달리고 몰아서 두루 묻고 의견을 물었네"라고 했으니, 바로 이를 가리킨 말이다.

仁人之德教也, 誠惻隱於中, 悃愊於內, 不能已於其心; 故其治天下也, 如救溺人, 見天下強陵弱, 衆暴寡; 幼孤羸露, 死傷係虜, 不忍其然, 是以孔子歷七十二君, 冀道之一行而得施其德, 使民生全育, 烝庶安土, 萬物熙熙, 各樂其終, 卒不遇, 故睹麟而泣, 哀道不行, 德澤不洽, 於是 退作春秋, 明素王之道, 以示後人, 恩施其惠, 未嘗輟忘, 是以 百王尊之, 志士法焉, 誦其文章, 傳今不絕, 德及之也. 詩曰: '載馳載驅, 周爰咨謀', 此之謂也.

5-3

빼어난 임금은 다움을 펴고 은혜를 베풀고서도 백성에게 보답을 바라지 않으며, 교제사·망제사·체제사·상제사를 지내고도 귀신들에게 보답을 바라지 않는다. 산이 치솟아 높으면 구름과 비가 일게 마련이고, 물이 아래로 깊으면 교룡(蛟龍)이 살게 마련이다. 이처럼 군자가 그 도리와 다움을 널리 펼치니 (백성에게) 복록이 돌아온다.

무릇 음덕(陰德)을 가진 자에게는 반드시 양보(陽報)가 있게 마련이고, 음행(陰行)을 하는 자에게는 반드시 밝은 이름이 있게 마련이다. 옛날에 물길과 강둑을 막지 않아 물이 사람에게 재해를 입히자, 우(禹)가 용문(龍門)을 파고 이궐(伊闕)을 열어 물과 땅을 고르게 다스림으로써 백성이 육지에서 편안히 살 수 있게 해주었다. 백성이 서로 친목하지 않고 오품(五品-오상)이 순조롭지 않자, 설(契)이 임금과 신하의 마땅함, 부모와 자식이 서로를 제 몸처럼 여겨야 함, 부부간의 분별, 위아래의 차례 등을 가르쳤다. 들판이 정리되지 않아 백성이 먹을 것이 부족하자, 후직(后稷)이 백성을 가르쳐서 땅을 개간하고 잡초를 없애고 거름을 주어 곡식을 심게 하니 백성은 집집마다 풍족하게 되었다. 그래서 이 세 후(后-우·설·후직)의 후손 중에 왕이 되지 못한 자가 없었으니, 음덕이 있었기 때문이다. 주나라 왕실이 쇠퇴해서 예의(禮義)가 폐기되자 공자가 삼대(三代-하·은·주)의 도리로 후세를 가르치고 이끎으로써 뒤를 잇는 자가 지금까지도 끊어지지 않았으니, 음행이 있었기 때문이다.

聖王布德施惠, 非求報於百姓也; 郊望禘嘗, 非求報於鬼神也. 山致其高, 雲雨起焉; 水致其深, 蛟龍生焉; 君子致其道德而福祿歸焉. 夫有陰德者必有陽報, 有隱行者必有昭名, 古者溝防不修, 水爲人害, 禹鑿龍門, 闢伊闕, 平治水土, 使民得陸處; 百姓不親, 五品不遜, 契教以君臣之義, 父子之親, 夫婦之辨, 長幼之序; 田野不修, 民食不足, 后稷教之, 闢地墾草, 糞土樹穀, 令百姓家給人足; 故三后之後, 無不王者, 有陰德也. 周室衰, 禮義廢, 孔子以三代之道, 教導於後世, 繼嗣至今不絕者, 有隱行也.

5-4

(『시경』) 「주송(周頌)」(「풍년(豐年)」편)에서 노래했다.

“풍년에 많고 많은 기장과 벼, 그래서 창고 높이 쌓인 곡식 억만 섬이나 된다네.

술 빚고 단술 만들어 할아버지 할머니께 올리며 온갖 예를 다 갖추니

내려주시는 복 널리 미치도다.”

『예기』에 이르기를 “상생(上牲)이 모자라거든 하생(下牲)을 쓰고, 하생이 모자라거든 제사 때 제물을 다 갖추지는 않는다”라고 했으니, 이는 흉년이 든 해에 제사를 지내면 귀신이 즐거워하지 않기 때문이다. 그래서 빼어난 이가 천하에 나아가는 것은 비유하자면 한 당(堂) 위에 오르는 것과 같으니, 지금 당에 가득 찬 사람들이 술을 마시는데 한 사람이 홀로 눈물 흘리며 한 모퉁이를 향해 울고 있다면 그 당에 있는 모든 사람이 즐겁지 않을 것이다. 빼어난 이가 천하에 나아가는 것은 비유하자면 한 당(堂) 위에 오르는 것과 같으니, 한 사람이 그 살 곳을 얻지 못한다면 효성이 지극한 자라도 감히 제물을 올리지 못할 것이다.

周頌曰: ‘豐年多黍多稌, 亦有高廩, 萬億及秭, 爲酒爲醴, 烝畀祖妣, 以洽百禮, 降福孔偕.’

禮記曰: ‘上牲損則用下牲, 下牲損則祭不備物’, 以其舛之爲不樂也. 故聖人之於天下也, 譬猶一堂之上也, 今有滿堂飮酒者, 有一人獨索然向隅而泣, 則一堂之人皆不樂矣; 聖人之於天下也, 譬猶一堂之上也, 有一人不得其所, 則孝子不敢以其物薦進.

5-5

위(魏)나라 무후(武侯)가 서하에서 배를 타고 내려오다가 중간쯤에 이르러 오기(吳起)를 돌아보며 말했다.

"아름답도다, 강과 산의 험고함이여! 이는 위나라의 보물이로다."

오기가 말했다.

"(나라의 존망은) 임금다움에 달려 있는 것이지 산세의 험고함에 달려 있는 것이 아닙니다.

옛날에 삼묘씨(三苗氏)는 왼쪽은 동정호요 오른쪽은 팽려(彭蠡)였지만 다움과 마땅함을 닦지 않으니 우왕이 멸망시켰습니다. 하나라 걸이 있던 곳도 왼쪽으로는 황하와 제수가, 오른쪽으로는 태화(太華)가 있었으며 이궐(伊闕)이 그 남쪽에, 양장(羊腸)이 그 북쪽에 있었지만, 정사를 행하는 것이 어질지 못하자 탕왕이 내쫓아버렸습니다. 은나라 주의 국도는 왼쪽으로 맹문(孟門)이요 오른쪽으로 태항(太行)이며 상산(常山)이 그 북쪽에 있고 큰 황하가 그 남쪽을 지나갔지만, 정사를 행하는 것이 임금답지 못하자 무왕이 정벌했습니다.

이로 말미암아 보건대 (나라의 존망이란) 임금다움에 달려 있는 것이지 험고함에 달려 있는 것이 아닙니다. 만약에 임금께서 다움을 닦지 않으신다면 이 배 안에 있는 사람들은 (한순간에) 죄다 적국의 사람이 될 것입니다."

무후가 말했다.

"좋도다!"

魏武侯浮西河而下, 中流顧謂吳起曰: '美哉乎, 河山之固也! 此魏國之寶也.' 吳起對曰: '在德不在險. 昔三苗氏左洞庭, 右彭蠡, 德義不修, 而禹滅之; 夏桀之居, 左河濟, 右太華, 伊闕在其南, 羊腸在其北, 修政不仁,湯放之; 殷紂之國, 左孟門而右太行, 常山在其北, 太河經其南, 修政不德, 武王伐之. 由此觀之, 在德不在險. 若君不修德, 船中之人盡敵國也.'

武侯曰: '善!'

5-6

(주나라) 무왕이 은나라를 이기고 나서 태공(太公)을 불러 물었다.

"장차 저 은나라 사대부와 백성을 어떻게 해야 하는가?"

태공이 대답해 말했다.

"신이 듣건대 누군가를 사랑하는 사람은 그 사람 지붕 위에 앉은 까마귀조차 사랑스럽고, 누군가를 미워하는 사람은 그 집 담벼락조차 미워 보인다고 했습니다. 적국 사람들을 모두 죽임으로써 남은 사람이 없게 하면 어떻겠습니까?"

왕이 말했다.

"안 된다."

태공이 나가고 소공(邵公 또는 召公)이 들어오니 왕이 물었다.

"어떻게 처리해야 할까?"

소공이 대답해 말했다.

"죄 있는 사람은 죽이고 죄 없는 사람은 살려주는 것이 어떻겠습니까?"

왕이 말했다.

"안 된다."

소공이 나가고 주공(周公)이 들어오니 왕이 물었다.

"어떻게 처리해야 할까?"

주공이 대답해 말했다.

"각자 자기 집에서 살게 하고 자기 농토에서 농사짓게 하며 옛 백성과 새 백성을 변함없이 대해, 오직 어짊으로써 그들을 내 몸과 같이 여기시어 백성에게 잘못이 있거든 나 한 사람에게 죄가 있다고 여기십시오."

무왕이 말했다.

"(그대가 말한 임금다움이야말로) 넓고도 크도다! 천하를 태평하게 하리라. 무릇 (다움을 닦은) 선비와 군자를 귀하게 여기는 까닭은 어진 마음에 다움을 갖추었기 때문이로다."

武王克殷, 召太公而問曰: '將奈其士衆何?' 太公對曰: '臣聞愛其人者, 兼屋上之烏; 憎其人者, 惡其餘胥; 咸劉厥敵, 使靡有餘, 何如?' 王曰: '不可.' 太公出, 邵公入, 王曰: '爲之奈何?' 邵公對曰: '有罪者殺之, 無罪者活之, 何如?' 王曰: '不可.' 邵公出, 周公入, 王曰: '爲之奈何?' 周公曰: '使各居其宅, 田其田, 無變舊新, 唯仁是親, 百姓有過, 在予一人!' 武王曰: '廣大乎, 平天下矣. 凡所以貴士君子者, 以其仁而有德也!'

5-6에서 짚어야 할 대목은 두 곳이다.

먼저 주공이 했던 말, 즉 "백성에게 잘못이 있거든 나 한 사람에게 죄가 있다고 여기십시오"인데, 이는 『논어』 「요왈(堯曰)」편에도 그대로 나온다.

다른 하나는 무왕이 했던 맨 마지막 문장으로, 여기에는 문(文)과 질(質)의 문제가 들어 있다. 즉 어짊은 질이고 다움은 문인데, 어진 마음을 바탕으로 삼아서 다움을 길러가야 한다는 말이다. 문질(文質) 문제는 『설원』 권19와 권20의 핵심 주제다.

5-7

공자가 말했다.

"(사람과 마찬가지로) 마을에도 어짊이 중요하니, 가려서 어진 마을에 가서 살지 않는다면 어찌 사리를 아는 자이겠는가?"

무릇 어짊이란 반드시 내 마음을 바탕으로 남에게 똑같이 베푸는 서(恕-품어줌)가 있는 뒤에 행해질 수 있는 것이니, 하나라도 마땅하지 못함을 행하거나 한 사람이라도 죄 없는 사람을 죽여서라면 설사 고관대작을 얻을 수 있다 하더라도 어진 사람은 그런 짓을 하지 않는다. 무릇 큰 어짊[大仁]이란 가까이에 있는 사람을 사랑해서 멀리 있는 사람에게까지 미치니, 만일 화합하지 못하는 곳이 있다면 작은 어짊을 허물어 큰 어짊으로 나아간다. 크게 어진 자는 은택이 사해에 미치지만, 작게 어진 자는 처자식에 머물 뿐이다. 처자식(에 머무는 어짊)이란 자기 이익을 도모하고 아녀자의 은혜로써 어루만져주는 것을 마음속 진정으로 꾸며서 그 거짓됨을 아름답게 수식하니, 누가 그것이 참되지 못함을 알겠는가? (이렇게 할 경우) 설사 당시에는 영예를 얻더라도 선비와 군자는 큰 모욕으로 여긴다.

그러므로 공공(共工)·환두(驩兜)·부리(符離)·등석(鄧析) 등은 그 지혜가 알지 못하는 것이 없었음에도 빼어난 왕에게 주살되었으니, 다움이 없이 구차스럽게 이익만을 바랐기 때문이다. 수조(豎刁)·역아(易牙)는 자기 몸을 훼손하고 자식을 죽여가면서 이익을 구했으나 결국 제나라에 위해를 당했다. 그래서 남의 신하 된 자가 어질지 못하면 찬탈하고 시해하는 난이 생겨나고 남의 신하 된 자가 어질면 나라가 다스려지고 임금이 영광을 누리니, 눈 밝은 임금이 이 점을 잘 살피면 종묘는 크게 안녕하게 된다. 무릇 남의 신하 된 자도 오히려 어짊을 귀하게 여겨야 하는데 남의 임금 된 자임에랴! 걸왕와 주왕은 어질지 못함으로 인해 천하를 잃었고, 탕왕과 무왕은 다움을 쌓아 천하를 소유했다. 이 때문에 빼어난 임금은 다움을 귀하게 여겨 그것을 행하는 데 힘쓴다.

맹자가 말했다.

"은혜를 미뤄 헤아려서 베풀면 사해에까지 미칠 수 있고, 은혜를 미뤄 헤아려서 베풀지 못하면 처자식도 보전할 수 없다. 옛날의 뛰어난 이들이 남들보다 크게 뛰어났던 것은 다름 아니라 자기가 가진 마음을 잘 미뤄 헤아려서 베풀었기 때문일 뿐이다."

孔子曰: '里仁爲美, 擇不處仁, 焉得智!' 夫仁者, 必恕然後行, 行一不義, 殺一無罪, 雖以得高官大位, 仁者不爲也. 夫大仁者, 愛近以及遠, 及其有所不諧, 則虧小仁以就大仁. 大仁者, 恩及四海; 小仁者, 止於妻子. 妻子者, 以其知營利, 以婦人之恩撫之, 飾其內情, 雕畫其僞, 孰知其非真, 雖當時蒙榮, 然士君子以爲大辱. 故共工·驩兜·符里·鄧析, 其智非無所識也, 然而爲聖王所誅者, 以無德而苟利也. 豎刁·易牙, 毁體殺子以干利, 卒爲賊於齊. 故人臣不仁, 簒弑之亂生; 人臣而仁, 國治主榮; 明主察焉, 宗廟大寧. 夫人臣猶貴仁, 況於人主乎! 故桀紂以不仁失天下, 湯武以積德有海土, 是以 聖王貴德而務行之. 孟子曰: '推恩足以及四海; 不推恩不足以保妻子. 古人所以大過人者無他焉, 善推其所有而已.'

5-7에서는 덕(德)을 인(仁)과 연결지어 풀이한다. 공자의 말은 『논어』 「이인(里仁)」편에 나온다. 특히 주목해야 할 것은 대인(大仁)과 소인(小仁)의 구별이다. 소인(小仁)의 어짊은 바로 아녀자의 어짊[婦人之仁=婦仁]이니, 지도자가 이런 어짊에 머물러서는 결코 안 된다. 소인은 사(私)에 머물 뿐이고, 대인이어야 비로소 공(公)으로 나아가기 때문이다.

이제부터는 임금뿐만 아니라 대신들이 갖춰야 할 다움으로 나아간다.

5-8

안자(晏子)가 (제나라) 경공(景公)과 술을 마시게 되었는데, 술잔 등 기물을 반드시 새롭게 준비하게끔 시키자 나이 든 가신이 말했다.

"재물이 모자라니, 청컨대 백성에게서 거두소서."

안자가 말했다.

"그만두어라. 무릇 즐거움이란 위아래가 함께하는 것이다. 그래서 천자는 천하와 더불어, 제후는 봉국 경내와 더불어 즐기며 대부 이하는 각기 자기에게 딸린 관료들과 함께 즐기니, 홀로 즐거워함이 없어야 한다. (그런데) 지금 윗사람과는 그 즐거움을 즐기면서 아래에는 그 비용으로 손해를 입게 한다면, 이는 혼자서만 즐기는 것이니 안 된다."

晏子飮景公酒, 令器必新, 家老曰: '財不足, 請斂於民.' 晏子曰: '止. 夫樂者, 上下同之. 故天子與天下, 諸侯與境內, 自大夫以下各與其僚, 無有獨樂; 今上樂其樂, 下傷其費, 是獨樂者也, 不可.'

5-9

제나라 환공이 북쪽으로 산융씨(山戎氏)를 정벌하러 가는 길에 연(燕)나라를 지나게 되었는데, 연나라 임금이 맞이하고자 국경까지 나오니 환공이 관중에게 물었다.

"제후들이 서로 맞이할 때 굳이 국경까지 나오는 것인가?"

관중이 말했다.

"천자가 아니면 국경까지는 나가지 않습니다."

환공이 말했다.

"그렇다면 연나라 임금은 두려움에 예를 잃은 것이고, 과인은 도리를 몰라서 연나라 임금에게 예를 잃게 한 것이구나."

마침내 연나라 임금이 (국경을 넘지 않은 것이 되도록) 넘어온 만큼의 땅을 떼어 연나라 임금에게 주니, 제후들이 이를 듣고서 모두 제나라에 조현했다. 『시경』(「소아(小雅)·소명(小明)」편)에 이르기를 "네 직위를 삼가 공경하고 정직한 사람을 좋아하면 귀신이 이를 듣고서 너에게 큰 복을 주리라"라고 했으니, 이런 일을 가리켜 말한 것이다.

齊桓公北伐山戎氏, 其道過燕, 燕君逆而出境. 桓公問管仲曰: '諸侯相逆固出境乎?' 管仲曰: '非天子不出境.' 桓公曰: '然則燕君畏而失禮也, 寡人不道而使燕君失禮.' 乃割燕君所至之地以與燕君, 諸侯聞之, 皆朝於齊. 詩云: '靖恭爾位, 好是正直, 神之聽之, 介爾景福', 此之謂也.

5-10

(제나라) 경공이 작구(爵鷇)라는 참새 새끼를 잡았다가 너무 어려서 도로 둥지에 넣어주었다. 안자가 이를 듣고는 청하기를 기다리지도 않고 들어가서 뵈니, 경공이 땀을 흘리며 두려워했다. 안자가 말했다.

"임금께서는 어째서 이러십니까?"

경공이 말했다.

"내가 작구를 잡기는 했지만, 아주 어리기에 도로 둥지에 넣어주었소."

안자는 뒤로 물러서며 북쪽을 향해 두 번 절하고 경하했다.

"우리 임금께서는 빼어난 임금의 도리를 지니셨습니다."

경공이 말했다.

"과인이 들어가서 작구를 잡았다가 아주 어리기에 도로 둥지에 넣어주었을 뿐인데, 그것이 빼어난 임금의 도리에 해당한다는 것은 어째서요?"

안자가 대답해 말했다.

"임금께서 작구를 잡았다가 아주 어리기에 도로 둥지에 넣어주셨다는 것은 곧 어린 새끼를 길러준 것입니다. 우리 임금의 어짊과 사랑이 금수에까지 미쳤는데, 하물며 사람에게는 어떻겠습니까? 이것이 바로 빼어난 임금의 도리입니다."

景公探爵鷇, 鷇弱故反之. 晏子聞之, 不待請而入見, 景公汗出惕然. 晏子曰: '君胡爲者也?' 景公曰: '我探爵鷇, 鷇弱故反之.' 晏子逡巡北面再拜而賀之: '吾君有聖王之道矣.' 景公曰: '寡人入探爵鷇, 鷇弱故反之, 其當聖王之道者何也?' 晏子對曰: '君探爵鷇, 鷇弱故反之, 是長幼也; 吾君仁愛, 禽獸之加焉, 而況於人乎? 此聖王之道也.'

5-11

(제나라) 경공이 어린아이가 길에서 구걸하는 것을 보고서 말했다.

"이 아이는 돌아갈 곳이 없는 것인가?"

안자가 대답해 말했다.

"임금께서 계신 데 어찌 돌아갈 곳이 없겠습니까? 사람을 시켜 잘 길러서 홀로 살아갈 수 있게 한 뒤에 보고하겠습니다."

景公睹嬰兒有乞於途者, 公曰: '是無歸夫?' 晏子對曰: '君存何爲無歸, 使養之, 可立而以聞.'

5-12

경공이 수궁(壽宮)에서 놀 때, 나이 든 사람이 땔나무를 지고 가는데 굶주린 기색이 있는 것을 보고서는 공이 슬퍼하며 아! 하고 탄식하면서 말했다.

"관리를 시켜 봉양하게 하라."

안자가 말했다.

"신이 듣건대, 뛰어난 이를 좋아하고 불초한 이를 가엾게 여기는 것은 나라를 지키는 근본이라고 했습니다. 지금 임금께서는 노인을 사랑해서 은혜가 미치지 않는 곳이 없으니, 나라를 다스리는 근본입니다."

공이 웃으면서 기뻐하는 기색이 있었다. 안자가 말했다.

"빼어난 이는 뛰어난 이를 보면 뛰어난 이를 좋아했고 불초한 이를 보면 불초한 이를 가엾게 여겼습니다. 지금 노약자 중에서 봉양을 받지 못하거나 홀아비·과부 중에서 집이 없는 사람을 찾아내어 그들의 실상을 평가해서 차례에 맞게 생활용품을 공급하기를 청합니다."

경공이 말했다.

"그리하라."

이에 노약자들은 봉양을 받게 되었고 홀아비와 과부는 집을 갖게 되었다.

景公遊於壽宮, 睹長年負薪而有饑色, 公悲之, 喟然嘆曰: '令吏養之.' 晏子曰: '臣聞之, 樂賢而哀不肖, 守國之本也; 今君愛老而恩無不逮, 治國之本也.' 公笑有喜色. 晏子曰: '聖王見賢以樂賢, 見不肖以哀不肖; 今請求老弱之不養, 鰥寡之不室者, 論而供秩焉.' 景公曰: '諾.' 於是 老弱有養, 鰥寡有室.

5-12에 이르기까지 다양한 어진 행위를 살펴보았다. 이런 어진 행동은 다움을 갖췄을 때 나올 수 있다. 『논어』「위령공(衛靈公)」편에서 공자는 이렇게 말했다.

어진 행동을 해야 하는 일을 맞아서 나는 스승에게도 양보하지 않을 것이다.

이 구절에 대한 정약용의 풀이는 환과고독(鰥寡孤獨)의 문제와도 연결된다.

"어짊(仁)이라는 이름은 반드시 일을 행하고 난 뒤에 이뤄진다. 순임금은 (아버지) 고수(瞽瞍)를 즐겁게 한 뒤에야 그 효(孝)를 이루었고, 비간(比干)은 은나라 주(紂)에게 간절히 간언한 뒤에야 그 충(忠)을 이뤘으며, 문왕은 사궁(四窮-네 종류의 곤궁한 사람인 환과고독(鰥寡孤獨)을 뜻한다)을 진휼한 뒤에야 그 자(慈)를 이루었다. 무릇 사람과 사람 사이에서 그 본분을 다한 뒤에라야 이를 어짊이라고 할 수 있다."

예를 들어 효심은 덕에 그칠 뿐이고 효행에 이르러야 인이 될 수 있다.

5-13

(제나라) 환공이 평릉(平陵)에 갔는데 백성 가운데 나이가 늙었는데도 스스로 먹고 살아가는 사람이 있었으니, 공이 그 연유를 묻자 대답해 말했다.

"저는 아들 9명이 있는데, 집 안이 가난해서 아무도 장가들지 못했고 제가 품팔이를 보내 아직 돌아오지 않았습니다."

환공이 자신과 아직 잠자리를 하지 않은 궁녀 5명을 골라서 그들에게 시집보내니, 관중이 들어와 알현하고서 말했다.

"공께서 은혜를 베푸시는 것이 실로 작지 않습니까?"

공이 말했다.

"어째서인가?"

대답해 말했다.

"(이처럼) 공이 만나본 사람들에 대해서만 직접 은혜를 베푸신다면 제나라에 아내 있는 사람은 매우 적을 것입니다."

공이 말했다.

"그렇다면 어떻게 해야 하는가?"

관중이 말했다.

"나라에 영을 내려, 사내는 20세가 되면 장가들고 여자는 15세가 되면 시집가게끔 하십시오."

桓公之平陵, 見家人有年老而自養者, 公問其故, 對曰: '吾有子九人, 家貧無以妻之, 吾使傭而未返也.' 桓公取外御者五人妻之, 管仲入見曰: '公之施惠不亦小矣.' 公曰: '何也?' 對曰: '公待所見而施惠焉, 則齊國之有妻者少矣.' 公曰: '若何?' 管仲曰: '令國, 丈夫二十而室, 女子十五而嫁.'

5-13은 전형적으로 위에서 보았던 소인(小仁)과 대인(大仁)의 차이를 보여준다. 환공은 소인을, 관중은 대인을 보여준 것이다.

5-14

(한나라) 효선제(孝宣帝)가 처음 즉위했을 때 수정위사(守廷尉史) 노

온서(路溫舒)가 글을 올려 다움을 높이고 형벌을 완화할 것을 말했는데, 그 글은 다음과 같다.

'(지금) 폐하께서는 처음 지극한 존엄에 오르시어 하늘과 상서로움을 합해야 할 때이니, 마땅히 이전 시대의 실정을 고치고 처음으로 받은 통일의 대업을 바로잡으시며 번잡한 겉치레를 없애고 백성의 고통을 제거하시어, 없어져가는 것을 되살리고 끊어져가는 것을 다시 이음으로써 하늘의 뜻에 부응해야 할 것입니다.

신이 듣건대 진(秦)나라에는 열 가지 실정이 있었다고 했는데, 그중 하나가 아직도 남아 있으니 옥사를 다스리는 관리가 바로 이것입니다. 진나라 때는 글과 학문을 경멸하고 무예와 용맹을 좋아했으며, 어질고 의로운 선비를 천시하고 옥사를 다스리는 관리를 귀하게 대우했습니다. 바른말을 하는 사람을 일러 비방한다고 했고, 허물을 막으려는 사람을 일러 요망한 말을 한다고 했습니다. 그래서 훌륭한 유자(儒者)들이 세상에서 쓰이지 못해 충성스럽고 선량하고 절절한 말을 다 가슴속에 쌓아두어야 했기에 찬양하고 아첨하는 소리만이 매일매일 귀에 가득 찰 뿐이었습니다. 헛되이 아름답게 꾸민 말들이 마음을 그을려서 실제의 재앙이 가려지고 막혀버렸습니다. 이것이 바로 진나라가 천하를 잃어버리게 된 까닭입니다.

바야흐로 지금은 천하가 폐하의 두터운 은혜를 입고서 전쟁의 위험이나 굶주림과 추위의 근심도 없이 아버지와 아들, 지아비와 지어미가 온 힘을 다해 집 안을 편안케 하려고 애를 쓰고 있지만, 태평성대가 아직 제대로 이르렀다고 할 수는 없습니다. 이는 옥사가 어지럽히고 있기 때문입니다. 무릇 옥사(獄事)란 천하의 백성이 가장 큰 운명을 맡기는 곳인데, 죽은 사람은 되살릴 수 없고 신체가 절단된 사람은 다시 이을 수 없습니다. 『서경』(「우서(虞書)·대우모(大禹謨)」편)에 이르기를 "죄 없는 사람을 죽이기보다는 차라리 원칙이나 법에 어긋나더라도 놓아주라"라고 했습니다. (그런데) 지금의 옥사를 다스리는 관리는 그렇지가 않아서, 위아래 사람이 서로 내달리듯이 각박함을 잘 살피는 것으로 여깁니다. 그리하여 옥사를 아주 가혹하게 하는 자는 공정하다는 이름을 얻고 옥사를 아주 공평하게 하는 자는 후환을 겪게 되는 일이 많습니다. 옥사를 다스리는 관리들은 모두 다 사람을 죽이려고만 하는데, 이는 사람을 실제로 미워해서가 아니라 그저 자신만 편안하려는 길을 따르다 보니 사람을 죽음에 이르게 만드는 것입니다. 이 때문에 죽은 사람의 피가 시장에까지 흐르고 처형당할 사람들이 어깨를 맞대고 서 있으며 사형에 해당하는 죄를 지은 사람은 한 해에 1만 명에 이르고 있는데, 이는 어질고 빼어난 임금이라면 마음 아파해야 할 것입니다. 태평성대가 아직 제대로 이르렀다고 할 수 없는 이유도 모두 다 이 때문입니다.

무릇 사람의 실정이란 편안하면 삶을 즐기게 되고 고통스러우면 죽음을 생각하는 것이니, 채찍이나 몽둥이 아래에서 무엇을 구해 얻지 못하겠습니까? 그렇기 때문에 죄수는 고통을 이겨낼 수 없으면 말을 꾸며서라도 죄를 승복하게 됩니다. 옥사를 다스리는 관리는 그 같은 점[其然]을 이용해서 자백을 끌어내고 죄를 입증합니다. 판결 내용을 위에 아뢸 때는 기각될 것을 두려워해서 말을 교묘하게 꾸며내어 아뢰는 글 사이사이에 주도면밀하게 메워 넣습니다. 대개 유죄로 결정해서 판결을 위에 아뢰면 비록 고요(皐陶)가 그 내용을 듣는다 하더라도 오히려 사형에 처하고도 남을 죄가 있다고 여기게 될 것이니, 어째서이겠습니까? (범죄 이유를) 교묘하게 꾸며댄 것이 많고 조문을 치밀하게 짜 맞춰서 죄명이 명백하기 때문입니다. 이 때문에 옥사를 다스리는 관리는 오로지 아주 가혹하게 해서 사람을 크게 다치게 함이 끝이 없고, 오로지 그때그때의 편의에 따르기만 할 뿐 나라의 근심은 돌아보지도 않습니다. 이런 자들이야말로 세상의 큰 도적입니다. 그래서 속담에 이르기를 "땅에다가 금만 그어놓았더라도 그것이 감옥이라고 하면 결코 들어가서는 안 되고, 단지 나무를 깎아놓은 것이라고 해도 그것이 옥리(獄吏)라고 하면 절대 마주해서는 안 된다"라고 했던 것입니다. 이는 모두 혹독한 옥리를 풍자한 것이니, 참으로 비통한 말입니다. 그러므로 천하의 환란 중에서는 옥사(獄事)만 한 것이 없고, 법을 파괴하고 바른 도리를 어지럽히며 혈육들을 갈라놓고 도리를 가로막는 것으로는 옥리만큼 심한 자가 없습니다. 이것이 이른바 (진나라가 저지른 10개의 실정(失政) 중에서) 지금까지 이어지고 있는 한 가지 잘못입니다.

신이 듣건대 까마귀와 솔개의 알이 훼손되지 않아야 봉황이 날아온다고 했으니, 비방의 죄를 지어도 벌을 내리지 않은 연후에야 훌륭한 말이 올라옵니다. 그래서 옛사람이 이르기를 "높은 산과 큰 늪은 해로운 것도 품고, 냇물과 못은 더러운 것도 받아들이며, 아름다운 옥은 티도 갖고 있고, 임금은 비방하는 말도 포용한다"라고 했던 것입니다. 바라건대 폐하께서는 군주를 비방하는 죄명을 없애고 간절한 진언을 할 수 있도록 해주심으로써 천하 사람들이 입을 열도록 하시며 경계하고 간언하는 길을 넓히소서. 또한 망한 진나라의 실정을 일소하고 (주나라) 문왕과 무왕의 다움을 높이시어 법률과 제도를 줄이고 형벌을 너그럽게 하심으로써 옥리의 폐단을 없애소서. 그와 같이 하신다면 태평한 기풍이 세상에서 크게 일어나 조화롭고 즐거운 삶의 길을 오래도록 걸어서 하늘과 더불어 다함이 없을 터이니, 천하가 크게 다행할 것입니다.'

글이 올라가자 황제가 좋게 여겼다. (노온서는) 훗날 임회태수(臨淮太守)로 재직하던 중 졸했다.

孝宣皇帝初即位, 守廷尉史路溫舒上書, 言尙德緩刑, 其詞曰: '陛下初即至尊, 與天合符, 宜改前世之失, 正始受之統, 滌煩文, 除民疾, 存亡繼絕, 以應天德, 天下幸甚. 臣聞往者秦有十失, 其一尙存, 治獄吏是也; 昔秦之時, 滅文學, 好武勇, 賤仁義之士, 貴治獄之吏, 正言謂之誹謗, 謁過謂之妖言, 故盛服先生, 不用於世, 忠良切言, 皆鬱於胸, 譽諛之聲, 日滿於耳, 虛美薰心, 實禍蔽塞, 此乃秦之所以亡天下也. 方今海內賴陛下厚恩, 無金革之危, 饑寒之患, 父子夫婦戮力安家, 天下幸甚; 然太平之未洽者, 獄亂之也. 夫獄天下之命, 死者不可生, 斷者不可屬, 書曰: "與其殺不辜, 寧失不經." 今治獄吏則不然, 上下相驅, 以刻爲明, 深者獲公名, 平者多後患; 故治獄吏皆欲人死, 非憎人也, 自安之道, 在人之死, 是以 死人之血, 流離於市; 被刑之徒, 比肩而立, 大辟之計, 歲以萬數, 此聖人所以傷太平之未洽. 凡以是也. 人情安則樂生, 痛則思死, 捶楚之下, 何求而不得; 故囚人不勝痛, 則飾誣詞以示之, 吏治者利其然, 則指道以明之, 上奏恐卻, 則鍛煉而周內之, 蓋奏當之成, 雖皐陶聽之, 猶以爲死有餘罪, 何則? 成鍊之者衆而文致之罪明也. 是以 獄吏專爲深刻, 殘賊而無理, 偷爲一切, 不顧國患, 此世之大賊也, 故俗語云: "畫地作獄, 議不可入; 刻本爲吏, 期不可對." 此皆疾吏之風, 悲痛之辭也. 故天下之患, 莫深於獄, 敗法亂政, 離親塞道, 莫甚乎治獄之吏, 此臣所謂一尙存也. 臣聞烏鳶之卵不毁, 而後鳳凰集; 誹謗之罪不誅, 而後良言進, 故傳曰: "山藪藏疾, 川澤納汚." 國君含垢, 天之道也. 臣昧死上聞, 願陛下察誹謗, 聽切言, 開天下之口, 廣箴諫之路, 改亡秦之一失, 遵文武之嘉德, 省法制, 寬刑罰, 以廢煩獄; 則太平之風可興於世, 福履和樂, 與天地無極, 天下幸甚.' 書奏, 皇帝善之. 後卒於臨淮太守.

5-14는 덕형(德刑)의 문제를 다룬다. 형벌을 가혹하게 쓰는 것이야말로 임금다움에 정면으로 배치되는 것이다. 이 점을 공자는 『논어』「위정(爲政)」편에서 명료하게 보여준다.

백성을 법령으로써 인도하고 형벌로써 가지런히 하면 백성은 법망을 면하려고만 해서 부끄러움이 없게 될 것이고, 백성을 다움으로써 인도하고 예로써 가지런히 하면 부끄러움을 알게 되고 또 감화될 것이다.

이처럼 공자는 다움을 다루는〔爲德〕「위정」편에서 법 만능주의를 경계했으니, 노온서의 글은 이 점을 절절하게 표현한 것이었다.

법 다음으로 백성을 힘들게 하는 것은 요역(徭役) 문제였는데, 이 점은 현대 국가에서는 거의 사라졌다고 볼 수 있다.

5-15

진(晉)나라 평공(平公)이 봄에 누대(樓臺)를 지으려 하자 숙향(叔向)이 말했다.

"안 됩니다. 옛날의 빼어난 임금들은 다움을 귀하게 여겨[貴德] 다움을 베푸는 데 힘썼고, 형벌을 완화해서 백성의 농사철을 따랐습니다. (그런데) 지금 봄에 누대를 짓는다면, 이는 백성의 농사철을 빼앗는 것입니다. 무릇 다움이란 베풀지 않으면 백성이 귀의하지 않고, 형벌이란 완화하지 않으면 백성이 근심합니다. 귀의할 마음이 없는 백성을 부리고 근심과 원망을 품은 백성에게 요역을 시키면서 더욱이 그들의 농사철까지 빼앗는다면, 이는 거듭해서 백성 힘을 고갈시키는 것입니다.

무릇 백성을 돌본다는 것은 그들을 길러주는 일인데, 오히려 거듭해서 고갈시킨다면 어찌 생명을 편안히 하고 생존을 편안히 해서 후세 사람들에게 임금이란 소리를 듣겠습니까?"

평공이 말했다.

“좋도다!”

마침내 누대 요역을 그만두었다.

晉平公春築臺, 叔向曰: ‘不可. 古者聖王貴德而務施, 緩刑辟而趨民時; 今春築臺, 是奪民時也. 夫德不施, 則民不歸; 刑不緩, 則百姓愁. 使不歸之民, 役愁怨之百姓, 而又奪其時, 是重竭也; 夫牧百姓, 養育之而重竭之, 豈所以安命安存, 而稱爲人君於後世哉!’ 平公曰: ‘善!’ 乃罷臺役.

5-16

(진(晉)나라 대부) 조간자(趙簡子)가 봄에 한단(邯鄲)에 누대를 지었는데, 하늘에서 비가 내리기를 그치지 않자 좌우 사람들에게 말했다.

“(비로 공사도 중단되었는데) 백성에게 파종할 것을 재촉하지 않아서야 되겠는가?”

윤탁(尹鐸)이 말했다.

“공사(公事)가 급해서 파종은 그만두고 누대 건축에 매달려 있으니, 설사 파종을 재촉하고 싶어도 그럴 수가 없습니다.”

간자가 두려워하는 기색을 보이더니, 마침내 누대 건축을 내버려두어 요역을 그만두게 하고서 말했다.

“내가 누대 건축을 급하게 여기는 것은 백성이 농사짓는 것만 못하다. 백성은 내가 누대를 짓지 않게 한 것을 갖고서 내가 그들을 사랑한다는 것을 알 것이다.”

趙簡子春築臺於邯鄲, 天雨而不息, 謂左右曰: ‘可無趨種乎?’ 尹鐸對曰: ‘公事急, 厝種而懸之臺; 夫雖欲趨種, 不能得也.’ 簡子惕然, 乃釋臺罷役

曰: '我以臺爲急, 不如民之急也, 民以不爲臺, 故知吾之愛也.'

5-15와 5-16과 관련이 있는 『논어』 구절은 「선진(先進)」편에 나오는 다음 일화다.

노나라 사람들이 장부(長府)라는 창고를 새로 지으려 하자 (공자의 제자) 민자건(閔子騫)이 이렇게 말했다.
"옛일을 그대로 따르는 것이 어떻겠는가? 어찌 반드시 고쳐 지어야 하는가?"
이를 듣고 공자가 말했다.
"저 사람이 평소에는 말이 많지 않지만, 일단 말을 하면 반드시 사리에 적중한다."

공자는 불필요한 요역을 해서는 안 된다는 민자건의 말을 높이 평가했던 것이다.

5-17

(진나라 대부) 중항헌자(中行獻子)가 장차 정(鄭)나라를 정벌하려 하자 범문자(范文子)가 말했다.

"안 됩니다. 정나라에 대해 뜻을 얻는다면 제후들이 우리를 원수로 삼을 것이니, 근심이 반드시 점점 더 커질 것입니다."

극지(郤至)가 말했다.

"정나라를 얻으면 이는 곧 나라를 겸병하게 되는 것입니다. 겸병을 하게 되면 왕(王-천자)이 될 수 있는데, 왕이 된 자[王者]란 진실로 근심이 많은 것입니까?"

문자가 말했다.

"임금다운 임금[王者]은 그 다움이 성대해서 먼 곳 사람들까지 귀부하니, 그래서 근심이 없는 것이오. (그런데) 우리는 다움이 적으면서도 임금다운 임금의 공로를 갖고 있으니, 그래서 근심이 많은 것이오. 지금 그대는 땅이 없으면서도 부유하기를 바라는 자가 즐거워하는 것을 본 적이 있소?"

中行獻子將伐鄭, 范文子曰: '不可. 得志於鄭, 諸侯讎我, 憂必滋長.' 郤至曰: '得鄭是兼國也, 兼國則王, 王者固多憂乎?' 文子曰: '王者盛其德而遠人歸, 故無憂; 今我寡德而有王者之功, 故多憂. 今子見無土而欲富者樂乎哉?'

5-17에서는 다움과 대비되는 짝을 이루는 공로[功]의 문제를 땅과 부유함의 관계로 풀어내고 있다. 또한 다움은 힘[力]이나 재주[才] 혹은 능력[能]과 대비를 이루기도 한다.

5-18

(노나라 대부) 계강자(季康子)가 (공자의 제자) 자유(子游)에게 말했다.

"어진 사람은 다른 사람을 사랑합니까?"

자유가 말했다.

"그렇습니다."

"다른 사람도 그를 사랑합니까?"

자유가 말했다.

“그렇습니다.”

강자가 말했다.

“정나라 자산(子產)이 죽었을 때, 정나라 사내들은 몸에 차고 있던 패를 풀고 부인들은 귀걸이를 뗀 채 부부가 골목에서 곡을 하니 석 달 동안 악기 연주 소리를 들을 수 없었소. (그런데) 중니가 죽었을 때 나는 노나라 사람들이 공자를 사랑했다는 말을 듣지 못했으니 어째서인가요?”

자유가 말했다.

“자산과 스승님을 비유하자면, 논에 대는 물과 하늘에서 내려주는 비와 같습니다. 물을 적셔주면 그것이 닿는 곳의 식물은 자라고 닿지 못하는 곳은 죽습니다.

백성의 삶에도 반드시 때맞춰 비가 내려야 하지만, 백성이 이미 살 수 있게 되고 나면 (그들은) 비를 내려주더라도 사랑하지 않습니다. 그래서 비유컨대 자산과 스승님은 때맞춰 논에 대는 물과 하늘에서 내려주는 비와 같다고 할 것입니다.”

季康子謂子游曰: ‘仁者愛人乎?’ 子游曰: ‘然.’ ‘人亦愛之乎?’ 子游曰: ‘然.’ 康子曰: ‘鄭子產死, 鄭人丈夫舍玦珮, 婦人舍珠珥, 夫婦巷哭, 三月不聞竽琴之聲. 仲尼之死, 吾不聞魯國之愛夫子, 奚也?’ 子游曰: ‘譬子產之與夫子, 其猶浸水之與天雨乎? 浸水所及則生, 不及則死, 斯民之生也必以時雨, 既以生, 莫愛其賜, 故曰: 譬子產之與夫子也, 猶浸水之與天雨乎?’

5-18에서 자산의 어짊과 공자의 어짊은 그 규모가 다르니, 그것은 두 사람 사이의 다움 크기가 그만큼 다르기 때문이다. 다만 백성은 절실함이 없어 아직 그것을 모를 뿐이다.

5-19

(진나라 대부) 중항목자(中行穆子)가 고(鼓)나라를 에워싸자 고나라 사람 중에 성을 바치고 배반하려는 자들이 있었다. 허락하지 않으니 어떤 장교가 말했다.

"군대가 헛되이 고생하지 않고서도 성을 얻을 수 있는데 어째서 받아들이지 않으십니까."

말했다.

"우리 성을 바치고서 배반하는 자가 있다면 우리도 매우 미워할 것인데, 다른 사람이 성을 바친다고 해서 어찌 우리만 좋아할 수 있겠는가?

아주 미운 짓을 하는 사람에게 상을 내린다면 이는 상을 잘못 주는 것인데, 그렇다면 좋은 일을 한 사람에게는 어떻게 할 것인가? 그에게 상을 내리지 않는다면 이는 신의를 잃는 것인데, 그렇다면 백성에게는 무엇을 보여주겠는가?"

고나라 사람들이 다시 항복을 청했으나 사람을 시켜 가서 보게 해서 그 백성이 아직 먹을 것이 있음을 알고는 들어주지 않았고, 고나라 사람들이 먹을 것도 다 떨어지고 힘도 다 썼다고 알려온 연후에야 고나라를 차지했다. 또한 고나라를 이기고 돌아올 때는 한 사람도 살육하지 않았다.

中行穆子圍鼓, 鼓人有以城反者, 不許, 軍吏曰: '師徒不勤而, 可得城, 奚故不受?' 曰: '有以吾城反者, 吾所甚惡也; 人以城來, 我獨奚好焉? 賞所甚惡, 有失賞也, 若所好何? 不賞, 是失信也, 奚以示民?' 鼓人又請降, 使人視之, 其民尙有食也, 不聽, 鼓人告食盡力竭而後取之, 克鼓而反, 不戮一人.

5-20

공자가 초나라에 갔을 때, 물고기 잡는 사람이 물고기를 아주 억지로 바쳤으나 공자가 받지 않자 물고기를 바친 사람이 말했다.

"날씨는 덥고 시장은 멀어서 팔려 해도 팔리지를 않으니, 버리려고 생각도 해봤지만, 군자에게 드리는 것만 못한 것 같아서 이에 드립니다."

공자가 두 번 절하고 받은 뒤 제자에게 땅을 쓸고 장차 제사 지낼 준비를 하라고 하니, 제자가 말했다.

"저 사람이 장차 버리려고 한 것으로써 지금 스승님께서는 제사를 지내려 하시니, 어째서입니까?"

공자가 말했다.

"내가 듣건대, 베풀기에 힘써서 남은 재물을 썩지 않게 하는 사람을 빼어난 사람이라고 했다. 지금 나는 빼어난 이가 내려준 선물을 받았으니 어찌 제사 지내지 않을 수 있겠는가?"

孔子之楚, 有漁者獻魚甚強, 孔子不受, 獻魚者曰: '天暑遠市賣之不售, 思欲棄之, 不若獻之君子.' 孔子再拜受, 使弟子掃除將祭之, 弟子曰: '夫人將棄之, 今夫子將祭之, 何也?' 孔子曰: '吾聞之, 務施而不腐餘財者, 聖人也, 今受聖人之賜, 可無祭乎?'

5-21

정나라가 송나라를 치자 송나라 사람들이 장차 맞서 싸우려 했는데, (송나라 대부) 화원(華元)이 양을 죽여 군사들을 먹였으나 그 마부 양짐(羊斟)은 거기에 참여하지 못했다. 싸움이 시작되자 (양고기를 먹지 못한 데 앙심을 품고) 양짐이 말했다.

"지난번에 양고기 탕을 먹이는 일은 그대가 주관했으니, 오늘의 일은 제가 주관하겠습니다."

그러고는 화원과 함께 정나라 군대 속으로 치달려가 버리니, 송나라 군대는 패배했다.

鄭伐宋, 宋人將與戰, 華元殺羊食士, 其御羊斟不與焉. 及戰, 曰: '疇昔之羊羹, 子爲政; 今日之事, 我爲政.' 與華元馳入鄭師, 宋人敗績.

5-21에서 화원은 어짊을 베풀면서도 주도면밀하지 못해 결국 양짐으로 하여금 속으로 불평을 품게 했고, 마침내 일을 그르쳤다. 화원에게는 다움이 그만큼 부족했던 것이다. 그것이 사람 마음이니, 리더는 이런 사람 마음을 세밀하게 읽어내지 않으면 안 된다.

5-22

초왕(楚王-초나라 양왕)이 장신(莊辛)에게 물었다.

"군자는 어떻게 행동해야 하는가?"

장신이 대답해 말했다.

"사는 집에 담장을 만들지 않아도 사람들이 조금도 헐거나 해치지 않고, 길을 다닐 때 주위에 호위하는 사람이 없어도 아무도 그에게 난폭한 짓을 하지 않는 것입니다. 이것이 군자의 행동입니다."

초왕이 다시 물었다.

"군자의 부유함은 어떠해야 하는가?"

대답해 말했다.

"군자의 부유함이란, 남들에게 빌려주고서도 은덕으로 삼지 않고 대가를 요구하지 않는 것입니다. 또 남에게 먹고 마시게 한 뒤에는 일을 부리거나 시키지 않는 것입니다. 이렇게 하면 친척들이 군자를 사랑하고 많은 사람이 그를 좋아하며 불초한 자도 그를 섬길 것입니다. 모두 다 자기 수명을 누리고 즐겁게 살아서 우환으로 인해(혹은 은혜에) 손상을 당하지 않을 것입니다. 이것이 군자의 부유함입니다."

초왕이 말했다.

"좋구나."

楚王問莊辛曰: '君子之行奈何?' 莊辛對曰: '居不爲垣牆, 人莫能毁傷; 行不從周衛, 人莫能暴君. 此君子之行也.' 楚王復問: '君子之富奈何?' 對曰: '君子之富, 假貸人不德也, 不責也; 其食飮人不使也, 不役也; 親戚愛之, 衆人喜之, 不肖者事之; 皆欲其壽樂而不傷於患(惠). 此君子之富也.' 楚王曰: '善.'

5-23

(한나라) 승상 서평후(西平侯) 우정국(于定國)은 동해 하비(下邳) 사람인데, 그의 아버지 우공(于公)은 현(縣) 옥사(獄史)의 결조연(決曹掾-결조의 하급 관리)을 지냈다. 우공은 재판에 공정했기 때문에 법에 저촉된 자들 그 누구도 우공의 판결에는 원망을 품지 않았다. 군(郡)에서는 그가 살아 있을 때 이미 그를 위한 사당을 세워주었고, 그 명칭도 우공사(于公祠)라 했다.

동해군에 한 효성 지극한 며느리가 있었는데 젊은 나이에 과부가 됐고 자식이 없었다. 이 며느리는 시어머니를 온갖 정성을 다해 봉양했는데, 시어머니는 며느리를 재가시키고자 했다. 그러나 며느리가 끝내 들으려 하지 않자, 시어머니가 이웃 사람들에게 말했다.

"우리 효성 지극한 며느리가 정성껏 나를 섬기는데, 자식도 없고 과부로 수절하는 것이 안타깝구려. 이 늙은 것이 젊은것에게 너무 오랫동안 짐이 되고 있으니 어찌할꼬!"

그 후에 시어머니는 스스로 목을 매어 죽었다. 그러자 그 딸이 '며느리가 어머니를 죽였다'라며 관에 고발했다. 관리가 효부를 체포하자 효부는 시어머니를 죽이지 않았다고 주장했지만, 관리가 증거를 끌어대면서 아주 혹독하게 조사하자 거짓으로 자백하고 말았다. 관리가 조서를 갖춰 군의 형리 부서에 올리니, 우공은 며느리가 시어머니를 10여 년간이나 잘 봉양했고 효성으로 소문이 났으므로 결코 시어머니를 살해하지 않았으리라고 판단했다. 태수가 그의 말을 듣지 않자 우공이 반론을 제기했으나 끝내 받아들여지지 않았다. 마침내 죄상을 기록한 조서를 안고서 형리 부서에서 통곡하다가 병을 핑계로 관직을 떠났다. 태수는 결국 효부를 사형에 처하고 말았다.

그 후로 동해군에는 3년 동안이나 내리 가뭄이 들었다. 나중에 다른 태수가 부임해서 원인을 캐묻자, 우공이 그에게 답하기를 "효부가 죽임을 당해서는 안 되는데 전임 태수가 억지로 사형으로 단죄했으니, 가뭄의 재앙은 아무래도 여기에 원인이 있지 않을까요?"라고 했다. 이에 소를 잡아 효부의 무덤에 제사 지내게 하고 태수 등이 직접 제사에 참가했는데, 그러자 하늘에서 즉시 큰비가 내렸고 그해에는 풍년이 들었다. 이 일로 군에서는 더욱 우공을 공경하고 존중했다.

(정국의 아버지 우공이 살아 있을 때 마을의 문이 무너져 부로(父老)들이 함께 문을 세우려고 하자) 그때 우공이 말했다.

"나를 위해 문을 높게 지으시오. 내가 옥사를 처리할 때 음덕을 많이 베풀어서 억울하다고 생각하는 자가 하나도 없었으니 분명히 출세하는 자손이 나올 거요. 높은 일산(日傘)을 단 수레가 드나들 수 있게 만드시오."

(실제로) 자식 대에 이르러 (우정국이) 서평후에 봉해졌다.

丞相西平侯于定國者, 東海下邳人也, 其父號曰于公, 爲縣獄史決曹掾. 決獄平法, 未嘗有所冤, 郡中離文法者, 于公所決, 皆不敢隱情, 東海郡中爲于公生立祠, 命曰于公祠. 東海有孝婦, 無子, 少寡, 養其姑甚謹, 其姑欲嫁之, 終不肯, 其姑告鄰之人曰: '孝婦養我甚謹, 我哀其無子, 守寡日久, 我老累丁壯奈何?' 其後姑自經死, 母女告吏曰: '孝婦殺我母.' 吏捕孝婦, 孝婦辭不殺姑, 吏欲毒治, 孝婦自誣服. 具獄以上府, 于公以爲養姑十年之孝聞, 此不殺姑也, 太守不聽, 數爭不能得, 於是 于公辭疾去吏, 太守竟殺孝婦. 郡中枯旱三年, 後太守至, 卜求其故, 于公曰: '孝婦不當死, 前太守強殺之, 咎當在此.' 於是 殺牛祭孝婦冢, 太守以下自至焉, 天立大雨, 歲豐熟, 郡中以此益敬重于公. 于公築治廬舍, 謂匠人曰: '爲我高門, 我治獄未嘗有所冤, 我後世必有封者, 令容高蓋駟馬車.' 及子封爲西平侯.

5-23은 다움을 쌓아[積德] 후손이 그 은혜를 입은 사례라 하겠다.

5-24

맹간자(孟簡子)가 양(梁-위(魏))나라 재상이 되어 위(衛)나라를 합병했으나 죄가 있어 제나라로 달아났는데, 관중이 맞이하고서 물었다.

"그대께서 양나라 재상이 되어 위나라를 합병할 때 문하에 부리는 사람이 몇 명이었습니까?"

맹간자가 말했다.

"문하에 부리는 사람이 3,000여 명이었습니다."

관중이 물었다.

"지금은 몇 사람과 함께 왔습니까?"

대답해 말했다.

"저는 세 사람과 함께 왔습니다."

관중이 말했다.

"이들은 어떤 사람들입니까?"

대답해 말했다.

"그중 한 사람은 아버지가 죽었는데 장례를 치를 형편이 안 되어 내가 장례를 치러주었고, 또 한 사람은 어머니가 죽었는데 마찬가지 이유로 내가 치러주었으며, 또 한 사람은 형이 감옥에 있었는데 내가 그를 위해 빼주었습니다. 이렇게 해서 세 사람을 얻어 함께 온 것입니다."

관중이 수레에 오르며 말했다.

"아! 나는 필시 곤궁해지겠구나! 나는 능히 봄바람처럼 남에게 한 적이 없고 여름비처럼 남을 적셔준 적이 없으니, 나는 필시 곤궁해지겠구나!"

孟簡子相梁并衛, 有罪而走齊, 管仲迎而問之曰: '吾子相梁并衛之時, 門下使者幾何人矣?' 孟簡子曰: '門下使者有三千餘人.' 管仲曰: '今與幾何人來?' 對曰: '臣與三人俱.' 仲曰: '是何也?' 對曰: '其一人父死無以葬, 我爲葬之; 一人母死無以葬, 亦爲葬之; 一人兄有獄, 我爲出之. 是以 得三人來.' 管仲上車曰: '嗟茲乎! 我窮必矣, 吾不能以春風風人; 吾不能以夏雨雨人, 吾窮必矣.'

5-25

무릇 사람의 본성이란 자신의 다움을 좋게 하려고 하지 않는 바가 없다. 그런데도 능히 다움을 좋게 하지 못하는 까닭은, 이익(을 바라는 마음)이 그것을 꺾어버리기 때문이다. 그래서 군자는 이익이나 헛된 명성을 입에 올리는 것을 부끄럽게 여긴다. 이익과 명성을 말하는 것도 오히려 부끄럽게 여기는데, 하물며 높은 자리에 앉아서 이익을 추구하는 사람임에랴!

凡人之性, 莫不欲善其德, 然而不能爲善德者, 利敗之也. 故君子羞言利名, 言利名尙羞之, 況居而求利者也.

5-25의 다움을 좋게 만든다〔善德〕라는 말은 다움을 이룬다〔爲德〕와 같은 뜻이다. 그 방법은 두 가지가 있다. 하나는 나에게는 없는 다른 사람의 좋은 다움을 가져와서 나를 새롭게 하는 것인데, 숭덕(崇德)이라고 한다. 다른 하나는 나에게 있는 좋지 않은 다움을 깎아내는 것인데, 수덕(修德)이라고 한다. 특히 숭덕(崇德)하는 방법에 대해 공자는 『논어』「안연(顔淵)」편에서 "충신(忠信)을 위주로 하면서 마땅함〔義〕으로 옮겨가는 것이 숭덕이 아니겠는가?"라고 말했다.

의(義)와 대칭되는 것이 이(利)다. 그래서 공자는 「이인(里仁)」편에서 이렇게 말했다.

군자는 마땅함에서 깨우치고, 소인은 이익에서 깨우친다.

다움을 기르는 것과 마땅함을 따르는 것이 밀접하게 연결되어 있음을 알 수 있다.

5-26

주나라 천자가 가보(家父)와 모백(毛伯)을 보내 제후들에게 금을 요구했는데, 『춘추』에서 이를 비판했다. 천자가 이익을 좋아하면 제후들이 탐욕을 부리고, 제후들이 탐욕을 부리면 대부들이 비루해지며, 대부들이 비루해지면 서민들은 도둑질하게 되니, 윗사람이 아랫사람을 달라지게 하는 것은 마치 바람이 풀을 쓰러뜨리는 것과도 같다. 그 때문에 남의 임금 된 자는 다움을 귀하게 여기고 이익을 천하게 여긴다는 것을 밝힘으로써 아랫사람을 인도해야 한다. (이렇게 해도) 아랫사람들이 나쁜 짓을 하는 것을 오히려 그치게 할 수가 없는데, 지금 (노나라) 은공(隱公)은 이익을 탐해 제수(濟水) 물가에서 몸소 물고기를 잡고 (천자만이 행할 수 있는) 팔일무(八佾舞-64명이 추는 천자용 군무)를 추게 하면서 이로써 나라 사람들을 교화했으니, 나라 사람들이 어찌 마땅함을 풀어놓지 않을 수 있겠는가? 마땅함을 풀어놓고 자기 욕심대로 마구 행하게 되면 재해가 일어나 신하들은 편벽해질 것이다. 그러므로 (『춘추』의) 원년(元年)을 황충에 대한 기록으로 시작한 것은 장차 재이가 일어나고 국가에 난이 있게 될 것임을 말한 것일 뿐이다.

周天子使家父毛伯求金於諸侯, 春秋譏之; 故天子好利則諸侯貪, 諸侯貪則大夫鄙, 大夫鄙則庶人盜, 上之變下, 猶風之靡草也. 故爲人君者明貴德而賤利以道下. 下之爲惡, 尙不可止; 今隱公貪利而身自漁, 濟上而行八佾, 以此化於國人, 國人安得不解於義. 解於義而縱其欲, 則災害起而臣下僻矣. 故其元年始書螟, 言災將起, 國家將亂云爾.

5-26의 바람이 풀을 쓰러뜨린다는 군자와 소인의 비유는 『논어』 「안

연(顔淵)」편에 고스란히 나온다.

계강자가 공자에게 정치에 관해 물었다.

"만일 무도한 자를 죽여 없애서 나라가 도리가 있는 데로 나아간다면 그것은 어떻습니까?"

공자가 말했다.

"대부여! 정치를 하면서 어찌 죽임을 쓸 수 있겠습니까? 대부께서 선하고자 한다면 자연스레 백성이 선해질 것이니, 군자의 다움은 바람이요 소인의 다움은 풀입니다. (죽임과 같은) 거센 바람이 풀에 가해지면 풀은 반드시 쓰러지고 말 것입니다."

5-27

손경(孫卿-순자)이 말했다.

"무릇 싸움을 좋아하는 사람은 자기 몸을 잊은 사람이요 자기 부모를 잊은 사람이며 자기 임금을 잊은 사람이다. 잠시의 노여움을 풀어놓음으로써 죽을 때까지 미치게 될 재앙을 초래하지만 그런데도 마침내 싸움을 하니 이것이야말로 자기 몸을 잊은 것이요, 집안사람을 흩어지게 하고 친척이 죽임을 당하지만 그런데도 마침내 싸움을 하니 이것이야말로 자기 부모를 잊은 것이요, 임금이 싫어하고 형법에서도 크게 금지하지만 그런데도 마침내 이를 범하니 이것이야말로 자기 임금을 잊은 것이다. 지금, 금수(禽獸)도 오히려 부모를 제 몸처럼 여길 줄을 알아서 자기 부모를 잊지 않는데 사람이면서 아래로는 자기 몸을 잊고 안으로는 자기 부모를 잊으며 위로는 자기 임금을 잊으니, 이는 금수의 어짊만도 못한 것이다.

싸움을 좋아하는 사람은 모두 자기는 옳고 남은 그르다고 여기는데, 자기만이 진실로 옳고 남은 진실로 그르다면 이는 자기는 군자이고 남은 소인이라는 말이다. 군자로서 소인과 서로 싸워 해친다면 이는 사람들이 이른바 여우 겨드랑이의 흰 털가죽으로 개나 양의 가죽을 꿰매고 몸에 숯가루를 바르는 격이니, 어찌 크게 잘못된 일이 아니겠는가?

이를 지혜로 여긴다면 이보다 큰 어리석음이 없고, 이를 이익으로 여긴다면 이보다 큰 손해가 없으며, 이를 영예로 여긴다면 이보다 큰 치욕이 없다.

(그렇다면) 사람들이 싸움질하는 것은 무엇 때문인가? 그것을 광혹질병(狂惑疾病)에 견준다면 곧 옳지 않으니, 사람의 겉모습만 본다면 좋아하고 싫어하는 것이 대부분 똑같은데도 사람들이 싸우기만 하는 것은 진실로 어리석고 미혹해서[愚惑] 도리를 잃어서다. 『시경』(「대아(大雅)·탕(蕩)」편)에 '부르짖고 외치느라 낮을 밤으로 삼는다'라고 했으니, 싸움질함을 이른 말이다."

孫卿曰: '夫鬥者, 忘其身者也, 忘其親者也, 忘其君者也; 行須臾之怒, 而鬥終身之禍, 然乃爲之, 是忘其身也; 家室離散, 親戚被戮, 然乃爲之, 是忘其親也; 君上之所致惡, 刑法上所大禁也, 然乃犯之, 是忘其君也. 今禽獸猶知近父母, 不忘其親也; 人而下忘其身, 內忘其親, 上忘其君, 是不若禽獸之仁也. 凡鬥者皆自以爲是而以他人爲非, 己誠是也, 人誠非也, 則是己君子而彼小人也; 夫以君子而與小人相賊害, 是人之所謂以狐亡補犬羊, 身塗其炭, 豈不過甚矣哉! 以爲智乎, 則愚莫大焉; 以爲利乎, 則害莫大焉; 以爲榮乎, 則辱莫大焉. 人之有鬥何哉? 比之狂惑疾病乎, 則不可, 面目人也, 而好惡多同, 人之鬥誠愚惑失道者也. 詩云: "式號式呼, 俾晝作夜", 言鬥行也.'

5-27은 남을 이기려고 하는 호승심(好勝心)을 경계한 것이다. 이는 다움이라고는 전혀 없는 마음이다. 귀덕의 반대, 즉 패덕(悖德)이나 배덕(背德)의 근원이라 하겠다.

이런 점에서 『논어』「팔일(八佾)」편에 나오는 공자의 짧은 말은 귀덕(貴德)하는 출발점이 무엇인지를 잘 보여준다.

공자가 말했다.
"(주나라 때의) 활쏘기는 가죽 뚫기로 승부를 가리지 않았다. 힘이 사람마다 다 다르기 때문이다. 이것이 옛날의 활쏘기 예법이다."

군자다움은 남을 이기려는 마음이 아니다. 그래서 힘자랑을 하는 것이 아니라 과녁 가운데 적중하는 것만으로 승부를 냈는데, 그 승부 또한 끝나고 나면 술 한잔하는 것으로써 녹여 없앴다. 이 점을 이야기하는 대목이 같은 「팔일」편에 나온다.

공자가 말했다.
"군자는 다투는 바가 없으나, 반드시 활쏘기에서는 경쟁을 한다. 상대방에게 읍하고 사양하며 올라갔다가는 내려와서 술을 마시니, 이러한 다툼이 군자다운 것이다."

5-28

자로가 칼을 차고 있자 공자가 물었다.
"유(由)야! 이 칼을 어디에 쓰려는 것이냐?"
자로가 말했다.

"저를 잘 대해주는 자에게는 실로 저도 잘 대해주고, 저를 잘 대해주지 않는 자에게는 실로 이것을 갖고서 스스로를 지키기 위함입니다."

공자가 말했다.

"군자는 충을 바탕으로 삼고 어짊을 호위로 삼으며 담 안에서 나가지 않아도 1,000리 밖에까지 이름이 난다. 좋지 못한 자는 충으로 감화시키고 난폭한 자는 어짊으로 막으면 되지, 어찌 반드시 칼을 차고 다녀야 하겠느냐!"

자로가 말했다.

"저는 옷자락을 가지런히 하고서 선생님을 섬기겠습니다."

子路持劍, 孔子問曰: '由, 安用此乎?' 子路曰: '善吾者固以善之; 不善吾者固以自衛.' 孔子曰: '君子以忠爲質, 以仁爲衛, 不出環堵之內, 而聞千里之外; 不善以忠化寇, 暴以仁圍, 何必持劍乎?' 子路曰: '由也請攝齊以事先生矣.'

5-28은 앞에서 이어지는 내용으로, 공자가 자로의 마음속에 있는 호승심을 바로잡아준 사례다.

5-29

악양(樂羊)이 위(魏)나라 장수가 되어 중산(中山)을 공격할 때 그 아들이 중산에 있었다. 중산 사람들이 아들을 높이 매달아 악양에게 보여주었으나, 악양은 투지가 조금도 약화되지 않고 더욱 급히 공격했다. 중산 사람이 이에 아들을 삶아 보내니, 악양은 국 한 그릇을 다

마셔버렸다. 중산 사람들은 그의 성심(誠心)을 보고는 차마 그들과 교전하지 못하고 과연 항복했고, 드디어 위나라 문후(文侯)를 위해 영토를 개척했다. 그러나 문후는 악양의 전공에 대해 상을 내리면서도 그의 마음을 의심했다.

(노나라 대부) 맹손(孟孫)이 사냥을 나가서 어린 사슴 1마리를 잡아 (가신) 진서파(秦西巴)로 하여금 가지고 돌아가게 했다. 그런데 어미 사슴이 따라오면서 슬피 울자 진서파는 차마 볼 수가 없어 놓아주었다. 맹손이 노해 진서파를 내쫓았다가 1년이 지난 뒤에 불러서 태자의 스승으로 삼자, 좌우에서 물었다.

"저 진서파는 주군에게 죄를 지었는데, 지금 태자의 스승으로 삼은 것은 어째서입니까?"

맹손이 대답했다.

"어린 사슴 1마리에 대해서도 차마 어떻게 하지 못하는 마음이 있는데, 또 어찌 내 아들에게 차마 어떻게 하지 못하는 마음이 없겠느냐? 그래서 '교묘하고 간사함[巧詐]은 졸렬하고 성실함[拙誠]보다 못하다'라고 하는 것이다."

악양은 전공이 있는데도 의심을 받았고 진서파는 죄가 있는데도 더욱 신임을 받은 것은 어짊과 어질지 못함에서 연유한 것이다.

樂羊爲魏將, 以攻中山, 其子在中山. 中山縣其子示樂羊, 樂羊不爲衰志, 攻之愈急. 中山因烹其子而遺之, 樂羊食之盡一杯. 中山見其誠也, 不忍與之戰, 果下之. 遂爲魏文侯開地, 文侯賞其功而疑其心. 孟孫獵得麑, 使秦西巴持歸, 其母隨而鳴, 秦西巴不忍, 縱而與之. 孟孫怒逐秦西巴, 居一年召以爲太子傅, 左右曰: '夫秦巴有罪於君, 今以爲太子傅, 何也?' 孟孫曰: '夫以一麑而不忍, 又將能忍吾子乎? 故曰: "巧詐不如拙誠."' 樂羊以有功而見疑, 秦西巴以有罪而益信, 由仁與不仁也.

5-29는 겉으로 하는 행동과 그 속마음을 따로 살펴야 함을 말하고 있다. 바로 『논어』「위정(爲政)」편에서 공자가 말한 '성기사(省其私)', 즉 그 속내를 은밀히 살피는 것이다.

5-30

지백(智伯)이 위(衛)나라에서 돌아오자 삼경(三卿)이 남대(藍臺)에서 잔치를 열어주었는데, 지양자(智襄子-지백)는 한강자(韓康子)를 희롱하고 또 단규(段規)에게 모욕을 주었다. 지과(智果)가 이를 듣고 지양자에게 간언했다.

"주군께서는 난을 미리 대비하십시오. 반드시 난이 닥칠 것입니다."

지백이 말했다.

"난은 장차 나에게서 일어날 뿐인데, 내가 난을 일으키지 않는데 누가 감히 일으킨단 말이냐."

대답해 말했다.

"그렇지 않습니다. 극씨(郤氏)에게는 거원(車轅)의 난이 있었고 조씨(趙氏)에게는 맹희(孟姬)의 참소가 있었으며 난씨(欒氏)에게는 숙기(叔祁)의 무함이 있었고 범중항씨(范中行氏)에게는 함야(函冶)의 난이 있었으니, 이는 모두 주군께서 아시는 바입니다. (『서경』) 「하서(夏書)」에는 '한 사람에게 세 가지 잘못이 있으니, 그 원한이 어찌 밝게 드러난 데 있으랴. 드러나지 않았을 때 미리 도모해야 한다'라는 말이 있고, 「주서(周書)」에는 '원한은 큰일에만 있는 것도 아니고 작은 일에만 있는 것도 아니다'라는 말이 있습니다. 군자란 작은 일을 부지런히 살핌으로써 큰 환난이 없게 합니다. (그런데) 지금 주군께서는 한 번의

잔치에서 남의 주군과 가신의 장을 부끄럽게 만드시고도 미리 방비하지 않은 채 '누가 감히 일어난단 말이냐'라고만 말씀하시니, 잘못이 아니겠습니까? 아, 두려워하지 않으면 안 됩니다. 모기·개미·벌·전갈도 모두 사람을 해치는데 하물며 남의 주군과 가신의 장이겠습니까?"

지백은 이 말을 듣지 않았다. 이로부터 5년 뒤에 진양(晉陽)의 난이 일어나니, 단규가 지백을 배반하고서 군중(軍中)에서 지백을 죽이고 마침내 지씨(智氏)를 멸망시켰다.

智伯還自衛, 三卿燕於藍臺, 智襄子戲韓康子而侮段規. 智果聞之諫曰: '主弗備難, 難必至.' 曰: '難將由我, 我不爲難, 誰敢興之.' 對曰: '異於是, 夫郤氏有車轅之難, 趙有孟姬之讒, 欒有叔祁之訴, 范中行有亟治之難, 皆主之所知也. 夏書有之曰: "一人三失, 怨豈在明, 不見是圖", 周書有之曰: "怨不在大, 亦不在小." 夫君子能勤小物, 故無大患; 今主一謀而媿人君·相, 又弗備曰不敢興難, 毋乃不可乎? 嘻! 不可不懼, 蚋蟻蜂蠆皆能害人, 況君相乎?' 不聽, 自是五年而有晉陽之難, 段規反而殺智伯于師, 遂滅智氏.

5-31

지양자가 궁실을 아름답게 꾸몄는데, (그의 가신) 사줄(士茁)이 저녁에 찾아오자 지백이 말했다.

"집이 아름답구나!"

대답해 말했다.

"아름답기는 하지만, 도리어 저는 실로 두려움이 있습니다."

지백이 말했다.

"어째서 두려운 것이냐?"

대답해 말했다.

"신은 붓을 들어 문서를 담당하면서 주군을 모시고 있습니다. 옛 기록에 높은 산과 가파른 언덕에는 초목이 자라지 않고 소나무와 잣나무가 자라는 땅은 토양이 비옥하지 않다고 했습니다. 그런데 지금 이 집은 흙과 나무가 (사람을) 이기고 있으니, 저로서는 그것이 사람을 편안치 못하게 할까 해서 걱정스러운 것입니다."

궁실을 완성하고 3년이 지나 지씨는 멸망했다.

智襄子爲室美, 士茁夕焉, 智伯曰: '室美矣夫!' 對曰: '美則美矣, 抑臣亦有懼也.' 智伯曰: '何懼?' 對曰: '臣以秉筆事君, 記有之曰: 高山峻原, 不生草木, 松柏之地, 其土不肥. 今土木勝, 人臣懼其不安人也.' 室成三年而智氏亡.

5-30과 5-31에서는 각각 지과와 사줄을 통해 다움을 갖춘 이의 '세상일을 보는 눈'을 배울 수 있다. 지백은 교만과 사치 두 가지를 다 보여주었다. 공자가 가장 경계했던 바다. 『논어』「태백(泰伯)」편에 나오는 공자의 말이다.

공자가 말했다.

"만일 주공과 같은 아름다운 재주를 지녔다고 하더라도 교만하거나 인색하다면 그 나머지는 족히 볼 것이 없다."

공자 말 속의 인색함에는 사치도 포함된다. 다움을 높이는 사람은 검소함을 좋아한다.

권6

복은[復恩]

은혜를 갚음

6-1

(『논어』 이인(里仁)편에서) 공자가 말했다.

"다움이 있는 사람은 외롭지 않다. 반드시 이웃이 있다."

무릇 은덕을 베푼 사람은 은덕을 내세우지 않는 것을 귀하게 여기고, 은혜를 입은 사람은 반드시 보답하는 것을 중하게 여긴다. 이 때문에 신하는 임금을 위해 부지런히 힘쓰고도 보상을 바라지 않으며, 임금은 은덕을 베풀어 아랫사람들을 길러주되 은덕을 내세우지 않는다. 그래서 『주역』(「계사상전(繫辭上傳)」)에 이르기를 "수고로워도 원망하지 않고 공로가 있어도 자기 덕분임을 내세우지 않는 것은 (다움의) 두터움이 지극한 것이다"라고 했다.

임금과 신하는 서로 시장에서 물건을 사고파는 도리로 맺어져 있으니, 임금은 녹봉을 들어 신하를 대우하고 신하는 온 힘을 다해 그에 보답한다. 신하가 생각지도 못한 큰 공로를 세우면 임금은 무거운 상을 내려주고, 만일 임금이 특별한 은덕을 베풀면 신하는 반드시 죽음으로 은덕에 보답한다.

공자가 말했다.

"북쪽에 궐(蹷)이라는 짐승이 있는데, 앞발은 쥐와 같고 뒷발은 토끼와 같아서 잘 달리지 못한다. 이 짐승은 공공(蛩蛩)과 거허(巨虛)를 아주 좋아해서 맛있는 풀이 생기면 반드시 이 풀을 꼭꼭 씹어 공공과 거허에게 먹여주고, 공공과 거허는 사람이 오는 것을 보면 반드시 궐을 업고 달아난다. 이는 궐의 본성이 공공과 거허를 사랑해서가 아니라 공공과 거허의 발을 빌리기 위함이고, 공공과 거허 두 짐승도 본성이 궐을 사랑해서가 아니라 궐이 맛있는 풀을 먹여주기 때문이다. 무릇 금수와 곤충도 오히려 서로 빌려주고서 보답할 줄 아는데 하물며 선비나 군자로서 천하에 명예와 이익을 세우려는 사람임에랴!”

무릇 신하가 임금의 은덕에 보답하지 않고 구차스럽게 사사로운 이익만 추구한다면 이는 재앙의 근원이요, 임금이 신하의 공로에 보답하지 않고 보상을 행하는 것을 꺼리면 이 역시 재앙의 기틀이다. 무릇 화란의 근원과 기틀은 은덕과 은혜에 보답하지 않는 데서 생겨난다.

孔子曰: ‘德不孤, 必有鄰.’ 夫施德者貴不德, 受恩者尙必報; 是故 臣勞勤以爲君而不求其賞, 君持施以牧下而無所德. 故易曰: ‘勞而不怨, 有功而不德, 厚之至也.’ 君臣相與以市道接, 君縣祿以待之, 臣竭力以報之; 逮臣有不測之功, 則主加之以重賞, 如主有超異之恩, 則臣必死以復之. 孔子曰: ‘北方有獸, 其名曰蟨, 前足鼠, 後足兔, 是獸也. 甚矣其愛蛩蛩巨虛也, 食得甘草, 必齧以遺蛩蛩巨虛, 蛩蛩巨虛見人將來, 必負蟨以走. 蟨非性之愛蛩蛩巨虛也, 爲其假足之故也, 二獸者亦非性之愛蟨也, 爲其得甘草而遺之故也. 夫禽獸昆蟲猶知比假而相有報也, 況於士君子之欲與名利於天下者乎!’ 夫臣不復君之恩而苟營其私門, 禍之源也; 君不能報臣之功而憚行賞者, 亦亂之基也. 夫禍亂之原基, 由不報恩生矣.

6-1은 여러 가지 점에서 『논어』와 연결된다. 『주역』에서 말한 “수고로워도 원망하지 않고 공로가 있어도 자기 덕분임을 내세우지 않는 것”은 다름 아닌 공자의 수제자 안회(顏回)가 삶과 공부의 목표로 삼았던 바로 그것이다. 「공야장(公冶長)」편에서 안회는 공자가 자신에게 마음속에 품은 뜻을 묻자 이렇게 답했다.

저의 바람은, (남에게 좋은 일을 하고서도) 자랑하지 않고[無伐善] 공로를 세우더라도 내세우지 않는 것입니다[無施勞].

6-2

조양자(趙襄子)가 진양(晉陽)에서 포위당했다가 포위에서 풀려나게 되자 공로가 있는 신하 5명에게 상을 내렸는데, 고혁(高赫)은 아무런 공로도 없이 최고상을 받았다. 다섯 사람이 모두 화가 났고, 장맹담(張孟談)이 양자에게 말했다.

"진양에 있을 때 혁은 아무런 큰 공로가 없었는데, 지금 그에게 최고상을 내린 것은 어째서입니까?"

양자가 말했다.

"내가 곤경을 당했을 때 신하와 임금의 예를 잃지 않은 것은 오직 혁뿐이었다. 그대들은 비록 공로가 있지만 모두 교만했으니, 과인이 혁에게 최고상을 내리는 것은 실로 마땅하지 않은가!"

중니(仲尼-공자)가 이를 듣고서 말했다.

"조양자는 뛰어난 선비에게 상을 제대로 내려줄 줄 아는 사람이로다. 한 사람에게 상을 주어 천하의 신하들이 감히 임금과 신하의 예를 잃지 않게 했도다."

趙襄子見圍於晉陽, 罷圍, 賞有功之臣五人, 高赫無功而受上賞. 五人皆怒, 張孟談謂襄子曰: '晉陽之中, 赫無大功, 今與之上賞, 何也?' 襄子曰: '吾在拘厄之中, 不失臣主之禮唯赫也. 子雖有功皆驕, 寡人與赫上賞, 不亦可乎?' 仲尼聞之曰: '趙襄子可謂善賞士乎! 賞一人而天下之人臣, 莫敢失君臣之禮矣.'

6-2는 6-1에 이어 은혜와 은덕의 문제를 임금과 신하의 관계에서 출발하고 있다. 『논어』「팔일(八佾)」편에는 임금과 신하의 관계에 대한 공자의 언급이 나란히 실려 있다.

공자가 말했다.

"내가 임금을 섬기는 데 예를 다했더니, 사람들은 나를 보고 아첨한다고 말한다."

(노나라 군주) 정공이 물었다.

"임금은 신하를 어떻게 부려야 하고, 신하는 임금을 어떻게 섬겨야 하는가?"

공자가 대답했다.

"임금은 신하를 예로써 부리고, 신하는 군주를 충으로 섬겨야 합니다."

이 둘을 연결해서 살펴보자. 신하는 예(禮)를 다해 임금을 섬겨야 하고 임금은 예로써 신하를 부려야 하는데, 이때 예(禮)란 일의 이치, 즉 사리(事理)다. 다시 말해 군신은 사리로써 섬기고 사리로써 부려야 하는 상호 관계인 것이다.

그렇다면 이는 6-1에서 말한 "임금과 신하는 서로 시장에서 물건을 사고파는 도리로 맺어져 있으니, 임금은 녹봉을 들어 신하를 대우하고 신하는 온 힘을 다해 그에 보답한다"와도 연결된다.

6-3

진(晉)나라 문공(文公)이 망명 중일 때 도숙호(陶叔狐)가 시종했는데, 문공이 진나라로 돌아온 뒤 신하들에게 세 차례 상을 내리면서 도숙호에게는 내리지 않았으니 도숙호가 구범(咎犯)을 만나서 말했다.

"내가 임금을 따라 망명 생활을 한 지 13년이었으니, 얼굴빛은 시커멓게 되고 손발에는 굳은살이 박였소. (그런데) 지금 귀국해 신하들에게 세 차례 상을 내리면서 나에게는 내리지 않으니, 혹시 임금께서 나를 잊어버리신 걸까요? (아니면) 나에게 큰 문제가 있는 걸까요? 그대가 나를 위해 임금께 말씀드릴 수 있겠소?"

구범이 문공에게 이를 말하자 문공이 말했다.

"아! 내가 어찌 이 사람을 잊었겠는가!

무릇 고명하고 지극히 뛰어나며 덕행이 온전하고 성실해서 도리로써 나를 즐겁게 해주고 어짊으로써 나를 기쁘게 해주며 나의 행동을 깨끗이 씻어냄으로써 나의 이름을 훤히 드러내고 나를 온전한 사람[成人]으로 만들어준 사람에게 나는 최고상을 내렸다.

예로써 나를 막아주고 마땅함으로써 나에게 간언하며 나를 지켜주고 도와서 내가 잘못을 행하지 않게 해주며 자주 나를 이끌어 뛰어난 이의 문에 가서 가르침을 청하게 한 사람에게 나는 그다음 상을 내렸다.

무릇 용감하고 장엄하며 강하고 굳세어 어려움이 앞에 닥치면 앞에 있고 어려움이 뒤에 닥치면 뒤에 남아서 나를 환난에서 벗어나게 해준 사람에게 나는 또 그다음 상을 주었다.

또한 그대는 다만 듣지 못했는가? 남을 위해 죽는 사람은 남의 몸을 보존해주는 사람만 못하고, 남을 도망치게 해주는 사람은 남의 나라를 보존시켜준 사람만 못하다. 세 차례 상을 내린 뒤에는 (나를 위해) 수고하고 고생한 사람들이 그다음이 되는데, 저 수고하고 고생한 사람 중에는 이 사람이 첫째이니 내가 어찌 감히 이 사람을 잊었겠는가?"

주나라 내사(內史) 숙흥(叔興)이 이 말을 듣고서 말했다.

"문공은 아마도 패자(霸者)가 될 것이다. 옛날에 빼어난 임금은 다움을 먼저하고 힘을 뒤로했는데, 문공이 아마도 이에 해당한다고 할 것이다. 『시경』(「상송(商頌)·장발(長發)」편)에 이르기를 '예를 따라 시행해 법도를 넘지 않는다'라고 했는데, 이를 두고 말한 것이다."

晉文公亡時, 陶叔狐從, 文公反國, 行三賞而不及陶叔狐. 陶叔狐見咎犯曰: '吾從君而亡十有三年, 顔色黎黑, 手足胼胝, 今君反國行三賞而不及我也. 意者君忘我與! 我有大故與! 子試爲我言之君.' 咎犯言之文公, 文公曰: '嘻, 我豈忘是子哉! 夫高明至賢, 德行全誠, 耽我以道, 說我以仁, 暴浣我行, 昭明我名, 使我爲成人者, 吾以爲上賞; 防我以禮, 諫我以誼, 蕃援我 使我不得爲非, 數引我而請於賢人之門, 吾以爲次賞; 夫勇壯強禦, 難在前則居前, 難在後則居後, 免我於患難之中者, 吾又以爲之次. 且子獨不聞乎? 死人者, 不如存人之身; 亡人者, 不如存人之國; 三行賞之後, 而勞苦之士次之, 夫勞苦之士, 是子固爲首矣, 吾豈敢忘子哉!' 周內史叔興聞之曰: '文公其霸乎! 昔聖王先德而後力, 文公其當之矣, 詩云: "率履不越", 此之謂也.'

6-3에서 문공이 하는 말 가운데 앞부분에 나오는 세 유형의 신하가 바로 스승 같은 신하(師臣), 벗 같은 신하(友臣), 종 같은 신하(隷臣)라고 할 것이다.

6-4

진나라 문공이 나라로 들어오면서 하수(河水)에 이르게 되자 (그동안 쓰던) 그릇과 자리를 버리게 하고 얼굴빛이 시커멓고 손발에 굳은살이 박인 사람들을 뒤에 머물게 했는데, 구범이 이를 듣고 한밤중에 곡을 했다.

문공이 말했다.

"내가 망명한 지 19년이나 되어 지금 장차 도성으로 돌아가려 하는데, 그대는 기뻐하지 않고 곡을 하니 어째서인가? 내가 나라로 돌아가는 것을 바라지 않는 것인가?"

대답해 말했다.

"그릇과 자리는 숙소에서 쓰던 것들인데 모두 버리라 하셨고, 얼굴빛이 시커멓고 손발에 굳은살이 박인 자들은 수고롭고 고생스러운 일을 한 사람들인데 모두 뒤에 머물게 했습니다. 신이 듣건대, 나라의 임금이 좋은 선비를 가리면 취할 충신이 없고 대부가 벗을 가리면 취할 충직한 벗이 없다고 했습니다. (그런데) 지금 고국에 이르러 신은 가려진 사람들 속에 있으니, 그 서글픔을 이길 수가 없어서 곡을 한 것입니다."

문공이 말했다.

"화와 복, 이익과 손해를 그대와 함께하지 않는다면 저 맑은 물이 있어 증인이 될 것이다."

축원하고는 마침내 벽옥을 물에 빠뜨려 맹세했다.

개자추(介子推)가 말했다.

"헌공(獻公)의 아들 중에 오직 공자만 계실 뿐이니, 하늘이 아직 진나라를 끊어버리지 않으신다면 반드시 장차 임금을 둘 터인데 진나라 제사를 주관할 분이 공자가 아니면 누구이겠습니까? 그런데도 몇몇 사람들은 자기 덕분이라고 여기니, 실로 이는 잘못된 일이 아니겠습니까?"

문공이 즉위하고서 상이 추에게는 내려지지 않자 추의 어머니가 말했다.

"어째서 너도 상을 달라고 하지 않느냐?"

추가 말했다.

"(자기 덕분이라고 여기는 사람들의) 허물을 탓하고서는 제가 그들을 본받는다면 죄가 더욱더 심할 것입니다. 또 원망하는 말을 했으니 그의 녹봉을 받을 수 없습니다."

그 어머니가 말했다.

"그래도 임금이 알게 해야지!"

추가 말했다.

"말이란 몸이 드러난 것이니, 장차 몸을 숨기려는데 꾸며서 뭐하겠습니까?"

그 어머니가 말했다.

"정말로 네가 그럴 수 있다면 너와 함께 숨어서 살련다."

이에 죽을 때까지 누구도 추를 볼 수 없었는데, 그를 따르던 사람이 이를 가련하게 여겨서 마침내 궁문에 글을 걸어놓았다.

'훌륭한 용이 있었는데, 잠시 자기 자리를 잃게 되자 5마리 뱀이 그를 따라 천하를 두루 떠돌았다네. 용이 굶어 먹을 것이 없자 뱀 1마리가 자기 허벅지를 베어내 먹였지. 용이 자기 연못으로 돌아와 옛 땅에서 편안히 지내니, 뱀 4마리는 굴에 들어가서 모두 살 곳을 얻었지만 1마리는 굴이 없어 들판에서 울도다.'

문왕이 궐을 나왔다가 그 글을 보고서 말했다.

"아! 이는 개자추로다. 내가 바야흐로 왕실 일에 마음을 쏟느라 그의 공로를 생각지 못했구나."

사람을 시켜 그를 불러오게 하니 그는 이미 달아나고 없었다. 드디어 그가 있는 곳을 찾았는데, 들리기로는 면상(綿上)의 산속으로 들어갔다고 했다. 이에 문공은 면상 산중에 표시해서 그곳을 개자추의 제전(祭田)으로 봉하고 그 산을 개산(介山)이라고 불렀다.

晉文公入國, 至於河, 令棄籩豆茵席, 顔色黎黑, 手足胼胝者在後. 咎犯聞之, 中夜而哭, 文公曰: '吾亡也十有九年矣, 今將反國, 夫子不喜而哭, 何也? 其不欲吾反國乎?' 對曰: '籩豆茵席, 所以官者也, 而棄之; 顔色黎黑, 手足胼胝, 所以執勞苦者也, 而皆後之; 臣聞國君蔽士, 無所取忠臣; 大夫蔽遊, 無所取忠友; 今至於國, 臣在所蔽之中矣, 不勝其哀, 故哭也.' 文公曰: '禍福利害不與咎氏同之者, 有如白水!' 祝之, 乃沈璧而盟.

介子推曰: '獻公之子九人, 唯君在耳, 天未絕晉, 必將有主, 主晉祀者非君而何? 唯二三子者以爲己力, 不亦誣乎?' 文公即位, 賞不及推, 推母曰: '盍亦求之?' 推曰: '尤而效之, 罪又甚焉. 且出怨言, 不食其食.' 其母曰: '亦使知之.' 推曰: '言, 身之文也; 身將隱, 安用文?' 其母曰: '能如是, 與若俱隱.' 至死不復見推. 從者憐之, 乃懸書宮門曰: '有龍矯矯, 頃失其所, 五蛇從之, 周遍天下, 龍饑無食, 一蛇割股, 龍反其淵, 安其壤土, 四蛇入穴, 皆有處所, 一蛇無穴, 號於中野.' 文公出見書曰: '嗟此介子推也. 吾方憂王室未圖其功.' 使人召之則亡, 遂求其所在, 聞其入綿上山中. 於是 文公表綿上山中而封之, 以爲介推田, 號曰介山.

6-4는 구범과 개자추의 이야기를 각각 나눠서 보기도 한다. 구범은 보답을 바라고 개자추는 스스로 보답하는 마음을 끊었다는 점에서 개자추의 다움이 더 크고 깊다고 하겠다

구범의 이야기 중에 '가린다'는 것은 스스로 사람을 알아보는 데 밝지 못하다(不明)는 뜻이다.

6-5

진나라 문공이 나라 밖으로 도망쳐 천하를 떠돌 때 주지교(舟之

僑)가 괵(虢)나라를 떠나 그를 따랐는데, 문공이 나라에 돌아와 작위를 줄 만한 사람을 골라 작위를 주고 복록을 줄 만한 사람을 골라 복록을 주었을 때 주지교 홀로 이에 들지 못했다.

문공이 여러 대부에게 술을 주고받았는데, 술자리가 무르익자 문공이 말했다.

"여러분은 어찌 과인을 위해 시를 읊지 않는가?"

주지교가 말했다.

"군자들은 시를 지으니, 소인은 말씀을 올릴 것을 청합니다."

그 말씀은 다음과 같았다.

'훌륭한 용이 있었는데, 잠시 자기 자리를 잃게 되자 뱀 1마리가 그를 따라 천하를 두루 떠돌았다네. 용이 자기 연못으로 돌아와 그 처소에서 편안히 지내건만, 뱀 1마리는 늙고 말라서 홀로 그 자리를 얻지 못했다네!'

문공이 놀라며 말했다.

"그대가 작위를 원하는가? 내일 아침까지 기다리도록 하라. 그대가 복록을 원하는가? 지금 당장 창고 관리자에게 명하겠다."

주지교가 말했다.

"요청해서 얻는 상은 청렴한 자라면 받지 않고, 말을 남김없이 다 하고서야 명예를 얻는 일은 어진 사람이라면 하지 않습니다. 지금 하늘에 구름이 크게 일어 큰비가 좍좍 쏟아지면 온갖 곡식과 풀들이 자랄 것이니, 이는 아무도 막을 수 없습니다. (그러나) 한 사람이 한 말로 인해 그 한 사람에게만 베푸는 것은, 비유하자면 한 덩이 흙에만 비가 내리는 것과 같아서 그 땅에서조차 아무것도 자라지 못할 것입니다."

드디어 계단을 내려가서 떠나갔다. 문공이 그를 찾았으나 찾지 못하자, 평생 (『시경』 「제풍(齊風)」에 실린) 「보전(甫田-넓고 큰 밭)」이라는 시를

(경계로 삼아) 외었다.

晉文公出亡, 周流天下, 舟之僑去虢而從焉. 文公反國, 擇可爵而爵之, 擇可祿而祿之, 舟之僑獨不與焉. 文公酌諸大夫酒, 酒酣, 文公曰: '二三子盍爲寡人賦乎?' 舟之僑曰: '君子爲賦, 小人請陳其辭.' 辭曰: '有龍矯矯, 頃失其所; 一蛇從之, 周流天下, 龍反其淵, 安寧其處, 一蛇耆乾, 獨不得其所.' 文公瞿然曰: '子欲爵耶? 請待旦日之期; 子欲祿邪? 請今命廩人.' 舟之僑曰: '請而得其賞, 廉者不受也; 言盡而名至, 仁者不爲也. 今天油然作雲, 沛然下雨, 則曲草興起, 莫之能禦. 今爲一人言施一人, 猶爲一塊土下雨也, 土亦不生之矣.' 遂歷階而去. 文公求之不得, 終身誦甫田之詩.

6-5에 나오는 시 「보전」은 『시경』에서 「제풍(齊風)」과 「소아(小雅)」 두 곳에 실렸는데, 문맥상 「제풍」에 실린 「보전」인 듯하다.

넓고 큰 밭을 경작하지 말라,
다만 잡초만 무성하리라.
멀리 있는 사람 생각지 말라,
걱정으로 마음이 수고로우리라.

넓고 큰 밭을 경작하지 말라,
다만 잡초만 가득하리라.
멀리 있는 사람 생각지 말라,
슬픔으로 마음이 수고로우리라.

아름답고 아름답도다,
총각의 양 갈래로 묶은 머리.

얼마간 보지 못했건만,

갑자기 성년의 관을 썼구나!

능력도 안 되면서 큰 밭만 가지려다가 풀만 무성해진다는 것은 곧 가까운 사람부터 잘 챙겨야 한다는 말이다. 작고 가까운 것을 챙기지 못하면서 크고 원대한 것만을 기대해서는 안 된다는 교훈을 담았다.

6-6

병길(邴吉 또는 丙吉)은 효선황제(孝宣皇帝)가 미천했을 때 남몰래 은덕을 베푼 적이 있었는데, 효선황제가 즉위하고 나서도 뭇사람 중에 그것을 아는 이가 없었고 길 또한 말하지 않았다. 길이 대장군 장사(長史)에서 옮겨 어사대부로 승진하니, 선제가 이를 듣고서 장차 그를 봉해주려 했다. 마침 길이 병이 심했는데, 장차 사람을 보내 그의 몸에 띠를 올려놓고서 봉해주려 했으나 그가 살아났다. 태자태부 하후승(夏侯勝)이 말했다.

"이 사람은 죽지 않을 것입니다. 신이 듣건대, 남몰래 은덕을 베푼 사람은 반드시 그에 해당하는 즐거움을 누리고 그 즐거움이 자손에게까지 미친다고 했습니다. (그런데) 지금 이 사람은 아직 그 즐거움을 얻지 못했는데 병이 심하니, 결코 죽을병이 아닙니다."

뒤에 병이 과연 나아서 박양후(朴陽侯)로 봉해지니, 마침내 그 즐거움을 누렸다.

邴吉有陰德於孝宣皇帝微時, 孝宣皇帝即位, 衆莫知, 吉亦不言. 吉從大將軍長史轉遷至御史大夫, 宣帝聞之, 將封之. 會吉病甚, 將使人加紳而封之, 及其生也. 太子太傅夏侯勝曰: '此未死也, 臣聞之, 有陰德者必饗其樂以及其子孫; 今此未獲其樂而病甚, 非具死病也.' 後病果愈, 封爲博陽侯, 終饗其樂.

6-6은 『논어』 「학이(學而)」편에 나오는 다음 구절과 연결된다.

남이 알아주지 않아도 (속으로조차) 서운해하지 않는다면 진실로 군자가 아니겠는가!

6-7

위(魏)나라 문후(文侯)가 중산국을 공격할 때 악양(樂羊)이 장수였는데, 그가 이미 중산국을 얻고서 돌아와 문후에게 보고할 때 공을 세워서 득의양양한 기색이 있었다. 이에 문후가 문서를 주관하는 관리에게 명해 말했다.

"여러 신하와 빈객이 바친 글을 올리도록 하라."

문서를 주관하는 자가 두 궤짝이나 되는 글을 바치자 (사람을 보내) 장군에게 그것을 보도록 했는데, 죄다 중산을 공격할 때의 일을 비난하는 것이었다. 장군이 몸을 돌려 달려가서 북쪽을 향해 두 번 절하고는 말했다.

"중산국의 일은 신의 공로가 아니라 임금 덕분입니다."

魏文侯攻中山, 樂羊將. 已得中山, 還反報文侯, 有喜功之色. 文侯命主書曰: '群臣賓客所獻書操以進.' 主書者舉兩篋以進, 令將軍視之, 盡難中山之事也. 將軍還走北面而再拜曰: '中山之舉也, 非臣之力, 君之功也.'

6-8

(조나라 공자) 평원군(平原君)이 이미 조(趙)나라에 돌아왔는데, 초(楚)나라는 춘신군(春申君)을 보내 군사를 거느리고 가서 조나라를 구원하게 했고 위(魏)나라 신릉군(信陵君) 역시 진비(晉鄙)의 군사를 속임수로 빼앗아 조나라를 구원하러 갔다. 이들이 아직 도착도 하지 않았을 때 이미 진(秦)나라가 재빨리 한단(邯鄲-조나라 수도)을 포위하니, 한단은 급박해져 장차 항복할 처지에 놓여 있었다. 평원군이 이를 근심하고 있었는데 한단 전사리(傳舍吏)의 아들 이담(李譚)이 평원군에게 일러 말했다.

"군께서는 조나라가 망하는 것을 걱정하지 않으십니까?"

평원군이 망했다.

"조나라가 망하면 곧바로 나는 포로가 될 텐데, 어찌 걱정하지 않겠는가?"

이담이 말했다.

"한단 백성은 뼈를 태워 밥을 짓고 자식을 서로 바꿔 그것을 먹고 있으니 지극히 곤궁한 상태라 할 수 있는데, 군은 후궁이 수백 명이고 부인과 첩들은 비단옷을 걸치고 있으며 부엌에는 식량과 고기가 남아돕니다. 병사와 백성은 무기가 다 떨어져서 나무를 깎아 장창, 단창을 만들어 쓰는데, 군은 각종 기물과 종과 경쇠를 마음대로 쓰고 있습니다. 만약에 진나라가 조나라를 깨뜨리고 나면 군께서는 어찌 그것들을 소유할 수 있겠습니까마는, 조나라가 보전된다면 군께서는 어찌 그것들이 없을까를 걱정하겠습니까? 군께서는 진실로 부인 이하 사람들을 사졸들 사이에 편입시켜서 무기 만드는 일을 나눠 담당시키시고, 집 안에 있는 재물들을 남김없이 풀어서 병사들을 먹이십시오. 바야흐로 위험하고 힘들 때는 은혜를 베풀기가 쉬울 뿐입니다."

이에 평원군이 그의 계책대로 행하니, 용감한 병사 3,000명이 모두 죽을 각오로 이담을 따라나서 진나라 군대를 향해 나아갔다. 진나라 군대는 30리를 퇴각했다가, 다시 초나라와 위나라의 구원병이 때마침 도착하자 드디어 물러났다. 이담이 전사하니, 그 아버지를 봉해 이후(李侯)로 삼았다.

平原君旣歸趙, 楚使春申君將兵救趙, 魏信陵君亦矯奪晉鄙軍往救趙. 未至, 秦急圍邯鄲, 邯鄲急且降, 平原君患之, 邯鄲傳舍吏子李談謂平原君曰: '君不憂趙亡乎?' 平原君曰: '趙亡即勝虜, 何爲不憂?' 李談曰: '邯鄲之民, 炊骨易子而食之, 可謂至困; 而君之後宮數百, 婦妾荷綺縠, 廚餘粱肉; 士民兵盡, 或剡木爲矛戟; 而君之器物鐘磬自恣, 若使秦破趙, 君安得有此? 使趙而全, 君何患無有? 君誠能令夫人以下, 編於士卒間, 分工而作之, 家所有盡散以饗食士, 方其危苦時易爲惠耳.' 於是 平原君如其計, 而勇敢之士三千人皆出死, 因從李談赴秦軍, 秦軍爲卻三十里, 亦會楚魏救至, 秦軍遂罷. 李談死, 封其父爲李侯.

6-9

진(秦)나라 목공(繆公)이 일찍이 궐 밖을 나갔다가 준마를 잃어버리고는 스스로 가서 그것을 찾았는데, 사람들이 이미 그 말을 죽여서 바야흐로 함께 그 고기를 먹고 있는 것이 보였다.

목공이 말했다.

"이는 나의 준마다."

여러 사람이 모두 놀라서 일어서자 목공이 말했다.

"내가 듣건대 준마의 고기를 먹고서 술을 먹지 않으면 사람을 죽이게 된다고 했다."

곧장 차례대로 술을 마시게 하니, 말을 죽인 자들은 모두 부끄러워하면서 떠나갔다. 3년이 지나 진(晉)나라가 진(秦)나라 목공을 공격해서 그를 포위하자, 지난날 말고기를 먹은 자들이 서로 말했다.

"나가서 죽기로 싸워 말고기를 먹고 술까지 마실 수 있게 해주신 은혜에 보답하는 것이 옳겠다."

드디어 포위를 무너뜨렸다. 목공은 끝내 어려운 위기를 헤치고 진나라 군대에 승리를 거두고서 혜공(惠公)을 붙잡아 돌아가니, 이것이 바로 은덕을 베풀자 복이 되어 돌아온 것이다.

秦繆公嘗出, 而亡其駿馬, 自往求之, 見人已殺其馬, 方共食其肉, 繆公謂曰: '是吾駿馬也.' 諸人皆懼而起, 繆公曰: '吾聞食駿馬肉, 不飮酒者殺人.' 即以次飮之酒, 殺馬者皆慚而去. 居三年, 晉攻秦繆公, 圍之, 往時食馬肉者, 相謂曰: '可以出死報食馬得酒之恩矣.' 遂潰圍. 繆公卒得以解難, 勝晉獲惠公以歸, 此德出而福反也.

6-8과 6-9는 윗사람이 아랫사람들에게 은덕을 베푸는 것의 중요성을 간명하게 보여주고 있다. 그것이 어짊의 출발점이다. 『논어』「요왈(堯曰)」편에서 공자는 은혜나 은덕을 베푸는 문제와 관련해 이렇게 말했다.

자장이 공자에게 물었다.
"어떻게 해야 제대로 정치에 종사할 수 있습니까?"
공자가 말했다.
"다섯 가지 아름다움을 높이고 네 가지 악을 물리치면 제대로 정치에 종사할 수 있다."
자장이 "다섯 가지 아름다움이 무엇입니까?"라고 묻자 공자가 말했다.

“첫째 백성에게 은혜를 베풀되 허비하지 않고[惠而不費], 둘째 백성을 수고롭게 하되 원망을 사지 않고, 셋째 하고자 하되 탐하지 않고, 넷째 태연하되 교만하지 않고, 다섯째 위엄스럽되 사납지 않은 것이다.”

자장이 그 첫 번째인 ‘백성에게 은혜를 베풀되 허비하지 않는다’의 뜻을 묻자 (공자는 그 의도를 알아차리고 다섯 가지 모두를 풀어준다) 공자가 말했다.

“백성이 이로워하는 것을 따라서 이롭게 해주니, 이것이 진실로 은혜를 베풀되 허비하지 않는 것이 되지 않겠는가? 수고할 만한 것을 가려서 수고롭게 하니 또한 누가 원망하겠는가? 인(仁)을 행하고자 하다가 인(仁)을 얻었으니 또한 무엇을 탐내겠는가? 군자는 사람이 많든 적든, 크든 작든 관계없이 감히 (남을) 업신여기지 않으니, 이것이 또한 태연하되 교만하지 않는 것이 되지 않겠는가? 군자는 의관을 바르게 하고 시선을 존엄하게 하니 엄연히 사람들이 바라보며 두려워하는데, 이것이 또한 위엄스럽되 사납지 않은 것이 되지 않겠는가?”

아래의 6-10부터는 은혜를 베풀어 보답을 받은 다양한 사례를 소개하고 있다.

6-10

초나라 장왕(莊王)이 여러 신하에게 술을 내려주었다. 날이 저물어 술자리가 무르익었는데, (마침) 등불이 꺼지게 된 참에 어떤 사람이 미인(美人-후궁)의 옷을 잡아끌었다. 미인이 그의 갓끈을 잡아당겨 끊어 두고 왕에게 고해 말했다.

“지금 등불이 꺼졌을 때 첩의 옷을 잡아끄는 자가 있었으니, 첩이 그 사람의 갓끈을 잡아당겨 잘라서 갖고 있습니다. 서둘러 불을 갖고 오게 해서 갓끈이 끊어진 사람을 살펴보소서."

왕이 말했다.

"(과인이) 사람들에게 술을 내려 취해서 실례하게 했는데, 어찌 부인의 정절을 드러내고자 해서 선비를 욕되게 하겠는가?"

마침내 좌우에 명해 말했다.

"오늘 과인과 술을 마시면서 갓끈이 끊어지지 않은 사람은 제대로 즐거워하지 않은 것이다."

100여 명의 신하는 모두 갓끈을 끊어버리고서 불을 밝혔고, 끝내 한껏 즐기다가 술자리를 마쳤다.

2년이 지나 진(晉)나라가 초나라와 전쟁을 하게 되었는데, 한 신하가 늘 앞에 나서서 다섯 번 교전해 다섯 번 적군의 머리를 벰으로써 마침내 적군을 물리치고 초나라가 이길 수 있었다. 장왕이 기이하게 여겨 물었다.

"과인은 임금다움이 엷고 또 일찍이 그대를 특별하게 대하지도 않았는데, 그대는 어째서 죽기로 싸우면서 이처럼 조금도 망설임이 없는가?"

대답해 말했다.

"신은 마땅히 죽었어야 할 몸입니다. 지난번에 술에 취해 실례했는데, 왕께서는 화난 마음을 감추시고 참으시어 주벌을 가하지 않으셨습니다. 신은 끝내 감히 신의 죄를 감춰주신 은덕을 드러나게 보답하지 않을 수 없어서, 늘 간과 뇌가 땅바닥을 적시고 목의 피를 적에게 뿌려 은혜를 갚겠다고 바란 지 오래입니다. 신이 곧 그날 밤 갓끈이 잘린 자입니다."

드디어 진나라 군대를 꺾고 초나라는 강국이 될 수 있었으니, 이는 음덕(陰德)이 있는 사람에게는 반드시 양보(陽報)가 있음을 보여주는 것이다.

楚莊王賜群臣酒. 日暮酒酣, 燈燭滅, 乃有人引美人之衣者, 美人援絕其冠纓, 告王曰: '今者燭滅, 有引妾衣者, 妾援得其冠纓持之. 趣火來上, 視絕纓者.' 王曰: '賜人酒, 使醉失禮, 奈何欲顯婦人之節而辱士乎?' 乃命左右曰: '今日與寡人飲, 不絕冠纓者不懽.' 群臣百有餘人皆絕去其冠纓而上火, 卒盡懽而罷. 居二年, 晉與楚戰, 有一臣常在前, 五合五獲首, 卻敵, 卒得勝之. 莊王怪而問曰: '寡人德薄, 又未嘗異子, 子何故出死不疑如是?' 對曰: '臣當死, 往者醉失禮, 王隱忍不暴而誅也; 臣終不敢以蔭蔽之德而不顯報王也, 常願肝腦塗地, 用頸血湔敵, 久矣. 臣乃夜絕纓者.' 遂敗晉軍, 楚得以強. 此有陰德者必有陽報也.

6-11

(진(晉)나라 정경(正卿)) 조선맹(趙宣孟)이 장차 강(絳) 땅으로 가다가 무성한 뽕나무 아래에 어떤 사람이 굶주린 끝에 누워서 꼼짝도 못하는 모습을 보았다. 선맹이 수레를 멈추고 내려서 음식을 내린 뒤 자신이 직접 씹어서 먹여주었는데, 굶주린 사람은 두 번 삼키더니 스스로 먹을 수 있게 되었다. 선맹이 물었다.

"그대는 어쩌다가 이렇게까지 굶주렸는가?"

대답해 말했다.

"저는 강 땅에 사는데, 돌아가던 중에 양식이 떨어졌으나 구걸을 하자니 부끄럽고 스스로 음식을 조달하는 것이 싫어서 그 때문에 이 지경이 되었습니다."

선맹이 국과 밥 그리고 두 가닥 육포를 주자 두 번 절하고 머리를 조아리며 그것을 받았으나 감히 먹지를 못했다. (선맹이) 그 연유를 묻자 이렇게 답했다.

"조금 전에 주신 음식을 먹어보니 맛이 좋았습니다. 신에게는 노모가 계신데, 장차 그것을 가져다드리고자 합니다."

선맹이 말했다.

"그대는 지금 이를 먹으라. 내 다시 너에게 (어머니에게 드릴) 음식을 주겠다."

마침내 다시 그에게 한 바구니 밥과 육포 두 묶음과 돈 100전(錢)을 주고서 강으로 떠나갔다.

3년이 지나서, 진(晉)나라 영공(靈公)이 선맹을 죽이려고 방 안에 무사들을 매복시켜 두고서 선맹을 불러 술을 마셨다. 선맹은 이를 알아차리고서는 술을 마시던 도중에 밖으로 뛰쳐나가니, 영공이 방 안에 있던 무사들에게 명해 속히 쫓아가서 그를 죽이라고 했다. 그중 한 사람이 더 급히 쫓아가더니, 이미 선맹을 따라잡게 되자 선맹의 얼굴을 보면서 말했다.

"지금 보니 정말로 그때 그 군이시군요! 군을 위해 돌아가 싸우다 죽겠습니다."

선맹이 말했다.

"그대 이름이 뭔가?"

몸을 돌리고서 대답했다.

"이름은 알아서 뭐하겠습니까? 신은 바로 그때 뽕나무 아래에서 굶고 있던 사람입니다."

드디어 싸움이 벌어져 그 사람은 죽었고 선맹은 그 덕에 살 수 있었으니, 이것이 이른바 은혜에 보답한 것이다.

그러므로 군자에게 은혜를 베풀면 군자는 그 복을 얻게 되고, 소인에게 은혜를 베풀면 소인은 그 힘을 다한다. 무릇 한 사람에게 은덕을 베풀어도 그 몸을 살릴 수 있는데 하물며 만인에게 은혜를 베풂에랴! 그래서 말하기를 은덕을 작다고 여기지 말고 원한을 작다고 여기지 말라고 했으니, 어찌 은덕을 베풀고 원한을 없애어 남을 이롭게 하는 데 힘을 쓰지 않을 수 있겠는가? 이로움을 베푸는 자는 복으로 보답을 받고 원한을 품게 하면 화가 찾아오는 것이니, 마음속에 품게 된 것은 밖으로 호응하게 되는 법이다. 조심하지 않으면 안 된다. 이것이 바로 『서경』(「상서(商書)·이훈(伊訓)」편)에서 말한 "은덕을 작다고 여기지 말라"라는 것이다.

『시경』(「주남(周南)·토저(兔罝)」편)에 이르기를 "강건한 무사들이여, 공후를 지켜주는 간성이로다"라고 했고 (「대아(大雅)·문왕(文王)」편에 이르기를) "많고 많은 저 선비들, 문왕은 그들로 해서 평안하셨네"라고 했으니, 임금 된 자라면 어찌 선비들을 사랑하는 데 힘쓰지 않을 수 있겠는가!

趙宣孟將上之絳, 見翳桑下有臥餓人不能動, 宣孟止車爲之下, 餐自含而餔之, 餓人再咽而能食, 宣孟問: '爾何爲饑若此?' 對曰: '臣居於絳, 歸而糧絕, 羞行乞而憎自致, 以故至若此.' 宣孟與之壺餐, 脯二朐, 再拜頓首受之, 不敢食, 問其故, 對曰: '向者食之而美, 臣有老母, 將以貢之.' 宣孟曰: '子斯食之, 吾更與汝.' 乃復爲之簞食, 以脯二束與錢百. 去之絳, 居三年, 晉靈公欲殺宣孟, 置伏士於房中, 召宣孟而飲之酒, 宣孟知之, 中飲而出, 靈公命房中士疾追殺之, 一人追疾, 先及宣孟, 向宣孟之面曰: '吁, 固是君邪! 請爲君反, 死.' 宣孟曰: '子名爲誰?' 及走且對曰: '何以名爲? 臣是夫桑下之餓人也.' 還鬥而死, 宣孟得以活, 此所謂德惠也. 故惠君子, 君子得其福; 惠小人, 小人盡其力; 夫德一人活其身, 而況置惠於萬人乎? 故曰德無細, 怨無小, 豈可無樹德而除怨, 務利於人哉! 利施者福報, 怨往者禍來, 形於內者應於外, 不可不慎也, 此書之所謂德無小者也.

詩云: '赳赳武夫, 公侯干城', '濟濟多士, 文王以寧.' 人君胡可不務愛士乎!

6-12

(한나라) 효경제(孝景帝) 때 오초(吳楚)가 반란을 일으키자 원앙(袁盎 또는 爰盎, ?~기원전 148년)[010]이 태상(太常)으로서 사자가 되어 오나라에 갔는데, 오왕은 그를 자기의 장수로 삼으려 했으나 받아들이지 않자 죽이려 했다. 그래서 도위(都尉) 한 사람에게 군사 500명을 거느리고 앙을 포위해서 지키게 했다.

(그에 앞서) 앙이 오나라 재상으로 있을 때 그의 종사(從史)가 앙의 시녀와 몰래 정을 통했는데, 앙은 그것을 알면서도 누설하지 않고 그를 대우하기를 예전 그대로 했다. 어떤 사람이 종사에게 앙이 알고 있다는 사실을 전하자 종사는 두려워서 집으로 도망쳐 돌아왔는데, 앙이 직접 쫓아가서는 드디어 그 시녀를 그에게 내려주고서 그를 다시 종사로 삼았다.

앙이 오나라에 가서 포위당해 감시를 당하고 있을 때 그 종사가 마침 앙을 지키는 교사마(校司馬)직에 있었는데, 밤에 앙을 이끌어 일어나게 하고는 말했다.

010 처음에 낭중(郎中)이 되었으며, 직간(直諫)을 잘해 이름이 조정에 알려졌다. 제상(齊相)과 오상(嗚相)을 역임했으며, 오왕이 특히 그를 후대했다. 평소 조조(鼂錯)와 사이가 좋지 않았는데, 경제(景帝)가 즉위하면서 조조가 어사대부(御史大夫)가 되자 그는 관리를 시켜서 원앙이 오왕의 뇌물을 받았다고 엮어 넣도록 해 서인(庶人)으로 만들었다. 조조의 삭번(削藩) 정책으로 오초(嗚楚)가 반란을 일으키자 원앙은 황제에게 조조를 죽여 오나라에 사과하도록 건의했고, 오초가 격파된 뒤 초상(楚相)으로 있다가 등용되지 못하자 병을 핑계로 사직했다. 나중에 양효왕(梁孝王)을 황제의 후사로 결정하는 일을 중지하라고 간언을 올렸다가, 안릉(安陵)의 곽문(郭門) 밖에서 양효왕이 보낸 자객의 손에 죽임을 당했다.

"군께서는 이곳을 떠나야 합니다. 오왕이 내일 아침에 당신을 목 베려 합니다."

앙은 믿지 않고 말했다.

"그대는 누구인가?"

사마가 말했다.

"신은 예전에 군의 종사로 있으면서 시녀를 훔친 놈입니다."

앙은 마침내 깜짝 놀라 거절하며 말했다.

"그대에게는 부모가 계실 테니 나는 그대를 연루시킬 수 없네."

사마가 말했다.

"군이 떠나시면 저도 달아나 우리 부모님을 도피시킬 텐데 군께서 무슨 걱정이십니까?"

마침내 칼로 장막을 찢고 취해 있는 병졸들 사이로 인도해 길을 나서서 서로 나뉘어 떠나니, 앙은 드디어 돌아와 보고할 수 있었다.

孝景時, 吳楚反, 袁盎以太常使吳, 吳王欲使將不肯, 欲殺之, 使一都尉以五百人圍守盎. 盎爲吳相時, 從史與盎侍兒私通, 盎知之不泄, 遇之如故人. 有告從史, 從史懼亡歸, 盎自追, 遂以侍兒賄之, 復爲從史. 及盎使吳見圍守, 從史適爲守盎校司馬, 夜引盎起曰: '君可以去矣, 吳王期旦日斬君.' 盎不信, 曰: '公何爲者也?' 司馬曰: '臣故爲君從史盜侍兒者也.' 盎乃驚謝曰: '公有親, 吾不足以累公.' 司馬曰: '君去, 臣亦且亡吾親, 君何患!' 乃以刀決帳, 從醉卒道出, 令分背去, 盎遂歸報.

6-13

지백(智伯)이 조양자(趙襄子)와 진양성(晉陽城) 아래에서 싸우다가 죽으니 지백 신하 예양(豫讓)이란 자가 분개해, (복수를 하고자 생각했으나) 자기의 정기(精氣)라면 얼마든지 양자를 놀라게 할 수 있다고 여겨 마침내 몸에 옻칠을 해서 형체를 바꾸고 불타는 숯을 삼켜 목소리를 바꾸었다. 양자가 장차 출타하려 하자 예양은 거짓으로 죽은 사람처럼 꾸미고서 다리 밑에 있었는데, 말 4마리가 끄는 마차가 놀라서 앞으로 나아가지 못했다. 이에 양자가 놀라고 이상한 예감이 들자 사람을 시켜 다리 밑을 뒤지게 해서 예양을 잡았으나, 그의 의리를 존중해서 죽이지 않았다.

다시 예양은 도둑질해 법을 범한 뒤 죄수가 되어 붉은 죄수복을 입고서 양자의 집에 들어가 집을 수리하고 있었는데, (이번에도) 양자는 놀라고 이상한 예감이 들어 즉시 말하기를 "분명 예양일 것이다"라고 하고서는, 그를 붙잡아다가 물었다.

"그대는 처음에는 중항군(中行君)을 섬겼으나 지백이 중항군을 죽였는데도 죽기로 싸우지 않고 도리어 지백에게로 몸을 돌려 그를 섬겼다. (그런데) 지금 내가 지백을 죽이자 마침내 온몸에 옻칠을 해서 창병이 든 것처럼 하고 불타는 숯을 삼켜서 벙어리처럼 해서 과인을 죽이려 드니, 어째서 지난번 행동과는 다른 것인가?"

예양이 말했다.

"중항군은 보통 사람처럼 신을 길러주었으니 신 또한 보통 사람처럼 그를 섬겼고, 지백은 신을 조정의 선비처럼 대우했으니 신 또한 조정의 선비처럼 그에게 쓰임이 된 것이오."

양자가 말했다.

"(이것이) 의리가 아니랴! 그대는 장사(壯士)로다."

마침내 스스로 수레 곳간에 들어가 사흘 동안 물도 입에 대지 않음으로써 예양에게 예를 표하니, 예양이 이를 알고서는 드디어 자살했다.

智伯與趙襄子戰於晉陽下而死, 智伯之臣豫讓者怒, 以其精氣能使襄子動心, 乃漆身變形, 吞炭更聲. 襄子將出, 豫讓僞爲死人, 處於梁下, 駟馬驚不進, 襄子動心, 使使視梁下得豫讓, 襄子重其義不殺也. 又盜, 爲抵罪, 被刑人赭衣, 入繕宮, 襄子動心, 則曰必豫讓也, 襄子執而問之曰: '子始事中行君, 智伯殺中行君, 子不能死, 還反事之; 今吾殺智伯, 乃漆身爲癘, 吞炭爲啞, 欲殺寡人, 何與先行異也?' 豫讓曰: '中行君衆人畜臣, 臣亦衆人事之; 智伯朝士待臣, 臣亦朝士爲之用.' 襄子曰: '非義也! 子壯士也!' 乃自置車庫中, 水漿毋入口者三日, 以禮豫讓, 讓自知, 遂自殺也.

6-14

진(晉)나라가 난영(欒盈)의 족속을 내쫓으면서 그 가신 중에 감히 따르는 자들이 있으면 죽이겠다고 명했는데, 한 신하가 말했다.

"신유(辛兪)가 따라갔습니다."

관리가 그를 붙잡아 장차 죽이려 하다가, 진나라 임금이 말했다.

"너희들에게 따르지 말라고 명했는데 감히 따라간 것은 어째서인가?"

신유가 대답했다.

"신이 듣건대, 3대에 걸쳐 대부 집안의 가신이었으면 대부를 임금처럼 모시고 2대에 걸쳐 가신이었으면 주인처럼 모신다고 했습니다. 임금을 죽음으로써 섬기고 주인을 부지런함으로써 섬기는 것은 그들에게 하사받은 것이 많기 때문입니다. 지금 신은 3대에 걸려 난씨를 모셨으므로 하사받은 것이 많은데, 감히 죽음이 두렵다고 해서 신이 3대에 걸친 은덕을 잊을 수 있겠습니까?"

진나라 임금은 그를 풀어주었다.

晉逐欒盈之族, 命其家臣有敢從者死, 其臣曰: '辛俞從之.' 吏得而將殺之, 君曰: '命汝無得從, 敢從何也?' 辛俞對曰: '臣聞, 三世仕於家者君之, 二世者主之. 事君以死, 事主以勤, 爲之賜之多也. 今臣三世於欒氏, 受其賜多矣, 臣敢畏死而忘三世之恩哉?' 晉君釋之.

6-15

유후(留侯) 장량(張良)의 할아버지 개지(開地)는 한(韓)나라 소후(昭侯)·선혜왕(宣惠王)·양애왕(襄哀王)의 재상이었고 아버지 평(平)은 희왕(釐王)·도혜왕(悼惠王)의 재상이었다. 도혜왕 23년에 평이 졸했고 20년이 지나 진(秦)나라가 한나라를 멸망시켰는데, 량은 나이가 어려 한나라에서 벼슬살이를 하지 못했다. 한나라가 망할 때 량의 집 안에는 노비가 300명 있었는데, 동생이 죽었지만, 장례도 치르지 않은 채 량은 집안 재산을 다 털어서 자객을 구해 진나라 왕을 찔러 죽임으로써 한나라의 원수를 갚으려 했다. 이는 할아버지와 아버지가 5대에 걸쳐 한나라 재상으로 있었기 때문이다.

드디어 회양(淮陽)에서 예를 배우고 동쪽으로 가서 창해군(滄海君)을 만나 역사(力士)를 얻은 뒤 무게가 120근 나가는 철퇴를 만들었다. 진나라 황제가 동쪽으로 순회할 때, 량은 자객과 함께 박랑사에서 진나라 황제를 쳤다가 옆 수레를 잘못 맞췄다. 진나라 황제가 크게 노해 온 천하에 대대적으로 수색을 벌이면서 현상금을 걸고 매우 급하게 그를 붙잡으려 하니, 량은 성명을 바꾸고 깊은 곳으로 도망쳐 숨어 있다가 훗날 마침내 한(漢)나라를 따르면서 진나라에 보복했다.

留侯張良之大父開地相韓昭侯·宣惠王·襄哀王. 父平相釐王·悼惠王.

悼惠王二十三年平卒, 二十歲秦滅韓, 良年少未宦事韓. 韓破, 良家童三百人, 弟死不葬, 良悉以家財求刺客刺秦王, 爲韓報仇, 以大父·父, 五世相韓故. 遂學禮淮陽, 東見滄海君, 得力士爲鐵椎, 重百二十斤. 秦皇帝東遊, 良與客狙擊秦皇帝於博浪沙, 誤中副車. 秦皇帝大怒, 大索天下, 求購甚急, 良更易姓名, 深亡匿, 後卒隨漢報秦.

6-16

포숙(鮑叔)이 죽자 관중(管仲)이 옷섶을 들어 곡을 하는데, 눈물이 비 오듯이 흘러내렸다. 따르는 자가 말했다.

"임금이나 아버지, 자식도 아닌데 이렇게까지 하시니, 실로 무슨 사연이 있습니까?"

관중이 말했다.

"그대는 알지 못한다. 내가 일찍이 포숙과 함께 남양(南陽)에서 봇짐 장사를 할 때 시장에서 세 번이나 모욕을 당했으나 포숙은 나를 겁쟁이라고 여기지 않았으니, 그는 내가 세상에 밝히려고 하는 바가 있다는 것을 알고 있었기 때문이다. 포숙이 일찍이 나와 함께 세 차례 왕에게 유세했는데 세 차례 모두 왕의 허락을 얻어내지 못했으나 포숙은 나를 불초하다고 여기지 않았으니, 그는 내가 눈 밝은 임금을 만나지 못해서라는 것을 알고 있었기 때문이다. 포숙이 일찍이 나와 함께 재물을 두고서 서로 나눌 때 내가 세 번이나 많이 가졌으나 포숙은 나를 탐욕스럽다고 여기지 않았으니, 그는 내가 재물이 부족하다는 것을 알고 있었기 때문이다. 나를 낳아준 것은 부모님이지만 나를 알아준 것은 포숙이다. 선비는 자기를 알아주는 사람을 위해 죽기도 하는데, 하물며 그를 위해 애통해함에랴!"

鮑叔死, 管仲舉上袵而哭之, 泣下如雨, 從者曰: '非君父子也, 此亦有說乎?' 管仲曰: '非夫子所知也. 吾嘗與鮑子負販於南陽, 吾三辱於市, 鮑子不以我爲怯, 知我之欲有所明也. 鮑子嘗與我有所說王者, 而三不見聽, 鮑子不以我爲不肖, 知我之不遇明君也. 鮑子嘗與我臨財分貨, 吾自取多者三, 鮑子不以我爲貪, 知我之不足於財也. 生我者父母, 知我者鮑子也. 士爲知己者死, 而況爲之哀乎!'

6-17

진(晉)나라 조돈(趙盾)이 한궐(韓厥)을 천거하니 진나라 임금이 그를 중군위(中軍尉)로 삼았으며, 조돈이 죽자 아들 삭(朔)이 이어받아 경(卿)이 되었다. 경공(景公) 3년에 이르러 조삭이 진나라 장군이 되고 성공(成公)의 누이를 부인으로 삼았는데, 대부 도안가(屠岸賈)가 조씨를 죽이려 했다.

애초에 조돈이 살아 있을 때, 꿈에 숙대(叔帶)가 허리를 잡고 곡을 하며 매우 슬퍼하다가 얼마 후에는 웃으면서 손뼉을 치고 또 노래를 부르는 것을 보았다. 돈이 점을 쳐보니 집안의 대가 끊어졌다가 좋아지는 것이라고 나왔다. 조씨의 사관이 점괘를 풀어 말했다.

"이 점은 매우 나쁘니, 주군의 몸에 미치지 않고 주군의 아들에게 미치겠지만 이 또한 주군의 허물 때문입니다."

아들 조삭에 이르러 조씨 집안은 더욱 쇠퇴했다. 도안가란 자는 처음에 영공(靈公)에게 총애를 받았는데, 경공 때 이르러 사구(司寇)가 되자 장차 난을 일으키려고 하면서 마침내 영공을 시해한 무리를 다스린다는 이유로 조돈을 연루시킨 다음 여러 장수에게 두루 알리며 말했다.

"조천(趙穿)이 영공을 시해할 때 돈은 비록 알지 못했으나 역적의 우두머리로서 신하가 임금을 시해했으니, 그 자손이 조정에 있다면 어떻게 죄를 징벌할 수 있겠는가? 주살할 것을 청하노라."

한궐이 말했다.

"영공이 역적들에게 해를 당할 때 조돈은 밖에 있었고, 우리 돌아가신 임금께서도 그에게는 죄가 없다고 했으니 주살해서는 안 됩니다. 지금 여러분이 장차 그 후손을 주살하려는 것은 선군의 뜻이 아님에도 함부로 주살하는 것이 됩니다. 함부로 주살하는 사람을 일러 난신(亂臣)이라고 합니다. 그리고 큰일이 있는데도 임금에게 보고하지 않는다면, 이는 임금을 업신여기는 것입니다."

도안가가 들어주지 않자 궐은 조삭에게 빨리 도망치라고 했으나, 조삭은 기꺼이 따르려 하지 않고 말했다.

"그대가 반드시 조씨 제사를 끊이지 않게만 해준다면 나는 죽어도 한이 없습니다."

한궐은 그렇게 하겠다고 허락하고서 병을 핑계로 밖에 나가지 않았다. 도안가는 (임금에게) 청하지도 않고 제 마음대로 여러 장수와 함께 하궁(下宮)에서 조씨를 공격해서 조삭, 조동(趙同), 조괄(趙括), 조영제(趙嬰齊) 등을 죽이고 그 종족들을 모두 없앴다. 삭의 처인 성공의 누이가 유복자를 임신한 채 공궁(公宮)으로 들어가서 숨어 있다가 뒤에 아들을 낳으니, 젖먹이 때 삭의 문객 정영(程嬰)이 이 아이를 데리고 산속으로 달아나서 숨어 지냈다.

15년이 지나 진나라 경공이 병에 걸렸는데, 점을 치니 점괘가 이러했다.

"대업의 후손으로서 대가 끊어진 자가 있어 빌미가 되었다."

경공이 서둘러 한궐에게 물으니, 한궐은 조씨 고아가 살아 있음을 알고 있었기에 마침내 말했다.

"대업의 후손 중에서 진나라에 있으면서 제사가 끊어진 자들이라면 아마도 조씨일 것입니다. 무릇 중항연(中行衍) 이후로 (그 후손들은) 모두 성(姓)이 영(嬴)이었는데, 중연은 사람 얼굴에 새의 부리를 하고 태어났으며 (그 후손들은) 은나라 황제 태무(太戊)를 보좌했고 주나라 천자까지 도와서 모두 밝은 다움이 있었습니다. 아래로 내려와 유왕(幽王)과 여왕(厲王)이 무도한 때에 이르게 되자 숙대가 주나라를 떠나 진나라로 와서 선군 문후(文侯)를 섬겼으니, 성공 대에까지 대대로 세운 공로가 있어 일찍이 제사가 끊어지는 일이 없었습니다. (그런데) 지금 우리 임금 대에 이르러 홀로 그 종족을 멸하니 나라 사람들이 모두 애통해합니다. 그래서 거북점괘가 그러한 것이니, 부디 임금께서는 도모하소서."

경공이 물었다.

"조씨 후손이 아직 살아 있는가?"

한궐이 사실대로 갖춰 대답하니, 이에 경공은 마침내 한궐과 함께 조씨 고아를 세우기로 모의하고는 불러다가 궁중에 숨겨두었다. 여러 장수가 들어와 병문안하자 경공은 한궐의 무리를 이용해서 여러 장수를 협박해 조씨 고아를 보게 하니, 고아의 이름은 무(武)였다. 여러 장수가 어쩔 수 없어서 마침내 말했다.

"예전에 하관의 난은 도안가가 주관해서 임금의 명령이라고 속이고 여러 신하에게 명령한 것이니, 그렇지 않다면 누가 감히 난을 일으켰겠습니까? 임금께서 병이 나지 않았다면 여러 신하가 본래 조씨의 후손을 찾아 세울 일을 청하려 했는데, 지금 이렇게 명하시니 모든 신하가 바라는 바입니다."

이에 조무와 정영을 불러 여러 장군에게 두루 절을 올리게 하니, 장수들이 드디어 돌아가서 정영·조무와 함께 도안가를 공격해 그의 종족을 멸한 뒤에 다시 조무에게 전지와 채읍을 예전대로 주었다.

그러므로 사람이 어떻게 은혜를 베풀지 않을 수 있겠는가? 무릇 이곳에서 은혜를 베풀면 저곳에서 보답을 받게 된다. 정영이 없었으면 조씨의 고아는 보전되지 않았을 것이고, 한궐이 없었으면 조씨의 후손은 회복되지 못했을 것이다. 한궐은 은혜를 잊지 않은 사람이라 할 수 있다.

晉趙盾擧韓厥, 晉君以爲中軍尉; 趙盾死, 子朔嗣爲卿. 至景公三年, 趙朔爲晉將, 朔取成公姊爲夫人, 大夫屠岸賈, 欲誅趙氏. 初, 趙盾在時, 夢見叔帶持要而哭甚悲, 已而笑拊手且歌, 盾卜之占, 垂絕而後好, 趙史援占曰: 此甚惡非君之身, 及君之子, 然亦君之咎也. 至子趙朔, 世益衰, 屠岸賈者, 始有寵於靈公, 及至於晉景公, 而賈爲司寇, 將作難, 乃治靈公之賊以至, 趙盾遍告諸將曰: '趙穿弑靈公, 盾雖不知猶爲首賊, 臣殺君, 子孫在朝, 何以懲罪, 請誅之!' 韓厥曰: '靈公遇賊, 趙盾在外, 吾先君以爲無罪, 故不誅; 今諸君將誅其後, 是非先君之意而後妄誅; 妄誅謂之亂臣, 有大事而君不聞, 是無君也.' 屠岸賈不聽, 厥告趙朔趨亡, 趙朔不肯曰: '子必不絕趙祀, 朔死且不恨.' 韓厥許諾, 稱疾不出. 賈不請而擅與諸將攻趙氏於下宮, 殺趙朔趙同·趙括. 趙嬰齊, 皆滅其族; 朔妻成公姊有遺腹, 走公宮匿, 後生男乳, 朔客程嬰持亡匿山中. 居十五年, 晉景公疾, 卜之曰: '大業之後不遂者爲祟.' 景公疾問韓厥, 韓厥知趙孤在, 乃曰: '大業之後, 在晉絕祀者, 其趙氏乎! 夫自中行衍皆嬴姓也, 中衍人面鳥喙, 降佐殷帝太戊及周天子, 皆有明德. 下及幽厲無道, 而叔帶去周適晉, 事先君文侯, 至於成公, 世有立功, 未嘗有絕祀; 今及吾君獨滅之趙宗, 國人哀之, 故見龜策. 唯君圖之.' 景公問曰: '趙尚有後子孫乎?' 韓厥具以實對. 於是 景公乃與韓厥謀立趙孤兒, 召而匿之宮中, 諸將入問疾, 景公因韓厥之衆, 以脅諸將而見趙孤, 孤名曰武. 諸將不得已乃曰: '昔下宮之難屠岸賈爲之, 矯以君令, 并命群臣, 非然孰敢作難, 微君之疾, 群臣固且請立趙後, 今君有令, 群臣之願也.' 於是 召趙武·程嬰遍拜諸將軍, 將軍遂返與程嬰趙武攻屠岸賈, 滅其族, 復與趙武田邑如故. 故人安可以無恩, 夫有恩於此故復於彼. 非程嬰則趙孤不全, 非韓厥則趙後不復. 韓厥可謂不忘恩矣.

6-18

(위나라) 거백옥(蘧伯玉)이 위(衛)나라 임금에게 죄를 얻어서 달아나 진(晉)나라로 갔는데, 진나라 대부 중에 목문자고(木門子高)라는 사람이 있어 거백옥이 그 집에서 묵었다. 2년이 지나 위나라 임금이 그 죄를 용서하고 위나라로 돌아오게 하니, 목문자고가 아들을 시켜 배웅하게 했다. (일행이) 국경에까지 이르자 거백옥이 말했다.

"못난 이 사람은 떠날 테니 자네는 돌아가게!"

뒷날 목문자고가 진나라 임금에게 죄를 얻어 거백옥에게 오자, 백옥은 이 일을 위나라 임금에게 말했다.

"진나라의 뛰어난 대부 목문자고가 진나라 임금에게 죄를 얻었으니, 바라건대 임금께서 예로 대우해주소서."

이에 위나라 임금은 교외로 나가 그를 맞이해서 마침내 상경(上卿)으로 삼았다.

蘧伯玉得罪於衛君, 走而之晉, 晉大夫有木門子高者, 蘧伯玉舍其家. 居二年, 衛君赦其罪而反之, 木門子高使其子送之. 至於境, 蘧伯玉曰 : '鄙夫之 子反矣.' 木門子高後得罪於晉君, 歸蘧伯玉, 伯玉言之衛君曰: '晉之賢大夫木門子高, 得罪於晉君, 願君禮之.' 於是 衛君郊迎之, 竟以爲上卿.

6-19

북곽소(北郭騷)가 안자(晏子)를 찾아와 만나보고서 말했다.

"남몰래 선생의 의로움을 좋아했습니다. 바라건대 어머니를 봉양할 수 있는 것을 주셨으면 합니다."

안자가 사람을 시켜 창고의 곡식과 부고의 돈을 나눠주게 하니, 돈은 사양하고 곡식만 받았다.

얼마 뒤에 안자가 경공(景公)에게 의심을 받아 도망쳐 달아났는데, 북곽자가 친구를 불러서 말했다.

"나는 안자의 의로움을 좋아해서, 일찍이 어머니를 봉양할 수 있는 것을 요청한 일이 있다. 내가 듣건대 어버이를 봉양하게 해준 사람에게는 자기 몸을 던져서 그 환난을 대신해 막아야 한다고 했다. 지금 안자가 의심을 받고 있으니, 내가 장차 내 몸으로 그 결백함을 밝혀야겠다."

드디어 경공의 궁정에 나아가 말을 전할 사람을 찾아서 말했다.

"안자는 천하의 뛰어난 이인데 지금 제나라를 떠났으니, 제나라는 반드시 침공을 당할 것입니다. 바야흐로 반드시 침공을 당하는 것은 먼저 죽는 것만 못하니, 저의 목을 찔러 안자의 억울함을 밝히겠습니다."

뒤로 조금 물러나더니 그대로 자살했다. 공이 이를 듣고는 크게 놀라 역마를 타고 치달려서 직접 안자를 쫓아갔고, 국경 교외에서 그를 따라잡은 뒤 돌아갈 것을 청했다. 안자가 어쩔 수 없이 돌아와서는 북곽자가 죽음으로써 자신의 결백을 밝혔다는 말을 듣고 크게 한숨을 쉬면서 탄식해 말했다.

"내가 불초해 죄를 받는 것이 마땅한데, 선비가 자기 몸을 던져 내 억울함을 밝혔다고 하니 서글픈 일이로다."

北郭騷踵見晏子曰: '竊悅先生之義, 願乞所以養母者.' 晏子使人分倉粟府金而遺之, 辭金而受粟. 有間, 晏子見疑於景公, 出奔, 北郭子召其友而告之曰: '吾悅晏子之義而嘗乞所以養母者. 吾聞之曰: 養其親者, 身更其難; 今晏子見疑, 吾將以身白之.' 遂造公庭求復者曰: '晏子天下之賢者也, 今去齊國, 齊國必侵矣, 方必見國之侵也, 不若先死請絶頸以白晏子.' 逡巡而退, 因自殺也. 公聞之大駭, 乘馹而自追晏子, 及之國郊, 請而反之. 晏子不得已而反之, 聞北郭子之以死白己也, 太息而歎曰: '嬰不肖, 罪過固其所也, 而士以身明之, 哀哉!'

6-20

오나라 적불(赤市)이 (진(晉)나라) 지씨(智氏)에게 사신 가면서 위(衛)나라의 길을 빌려 지나갔는데, (위나라 대부) 영문자(甯文子)가 좋은 모시옷 300벌을 갖춰 장차 보내주려 했다. 이에 대부 표(豹)가 말했다.

"오나라가 비록 대군이지만 우리와 국토가 서로 맞닿아 있지 않으니, 길을 빌려준 것만으로도 실로 경의를 표한 것인데 또 무슨 예물인가?"

영문자가 들어주지 않고 드디어 그것을 오나라 적불에게 보냈다. (적불이) 지씨에게 이르러 이미 일을 마치고 장차 오나라로 돌아가려고 하는데, 지백(智伯)이 명을 내려서 배를 모아 다리를 만들게 하고 있었다. 오나라 적불이 말했다.

"내가 듣건대, 천자가 물을 건널 때는 배를 모아서 다리를 만들고 제후는 배 4척으로써 다리를 만들며 대부는 배 2척을 이어서 건넌다고 했다. 배 2척으로 건너는 것이 나의 직분에 맞지만, 그 또한 공경함이 과분한데, 이는 반드시 어떤 이유가 있을 것이다."

사람을 시켜 살펴보게 했더니, 후방에 군대를 배치해서 장차 실로 위나라를 습격하려는 것이었다. 오나라 적불이 말했다.

"위나라는 나에게 길을 빌려주고 많은 예물까지 주었는데, 난이 닥칠 것을 알고서도 알려주지 않는다면 이는 내가 지백의 계책에 참여한 꼴이 된다."

병을 핑계로 머물다가 사람을 보내 위나라에 알려주니 위나라 사람들은 경계를 강화했고, 지백은 이 소식을 듣고서 마침내 습격 계획을 멈췄다.

吳赤市使於智氏, 假道於衛, 甯文子具紵絺三百製, 將以送之. 大夫豹曰: '吳雖大國也, 不壞交假之道, 則亦敬矣, 又何禮焉!' 甯文子不聽, 遂致之吳赤市. 至於智氏, 既得事, 將歸吳, 智伯命造舟爲梁. 吳赤市曰: '吾聞之, 天子濟於水, 造舟爲梁, 諸侯維舟爲梁, 大夫方舟. 方舟臣之職也, 且敬太, 甚必有故.' 使人視之, 視則用兵在後矣, 將亦襲衛. 吳赤市曰: '衛假吾道而厚贈我, 我見難而不告, 是與爲謀也.' 稱疾而留, 使人告衛, 衛人警戒, 智伯聞之, 乃止.

6-21

(춘추시대 때) 초나라와 위(魏)나라가 진양(晉陽)에서 회맹하고서 장차 제나라를 치려고 하자, 제나라 임금이 이를 걱정해서 사람을 시켜 순우곤(淳于髡)을 불러서 말했다.

"초나라와 위나라가 모의해서 제나라를 치려 하니, 바라건대 선생이 과인과 함께 근심해주면 좋겠소."

순우곤이 크게 웃고 호응하지 않자 왕이 다시 물었으나 역시 다시 크게 웃기만 하고 호응하지 않았으며, 세 번 물어도 답하지 않았다. 왕이 발끈 화를 내며 얼굴을 붉히면서 말했다.

"선생은 과인의 나라를 갖고서 장난을 치는 것인가?"

순우곤이 대답해 말했다.

"신이 감히 왕의 나라를 갖고서 장난을 치는 것이 아닙니다. 신이 웃은 것은, 제 이웃 사람이 농지를 향해 제사를 지낼 때 밥 한 그릇과 붕어 1마리를 제물로 삼아 기도하면서 '낮은 곳의 나쁜 농지에는 100수레의 곡식을 얻게 하시고 높은 곳의 농지에는 벼가 잘 자라게 해주십시오'라고 하는 것을 보고 그랬습니다. 신이 볼 때 제물은 적은데 바라는 것이 많기에 웃은 것입니다."

왕이 "좋다"고 말하고서, 천금과 병거 100승을 내려주고 그를 세워 상경(上卿)으로 삼았다.

楚魏會於晉陽, 將以伐齊, 齊王患之, 使人召淳于髡曰: '楚魏謀欲伐齊. 願先生與寡人共憂之.' 淳于髡大笑而不應, 王復問之, 又復大笑而不應, 三問而不應. 王怫然作色曰: '先生以寡人國爲戲乎?' 淳于髡對曰: '臣不敢以王國爲戲也. 臣笑臣鄰之祠田也, 以奩飯與一鮒魚, 其祝曰: 下田洿邪, 得穀百車, 蟹堁者宜禾. 臣笑其所以祠者少而所求者多.' 王曰善, 賜之千金, 革車百乘, 立爲上卿.

6-22

(노나라 계씨의 가신) 양호(陽虎)가 위(衛)나라에서 죄를 얻게 되자 북쪽으로 가서 조간자(趙簡子)를 만나 말했다.

"지금부터는 더는 사람을 기르지 않겠습니다."

간자가 말했다.

“어째서인가?”

양호가 대답해 말했다.

“무릇 조당(朝堂) 위에 있는 사람 가운데 신이 심은 사람이 절반을 넘고, 조정 관리 가운데 신이 세워준 사람이 역시 절반을 넘으며, 변방 장수 가운데 신이 세워준 사람 역시 절반을 넘습니다. (그런데) 지금 저 조당 위에 있는 사람들은 직접 임금에게 저를 배척하게 했고, 조정 관리들은 직접 법으로 저를 위협했으며, 변방 장수들은 무력으로 직접 저를 겁박했습니다.”

간자가 말했다.

“오직 뛰어난 이라야 능히 은혜를 갚을 수 있지, 불초한 자는 그럴 수가 없다. 무릇 복숭아와 자두를 심은 자는 여름에 그 아래에서 휴식을 취할 수 있고 가을에 그것을 먹을 수 있지만, 찔레를 심은 사람은 여름에 휴식을 취할 수가 없고 가을에는 가시를 얻을 뿐이다. 지금 그대가 심은 것은 찔레이지 복숭아와 자두가 아니니 앞으로는 사람을 잘 가려서 심고, 이미 심고 나서는 가리지 말라.”

陽虎得罪於衛, 北見簡子曰: ‘自今以來, 不復樹人矣.’ 簡子曰: ‘何哉?’ 陽虎對曰: ‘夫堂上之人, 臣所樹者過半矣; 朝廷之吏, 臣所立者亦過半矣; 邊境之士, 臣所立者亦過半矣. 今夫堂上之人, 親郤臣於君; 朝廷之吏, 親危臣於法; 邊境之士, 親劫臣於兵.’ 簡子曰: ‘唯賢者爲能報恩, 不肖者不能. 夫樹桃李者, 夏得休息, 秋得食焉, 樹蒺藜者, 夏不得休息, 秋得其刺焉. 今子之所樹者, 蒺藜也, 非桃李也自今以來, 擇人而樹, 毋已樹而擇之.’

6-22는 지인(知人)과 용인(用人)의 지혜를 함께 말하고 있다. “의심스러

우면 쓰지 말고, 썼으면 의심하지 말라[疑則勿用 用則勿疑]"는 것이다. 결국 양호가 자초한 일일 뿐이다.

6-23

위나라 문후가 전자방(田子方)과 이야기를 나눌 때, 파란 옷과 흰 옷을 입은 두 아이가 임금 앞에서 모시고 있었다.

자방이 말했다.

"이 아이들이 임금께서 총애하시는 자식들이군요!"

문후가 말했다.

"아니오. 어린 고아들인데, 그들의 아비가 전쟁에서 죽어 과인이 거둔 것이오."

자방이 말했다.

"신은 임금께서 (전쟁을 일으켜) 사람들을 상하게 했으면 마음에 만족하시리라 여겼는데, 지금 보니 더욱 심하십니다. 임금께서 이 아이들을 아껴주시니 또 장차 누구의 아비를 죽이려는 것입니까?"

문후가 부끄럽게 여기며 말했다.

"과인은 그대 말을 따르겠소."

이때부터 전쟁을 일으키지 않았다.

魏文侯與田子方語, 有兩僮子衣青白衣, 而侍於君前. 子方曰: '此君之寵子乎!' 文侯曰: '非也, 其父死於戰, 此其幼孤也, 寡人收之.' 子方曰: '臣以君之賊心爲足矣, 今滋甚, 君之寵此子也, 又且以誰之父殺之乎?' 文侯愍然曰: '寡人受令矣.' 自是以後, 兵革不用.

6-24

동려자(東閭子)가 일찍이 부귀했다가 뒤에는 빌어먹고 살았다. 어떤 사람이 그에게 물었다.

"그대는 어쩌다가 이리되었소?"

말했다.

"나는 스스로 잘 알고 있소. 나는 일찍이 재상으로 6~7년이나 있으면서 한 사람도 제대로 천거하지 못했고, 일찍이 3,000만의 부를 누렸으나 한 사람도 부유하게 해주지 못했으니, 이는 선비로서 그 몸을 바칠 줄 몰랐기 때문이오. 공자가 말하기를 '재물이란 다루기 힘든 것이어서 작고 크고 많고 적음에 모두 그에 따른 원망과 싫어함이 있는 것이 명의 이치이니, 사람이 이를 터득하는지 여부는 밖으로 그것을 빌려 쓰느냐 못 쓰느냐에 달려 있다'라고 했지요."

東閭子嘗富貴而後乞, 人問之曰: '公何爲如是?' 曰: '吾自知吾嘗相六七年未嘗荐一人也; 吾嘗富三千萬者再, 未嘗富一人; 不知士出身之咎然也. 孔子曰: "物之難矣, 小大多少各有怨惡, 數之理也, 人而得之, 在於外假之也."'

6-25

오기(吳起)가 위(魏)나라 장군이 되어 중산국을 공격할 때, 군인 중에 종기를 앓는 자가 있으니 오자가 직접 그 고름을 빨아내 짜주었다. 그 어머니가 흐느껴 울자 곁에 있던 사람이 말했다.

"장군께서 그대 아들에 대해 이와 같이 잘 해주시는데 어째서 우는 것이요?"

대답해 말했다.

"오자가 이 아이 아버지의 상처를 빨아주어 경수 전투에 참여했다가 죽었으니, 전투가 시작되자마자 발을 돌릴 틈도 없이 전사했소. 그런데 지금 또 아이 종기를 빨아주었으니, 이 아이가 어떤 전쟁에서 죽을지를 어찌 알겠소? 이 때문에 곡을 하는 것입니다."

吳起爲魏將, 攻中山, 軍人有病疽者, 吳子自吮其膿. 其母泣之, 旁人曰: '將軍於而子如是, 尙何爲泣?' 對曰: '吳子吮此子父之創而殺之於涇水之戰, 戰不旋踵而死; 今又吮之, 安知是子何戰而死. 是以 哭之矣!'

6-26

제나라 의공(懿公)이 공자로 있을 때 병촉(邴歜)의 아버지와 밭을 다투었으나 이기지 못했다. 즉위하게 되자 마침내 그 시신을 파내어 발목을 자르고 병촉을 마부로 삼았으며, (또) 용직(庸織)의 아내를 빼앗고 용직을 참승(參乘)으로 삼았다. 공이 신지(申池)에서 놀 때 두 사람도 거기서 목욕을 하고 있었는데, 촉이 채찍으로 직을 때리자 직이 화를 내니 촉이 말했다.

"남이 네 아내를 빼앗아가도 감히 화를 못 내더니, 너를 한 대 때린다고 해서 무슨 상관이냐?"

직이 말했다.

"자기 아버지 발목을 잘라도 원한을 품지 못하는 것과 비교하면 어떠냐?"

마침내 모의해서 공을 살해하고 시신을 대나무밭에 내다 버렸다.

齊懿公之爲公子也, 與邴歜之父爭田, 不勝. 及即位, 乃掘而刖之, 而使歜爲僕; 奪庸織之妻, 而使織爲參乘. 公游於申池, 二人浴於池, 歜以鞭抶織, 織怒, 歜曰: '人奪女妻, 而不敢怒; 一抶女, 庸何傷!' 織曰: '與刖其父而不病, 奚若?' 乃謀殺公, 納之竹中.

6-27

초나라 사람이 정나라 영공(靈公)에게 큰 자라를 바쳤는데, 공자 가(家)는 공자 송(宋)이 식지(食指-집게손가락)를 움직이는 것을 보았다. 공자 송이 가에게 말했다.

"내 손가락이 이렇게 움직일 때면 반드시 맛난 음식을 먹게 된다."

(그러나) 영공이 대부들과 함께 자라 요리를 먹으면서 공자 송을 불러놓고는 자라 요리를 주지 않으니, 공자 송이 화가 나서 솥에 손가락을 넣어 맛을 본 다음에 나가버렸다. 공이 노해 그를 죽이려 하자 공자 송과 가가 선수를 쳐서 영공을 죽였다.

(공자의 제자) 자하(子夏)가 말했다.

"『춘추』란 임금이 임금답지 못하고 신하가 신하답지 못하며 아비가 아비답지 못하고 자식이 자식답지 못한 것을 기록한 것이다. 이는 하루아침에 일어나는 일이 아니라, 점점 자라나서 그런 지경에 이르는 것이다."

楚人獻黿於鄭靈公, 公子家見公子宋之食指動, 謂公子家曰: '我如是必嘗異味.' 及食大夫黿, 召公子宋而不與; 公子宋怒, 染指於鼎, 嘗之而出. 公怒欲殺之, 公子宋與公子家先遂殺靈公. 子夏曰: '春秋者, 記君不君, 臣不臣, 父不父, 子不子者也; 此非一日之事也, 有漸以至焉.'

6-23 이후의 내용은 모두 6-27에 있는 자하의 말과 연관되어 있다. 또한 이는 『논어』 「안연(顔淵)」편에 나오는 공자의 다음 말과도 직결된다.

(제나라) 경공이 공자에게 정치하는 법에 관해 묻자 공자는 이렇게 대답했다.
"임금은 임금다워야 하고 신하는 신하다워야 하며 아버지는 아버지다워야 하고 자식은 자식다워야 합니다〔君君臣臣父父子子〕."
이 말을 들은 경공은 이렇게 말했다.
"좋은 말이다. 진실로 임금이 임금답지 못하고 신하가 신하답지 못하며 아비가 아비답지 못하고 자식이 자식답지 못하다면 제아무리 곡식이 많이 있다 한들 내가 그것을 먹을 수 있겠는가?"

따라서 "군군신신부부자자(君君臣臣父父子子)"는 다움, 즉 덕(德)의 문제인 동시에 복은(復恩)의 문제와도 직결되는 것을 알 수 있다. 그것을 『춘추』 필법의 기본 정신과 연결지은 것은 자하의 탁견이다.

권7

정리[政理]

정치를 제대로 하는 이치

7-1

정치에는 세 등급[三品]이 있다. 임금다운 임금이 하는 정치는 백성을 교화시키고, 패도를 추구하는 임금이 하는 정치는 백성에게 위엄을 부리며, 힘을 추구하는 임금이 하는 정치는 백성을 협박한다.

무릇 이 세 가지 정치에는 각각 베푸는 방법이 있는데, 백성을 교화하는 것이 가장 귀하다. 모름지기 교화를 해도 백성이 달라지지 않은 다음에야 위엄을 부리고, 위엄을 부려도 달라지지 않은 다음에야 형벌을 쓴다. 무릇 형벌에까지 이른다면 이는 임금다운 임금이 행할 바가 아니다.

이 때문에 빼어난 왕은 다움과 가르침을 우선하고 그다음에 형벌을 쓰니, 영광과 치욕의 척도를 세우며 방비하고 금지하는 일을 밝힌다. 예의(禮義)의 절도를 높임으로써 (백성에게) 보이고 재물과 이익의 폐단을 천시함으로써 백성을 달라지게 하며, 가까운 곳부터 닦고 내면을 다스림으로써 집 안의 예를 바로잡고 본부인과 첩 사이를 한결같이 바로잡는다. 이렇게 하면 마땅함과 사리에 따른 영광을 사모하지 않을 수 없고 탐욕과 혼란으로 인한 부끄러움을 싫어하게 된다. 이와 같이 될 수 있는 까닭은 교화가 그렇게 만든 것이다.

政有三品: 王者之政化之, 霸者之政威之, 強者之政脅之. 夫此三者各有所施, 而化之爲貴矣. 夫化之不變而後威之, 威之不變而後脅之, 脅之不變而後刑之. 夫至於刑者, 則非王者之所得已也. 是以 聖王先德教而後刑罰, 立榮恥而明防禁; 崇禮義之節以示之, 賤貨利之弊以變之; 修近理內, 政橛機之禮, 壹妃匹之際; 則莫不慕義禮之榮, 而惡貪亂之恥. 其所由致之者, 化使然也.

7-1에서 임금다운 임금의 정치란 다름 아닌 어짊(仁)과 다움(德)과 사리(禮)를 바탕으로 한 정치다. 『논어』의 제1 「학이」편은 전체의 총론이고 제2 「위정」편은 다움, 제3 「팔일」편은 사리, 제4 「이인」편은 어짊을 주제로 하고 있다. 그대로 맞아떨어진다.

이 책에서 이미 우리는 군주가 갖춰야 할 다움과 어짊에 대해서는 살펴보았고, 사리는 뒤에서 상세하게 살펴보게 될 것이다. 7-2에서는 그래서 곧바로 『논어』로 돌아간다.

7-2

계손(季孫)이 공자에게 정치에 관해 물었다.

"만일 무도한 자를 죽여 없애 나라가 도리가 있는 데로 나아간다면 그것은 어떻습니까?"

공자가 말했다.

"그대는 정치를 하면서 어찌 죽임을 쓸 수 있겠습니까? 그대가 선하고자 한다면 자연스레 백성이 선해질 것입니다. 군자의 다움은 바람이요 소인의 다움은 풀입니다. 풀에 (죽임과 같은) 거센 바람이 가해지면 풀은 반드시 쓰러지고 말 것입니다."

이는 그 교화를 밝게 시행해야 할 뿐임을 말한 것이다.

季孫問於孔子曰: '如殺無道, 以就有道, 何如?' 孔子曰: '子爲政, 焉用殺, 子欲善而民善矣. 君子之德, 風也; 小人之德, 草也. 草上之風必偃.' 言明其化而已矣.

7-3

나라를 다스리는 데는 두 가지 기틀이 있으니, 형벌과 다움을 통한 가르침이 그것이다. 임금다운 임금은 그 다움을 높이고 그 형벌을 드물게 쓰며, 패도를 추구하는 임금은 형벌과 다움을 나란히 쓰고, 힘을 추구하는 임금은 형벌을 우선시하고 다움을 뒤로 둔다.

무릇 형벌과 다움은 교화가 일어나는 원천이다. 다움이란 선함을 길러주어 결점을 보완하는 것이고, 형벌이란 악함을 징계해 뒷사람(이 저지를 수 있는 악행)을 막아주는 것이다. 그래서 다움을 통한 교화를 중시하는 사람은 방법으로 상을 내리고, 형벌을 심하게 쓰는 자는 방법으로 주벌을 내린다.

무릇 주벌과 상이란 뛰어난 이와 불초한 자를 분별하고 공로가 있는 자와 공로가 없는 자를 나눠 세우는 방법이다. 그래서 주벌과 상을 주는 일을 잘못 시행해서는 안 되니, 주벌과 상을 주는 일에 착오가 있게 되면 선와 악이 어지러워진다.

무릇 공로가 있는데 상을 주지 않으면 선은 권장되지 않고, 잘못이 있는데 주벌하지 않으면 악행을 하고도 두려워하지 않는다. 선을 권장하지 않고서 능히 천하에 교화를 행했다는 자에 대해서는 일찍이 들어본 적이 없다. 『서경』(「주서(周書)·강왕지고(康王之誥)」편)에 이르기를 "상과 벌은 모두 실상에 부합해야 한다"라고 한 것은 이를 두고 한 말이다.

治國有二機, 刑德是也. 王者尙其德而希其刑, 霸者刑德並湊, 強國先其刑而後德. 夫刑德者, 化之所由興也. 德者, 養善而進闕者也; 刑者, 懲惡而禁後者也. 故德化之崇者至於賞, 刑罰之甚者至於誅. 夫誅賞者, 所以別賢不肖, 而列有功與無功也. 故誅賞不可以繆, 誅賞繆則善惡亂矣. 夫有功而不賞, 則善不勸, 有過而不誅, 則惡不懼. 善不勸而能以行化乎天下者, 未嘗聞也. 書曰: '畢協賞罰', 此之謂也.

7-4

물이 흐리면 물고기가 살기 어렵고, 법령이 가혹하면 백성이 난을 일으키며, 성이 높으면 반드시 무너지고, 언덕이 깎아지른 듯하면 반드시 허물어진다. 무릇 나라 다스림은 마치 거문고 현을 당기는 것과 같아서 굵은 현을 지나치게 팽팽하게 하면 얇은 현은 끊어지게 마련이니, 그래서 말하기를 말고삐를 팽팽히 당기며 말을 모는 자는 1,000리를 갈 수 있는 마부가 아니라고 하는 것이다. 들림이 있는 소리는 100리에 지나지 않지만, 소리가 없는 소리는 온 사해에 미치게 되니, 그러므로 녹봉이 공로보다 많은 자는 그만큼 덜어지게 되고 이름이 실상보다 지나친 자는 깎이게 되는 것이다. 실상과 일을 행하는 것이 합치되어야 명성이 그에 부응하게 되니, 화복은 헛되이 찾아오는 것이 아니다.

『시경』(「패풍(邶風)·모구(旄丘)」편)에 이르기를 "어디에 머물러 있든 반드시 돕는 자가 있도다. 어떻게 오래 머물든 반드시 이유가 있다네"라고 한 것은 이를 두고 한 말이다.

水濁則魚困, 令苛則民亂, 城峭則必崩, 岸竦則必阤. 故夫治國, 譬若張琴, 大絃急則小絃絕矣, 故曰急轡御者非千里御也. 有聲之聲, 不過百里, 無聲之聲, 延及四海; 故祿過其功者損, 名過其實者削. 情行合而名副之, 禍福不虛至矣. 詩云: '何其處也, 必有與也; 何其久也, 必有以也', 此之謂也.

7-5

공숙문자(公叔文子)가 초나라 영윤(令尹-재상)이 되었는데 백성 중에 감히 조정에 들어오는 사람이 없으니, 공숙자(公叔子)가 만나보고 말했다.

"너무 엄하십니다."

문자가 말했다.

"조정이 엄숙한 것을 어찌 나라를 다스림에 방해가 된다고 말하겠소?"

공숙자가 말했다.

"너무 엄하면 아랫사람들이 입을 다물고 아랫사람들이 입을 다물면 윗사람은 귀머거리가 되니, 귀머거리와 벙어리는 서로 능히 통할 수가 없는데 어찌 나라가 다스려지겠습니까? 바늘과 실을 순리대로 쓰는 자라야 장막을 만들 수 있고, 한 되나 한 말의 곡식을 모으는 자라야 창름을 채울 수 있으며, 작은 지류들이 합쳐져야 강이나 바다를 이룬다고 했습니다. 눈 밝은 임금은 의견을 받아서 실행하지 못하는 경우는 있어도 일찍이 의견을 받아들이지 않는 경우는 없습니다."

公叔文子爲楚令尹三年, 民無敢入朝, 公叔子見曰: '嚴矣.' 文子曰: '朝廷之嚴也, 寧云妨國家之治哉?' 公叔子曰: '嚴則下喑, 下喑則上聾, 聾喑不能相通, 何國之治也? 順針縷者成帷幕, 合升斗者實倉廩, 并小流而成江海; 明主者有所受命而不行, 未嘗有所不受也.'

7-5에서는 임금의 귀 밝음과 눈 밝음(聰明) 문제를 말하고 있다. 둘 중에서는 귀 밝음이 더 중요한데, 공숙자는 바로 이 점을 비판하고 있다. 공숙문자는 임금은 아니지만, 재상이기 때문에 마찬가지로 귀 밝음과 눈

밝음을 갖춰야 한다. 정치를 하는 것을 옛날에는 청정(聽政) 혹은 청단(聽斷)이라고 했는데, 정사를 듣고 들어서 결단한다는 말이다. 이때 귀 밝게 듣고 결단하는 것이 바로 총(聰)이다.

공숙문자라는 이름은 『논어』에도 여러 차례 나오는데, 거기서는 위(衛)나라 대부이기 때문에 여기에 나온 초나라 영윤 공숙문자와는 다른 사람인 듯하다.

7-6

위(衛)나라 영공(靈公)이 공자에게 일러 말했다.

"어떤 이가 과인에게 말하기를 '국가를 다스리는 사람이 묘당 위에서 조심하기만 해도 국가는 다스려진다'라고 했는데, 가능한 일이오?"

공자가 말했다.

"가능합니다. 다른 사람을 사랑하게 되면 그 사람도 나를 사랑하고, 다른 사람을 미워하게 되면 그 사람도 나를 미워합니다. 자기에게 도움이 되는 도리를 아는 사람은 또한 남에게 도움이 되는 도리도 압니다. 이것이 이른바 사방이 흙담으로 둘러쳐진 작은 방에서 나오지 않고서도 천하를 안다는 것이니, 곧 자기에게 돌이켜볼 줄 아는 것입니다."

衛靈公謂孔子曰: '有語寡人爲國家者, 謹之於廟堂之上而國家治矣, 其可乎?' 孔子曰: '可. 愛人者, 則人愛之; 惡人者, 則人惡之; 知得之己者, 亦知得之人; 所謂不出於環堵之室而知天下者, 知反之己者也.'

7-6에서는 어짊의 핵심 내용이라 할 수 있는 서(恕), 즉 "기소불욕 물시어인(己所不欲勿施於人)"을 말하고 있다. 자기가 하고 싶지 않은 일이라면 그것을 미뤄 헤아려서(推) 다른 사람에게도 베풀지 말라는 것이다. 『논어』 「위령공(衛靈公)」편에는 영공과 공자의 다른 대화도 나온다.

위나라 영공이 공자에게 진법에 관해 묻자 공자는 이렇게 말했다.
"제사 지내는 일에 관해서는 일찍이 들어본 적이 있지만, 군사를 다루는 일은 배우지 못했습니다."
그리고 다음 날 (곧바로) 위나라를 떠났다.

즉 영공이 어짊이나 마땅함이나 사리를 묻지 않고 전쟁하는 기술인 진법을 묻자 공자는 곧장 떠나버렸다는 것이다.

7-7

자공(子貢)이 공자에게 백성을 다스리는 법을 묻자 공자가 말했다.

"썩은 새끼줄로 달리는 말을 모는 것처럼 조심하고 두려워해야 한다."

자공이 말했다.

"어찌 그리 두려워해야 합니까?"

공자가 말했다.

"무릇 사통팔달의 나라에는 어디에나 사람이 있으니, 도리로 인도하면 나를 좋아할 것이고 도리가 아닌 것으로 인도하면 나를 원수로 여길 것인데 어찌 두려워하지 않을 수 있겠느냐!"

子貢問治民於孔子, 孔子曰: '懍懍焉如以腐索御奔馬.' 子貢曰: '何其畏也!' 孔子曰: '夫通達之國皆人也, 以道導之, 則吾畜[=好]也; 不以道導之, 則吾讎也, 若何而毋畏?'

7-8

제(齊)나라 환공(桓公)이 관중(管仲)에게 일러 말했다.

"나는 나랏일을 모두 해와 달처럼 훤히 밝게 처리해서 우부우부(愚夫愚婦)할 것이 없이 모두로부터 좋다는 평판을 듣고 싶은데, 가능하겠는가?"

중이 말했다.

"가능합니다. 그러나 그것이 빼어난 이의 도리는 아닙니다."

환공이 말했다.

"어째서인가?"

대답해 말했다.

"무릇 짧은 두레박줄로는 깊은 우물의 물을 길러 낼 수 없고, 지혜가 모자란 사람이 빼어난 이와 함께 말을 나눌 수 없습니다. 지혜가 뛰어난 선비는 더불어 일과 사물을 변별할 수 있고, 사리를 아는 선비는 더불어 한정 없는 일과 사물을 변별할 수 있으며, 빼어난 이는 더불어 신명스러운 일도 변별할 수가 있습니다. 무릇 빼어난 이가 하는 일은 일반 사람이 미칠 수 있는 바가 아닙니다. 백성은 남이 자기보다 열 배 낫다는 것을 알게 되면 오히려 그와 다투려 하면서 '나보다 못하다'라고 말하고, 자기보다 백 배 낫다는 것을 알게 되면 그의 허물을 들춰내며, 자기보다 천 배 낫다는 것을 알게 되면 그 누구라도 믿지 않습니다. 이 때문에 백성이 어울리는 일을 했다고 해서 모두 상을 줄 수는 없습니다. 폭력을 써서 죽여서는 안 되지만 잘 지휘해서 도달하게 해야 하고, 집집마다 다니며 설득할 수는 없지만 일의 실상을 들어 (구체적으로) 보여주어야 합니다."

齊桓公謂管仲曰: '吾欲擧事於國, 昭然如日月, 無愚夫愚婦皆曰善, 可乎?' 仲曰: '可. 然非聖人之道.' 桓公曰: '何也?' 對曰: '夫短綆不可以汲深井, 知鮮不可以與聖人言, 慧士可與辨物, 智士可與辨無方, 聖人可與辨神明; 夫聖人之所爲, 非衆人之所及也. 民知十己, 則尙與之爭, 曰不如吾也, 百己則疵其過, 千己則誰而不信. 是故 民不可稱而賞也, 可并而牧也; 不可暴而殺也, 可麾而致也; 衆不可戶說也, 可擧而示也.'

7-8에서 눈여겨볼 대목은 더불어(與)를 통해 사람의 단계를 나누는 어법이다. 혜사(慧士)란 작은 지혜를 가진 자이고, 지사(智士)는 좀 더 폭넓게 일의 이치를 파악할 줄 아는 사람이며, 성인(聖人)은 그보다 훨씬 윗길이다. 여(與)를 써서 사람의 단계를 나눈 사례는 『논어』「자한(子罕)」편에도 나온다.

공자가 말했다.
"더불어 배울 수 있다고 해서 (그 사람들 모두와) 더불어 도리를 행하는 데로 나아갈 수는 없으며, 또 더불어 도리를 행하는 데로 나아간다고 해서 (그 사람들 모두와) 더불어 조정에 서서 일을 할 수는 없으며, 또 더불어 조정에 서서 일을 한다고 해서 (그 사람들 모두와) 더불어 권도(權道)를 행할 수는 없다."

여학(與學), 여적(與適), 여립(與立), 여권(與權)의 차례를 이루고 있다. 간혹 여의(與議)란 말도 쓰는데 이는 여립과 같은 수준이다. 일을 함께하는 것이기 때문이다. 관중이 말한 혜사는 여적, 지사는 여립, 성인은 여권에 해당한다.

7-9

위나라 영공이 사추(史鰌)에게 물었다.

"정치에서 가장 힘써야 할 것은 무엇인가?"

대답해 말했다.

"대리가 맡고 있는 판결에 가장 힘써야 합니다. 옥사를 듣는 일이 실상에 적중하지 않으면 죽은 사람은 되살릴 수 없고 손발이 잘린 사람은 다시 이어붙일 수 없습니다. 그러니 판결에 가장 힘써야 합니다."

잠시 후에 자로(子路)가 공을 뵈었는데, 공이 사추가 한 말을 전해주자 자로가 말했다.

"사마가 맡고 있는 군사에 가장 힘써야 합니다. 두 나라 사이에 전쟁이 일어나 두 나라가 대치하게 되면 사마가 북채를 잡고 진격을 명해야 하는데, 한 번 전투에서 당해내지 못하면 죽는 자가 수만 명이나 됩니다. 살인하는 것이 잘못이라면 이는 엄청나게 많은 사람을 죽이는 일입니다. 그러니 군사에 가장 힘써야 합니다."

잠시 후에 자공(子貢)이 공을 뵈었는데, 공이 두 사람이 한 말을 전해주자 자공이 말했다.

"잘 모르겠습니다만, 옛날에 우왕이 유호씨(有扈氏)와 전쟁을 해서 세 차례 공격해도 복종하지 않다가 우왕이 이에 1년 동안 교화를 시행하자 유호씨가 항복을 청했습니다. 따라서 백성이 다툴 일을 없애면 무슨 송사를 판결할 일이 있으며 무기를 늘어놓지 않으면 무슨 진격하는 북을 울릴 일이 있겠습니까? 그러니 교화에 가장 힘써야 합니다."

衛靈公問於史鰌曰: '政孰爲務?' 對曰: '大理爲務, 聽獄不中, 死者不可生也, 斷者不可屬也, 故曰: 大理爲務.' 少焉, 子路見公, 公以史鰌言告之, 子路曰: '司馬爲務, 兩國有難, 兩軍相當, 司馬執枹以行之, 一鬥不當, 死者數萬, 以殺人爲非也, 此其爲殺人亦衆矣, 故曰: 司馬爲務.' 少焉, 子貢入見, 公以二子言告之, 子貢曰: '不識哉! 昔禹與有扈氏戰, 三陳而不服, 禹於是修教一年而有扈氏請服, 故曰: 去民之所爭, 奚獄之所聽? 兵革之不陳, 奚鼓之所鳴? 故曰: 教爲務也.'

7-9에서 자공이 한 말은 공자가 늘 강조하는 덕치(德治)에 가장 부합한다.

7-10

제나라 환공이 사냥을 나갔다가 사슴을 쫓아 산골짜기 안까지 들어갔는데, 한 노인네를 만나자 그에게 물었다.

"이곳은 무슨 골짜기라고 하는가?"

대답해 말했다.

"우공(愚公) 골짜기라 합니다."

환공이 말했다.

"무슨 연유가 있는가?"

대답해 말했다.

"저 때문에 그렇게 이름이 붙었습니다."

환공이 말했다.

"지금 그대 모습을 보니 어리석은 사람이 아닌데, 어째서 공 때문에 그런 이름을 지은 것인가?"

대답해 말했다.

"말씀드리겠습니다. 신은 원래 어미 소 1마리를 길렀는데, 새끼를 낳아 자랐기에 그것을 팔아서 망아지를 샀습니다. 한 소년이 말하기를 '소는 말을 낳을 수 없다' 하더니 마침내 망아지를 끌고 가버렸습니다. 이웃 사람들이 그 말을 듣고는 제가 어리석다고 여겼기 때문에, 그래서 이 계곡 이름을 우공 골짜기라고 이름 지었습니다."

환공이 말했다.

"그대는 참으로 어리석도다. 어째서 그것을 주었는가?"

환공이 드디어 돌아왔다.

다음 날 아침에 그 내용을 관중에게 말해주자, 관중이 옷깃을 여미고 두 번 절한 다음에 말했다.

"이는 저 이오(夷吾)가 어리석기 때문입니다. 만약에 위에 요임금 같은 분이 계시고 고요(皐陶) 같은 뛰어난 재상이 다스렸다면 어찌 남의 망아지를 빼앗아 가는 일이 있었겠습니까? 이 노인의 경우 사나운 일을 당하는 일이 있더라도 결코 주지 않았을 것입니다. 그 노인은 소송의 판결이 바르지 못하다는 알았기 때문에 주었을 뿐이니, 청컨대 저는 물러나 정치하는 도리를 닦도록 하겠습니다."

공자가 말했다.

"제자들아 잘 기억해두어라. 환공은 패업을 이룬 임금이고 관중은 뛰어난 보좌였는데도 오히려 시혜로움을 갖고서 어리석은 자기 되었는데, 하물며 환공이나 관중에 미치지 못하는 자임에랴!"

齊桓公出獵, 逐鹿而走入山谷之中, 見一老公而問之曰: '是爲何谷?' 對曰: '爲愚公之谷.' 桓公曰: '何故?' 對曰: '以臣名之.' 桓公曰: '今視公之儀狀, 非愚人也, 何爲以公名?' 對曰: '臣請陳之, 臣故畜牸牛生子而大, 賣之而買駒, 少年曰: "牛不能生馬", 遂持駒去. 傍鄰聞之, 以臣爲愚, 故名此谷爲愚公之谷.' 桓公曰: '公誠愚矣, 夫何爲而與之?' 桓公遂歸. 明日朝, 以告管仲, 管仲正衿再拜曰: '此夷吾之愚也, 使堯在上, 咎繇爲理, 安有取人之駒者乎? 若有見暴, 如是叟者又必不與也, 公知獄訟之不正, 故與之耳, 請退而修政.' 孔子曰: '弟子記之, 桓公, 霸君也; 管仲, 賢佐也; 猶有以智爲愚者也, 況不及桓公管仲者也.'

7-10은 일단 공정한 재판이 얼마나 어려운 것인지를 보여주고, 또한 소송이나 재판의 공정성은 단순히 판관의 문제가 아니라 통치를 담당한 임금이나 재상이 책임져야 할 문제임을 강조하고 있다. 이 점은 뒤에서도 계속된다.

7-11

노(魯)나라에서 아버지와 아들 간에 송사가 있었는데, 강자(康子)가 말했다.

"그들을 죽여야 한다."

공자가 말했다.

"아직 죽여서는 안 됩니다. 무릇 백성이 자식과 아버지 사이에 소송하는 것이 좋지 못하다는 것을 알지 못한 지가 오래되었으니, 이는 윗사람의 허물입니다. 윗사람에게 도리가 있었다면 이런 사람들은 없었을 것입니다."

강자가 말했다.

"무릇 백성을 다스리는 일은 효도를 근본으로 삼는 것인데, 지금 한 사람을 죽여 불효를 없애버린다면 진실로 옳지 않겠소?"

공자가 말했다.

"가르치지 않고서 주살한다면 이는 죄 없는 사람을 학살하는 것입니다. 삼군이 대패했다고 해서 그들을 다 주살할 수 없고, 옥송이 잘못되었다고 해서 판관을 형벌할 수 없는 것입니다. 윗사람이 가르침을 베풀면서 자신이 먼저 그 가르침을 따른다면 백성은 바람에 풀이 쓰러지듯이 따를 것입니다. (윗사람이) 몸소 행하는데도 백성이 따르지 않을 때를 기다려서 형벌을 쓴다면, 백성은 자기 죄를 스스로 알게 될 것입니다. 무릇 한 길 되는 담을 백성은 넘지 못하는데 백 길 되는 산을 어린아이가 올라가서 노는 것은, 그 경사가 완만하기 때문입니다. 지금은 이 같은 어짊과 마땅함이 쇠퇴한 지가 오래되었으니, 능히 백성에게 넘지 말라고 할 수 있겠습니까! 『시경』(「소아(小雅)·절남산(節南山)」편)에 이르기를 '백성이 미혹되지 않게 해야 하리라'라고 했으니, 옛날에 군자는 자기 백성을 잘 이끌어 미혹되지 않게 했습니다. 이 때문에 위엄이 있어도 드러내지 않았고 형벌은 내버려 두고 쓰지 않았습니다."

이에 소송하는 자들이 이 말을 듣고는 마침내 소송을 하지 않겠다고 청했다.

魯有父子訟者, 康子曰: '殺之!' 孔子曰: '未可殺也. 夫民不知子父訟之不善者久矣, 是則上過也; 上有道, 是人亡矣.' 康子曰: '夫治民以孝爲本, 今殺一人以戮不孝, 不亦可乎?' 孔子曰: '不教而誅之, 是虐殺不辜也. 三軍大敗, 不可誅也; 獄訟不治, 不可刑也. 上陳之教而先服之, 則百姓從風矣, 躬行不從而后俟之以刑, 則民知罪矣. 夫一仞之牆, 民不能踰, 百仞之山, 童子升而遊焉, 陵遲故也! 今是仁義之陵遲久矣, 能謂民弗踰乎? 詩曰: "俾民不迷!" 昔者君子導其百姓不使迷, 是以 威厲而不至, 刑錯而不用.' 於是 訟者聞之, 乃請無訟.

7-11은 고스란히 『논어』에 등장하는 두 구절을 함께 풀이하고 있다. 먼저 「안연(顔淵)」편에 나오는 말이다.

계강자가 공자에게 정치에 관해 물으면서 말했다.
"만일 무도한 자를 죽여 없애 나라가 도리가 있는 데로 나아간다면 그것은 어떻습니까?"
공자가 말했다.
"대부여! 정치를 하면서 어찌 죽임을 쓸 수 있겠습니까? 대부께서 선하고자 한다면 자연스레 백성이 선해질 것이니, 군자의 다움은 바람이요 소인의 다움은 풀입니다. 풀에 (죽임과 같은) 거센 바람이 가해지면 풀은 반드시 쓰러지고 말 것입니다."

다음은 같은 「안연」편에 나오는 공자의 말이다.

공자가 말했다.
"송사를 듣고서 결단을 내리는 일은 내가 한다 해도 다른 사람들과 크게 다르지 않겠지만, 정작 나는 송사 처결을 잘하는 것보다는 반드시 애초에 송사를 하지 않도록 하겠다."

7-12

노나라 애공(哀公)이 공자에게 정치를 묻자 이렇게 대답했다.

"정치란 백성을 부유하게 해주고 오래 살게 해주는 것에 달려 있습니다."

애공이 말했다.

"무슨 말인가?"

공자가 말했다.

"세금을 엷게 하면 백성이 부유해지고 일을 만들지 않으면 백성은 죄에서 멀어지니, 죄에서 멀어지면 백성이 오래 살게 됩니다."

공이 말했다.

"이렇게 하면 과인이 가난해진다."

공자가 말했다.

"『시경』(「대아(大雅)·형작(泂酌)」편)에 이르기를 '점잖은 군자여 백성의 부모이도다'라고 했으니, 그 아들이 부유한데 부모가 가난한 경우는 본 적이 없습니다."

魯哀公問政於孔子, 對曰: '政在使民富且壽.' 哀公曰: '何謂也?' 孔子曰: '薄賦斂則民富, 無事則遠罪, 遠罪則民壽.' 公曰: '若是則寡人貧矣.' 孔子曰: '詩云: "凱悌君子, 民之父母", 未見其子富而父母貧者也.'

7-12는 『논어』「안연(顏淵)」편에 나오는 애공과 공자 제자 유약(有若) 사이의 대화와 거의 같은 뜻이다.

애공이 유약에게 물었다.

"올해는 기근으로 인해 나라의 재용이 부족하니, 어떻게 하면 좋은가?"

유약이 말했다.

"어찌 철법(徹法-10분의 1 세금)을 쓰지 않습니까?"

이에 애공이 말했다.

"(지금 거두고 있는) 10분의 2도 내 오히려 부족한데, 어떻게 그런 철법을 쓸 수 있겠는가?"

유약이 답했다.

"백성의 양식이 풍족한데 군주가 누구와 더불어 부족할 것이며, 백성의 양식이 부족한데 군주가 누구와 더불어 풍족하겠습니까?"

백성 사랑이야말로 정치하는 근본 도리라는 점을 보여주는 대화다. 아래에서는 애민(愛民)의 중요성을 강조하는 사례들이 계속 이어진다.

7-13

(주나라) 문왕(文王)이 여망(呂望-강태공)에게 말했다.

"천하를 다스리려면 어떻게 해야 하겠소?"

대답해 말했다.

"왕도로 다스리는 나라는 백성을 부유하게 해주고, 패도로 다스리는 나라는 무사들을 부유하게 해주며, 근근이 존재하는 나라는 대부를 부유하게 해줍니다. 망하는 도리로써 다스리는 나라는 나라 창고만 부유하니, 이를 일러 위에서는 재물이 넘치는데 아래에서는 다 새어버려 아무것도 없다고 합니다."

문왕이 말했다.

"좋은 말이오."

대답해 말했다.

"좋은 것을 알면서도 묵혀두는 것은 상서롭지 못합니다. 바로 오늘 창고를 열어서 홀아비·과부·고아·독거노인을 구휼하소서."

文王問於呂望曰: '爲天下若何?' 對曰: '王國富民, 霸國富士, 僅存之國富大夫, 亡道之國富倉府, 是謂上溢而下漏.' 文王曰: '善!' 對曰: '宿善不祥. 是日也, 發其倉府, 以賑鰥·寡·孤·獨.'

7-14

(주나라) 무왕(武王)이 태공(太公)에게 물었다.

"나라를 다스리는 도리는 어떠해야 하오?"

태공이 대답해 말했다.

"나라를 다스리는 도리는 백성을 사랑하는 것뿐입니다."

말했다.

"백성을 사랑하는 것은 어떻게 해야 하오?"

말했다.

"백성을 이롭게 해주고 해치지 말며, 일을 이뤄주고 실패하지 않게 하며, 살게 해주고 죽이지 말며, 필요한 것을 주고 빼앗지 말며, 즐겁게 해주고 괴롭히지 말며, 기쁘게 해주고 화나게 해서는 안 됩니다. 이것이 나라를 다스리는 도리이자 백성을 부리는 마땅함이니, 백성을 사랑하는 것뿐입니다.

백성이 그 힘써야 할 본업을 잃으면 곧 백성을 해치는 것이고, 농민이 그 농번기를 잃으면 곧 그들을 실패하게 하는 것이고, 죄가 있다고 해서 무거운 벌을 내리면 곧 그들을 죽이는 것이고, 부렴을 무겁게 하면 곧 그들 것을 빼앗는 것이고, 요역을 많게 하면 백성의 힘을 고갈시키는 것이니 곧 그들을 괴롭히는 것이고, 힘들게 하고서 또 소란하게 하면 곧 백성을 화나게 하는 것입니다. 그래서 나라를 잘 다스리는 사람이 백성을 대할 때는 부모가 자식을 대하듯이, 형이 동생을 우애하듯이 해서, 그들이 굶주리고 추위에 떤다는 말을 들으면 그들을 위해 안타까워하고 그들이 고생하는 것을 보면 그들을 위해 슬퍼하는 것입니다."

武王問於太公曰: '治國之道若何?' 太公對曰: '治國之道, 愛民而已.' 曰: '愛民若何?' 曰: '利之勿害, 成之勿敗, 生之勿殺, 與之勿奪, 樂之勿苦, 喜之勿怒, 此治國之道, 使民之誼也, 愛之而已矣. 民失其所務, 則害之也; 農失其時, 則敗之也; 有罪者重其罰, 則殺之也; 重賦斂者, 則奪之也; 多徭役以罷民力, 則苦之也; 勞而擾之, 則怒之也. 故善爲國者遇民, 如父母之愛子, 兄之愛弟, 聞其饑寒爲之哀, 見其勞苦爲之悲.'

7-14를 한마디로 하면 친민(親民), 즉 백성을 제 몸과 같이 여기는 것이다. 애민(愛民)이나 애인(愛人)과도 통한다.

공자는 애인이 곧 인(仁)이라고 했으니, 이렇게 하는 것이 바로 인정(仁政)이다.

7-15

무왕이 태공에게 물었다.

"뛰어난 임금은 나라를 어떻게 다스리는가?"

대답해 말했다.

"뛰어난 임금이 나라를 다스릴 때는, 그 정치는 공평하고 그 관리는 가혹하지 않으며 그 세금 징수는 절도가 있고 자신을 받드는 것은 엷게 합니다. 사사로이 좋아하는 것 때문에 공법을 해치지 않으며, 공로가 없는 사람에게는 상을 내리지 않고 죄가 없는 사람에게는 형벌을 시행하지 않으며, 사사로운 기쁨 때문에 상을 주지 않고 사사로운 분노 때문에 주벌을 하지 않습니다. 백성을 해친 자에게는 죄를 주고, 뛰어난 이를 나아오게 하고, 잘못을 찾아낸 자에게는 상을 내리고, 후궁들과 황음에 빠져서는 안 되고, 총애하는 여인들의 사사로운 청탁을 들어주어서는 안 됩니다.

윗사람은 음란하고 사특한 짓을 하지 않고, 아랫사람은 남몰래 백성을 해치지 않고, 궁실을 화려하게 꾸미느라 재물을 허비하지 않고, 유흥을 위한 누대나 연못을 만들어 백성 힘을 고갈시키지 않으며, 눈과 귀를 즐겁게 하기 위해 건물이나 누대 등에 화려한 조각을 하지 않아서, 궁에는 썩거나 좀 먹는 보관 물건이 없고 나라에는 떠돌며 굶주리는 백성이 없습니다. 이것이 바로 뛰어난 임금이 나라를 다스리는 법입니다."

무왕이 말했다.

"좋도다!"

武王問於太公曰: '賢君治國何如?' 對曰: '賢君之治國, 其政平, 其吏不苛, 其賦斂節, 其自奉薄, 不以私善害公法, 賞賜不加於無功, 刑罰不施於無罪, 不因喜以賞, 不因怒以誅, 害民者有罪, 進賢舉過者有賞, 後宮不荒, 女謁不聽, 上無婬慝, 下不陰害, 不幸宮室以費財, 不多觀游臺池以罷民, 不彫文刻鏤以逞耳目, 宮無腐蠹之藏, 國無流餓之民. 此賢君之治國也.' 武王曰: '善哉!'

7-15에서 말한 것을 공자는 『논어』 「학이(學而)」편에서 아주 짧게 이렇게 말했다.

재물을 절도 있게 씀으로써 백성을 사랑하라.

7-16

무왕이 태공에게 물었다.

"나라를 다스리면서 법령을 자주 바꾸는 것은 어째서인가?"

태공이 말했다.

"나라를 다스리면서 법령을 자주 바꾸는 것은, 법을 법으로 여기지 않고 자기가 좋아하는 것을 법으로 여기기 때문입니다. 그래서 법령이 나오면 어지러워지고 어지러워지면 다시 법을 만드니, 이 때문에 법령을 자꾸 바꾸는 것입니다."

武王問於太公曰: '爲國而數更法令者何也?' 太公曰: '爲國而數更法令者, 不法法, 以其所善爲法者也; 故令出而亂, 亂則更爲法, 是以 其法令數更也.'

7-17

(주나라) 성왕(成王)이 (사관) 윤일(尹逸)에게 정치에 관해 물었다.

"내가 어떤 임금다움을 행하면 백성이 임금을 제 몸처럼 여기겠는가?"

대답해 말했다.

"백성을 때에 맞게 부리면 임금을 공경해서 고분고분하고 충심으로 사랑할 것이니, 명령을 선포할 때는 믿음을 주고 식언을 해서는 안 됩니다."

왕이 말했다.

"그 정도를 어디까지 해야 하는가?"

대답해 말했다.

“마치 깊은 연못에 임한 것같이 하고 살얼음 밟듯이 해야 합니다.”

왕이 말했다.

“두렵도다!”

대답해 말했다.

“하늘과 땅 사이의, 사해 안에 있는 모든 백성은 잘해주면 이들 또한 기뻐하고 잘해주지 못하면 원수처럼 여기게 됩니다. 하나라와 은나라의 신하들은 걸왕과 주왕에게 등을 돌리고 원수처럼 여겨서 탕왕과 무왕의 신하가 되었고 숙사(夙沙)의 백성은 스스로 자기 임금을 공격하고서 신농씨(神農氏)에게 귀순했으니, 이는 임금께서도 밝게 아시는 바입니다. 어찌 두려워하지 않을 수 있겠습니까?”

成王問政於尹逸曰: ‘吾何德之行而民親其上?’ 對曰: ‘使之以時而敬順之, 忠而愛之, 布令信而不食言.’ 王曰: ‘其度安至?’ 對曰: ‘如臨深淵, 如履薄冰.’ 王曰: ‘懼哉!’ 對曰: ‘天地之間, 四海之內, 善之則畜之, 不善則讎也. 夏·殷之臣, 反讎桀·紂而臣湯·武, 夙沙之民, 自攻其主而歸神農氏. 此君之所明知也, 若何其無懼也?’

윤일이 해준 말은 원래 『시경』 「소아(小雅) · 소민(小旻)」편에 있는 구절이다.

감히 맨손으로 범을 잡지 못하고 〔不敢暴虎〕
감히 걸어서 황하를 건너지 못한다. 〔不敢憑河〕
사람들은 하나는 알지만 〔人知其一〕
그 밖의 것들은 알지 못한다. 〔莫知其他〕

두려워서 벌벌 떨며 조심하기를 〔戰戰兢兢〕
마치 깊은 연못에 임한 것같이 하고 〔如臨深淵〕
살얼음 밟듯이 해야 하네. 〔如履薄氷〕

그런데 『논어』 「태백(泰伯)」편에서도 증자(曾子)의 입을 통해 이 말을 들을 수 있다.

결국 두려워하는 마음을 시적으로 잘 표현한 것이라 하겠다.

증자가 위독해지자 문하 제자들을 불러 말했다.

"이불을 걷어내고서 나의 발과 손을 보라. 시경(詩經)에서 말하기를 '두려워서 벌벌 떨며 조심하기를, 마치 깊은 연못에 임한 것같이 하고 살얼음을 밟듯이 하라'라고 했는데, (내 그 뜻에서 크게 벗어나지 않으며 살았기에) 이제야 나는 (형륙이나 신체 훼손을) 면하게 되었다는 것을 알겠도다, 제자들아!"

증자는 이를 군자가 인생을 대하는 태도로 말했지만, 임금으로서는 백성에게 임하는 태도라 할 것이다.

7-18

중니(仲尼-공자)가 양(梁)나라 임금을 뵙자 임금이 중니에게 물었다.

"나는 내 나라를 길이 소유하고 싶고, 여러 성을 얻고 싶고, 백성을 편안케 해 미혹되지 않게 하고 싶고, 선비들을 부림에 있어 그들이 온 힘을 다하게 하고 싶고, 해와 달이 때에 맞게 운행하게 하고 싶고, 빼어난 이들이 스스로 찾아오게 하고 싶고, 관리들이 맡은 바 일을 다 잘하게 하고 싶소. 이를 위해서는 어떻게 하면 되겠소?"

중니가 대답해 말했다.

"제후들이나 천자께서 저에게 묻는 경우는 많았으나 일찍이 임금처럼 저에게 세세한 방법을 묻는 경우는 없었습니다. 그렇지만 모두 다 해낼 수 있는 것들입니다.

제가 듣건대, 두 임금이 서로 친하면 나라를 길이 소유하게 되고, 임금이 은혜를 베풀고 신하들이 충성하면 여러 성을 얻게 되고, 죄 없는 사람을 죽이지 않고 죄인을 풀어주지 않으면 백성이 미혹되지 않고, 또 선비들에게 녹봉과 상을 더 주면 그들은 힘을 다하게 되고, 하늘을 높이고 귀신을 공경하면 해와 달이 때에 맞게 운행하고, 형벌을 잘 집행하면 빼어난 이들이 스스로 찾아오고, 뛰어난 이를 높이고 능력 있는 자를 쓰면 관리들이 맡은 바 일을 다 잘하게 된다고 했습니다."

양나라 임금이 말했다.

"어찌 그렇지 않겠소!"

仲尼見梁君, 梁君問仲尼曰: '吾欲長有國, 吾欲列都之得, 吾欲使民安不惑, 吾欲使士竭其力, 吾欲使日月當時, 吾欲使聖人自來, 吾欲使官府治. 爲之奈何?' 仲尼對曰: '千乘之君, 萬乘之主, 問於丘者多矣, 未嘗有如君問丘之術也, 然而盡可得也. 丘聞之, 兩君相親, 則長有國; 君惠臣忠, 則列都之得; 毋殺不辜, 毋釋罪人, 則民不惑; 益士祿賞, 則竭其力; 尊天敬鬼, 則日月當時; 善爲刑罰, 則聖人自來; 尙賢使能, 則官治.' 梁君曰: '豈有不然哉!'

7-18과 이어지는 7-19에서 공자는 보다 구체적으로 선정(善政)을 베푸는 방법을 말하고 있다.

7-19

자공(子貢)이 (공자에게) 말했다.

"섭공(葉公)이 스승님께 정치에 관해 물었을 때 스승님께서는 '정치는 가까이에 있는 사람은 귀부(歸附)하게 하고 멀리 있는 사람은 스스로 오게 하는 데 달려 있다'라고 하셨고, 노나라 애공(哀公)이 같은 질문을 했을 때 스승님께서는 '정치는 신하를 잘 알아보는 데[論臣=知臣] 달려 있다'라고 하셨으며, 제나라 경공이 같은 질문을 했을 때는 '정치는 재물을 절약하는 데 달려 있다'라고 하셨습니다. 세 임금이 스승님께 정치에 관해 물었을 때 스승님께서 그들에게 응답하신 것이 (이처럼) 다 같지 않았습니다. 그렇다면 정치는 각기 다른 것입니까?"

공자가 말했다.

"무릇 (섭공의 초나라) 형(荊) 땅은 넓고 도회지는 좁으며 백성의 뜻은 흩어져 있다. 그래서 가까이에 있는 사람은 귀부(歸附)하게 하고 멀리 있는 사람은 스스로 오게 하는 데 달려 있다고 말한 것이다. 애공에게는 신하 3명이 있는데, 안으로는 서로 당을 맺어 자기 임금을 미혹시키고 밖으로는 제후들이 보내는 빈객을 막아서 임금의 눈 밝음을 가리고 있다. 그래서 정치는 신하를 잘 알아보는 데 달려 있다고 말한 것이다. 제나라 경공은 누대와 정자를 사치스럽게 꾸미고 원유(苑囿-대궐 내 동산)에서 음란한 짓을 하느라 오관의 즐거움에 푹 빠져 있고 하루아침에 백승(百乘)의 벼슬(-경대부)을 받은 자가 3명이나 된다. 그래서 정치는 재물을 절약하는 데 달려 있다고 말한 것이다.

이 셋이 다 정치이니, 『시경』(「소아(小雅)·사월(四月)」편)에서 '난을 만나 모두 뿔뿔이 흩어지니 이에 어디로 가야 한단 말인가'라고 말하지 않았던가? 이는 사치하고 절약하지 않아서 난이 일어나게 된 것을 마음 아파한 것이다. 또 (「소아·교언(巧言)」편에서) '맡은 직분을 수행하지 않는지라, 왕을 근심스럽게 하네'라고 했으니, 이는 간신이 임금의 총명을 가려서 혼란을 일으키게 된 일을 마음 아파한 것이다. 또 (「대아(大雅)·판(板)」편에서) '혼란한 세상을 만나 재물이 없어졌건만, 우리 백성에게 은혜를 베푸는 사람이 없구나'라고 했으니, 이는 사치하며 재물을 절약하지 않아서 혼란을 일으키게 된 일을 마음 아파한 것이다. 이 세 임금이 하고자 하는 바를 잘 살펴볼 때 정치가 어찌 같을 수 있으랴!"

子貢曰: '葉公問政於夫子, 夫子曰: "政在附近來遠", 魯哀公問政於夫子, 夫子曰: "政在於論臣", 齊景公問政於夫子, 夫子曰: "政在於節用." 三君問政於夫子, 夫子應之不同, 然則政有異乎?' 孔子曰: '夫荊之地廣而都狹, 民有離志焉, 故曰在於附近而來遠. 哀公有臣三人, 內比周以惑其君, 外障諸侯賓客以蔽其明, 故曰政在論臣. 齊景公奢於臺榭, 淫於苑囿, 五官之樂不解, 一旦而賜人百乘之家者三, 故曰政在於節用. 此三者政也. 詩不云乎: "亂離斯瘼, 爰其適歸", 此傷離散以爲亂者也, "匪其止共, 惟(維)王之邛", 此傷姦臣蔽主以爲亂者也, "相(喪)亂蔑資, 曾莫惠我師", 此傷奢侈不節以爲亂者也. 察此三者之所欲, 政其同乎哉!'

7-19에 나오는 세 임금 이야기는 모두 『논어』에도 등장한다. 먼저 「자로(子路)」편이다.

사실 섭공은 임금이 아니다.

섭공이 정치에 관해 묻자 공자가 말했다.
"가까이에 있는 자들은 기뻐하고 멀리 있는 자들은 찾아오게 해야 합니다."

이어서 「위정(爲政)」편에 나오는 애공과의 대화다.

애공이 물었다.

"어떻게 하면 백성이 복종을 하는가?"

공자가 말했다.

"곧은 사람을 뽑아서 쓰고 나머지 굽은 사람들은 그에 맞는 자리에 둔다면 백성이 마음에서 우러나 따를 것이고, 그 반대가 되면 백성은 복종하지 않을 것입니다."

끝으로 제나라 경공과의 대화다.

경공이 공자에게 정치에 관해 묻자 공자가 말했다.

"임금은 임금다워야 하고 신하는 신하다워야 하며 아버지는 아버지다워야 하고 자식은 자식다워야 합니다[君君臣臣父父子子]."

7-20

(전국시대 때) 공의휴(公儀休)가 노나라 재상으로 있을 때, 노나라 임금이 죽으니 좌우 사람들이 문을 닫을 것을 청하자 공의휴가 말했다.

"그만두어라! 나는 못에서 나오는 이익에 대해 세금을 거두지 않았고 몽산(蒙山)에서 나오는 이익에 대해 세금을 거두지 않았으며 가혹한 법령을 반포하지 않았으니, 내 이미 사사로운 욕심을 닫아버렸다. 그런데 어째서 문을 닫는단 말이냐?"

公儀休相魯, 魯君死, 左右請閉門, 公儀休曰: '止! 池淵吾不稅, 蒙山吾

不賦, 苛令吾不布. 吾已閉心矣! 何閉於門哉?'

7-20 이하에서는 인정(仁政)을 펼친 구체적인 사례들이 이어진다.

7-21

자산(子産)이 정(鄭)나라 재상일 때, (정나라 임금) 간공(簡公)이 자산에게 일러 말했다.

"궁중의 일을 밖으로 내지 말고 조정의 일을 안으로 들이지 말라. (내정 차원에서) 무릇 의복이 아름답지 못함과 수레와 말이 잘 꾸며지지 못함과 자녀들이 고결하지 못함은 과인의 추함이요, (외정 차원에서) 국가가 다스려지지 않음과 영토의 경계가 바르지 못함은 그대의 추함이오."

자산이 정나라 재상이 되어 간공이 죽을 때까지, 안으로는 나라에 어지러움이 없었고 밖으로는 제후들이 침략하는 우환이 없었다. 자산은 정사를 받들 때 능력 있는 사람을 가려 뽑아서 부렸다. (예를 들면) 풍간자(馮簡子)는 일을 잘 결단했고, 자태숙(子太叔)은 잘 결단해 글로 잘 꾸몄으며, 공손휘(公孫揮)는 사방 나라가 무엇을 하는지를 잘 알고 그 나라 대부들의 족성(族姓)까지 꿰뚫고 있어서 누가 바뀌고 누가 세워지는지 등을 정확히 판단했으며 외교 문서도 잘 썼고, 비침(裨諶)은 모책(謀策)을 잘 냈다. (아무도 없는) 들판에서 모책을 세우면 잘 들어맞고 (사람들이 북적거리는) 도읍에서는 잘 들어맞지 않았기에 일이 생기면 (자산은) 비침을 수레에 태우고 함께 들판에 가서 모책의 가부를 정하고, 풍간자에게 고해서 결단하고, 공손휘로 하여금 외교 문서를 만들게 하고, 그것이 이뤄지면 마침내 자태숙에게 주어 실행하게 했으니, 이렇게 빈객을 응대했으므로 일을 망치는 경우가 드물었다.

子產相鄭, 簡公謂子產曰: '內政毋出, 外政毋入. 夫衣裘之不美, 車馬之不飾, 子女之不潔, 寡人之醜也; 國家之不治, 封疆之不正, 夫子之醜也.' 子產相鄭, 終簡公之身, 內無國中之亂, 外無諸侯之患也. 子產之從政也, 擇能而使之. 馮簡子善斷事, 子太叔善決而文, 公孫揮知四國之爲而辨於其大夫之族姓, 變而立至, 又善爲辭令, 裨諶善謀, 於野則獲, 於邑則否, 有事乃載裨諶與之適野, 使謀可否, 而告馮簡子斷之, 使公孫揮爲之辭令, 成乃受子太叔行之. 以應對賓客, 是以 鮮有敗事也.

7-21은 적재적소에 사람을 쓰는 일, 즉 그릇에 맞게 사람을 부리는 일[器之=寬]의 대표적인 사례를 보여주고 있다. 외교 사절 대접 하나에도 이렇게 빈틈없이 공력을 다 쏟는 것을 공자는 '경사(敬事)'라고 했는데, 주도면밀하게 일을 한다는 뜻이다. 정자산의 이야기는 압축해서 『논어』「헌문(憲問)」편에 실려 있다.

공자가 말했다.
"(정나라에서) 외교 문서를 만들 때는, 비침이 그 초안을 만들고[草創之] 세숙(世叔)이 검토해 의견을 덧붙였으며[討論之] 행인(=외교관) 자우(子羽)가 더할 것은 더하고 뺄 것은 빼서 가다듬은[修飾之] 뒤에 동리의 자산이 매끄럽게 가다듬었다[潤色之]."

7-22

동안우(董安于)가 진양(晉陽)을 다스릴 때, 건로(蹇老)에게 정치에 관해 물으니 건로가 말했다.

"충성, 믿음, 용감입니다."

동안우가 말했다.

"어떻게 하는 것이 충성입니까?"

"임금에게 충성하는 것입니다."

"어떻게 하는 것이 믿음입니까?"

"백성이 정령(政令)을 믿게 하는 것입니다."

"어떻게 하는 것이 용감입니까?"

"좋지 못한 이들을 제거하는 것이 용감한 것입니다."

동안우가 말했다.

"이 세 가지면 됐습니다."

董安于治晉陽, 問政於蹇老, 蹇老曰: '曰忠·曰信·曰敢.' 董安于曰: '安忠乎?' 曰: '忠於主.' 曰: '安信乎?' 曰: '信於令.' 曰: '安敢乎?' 曰: '敢於不善人.' 董安于曰: '此三者足矣.'

7-22 중에서 두 번째, 즉 백성에게 믿음을 주는 문제는 『논어』「학이(學而)」편에 나오는 다음 말, 즉 "경사이신(敬事而信)"의 '신(信)'과 통한다. 7-21과 연결해서 보면 "일을 주도면밀하게 해서 백성에게 믿음을 주도록 하라"라는 공자의 말이 보다 명확해진다.

7-23

위(魏)나라 문후(文侯)가 서문표(西門豹)를 업(鄴) 땅에 보내 다스리게 하고서 그에게 당부해 말했다.

“반드시 공로를 온전히 해서 이름을 이루고 마땅함을 펴도록 하라.”

표가 말했다.

“감히 여쭙겠습니다. 공로를 온전히 해서 이름을 이루고 마땅함을 펴려면 어찌해야 합니까?”

문후가 말했다.

“그대가 가서 보아라! 이에 어느 읍이든 뛰어나고 호걸스럽고 똑똑하고 박식한 자가 없는 곳이 없을 것이고, 어느 읍이든 다른 사람의 잘못을 들춰내고 다른 사람의 좋은 점을 가리기를 좋아하지 않는 사람이 없을 것이다. (그러니) 가서 반드시 호걸스럽고 뛰어난 이가 누구인지를 물어서 그들과 가까이 지내고 똑똑하고 박식한 자를 찾아서 스승으로 삼으며, 다른 사람의 잘못을 들춰내고 다른 사람의 좋은 점을 가리기를 좋아하는 사람을 찾아서 그들을 잘 살펴라. 단지 소문만 듣고서 일을 처리해서는 안 될 것이니, 무릇 귀로 듣는 것은 눈으로 보는 것만 못하고 눈으로 보는 것은 발로 밟아보는 것만 못하며 발로 밟아보는 것은 손으로 (자세히) 분별하는 것만 못하다. 사람이 처음 벼슬길에 들어서는 것은 어두운 방에 들어가는 것과 같아서 시간이 오래 지날수록 더욱 밝게 보이니, 눈 밝아야 마침내 다스려지고 다스려져야 마침내 일이 행해진다.”

魏文侯使西門豹往治於鄴, 告之曰: ‘必全功成名布義.’ 豹曰: ‘敢問全功成名布義爲之奈何?’ 文侯曰: ‘子往矣! 是無邑不有賢豪辨博者也, 無邑不有好揚人之惡, 蔽人之善者也. 往必問豪賢者, 因而親之; 其辨博者, 因而師之; 問其好揚人之惡, 蔽人之善者, 因而察之. 不可以特聞從事, 夫耳聞之不如目見之, 目見之不如足踐之, 足踐之不如手辨之. 人始入官, 如入晦室, 久而愈明, 明乃治, 治乃行.’

7-23은 『논어』「위령공(衛靈公)」편에 나오는 공자의 말에 대한 상세한 해설이라 할 수 있다.

공자가 말했다.

"많은 사람이 그 사람을 미워하더라도 반드시 (직접) 살펴봐야 하고, 많은 사람이 그 사람을 좋아하더라도 반드시 (직접) 살펴봐야 한다."

이는 또 『논어』에서 늘 강조하는 사이비(似而非), 즉 비슷해 보이지만 실은 그렇지 못한 자를 식별해내는 문제와도 연결된다.

7-24

(춘추시대 노나라 사람이자 공자의 제자인) 복자천(宓子賤)이 선보(單父)를 다스릴 때 거문고나 타면서 몸소 당 아래에 내려오지 않았는데도 선보가 다스려졌다. (공자의 제자) 무마기(巫馬期) 역시 선보를 다스렸는데, 별을 보고 출근을 하고 별이 뜰 때 퇴근해서 밤낮없이 쉬지 않고 몸소 일을 처리하니 선보가 (가까스로) 또한 다스려졌다. 무마기가 복자천에게 그 까닭을 묻자 복자천이 말했다.

"내가 한 것은 남에게 맡겼다고 하는 것이고, 그대가 한 것은 자기 힘에 맡겼다고 하는 것이오. 자기 힘에 맡긴 사람은 본래 피로한 법이고, 남에게 맡긴 사람은 편안하지요."

사람들이 말했다. 복자천은 군자라서 사지를 편안히 하고 눈과 귀를 온전히 하며 심기를 평탄케 하면서도 백관이 다스려졌으니 이는 다스리는 이치에 맡긴 것일 뿐이지만, (반면에) 무마기의 경우는 그렇지 못해서 성정과 일을 피폐하게 하고 교화를 번거롭게 했으니 비록 다스려지기는 했지만 그래도 지극한 경지에는 이르지 못했다.

宓子賤治單父, 彈鳴琴, 身不下堂而單父治. 巫馬期亦治單父, 以星出, 以星入, 日夜不出, 以身親之, 而單父亦治. 巫馬期問其故於宓子賤, 宓子賤曰: '我之謂任人, 子之謂任力; 任力者固勞, 任人者固佚.' 人曰, 宓子賤則君子矣, 佚四肢, 全耳目, 平心氣, 而百官治, 任其數而已矣. 巫馬期則不然, 弊性事情, 勞煩教詔, 雖治猶未至也.

7-24에 나오는 무마기는 『논어』에도 등장하지만, 이곳의 내용과는 상관이 없다. 두 사람의 방식 가운데 복자천의 경우는 위임(委任)의 중요성을 잘 보여주고 있다. 즉 사람만 잘 고르고 나머지는 맡겨두는 것이다. 이는 고스란히 『논어』 「위정(爲政)」편에 나오는 공자의 말과 합치한다.

공자가 말했다.
"정치를 다움으로 하는 것은, 비유하자면 북극성이 자기 자리에 머물러 있으면 뭇별들이 그것에게로 향하는 것과 같다."

이를 좀 더 구체화한 것이 「위령공(衛靈公)」편에 나오는 순임금의 사례다.

공자가 말했다.
"무위(無爲)하면서 다스린 임금은 순임금일 것이다. 무릇 무엇을 했겠는가? 몸을 공손하게 해서 바르게 남면(南面-임금 노릇)했을 뿐이다."

무위는 복자천이 다스리는 방식이다. 복자천 이야기는 다음으로 이어진다.

7-25

공자가 복자천에게 일러 말했다.

"자네가 선보를 다스릴 때 그곳 사람들이 기뻐했다고 하니, 그렇게 할 수 있었던 이유를 나에게 말해보게."

말했다.

"저 부제(不齊)는 그들의 아버지를 제 아버지처럼 대했고 그들의 아들을 제 아들처럼 대했으며, 여러 고아를 구휼하고 상을 당하면 (제가 상을 당한 듯이) 슬퍼했습니다."

공자가 말했다.

"좋기는 하나 작은 일[小節]이라서 소수 백성만 귀부할 것이니 아직은 충분치 못하다."

말했다.

"저는 아버지처럼 섬긴 이가 세 사람이고, 형처럼 섬긴 이가 다섯 사람이며, 벗으로 대한 이가 열 사람입니다."

공자가 말했다.

"아버지처럼 섬긴 이가 세 사람이면 효도[孝]를 가르칠 수 있고, 형처럼 섬긴 이가 다섯이면 공순함[弟=悌]을 가르칠 수 있으며, 벗으로 대한 이가 열 사람이면 배움[學]을 가르칠 수 있다. (그러나) 이는 중간 단계의 일[中節]이라서 중간 단계 백성만 귀부할 것이니 아직은 충분치 못하다."

말했다.

"이 땅 사람들 중에 저보다 뛰어난 이가 다섯 사람이 있었으니, 제가 그들을 섬기자 그들 모두가 저에게 다스리는 방법을 가르쳐주었습니다."

공자가 말했다.

"큰일을 하기를 바란 것이 마침내 바로 여기에 있도다. 옛날에 요순은 자기 몸을 깨끗하게 비우고 낮춰 천하의 일을 듣고 살핌으로써 뛰어난 이가 찾아오게 하는 데 힘썼다. 무릇 뛰어난 이를 들어 쓰는 것은 모든 복 중에서 으뜸이요 신명에 이르는 기틀이다. 네가 다스린 곳이 작도다. 네가 다스린 곳이 컸다면 아마도 요순을 이었을 것이다."

孔子謂宓子賤曰: '子治單父而衆說, 語丘所以爲之者.' 曰: '不齊父其父, 子其子, 恤諸孤而哀喪紀.' 孔子曰: '善小節也, 小民附矣, 猶未足也.' 曰: '不齊也, 所父事者三人, 所兄事者五人, 所友者十一人.' 孔子曰: '父事三人, 可以教孝矣; 兄事五人, 可以教弟矣; 友十一人, 可以教學矣, 中節也, 中民附矣, 猶未足也.' 曰: '此地民有賢於不齊者五人, 不齊事之, 皆教不齊所以治之術.' 孔子曰: '欲其大者, 乃於此在矣. 昔者堯·舜清微其身, 以聽觀天下, 務來賢人, 夫擧賢者, 百福之宗也, 而神明之主也. 不齊之所治者小也. 不齊所治者大, 其與堯·舜繼矣.'

7-25는 효도와 공순함(孝弟)이 어진 정사를 행하는 근본임을 보여줌과 동시에, 자기보다 뛰어난 이를 들어 쓸 때 그 사람이 참으로 임금도 될 수 있는 사람임을 잘 보여주고 있다.

먼저 『논어』 「헌문(憲問)」편이다.

공숙문자(公叔文子)의 가신인 대부 선(僎)이 문자와 더불어서 함께 공직에 나아갔다.

공자가 이를 듣고서 말했다.

"시호를 문(文)이라 할 만하다."

즉 공숙문자의 시호에 문(文)자가 들어갈 수 있었던 것은, 자신의 가신 선이 뛰어난 것을 알고서 나란히 조정에 섰기 때문이라는 말이다. 이어서 「위령공(衛靈公)」편이다.

공자가 말했다.
"장문중(臧文仲)은 그 지위를 도둑질한 자라 할 것이다. 유하혜(柳下惠)가 뛰어나다는 것을 알고서도 더불어 조정에 서지 아니했다."

공자는 장문중과 반대로 처신했던 공숙문자를 높이 평가했다.

7-26

복자천이 선보의 읍재(邑宰)가 되어 공자에게 하직 인사를 하자, 공자가 말했다.

"거슬러서 막아도 안 되고 경솔하게 허락해서도 안 된다. 허락하면 지켜야 할 바를 잃게 되고 거슬러서 막으면 (언로를) 막게 된다. 비유하자면 마치 높은 산과 깊은 연못과 같아서 우러러봐도 다 볼 수가 없고 헤아려봐도 헤아릴 수 없는 것과 같아야 한다."

복자천이 말했다.

"좋은 말씀이니 감히 명을 받들지 않을 수 있겠습니까?"

宓子賤爲單父宰, 辭於夫子, 夫子曰: '毋迎而距也, 毋望(忽妄)而許也; 許之則失守, 距之則閉塞. 譬如高山深淵, 仰之不可極, 度之不可測也.' 子賤曰: '善, 敢不承命乎!'

7-26은 공자의 말로 되어 있지만 『육도(六韜)』에는 태공의 말로 나온다. 대체로 태공의 말로 보이고, 그렇게 보아야 이를 임금이 신하를 대하는 태도로 정확히 해석할 수 있다.

7-27

복자천이 선보 읍재가 되어, 양주(陽晝)를 만나서 말했다.

"그대 역시 나를 보내며 해줄 말이 있는가?"

양주가 말했다.

"나는 어릴 때 미천해서 백성을 다스리는 방법을 알지 못하지만, 낚시하는 법에 두 가지가 있으니 그걸로 그대를 전송하겠네."

자천이 물었다.

"낚시하는 법이란 무언가?"

양주가 말했다.

"무릇 낚싯줄에 미끼를 꿰어서 물에 넣자마자 그것을 무는 것은 양교(陽橋)라는 물고기인데, 그 물고기는 살이 적고 맛도 별로라네. 있는 듯 없는 듯 미끼를 문 듯 물지 않은 듯하는 것은 방어(魴魚)라는 물고기인데, 그 물고기는 살이 두텁고 맛도 좋다네."

복자천이 말했다.

"좋은 말이다."

이렇게 길을 나섰는데, 선보에 이르지도 않았는데 관을 쓰고 수레를 타고서 맞이하는 관리들이 길에 서로 이어져 있으니 자천이 말했다.

"수레를 빨리 몰아라! 수레를 빨리 몰아라!"

저 양주가 말했던 양교 같은 자들이 다 나와 있었던 것이다. 이에 선보에 이르러서 그곳 원로와 뛰어난 이들을 청해 그들과 더불어서 함께 선보를 다스렸다.

宓子賤爲單父宰, 過於陽晝曰: '子亦有以送僕乎?' 陽晝曰: '吾少也賤, 不知治民之術, 有釣道二焉, 請以送子.' 子賤曰: '釣道奈何?' 陽晝曰: '夫投綸錯餌, 迎而吸之者也, 陽橋也, 其爲魚也, 薄而不美; 若存若亡, 若食若不食者, 魴也, 其爲魚也博而厚味.' 宓子賤曰: '善.' 於是 未至單父, 冠蓋迎之者交接於道, 子賤曰: '車驅之, 車驅之.' 夫陽晝之所謂陽橋者至矣, 於是 至單父請其耆老尊賢者而與之共治單父.

7-27은 벼슬을 구해 찾아오는 사람보다는 그 마을에서 존경받는 이들을 구해 다스려야 잘 다스려짐을 말하고 있다. 복자천이 잘 다스릴 수 있었던 이유 중 하나다.

7-28

공자 형의 아들 중에 공멸(孔蔑)이 있었는데, 복자천과 함께 둘 다 벼슬을 하고 있었다. 공자가 공멸을 찾아가 물었다.

"너는 벼슬살이를 한 이후로 무엇을 얻고 무엇을 잃었느냐?"

공멸이 말했다.

"제가 벼슬살이를 한 이후 아직 얻은 것은 없고, 잃은 것은 세 가지입니다. 공무가 마치 옷을 껴입은 듯이 쌓여 있으니 배운 것을 언제 익힐 수 있었겠습니까? 이 때문에 배운 것을 제대로 밝힐 수 없었으니, 이것이 잃어버린 첫 번째입니다. 녹봉이 적어 멀건 죽조차 친척들에게 제대로 줄 수 없었으니, 이 때문에 친척들과 더 멀어졌습니다. 이것이 잃어버린 두 번째입니다. 급히 처리해야 할 공무가 많아서 죽은 이를 조문하고 병든 이를 문안할 수 없었으니, 이 때문에 벗들과 더 멀어졌습니다. 이것이 잃어버린 세 번째입니다."

공자는 기뻐하지 않다가, 다시 자천을 만나보고서 말했다.

"너는 벼슬살이를 한 이후로 무엇을 얻고 무엇을 잃었느냐?"

자천이 말했다.

"제가 벼슬살이를 한 이후 아직 잃은 것은 없고, 얻은 것은 세 가지입니다. 처음에 읽었던 글을 지금은 도리를 밟아 그것을 시행했으니, 이는 배움이 날로 더 밝아진 것입니다. 이것이 얻은 첫 번째입니다. 녹봉이 비록 작지만, 친척들에게 주었으니, 이 때문에 친척들과 더 친해졌습니다. 이것이 얻은 두 번째입니다. 급히 처리해야 할 공무가 많지만, 밤에도 부지런히 하면서 죽은 이를 조문하고 병든 이를 문안했으니, 이 때문에 벗들과 더 친해졌습니다. 이것이 얻은 세 번째입니다."

공자가 자천에 대해 인물평을 하며 말했다.

"군자구나, 이 사람이여! 군자구나, 이 사람이여! 노나라에 군자들이 없었다면 이 사람이 어디에서 이 군자다움을 취했겠는가?"

孔子兄子有孔蔑者, 與宓子賤皆仕, 孔子往過孔蔑, 問之曰: '自子之仕者, 何得何亡?' 孔蔑曰: '自吾仕者未有所得, 而有所亡者三, 曰: 王事若襲, 學焉得習, 以是學不得明也, 所亡者一也. 奉祿少, 饘鬻(전죽)不足及親戚, 親戚益疏矣, 所亡者二也. 公事多急, 不得弔死視病, 是以 朋友益疏矣, 所亡者三也.' 孔子不說, 而復往見子賤曰: '自子之仕, 何得何亡也?' 子賤曰: '自吾之仕, 未有所亡而所得者三: 始誦之文, 今履而行之, 是學日益明也, 所得者一也. 奉祿雖少鬻, 鬻得及親戚, 是以 親戚益親也, 所得者二也. 公事雖急, 夜勤, 弔死視病, 是以 朋友益親也, 所得者三也.' 孔子

謂子賤曰: '君子哉若人! 君子哉若人! 魯無君子也, 斯焉取斯?'

7-28은 먼저 『논어』 「학이(學而)」편에 나오는 첫 문장, 즉 "(옛 좋은 애씀 사례를) 배우고 수시로 익히니 실로 기쁘지 아니한가!"를 음미하게 해준다. 이어 「공야장(公冶長)」편에는 자천과 관련된 마지막 언급이 그대로 나온다.

공자가 자천에 대해 평했다.
"군자구나, 이 사람이여! 노나라에 군자들이 없었다면 이 사람이 어디에서 이 군자다움을 취했겠는가?"

여기서 공자는 그런 군자다움을 배울 수 있었던 것이 그 주변 환경에서부터 비롯되었음을 강조하고 있다.

7-29

안자가 동아(東阿)를 3년 동안 다스렸는데, 경공이 불러서 그를 꾸짖어 말했다.

"나는 그대가 적임자라 여겨 그대로 하여금 동아를 다스리게 했으나 지금 그대가 다스리면서 어지러워졌으니, 그대는 물러나 스스로를 살펴보라. 과인은 장차 그대에게 큰 벌을 내릴 것이다."

안자가 대답해 말했다.

"신이 도리를 바꾸고 일을 행하는 것도 고쳐서 동아를 다스리겠으니, 3년이 지나도 다스려지지 않거든 그때 가서 신을 죽이소서."

경공이 허락했다. 이에 이듬해 회계를 올리자 경공이 맞이해서 축하하며 말했다.

"매우 좋도다! 그대가 동아를 다스림이여!"

안자가 대답해 말했다.

"전에 신이 동아를 다스릴 때는 청탁이 행해지지 않았고 뇌물도 오지 않았으며 못의 물고기로써 가난한 백성을 이롭게 해주었습니다. 이런 때를 맞아 백성 중에 굶주리는 자가 없었는데, 임금께서는 도리어 신에게 죄를 주셨습니다. 그런데 신이 뒤에 동아를 다스릴 때는 청탁이 행해졌고 뇌물도 왔으며 게다가 세금을 더 거두고도 국고 수입은 줄어들었으며 임금의 측근들을 아첨으로 섬기고 못의 물고기는 권문세가에 들어갔습니다. 이런 때를 맞아 백성 중에 굶주리는 자가 반을 넘었는데, 임금께서는 마침내 도리어 신을 맞이해 축하해주셨습니다. 어리석은 신은 더는 동아를 다스릴 수 없으니, 바라건대 사직하고 뛰어난 이를 위해 길을 열어주게 하시기를 바랍니다."

두 번 절하고 즉시 자리를 떠나려 했다. 경공은 마침내 자리에서 내려와 사과하며 말했다.

"그대는 힘써 동아를 다시 다스려주시오. 동아는 그대의 동아이니, 과인은 더는 관여하지 않겠소."

晏子治東阿三年, 景公召而數之曰: '吾以子爲可, 而使子治東阿, 今子治而亂, 子退而自察也. 寡人將加大誅於子.' 晏子對曰: '臣請改道易行而治東阿, 三年不治, 臣請死之.' 景公許之. 於是 明年上計, 景公迎而賀之曰: '甚善矣! 子之治東阿也.' 晏子對曰: '前臣之治東阿也, 屬託不行, 貨賂不至, 陂池之魚, 以利貧民. 當此之時, 民無飢者, 而君反以罪臣. 今臣之後治東阿也, 屬託行, 貨賂至, 並曾賦斂, 倉庫少內, 便事左右, 陂池之魚, 入於權家. 當此之時, 饑者過半矣, 君乃反迎而賀臣. 愚不能復治東阿, 願乞骸骨, 避賢者之路.' 再拜便辟. 景公乃下席而謝之曰: '子強復治東阿. 東阿者, 子之東阿也, 寡人無復與焉.'

7-30

자로가 포(蒲) 땅을 다스리면서 공자를 찾아뵙고 말했다.

"제가 가르침을 받고 싶습니다."

공자가 말했다.

"포에는 장사(壯士)가 많고 또 다스리기가 어렵다. 그러나 내가 너에게 말해주마. 삼감으로써 공손히 하면 용맹한 사람도 두렵게 만들 수 있고, 바른 도리로써 너그럽게 하면 많은 사람을 포용할 수 있으며, 스스로를 깨끗이 해 공손히 하면 윗사람을 제 몸처럼 여길 수 있다."

子路治蒲, 見於孔子曰: '由願受教.' 孔子曰: '蒲多壯士, 又難治也. 然吾語汝, 恭以敬, 可以攝(慴)勇; 寬以正, 可以容衆; 恭以潔, 可以親上.'

7-30에서 공자는 중간 관리로서 잘 다스리는 방법을 말한다. 공(恭)이 두 번 반복되고 있고, 너그럽게 포용할 것을 강조한다. 공자는 중간 관리를 종정자(從政者)라고 했는데, 『논어』「자로(子路)」편에 나오는 다음 말을 보자.

공자가 말했다.

"진실로 그 자신을 바로 한다면(正) 중간 관리로서 정사를 펼침에 있어 무슨 일이 있겠으며, 능히 그 몸을 바로 하지 못한다면 어떻게 다른 사람을 바르게 하겠는가?"

여기서 정(正)은 '관이정'의 정(正)보다는 '공이결'의 결(潔)에 가깝다. 관이정의 정은 정도(正道), 즉 바른 도리에 가깝다고 봐야 한다.

7-31

자공이 신양(信陽) 현령이 되어 공자에게 하직 인사를 하고 떠나려 하자, 공자가 말했다.

"온 힘을 다해 순리대로 하며, 하늘의 때를 따르며, 억지로 빼앗지 말고 치지 말며[無奪無伐], 사납게 대하지 말고 도둑질하지 말라[無暴無盜]."

자공이 말했다.

"저는 어려서부터 군자가 되고자 애썼는데, 군자도 진정 도둑질하는 일이 있습니까?"

공자가 말했다.

"무릇 불초한 자가 뛰어난 이를 치는 것을 '빼앗는다'라고 하고, 뛰어난 이가 불초한 이를 치는 것을 '친다'라고 하며, 명령은 느슨하게 하면서 주살은 서두르는 것을 '사납다'라고 하고, 다른 사람이 잘한 것을 자기 것으로 삼는 것을 '도둑질한다'라고 한다. 군자의 도둑질이 어찌 반드시 재물에만 해당하겠는가?

내가 듣건대 관리된 자의 도리를 아는 자는 법을 받들어 백성을 이롭게 해주고 그 도리를 모르는 자는 법을 굽혀서 백성(의 이익)을 침해한다고 하는데, 이 둘은 다 (백성의) 원망이 생기는 원천이다. 관리가 되어서는 공평함만큼 중요한 것이 없고 재물을 대함에 있어서는 청렴함만큼 중요한 것이 없으니, 공평함과 청렴함을 지키는 사람에 대해서는 공격할 수가 없는 법이다.

다른 사람의 좋은 점을 숨기는 것을 일러 뛰어난 이를 가린다고 하고, 다른 사람의 나쁜 점을 들춰내는 사람을 일러 소인이라고 하며, 안으로 서로 일깨워주지 않으면서 밖으로 서로 비방만 하는 자를 일러 친하게 지내서는 안 되는 사람이라고 한다. 다른 사람의 좋은 점을 말하는 사람은 (스스로) 얻는 바는 있어도 잃는 것은 없으며, 다른 사람의 나쁜 점을 말하는 사람은 얻는 바는 없이 잃는 것만 있다. 그래서 군자는 말을 할 때 조심하는 것이니, (말을 할 때는) 자기를 내세우고 다른 사람을 뒤에 두어서는 안 되며 말을 잘 가려서 하고 (말하는) 입과 (듣는) 귀를 일치시키도록 하라."

子貢爲信陽令, 辭孔子而行, 孔子曰: '力之順之, 因天之時, 無奪無伐, 無暴無盜.' 子貢曰: '賜少而事君子, 君子固有盜者邪!' 孔子曰: '夫以不肖伐賢, 是謂奪也; 以賢伐不肖, 是謂伐也; 緩其令, 急其誅, 是謂暴也; 取人善以自爲己, 是謂盜也. 君子之盜, 豈必當財幣乎? 吾聞之曰: 知爲吏者奉法利民, 不知爲吏者, 枉法以侵民, 此皆怨之所由生也. 臨官莫如平, 臨財莫如廉, 廉平之守, 不可攻也. 匿人之善者, 是謂蔽賢也; 揚人之惡者, 是謂小人也; 不內相教而外相謗者, 是謂不足親也. 言人之善者, 有所得而無所傷也; 言人之惡者, 無所得而有所傷也. 故君子愼言語矣, 毋先己而後人, 擇言出之, 令口如耳.'

7-31은 공적 영역에서의 말하기의 중요성을 지적하고 있다. 이는 『논어』 곳곳에서 공자가 강조했던 내용이기도 하다. 「학이(學而)」편에서 공자는 "일을 할 때는 주도면밀하게 하고 말은 신중하게 하라"라고 했고, 「이인(里仁)」편에서는 "말을 할 때는 어눌하게 하고자 노력하고, 일을 할 때는 주도면밀하게 하라"라고 했다. 이는 임금과 신하 모두에게 해당하는 지침이라 할 수 있다.

7-32

(전국시대 위(魏)나라 사람) 양주(楊朱)가 양왕(梁王)을 뵙고서 천하를 다스리는 것은 손바닥에 물건을 올려놓고 움직이는 것만큼이나 쉽다고 하니, 양왕이 말했다.

"선생은 아내 1명과 첩 1명도 제대로 다스리지 못하고 3무(畝)의 채소밭도 제대로 김매지 못하면서 천하를 다스리는 것은 손바닥에 물건을 올려놓고 움직이는 것만큼이나 쉽다고 하니, 어째서인가?"

양주가 말했다.

"신에게는 그럴 만한 이유가 있습니다. 임금께서는 양 치는 일을 보지 않으셨습니까? 100마리가 무리를 이루고 있어도 다섯 자밖에 안 되는 어린아이에게 막대기를 메고 따르게 해서 동쪽으로 가고 싶으면 동쪽으로 가게 할 수 있고 서쪽으로 가고 싶으면 서쪽으로 가게 할 수 있습니다. (그런데) 임금께서 장차 이 일을 요(堯)임금에게 시켜서 양 1마리를 끌게 하고 순(舜)임금에게 막대기를 메고서 따르게 하신다면 어지러움이 시작될 것입니다. 신이 듣건대 무릇 배를 삼킬 만큼 큰 물고기는 연못에서 헤엄치지 않고, 홍곡(鴻鵠)이 높이 날 때는 썩은 웅덩이 근처에 가지 않습니다. 어째서이겠습니까? 그 뜻이 지극히 원대하기 때문입니다. 황종(黃鍾)과 대려(大呂)는 번잡한 춤에 맞춰 연주할 수 없습니다. 어째서이겠습니까? 그 음절이 느리고 크기 때문입니다. 장차 큰일을 다스리려는 사람은 작은 일을 다스리지 않고 큰 공로를 이루는 사람은 자질구레한 일에 구애되지 않는다고 했으니, 바로 이를 일러 한 말입니다."

楊朱見梁王, 言治天下如運諸掌然, 梁王曰: '先生有一妻一妾不能治, 三畝之園不能芸, 言治天下如運諸手掌何以?' 楊朱曰: '臣有之, 君不見夫牧羊乎. 百羊而群, 使五尺童子荷杖而隨之, 欲東而東, 欲西而西; 君且使堯牽一羊, 舜荷杖而隨之, 則亂之始也. 臣聞之, 夫呑舟之魚不遊淵, 鴻鵠高飛不就汙池, 何則? 其志極遠也. 黃鐘大呂, 不可從繁奏之舞, 何則? 其音疏也. 將治大者不治小, 成大功者不小苛, 此之謂也.'

7-32는 작은 일에 맞는 도리와 큰일에 맞는 도리가 별개임을 (도가 계통의 사상가) 양주의 입을 빌려서 말하고 있다. 이 점은 공자와는 조금 차이가 있다. 공자는 일의 이치를 안다면 크든 작든 다 잘 다스릴 수가 있다고 보았다.

『논어』「팔일(八佾)」편에 나오는 이야기를 보자.

어떤 사람이 체제(禘祭)의 핵심 내용이 무엇이냐고 묻자 공자가 말했다. "알지 못하겠다. 다만 그 핵심 내용을 아는 사람이 천하를 다스린다면, 그것은 여기에다 올려놓고 보는 것과 같을 것이다."
그러면서 손바닥을 가리켰다.

체제사란 천자가 하늘에 올리는 제사다. 제사를 그 격에 맞게 잘 거행할 줄 아는 임금이라면 얼마든지 천하를 잘 다스릴 수 있다는 말이다.

7-33

(춘추시대 초나라 사람) 경차(景差)가 정나라 재상으로 있을 때, 정나라 사람 가운데 겨울에 물을 건넜다가 물 밖으로 나와서 종아리가 시려 떨고 있는 사람이 있었다. 얼마 후에 경차가 그곳을 지나다가 배승(陪乘-함께 수레를 타는 사람)을 내리게 하고서 그를 태운 다음에 자기

의 겉옷을 벗어 덮어주었다.

진(晉)나라 숙향(叔向)이 그것을 듣고서 말했다.

"경자(景子)는 남의 나라 재상이 되었는데, 어찌 앞뒤가 꽉 막혔다고 하지 않겠는가! 내가 듣건대 훌륭한 관리가 재상 자리에 있으면 3개월 안에 도랑을 수리하고 10개월이면 나루와 다리를 완성해서 온갖 동물까지도 발에 물을 적시지 않게 한다고 했는데, 하물며 사람임에랴!"

景差相鄭, 鄭人有冬涉水者, 出而脛寒. 後景差過之, 下陪乘而載之, 覆以上衽. 晉叔向聞之曰: '景子爲人國相, 豈不固哉! 吾聞良吏居之三月而溝渠修, 十月而津梁成, 六畜且不濡足, 而況人乎?'

7-33은 7-32에 이어서 윗자리에 있는 사람이 베풀어야 할 정사가 무엇인지를 보여준다. 즉 경차는 아녀자의 어짊을 행한 데 불과할 뿐 정작 재상다운 정사를 펼치지 못했던 것이다.

7-34

위(魏)나라 문후(文侯)가 이극(李克)에게 물었다.

"나라를 잘 다스리려면 어떻게 해야 하는가?"

대답해 말했다.

"신이 듣건대 나라를 잘 다스리는 도리는, 수고한 사람에게는 밥을 먹여주고 공로가 있는 사람에게는 녹봉을 주며 능력이 있는 사람을 부리되 상을 줘야 할 때는 반드시 실행하고 죄줘야 할 때는 반드시 죄상에 맞게 줘야 합니다."

문후가 말했다.

"나는 상과 벌이 모두 합당했는데도 백성이 따라주지 않는 것은 어째서인가?"

대답해 말했다.

"나라에 아마도 세상을 어지럽히는 백성이 있어서일 것입니다. 신이 듣건대, 세상을 어지럽히는 이런 백성의 녹봉을 빼앗아서 사방의 선비들이 찾아오게 만든다고 했습니다. 그 아버지가 공로가 있어 녹봉을 받는데 그 자식은 아무런 공로도 없이 그것을 먹으며, 외출할 때는 거마를 타고 아름다운 갖옷을 입고서는 그것을 영화로 여기고 집에 들어와서는 각종 악기를 연주하며, 그 자녀들만 즐기면 된다고 여겨서 그 마을의 교화를 어지럽힙니다. 이런 자들에 대해 그 녹봉을 빼앗아 사방의 선비들이 찾아오게 만들어야 합니다. 이를 일러 세상을 어지럽히는 백성의 녹봉을 빼앗는다고 하는 것입니다."

魏文侯問李克曰: '爲國如何?' 對曰: '臣聞爲國之道, 食有勞而祿有功, 使有能而賞必行, 罰必當.' 文侯曰: '吾賞罰皆當而民不與, 何也?' 對曰: '國其有淫民乎. 臣聞之曰: 奪淫民之祿以來四方之士. 其父有功而祿, 其子無功而食之, 出則乘車馬衣美裘以爲榮華, 入則修竽琴·鍾石之聲, 而安其子女之樂, 以亂鄕曲之教, 如此者奪其祿以來四方之士, 此之謂奪淫民也.'

7-34는 다스림의 요체를 이야기하는데 이는 뒤에서도 계속 이어진다. 요체란 곧 신하들을 제대로 쓰고 관리하고 통제하는 것이다. 7-35도 마찬가지 이야기다.

7-35

제나라 환공이 관중에게 물었다.

"나라를 다스릴 때는 무엇을 근심해야 하는가?"

관중이 대답해 말했다.

"무릇 저 사직단 사당에 있는 쥐를 근심해야 합니다."

환공이 말했다.

"무슨 말인가?"

관중이 대답해 말했다.

"사당은 나무를 묶고 흙을 발라서 만드는데, 쥐가 거기에 의탁해서 살고 있습니다. 불로 지지자니 그 나무가 타버릴까 걱정이고 물을 붓자니 바른 흙이 무너질까 걱정이니, 이 쥐를 죽일 수 없는 이유는 그곳이 사당이기 때문입니다. 무릇 나라에도 사당의 쥐와 같은 사람이 있습니다. 임금의 측근들이 이들입니다. 안으로는 임금이 선과 악을 구별할 수 없도록 눈과 귀를 가리고, 밖으로는 백성에게 중한 권력을 팔아먹습니다. 이들을 주살하지 않으면 난을 일으키게 되고 주살하려 하면 이들을 감싸는 임금 뱃속에 들어가 있으니, 이는 실로 나라에 있는 사당의 쥐라 할 것입니다.

술을 파는 사람이 있었는데, 술통 등을 매우 깨끗이 하고서 간판도 매우 길게 내걸었으나 (팔리지를 않아) 술이 쉬어 더는 팔 수 없게 되었습니다. 이에 동네 사람에게 그 이유를 물어보자 동네 사람은 이렇게 말했다고 합니다.

'당신네 개가 사나워서 그렇소. 사람들이 그릇을 갖고 들어가서 술을 사려고 해도 개가 먼저 맞이해서 물려고 하니, 이것이 바로 술이 쉬도록 팔리지 않는 까닭이오.'

무릇 나라에도 사나운 개가 있으니, 권력을 쥐고 있는 권간이 바로 그들입니다. 도리와 학술을 갖춘 선비가 만승의 천자에게 그것을 밝히려 해도 권간이 먼저 맞이해서 물어버리니, 이는 실로 나라에 있는 사나운 개라 할 것입니다. 임금의 측근들이 사당의 쥐가 되고 권간이 사나운 개가 되면 도리와 학술을 갖춘 선비는 쓰이지 못할 것이니, 이것이 나라를 다스릴 때 근심해야 하는 것입니다."

齊桓公問管仲曰: '治國何患?' 管仲對曰: '患夫社鼠.' 桓公曰: '何謂也?' 管仲對曰: '夫社束木而塗之, 鼠因往託焉, 燻之則恐燒其木, 灌之則恐敗其塗, 此鼠所以不可得殺者, 以社故也. 夫國亦有社鼠, 人主左右是也; 內則蔽善惡於君上, 外則賣權重於百姓, 不誅之則爲亂, 誅之則爲人主所案據, 腹而有之, 此亦國之社鼠也. 人有酤酒者, 爲器甚潔淸, 置表甚長而酒酸不售, 問之里人其故, 里人云: "公之狗猛, 人挈器而入, 且酤公酒, 狗迎而噬之, 此酒所以酸不售之故也." 夫國亦有猛狗, 用事者也. 有道術之士, 欲明萬乘之主, 而用事者迎而齕之, 此亦國之猛狗也. 左右爲社鼠, 用事者爲猛狗, 則道術之士不得用矣, 此治國之所患也.'

7-35는 고스란히 『논어』「위정(爲政)」편에 나오는 공자의 말을 풀어낸 것이라 할 수 있다.

(노나라 군주) 애공이 물었다.
"어떻게 하면 백성이 복종하는가?"
공자가 대답했다.
"곧은 사람(直)을 뽑아서 쓰고 나머지 굽은 사람들(枉=曲)을 그에 맞는 자리에 두면 백성은 마음으로부터 우러나서 따를 것이고, 그 반대가 되면 백성은 복종하지 않을 것입니다."

7-36

제후(齊侯-제나라 경공)가 안자(晏子-안영)에게 물었다.

"정사를 할 때는 무엇을 근심해야 하는가?"

대답해 말했다.

"좋은 사람과 나쁜 사람을 분별하지 못하는 것을 근심해야 합니다."

공이 말했다.

"무엇으로 살펴야 하는가?"

대답해 말했다.

"좌우 사람들을 깊이 살펴 가려야 합니다. 좌우 사람들이 좋으면 백성이 각각 자기에게 알맞은 직분을 얻게 되어 좋은 사람과 나쁜 사람이 나뉘게 될 것입니다."

공자가 이를 듣고서 말했다.

"이 말은 믿을 만하다. 좋은 사람이 (조정에) 나아가면 좋지 못한 자들은 들어갈 통로가 없게 되고, 좋지 못한 사람이 나아가면 좋은 사람들은 들어갈 통로가 없게 된다."

齊侯問於晏子曰: '爲政何患?' 對曰: '患善惡之不分.' 公曰: '何以察之?' 對曰: '審擇左右, 左右善, 則百僚各得其所宜而善惡分.' 孔子聞之曰: '此言也信矣, 善進, 則不善無由入矣; 不善進, 則善無由入矣.'

7-35에 이어 7-36에서는 보다 구체적인 방법을 제시하고 있다. 좋다는 것은 마음이 곧다는 것이고, 나쁘다는 것은 마음이 굽었다는 것이다. 굽었다는 말은 사심에 의해 공심이 가려졌다는 뜻이다.

7-37

복고(復槁)라는 작은 나라의 임금이 제나라에 조현하니, (제나라) 환공이 그 나라의 백성 다스리는 실상에 관해 물었다. 복고의 임금은 대답하지 않고 입가를 쓰다듬으면서 옷깃을 여미고 가슴만 누르고 있었다.

환공이 말했다.

"백성과 더불어 즐거움과 괴로움, 굶주림과 추위를 함께했소?"

"무릇 우리 백성은 저를 빼어난 이로 여깁니다. 그래서 말을 하지 않아도 잘 알아듣습니다."

이에 환공은 천금을 예물로 주었다.

復槁之君朝齊, 桓公問治民焉, 復槁之君不對, 而循口操衿抑心. 桓公曰: '與民共甘苦饑寒乎?' '夫以我爲聖人也, 故不用言而諭.' 因禮之千金.

7-37은 백성을 제 몸과 같이 여기는 친민(親民), 맹자식으로 말하면 여민동락(與民同樂)을 말하고 있다. 이어지는 7-38은 그 구체적인 사례다.

7-38

진(晉)나라 문공(文公) 때 적(翟)나라 사람 중에 큰 여우와 무늬가 아름다운 표범 가죽을 바친 자가 있었는데 문공이 한숨을 크게 쉬고 탄식해 말했다.

"큰 여우와 무늬가 아름다운 표범이 무슨 죄가 있겠는가? 좋은 가죽이 죄가 된 것이로다."

대부 난지(欒枝)가 말했다.

"땅이 넓은데도 공평하게 분배하지 않고 재물이 모였는데도 제대로 나눠주지 않으면, 어찌 (그 임금) 홀로 여우나 표범이 당한 죄와 다르겠습니까?"

문공이 말했다.

"좋도다, 그 말이여!"

난지가 말했다.

"땅이 넓은데도 공평하게 분배하지 않으면 백성이 장차 공평하게 분배해달라고 할 것이고, 재물이 모였는데도 제대로 나눠주지 않으면 백성이 장차 그것을 (차지하려고) 다툴 것입니다."

이에 땅을 떼어내 백성에게 나눠주고 재물을 나눠 가난한 자들을 진휼했다.

晉文公時, 翟人有獻封狐·文豹之皮者, 文公喟然嘆曰: '封狐文豹何罪哉? 以其皮爲罪也.' 大夫欒枝曰: '地廣而不平, 財聚而不散, 獨非狐豹之罪乎?' 文公曰: '善哉! 說之.' 欒枝曰: '地廣而不平, 人將平之; 財聚而不散, 人將爭之.' 於是 列(=裂)地以分民, 散財以賑貧.

7-39

진나라 문후(文侯-문공)가 구범(舅犯)에게 정치에 관해 묻자, 구범이 대답해 말했다.

"익힌 음식을 나눠주는 것은 날고기를 나눠주는 것만 못하고, 날고기를 나눠주는 것은 땅을 나눠주는 것만 못합니다. 땅을 쪼개 백성에게 나눠주고 그들의 작록(爵祿)을 더해준다면, 이로 인해 백성은 만일 임금이 땅을 얻을 경우 자신들도 부유해지리라는 것을 알고 임금이 땅을 잃을 경우 자신들도 가난해지리라는 것을 알게 됩니다. 옛말에 스스로 군대에 들어가 용감하게 싸웠다는 것은 바로 이를 일러 한 말입니다."

晉文侯問政於舅犯, 舅犯對曰: '分熟不如分腥, 分腥不如分地. 割以分民而益其爵祿, 是以 上得地而民知富, 上失地而民知貧. 古之所謂致師而戰者, 其此之謂也.'

7-39는 임금이 백성과 함께하는 도리를 구체적으로 제시하고 있다.

7-40

진나라 임금이 사문백(士文伯)에게 물었다.

"3월 초하루에 일식이 있었는데, 과인은 배움이 어둡다. 『시경』(「소아(小雅)·시월지교(十月之交)」편)에 이르기를 '이날에 일식이 있었으니 무슨 좋지 못한 일인가'라고 한 것은 어째서인가?"

대답해 말했다.

"정치를 잘하지 못한 것을 가리킵니다. 나라에 제대로 된 정사가 없고 좋은 사람을 쓰지 않으면 스스로 해와 달의 재앙이라는 견책을 받게 된다는 뜻입니다. 그러니 조심하지 않을 수 없습니다. 정사에는 세 가지가 있을 뿐이니, 첫째는 백성의 뜻을 잘 따르는 것이고 둘째는 사람을 잘 가려서 쓰는 것이며 셋째는 하늘의 때를 잘 따르는 것입니다."

晉侯問於士文伯曰: '三月朔, 日有蝕之, 寡人學惛焉, 詩所謂: "此日而蝕, 于何不臧"者, 何也?' 對曰: '不善政之謂也; 國無政不用善, 則自取謫於日月之災, 故不可不愼也. 政有三而已: 一曰因民, 二曰擇人, 三曰從時.'

7-40은 지금까지 살펴보았던 것들에 대해 중간 정리라 할 수 있다.

7-41

(오나라의 뛰어난 공자인) 연릉계자(延陵季子-계찰(季札))가 진(晉)나라에 유람을 갔는데, 그 국경에 들어서면서 말했다.

"아! 포악하도다, 이 나라여!"

도성에 들어서면서 말했다.

"아! 민력이 고갈되었도다, 이 나라여!"

조정에 들어서면서 말했다.

"아! 어지럽도다, 이 나라여!"

시종하는 사람이 말했다.

"주인께서는 국경에 들어오신 지 얼마 되지도 않았는데, 어찌 그 판단하심이 조금의 의심도 없이 확고하십니까?"

연릉계자가 말했다.

"그렇다. 내가 국경에 들어올 때는 전답이 거칠게 내버려져 있는데도 잡초가 무성하게 높이 자랐으니, 나는 이로써 이 나라가 포악하다는 것을 알아차렸다. 내가 도성에 들어올 때는 새로 지은 집들은 열악한데 옛날에 지은 집들은 아름다웠고 새로 친 담장은 낮은데 옛날에 친 담장은 높았으니, 나는 이로써 이 나라 민력이 고갈되었다는 것을 알아차렸다. 내가 이 나라 조정에 섰을 때는 임금은 신하들을 살피려고만 하고 묻지를 않았으며 신하들은 자기 자랑은 잘하면서 임금에게 간언을 올리지 않았으니, 나는 이로써 이 나라가 어지럽다는 것을 알아차렸다."

延陵季子游於晉, 入其境曰: '嘻, 暴哉國乎!' 入其都曰: '嘻, 力屈哉國乎!' 立其朝曰: '嘻, 亂哉國乎!' 從者曰: '夫子之入境未久也, 何其名之不疑也?' 延陵季子曰: '然, 吾入其境田畝荒穢而不休, 雜增崇高, 吾是以知其國之暴也. 吾入其都, 新室惡而故室美, 新牆卑而故牆高, 吾是以知其民力之屈也. 吾立其朝, 君能視而不下問, 其臣善伐而不上諫, 吾是以知其國之亂也.'

7-41에서는 세 가지 문제를 지적하고 있지만, 실은 임금다움을 잃은 임금과 신하다움을 잃은 신하의 조합에서 나머지 두 가지 문제도 다 생겨난다. 그런 점에서 『논어』 「공야장(公冶長)」편에 나오는 "불치하문(不恥下問)"과 앞서 보았던 안회의 "무불선(無伐善)"을 각각 음미해봐야 한다.

자공이 공자에게 물었다.
"(위나라 대부) 공문자(公文子)에게 문(文)이라는 (좋은) 시호를 내린 이유는 무엇입니까?"
공자가 말했다.
"공문자는 일을 주도면밀하게 하면서 배우기를 좋아했고 아랫사람에게 묻기를 부끄러워하지 않아서[不恥下問] 문(文)이라 일렀다."

안연과 계로(季路-자로)가 시중을 들고 있을 때 공자가 말했다.
"어째서 각자 너희들의 뜻을 말하지 않는가?"
자로가 (먼저) 대답했다.

"저의 바람은 수레와 말, 가벼운 갖옷 입는 것을 친구들과 함께 사용함으로써 해지더라도 유감을 품지 않는 것입니다."

안연이 대답했다.

"저의 바람은 제가 잘한 것이 있어도 자랑하지 않고[無伐善] 제가 공로를 세워도 내세우지 않는 것입니다."

7-42

제(齊)나라가 노(魯)나라보다 못한 까닭은 태공(太公)의 뛰어남이 (주공의 아들이자 노나라의 첫 번째 임금인) 백금(伯禽)만 못했기 때문이다. 백금과 태공이 둘 다 봉지를 받고 각자 봉국에 가서 3년이 되었는데, 태공이 (천자에게) 조현하러 오자 (성왕을 대신해 섭정을 하던) 주공(周公)이 물었다.

"어찌 이렇게 빨리 다스려질 수 있었는가?"

"뛰어난 이를 높이면서 소원한 사람을 우선시하고 친근한 사람은 뒤로했으며, 마땅함을 우선시하고 어짊은 뒤로했습니다."

이는 패자(霸者)의 길이다.

주공이 말했다.

"태공의 은택은 5대까지 미칠 것이다."

5년이 되어 백금이 조현하러 오자, 주공이 물었다. (이에 대답했다.)

"친족들을 제 몸과 같이 여기고, 안을 우선시하고 밖을 뒤로했으며, 어짊을 우선시하고 마땅함을 뒤로했습니다."

이는 왕자(王者-임금다운 임금)의 길이다.

주공이 말했다.

"노공의 은택은 10대까지 미칠 것이다."

그러므로 노나라는 왕도의 자취가 있어 인후(仁厚)했지만 제나라는 패도의 자취가 있어 무사(武事)를 위주로 했다. 제나라가 노나라보다 못한 까닭은 태공의 뛰어남이 백금만 못했기 때문이다.

齊之所以不如魯者. 太公之賢不如伯禽, 伯禽與太公俱受封, 而各之國三年, 太公來朝, 周公問曰: '何治之疾也?' 對曰: '尊賢, 先疏後親, 先義後仁也.' 此霸者之跡也. 周公曰: '太公之澤及五世.' 五年伯禽來朝, 周公問曰: '何治之難?' 對曰: '親親, 先內後外, 先仁後義也.' 此王者之跡也. 周公曰: '魯之澤及十世.' 故魯有王跡者, 仁厚也; 齊有霸跡者, 武政也. 齊之所以不如魯也, 太公之賢不如伯禽也.

7-42는 친친현현(親親賢賢)을 말하고 있다. 중요한 점은 친친이 먼저라는 점이다. 『논어』「옹야(雍也)」편에 나오는 공자의 다음 말은 패도의 나라 제와 왕도의 나라 노를 비교한 것이다.

제나라가 한번 크게 변하면 노나라에 이르고, 노나라가 한번 크게 변하면 도리에 이를 것이다.

이어 「미자(微子)」편에는 주공이 아들 백금을 노나라 임금으로 삼아 내보내면서 친친현현을 당부하는 말이 실려 있다. 순서를 봐도 친친을 현현보다 앞세우고 있음을 알 수 있다.

주공이 아들 노공에게 말했다.
"참된 군주는 그 친척을 버리지 않으며, 대신으로 하여금 써주지 않는 것을 원망하지 않게 하며, 선대왕의 옛 신하들이 큰 문제[大故]가 없는 한 버리지 않으며, 한 사람에게 모든 것이 갖춰져 있기를 바라지 않는다(無求備於一人)."

여기서 무구비어일인(無求備於一人)이란 그릇에 맞게 사람을 쓰는 것(器之)이니, 이를 한 글자로는 '관(寬)'이라고 한다.

7-43

(제나라) 경공이 (궁중) 부인들의 남장을 좋아하자 도성 안 여인들이 모두 그런 복장을 했다.

공이 관리를 시켜 금지케 하면서 말했다.

"여자이면서 남자 옷을 입은 자는 그 옷을 찢어버리고 띠를 잘라 버려라."

이에 옷이 잘리고 띠가 끊어진 자들이 길에 서로 이어질 정도였지만 그치질 않았다. 안자가 경공을 뵈니, 공이 말했다.

"과인이 관리를 시켜 여자이면서 남장하는 것을 금지해서 그 옷을 찢어버리게 하고 그 띠를 잘라버리게 했는데도 서로 이어질 정도로 그치질 않으니, 어째서인가?"

대답해 말했다.

"임금께서는 궁 안에서는 입게 하시고 궁 밖에서는 금지하시니, 이는 마치 문에는 소머리를 걸어놓고 말고기를 파는 것과 같습니다. 공께서는 어찌 궁 안에서 입지 못하게 하지 않으십니까? 그렇게 하시면 궁 밖에서도 감히 남장을 하지 않을 것입니다."

공이 말했다.

"좋다."

궁 안에서 남장을 금하자 한 달도 되지 않아 나라 안에 아무도 남장을 하지 않았다.

景公好婦人而丈夫飾者, 國人盡服之, 公使吏禁之曰: '女子而男子飾者, 裂其衣, 斷其帶.' 裂衣斷帶相望而不止, 晏子見, 公曰: '寡人使吏禁女子而男子飾者, 裂其衣, 斷其帶, 相望而不止者, 何也?' 對曰: '君使服之於內而禁之於外, 猶懸牛首於門而求買馬肉也. 公胡不使內勿服, 則外莫敢爲也.' 公曰: '善!' 使內勿服, 不旋月而國莫之服也.

7-43은 다스림의 출발이 임금 자신임을 보여준다.

7-44

제나라 사람들이 수레바퀴 굴대를 서로 부딪쳐 어느 쪽이 먼저 부서지는가를 보는 놀이를 너무도 좋아해서 금지해도 그치지 않았다. 안자가 이를 근심하더니, 마침내 새로운 수레를 만들고 좋은 말이 끌게 해 몰고 나가서는 남의 수레와 부딪치게 하고서 말했다.

"굴대 박치기는 상서롭지 못하니, 아마도 내가 제사를 잘 지내지 못하고 평소 생활에서 삼가지 못해서 일어난 일인가 보다."

수레에서 내려 그것을 버리고 가버렸다. 그런 다음에야 나라 사람들은 마침내 더는 그 놀이를 할 수 없었다. 그러므로 말한다.

"금지해서 억제하려 해도 자기 자신이 먼저 행하지 않으면 백성은 기꺼이 금지하지 않는다. 그렇기 때문에 (백성) 마음을 교화하는 데는 자기가 직접 보여주는 것보다 좋은 것이 없다."

齊人甚好轂擊相犯以爲樂, 禁之不止. 晏子患之, 乃爲新車良馬出與人相犯也, 曰: '轂擊者不祥, 臣其祭祀不順, 居處不敬乎?' 下車棄而去之, 然後國人乃不爲. 故曰: '禁之以制, 而身不先行也, 民不肯止. 故化其心莫若教也.'

7-44에 있는 마지막 말은 곧 7-43을 이해하는 지침이기도 하다. 7-45와 7-46도 같은 문맥이다.

7-45

노나라 법에 따르면, 노나라 사람 중에서 다른 제후들에게 신첩으로 간 사람을 속환(贖還)할 경우에는 노나라 관부에서 속전을 받게 되어 있었다. 자공이 다른 나라에서 사람을 속환하고 그 속전을 관부에 반납하자, 공자가 이를 듣고서 말했다.

"사(賜-자공 이름)가 잘못을 했다. 빼어난 이가 어떤 일을 일으킬 때는 풍속을 좋게 바꿀 만할 때 그렇게 하고, 백성을 가르쳐 인도할 때는 백성에게 베풀 만할 때 그렇게 하지, 오직 자기 몸에만 맞춰 행하지는 않는다. 지금 노나라에는 부자는 적고 가난한 사람은 많은데, 신첩을 속환하면서 관부의 돈을 받는다면 이는 청렴하지 못한 짓이 되고, 받지 않는다면 뒤에는 더는 속환하는 사람이 없을 것이다. 지금 이후로 노나라 사람들은 더는 속환하지 않을 것이다."

공자는 교화에 통달한 사람이라 할 만하다. 그래서 노자(老子)는 말하기를 "작은 것을 잘 들여다보는 것을 일러 눈 밝다[明]고 한다"라고 했다.

魯國之法, 魯人有贖臣妾於諸侯者, 取金於府; 子貢贖人於諸侯而還其金, 孔子聞之曰: '賜失之矣, 聖人之舉事也, 可以移風易俗, 而教導可施於百姓, 非獨適其身之行也. 今魯國富者寡而貧者衆, 贖而受金則爲不廉; 不受則後莫復贖. 自今以來, 魯人不復贖矣.' 孔子可謂通於化矣. 故老子曰: '見小曰明.'

7-46

공자가 (노나라 실권자인 대부) 계강자(季康子)를 만나려 했으나 강자가 아직 흔쾌해하지 않았는데, 공자가 또 찾아가려 하자 (제자) 재여(宰予)가 말했다.

"제가 듣건대 스승님께 말씀하시기를 '왕공(王公)이 초빙하지 않으면 가지 않는 법이다'라고 하셨습니다. 그런데 우리 스승님께서 사구(司寇)를 만나시려는 것이 조금은 잦은 듯합니다."

공자가 말했다.

"노나라는 무리의 힘을 믿고서 서로 능멸하거나 군사를 믿고서 서로 폭력을 쓴 것이 오래되어도 해당 기관에서는 이를 다스리지 않는다. 나를 초빙해서 다스리는 일보다 무엇이 더 중요하겠느냐?"

이에 노나라 사람들이 듣고서 말했다.

"빼어난 이가 장차 다스리신다면 어찌 스스로 먼저 형벌을 멀리하지 않겠는가?"

이때 이후로 나라에는 다투는 자가 없어졌다. 공자가 제자들에게 일러 말했다.

"산에서 10리를 벗어나도 매미 우는 소리는 오히려 귀에 그대로 남아 있는 법이니, 정사 가운데는 백성이 (스스로) 받아들이게 하는 것보다 나은 것이 없다."

孔子見季康子, 康子未說, 孔子又見之, 宰予曰: '吾聞之夫子曰: "王公不聘不動", 今吾子之見司寇也少數矣.' 孔子曰: '魯國以衆相陵, 以兵相暴之日久矣, 而有司不治, 聘我者孰大乎?' 於是 魯人聞之曰: '聖人將治, 何以不先自遠刑罰乎?' 自是之後, 國無爭者. 孔子謂弟子曰: '違山十里, 蟪蛄之聲猶尚存耳, 政事無如膺之矣.'

7-47

노나라의 옛날 풍속 가운데서는 도리(塗里)의 마을 문 지키기, 나문(羅門)에서 사냥감 나누는 법, 수문(收門)에서 잡은 물고기 나누는 법만이 사리에 맞았다. 이 때문에 공자는 그것을 좋게 여겼다.

도리의 마을 문 지키는 일은, 부유한 집이 가난한 사람을 위해 돈을 냈다. 나문에서 사냥감 나누는 법은, 부모가 있는 사람은 많이 가져가고 부모가 없는 사람은 적게 가져갔다. 수문에서 잡은 물고기 나누는 법은, 부모가 있는 사람은 큰 것을 가져가고 부모가 없는 사람은 작은 것을 가져갔다.

古之魯俗, 塗里之閭, 羅門之羅, 收門之魚, 獨得於禮. 是以 孔子善之. 夫塗里之閭, 富家爲貧者出; 羅門之羅, 有親者取多, 無親者取少; 收門之漁, 有親者取巨, 無親者取小.

7-48

『춘추』에서 말했다.

"(사농공상) 사민이 고르게 되면 왕도가 일어나고 백성이 평안하니, 이른바 사민이란 선비·농민·공인·상인이다. 혼인의 도리가 폐기되면 남녀의 도리가 어그러져서 음란하고 방탕한 길이 열린다."

春秋曰: '四民均則王道興而百姓寧; 所謂四民者, 士·農·工·商也. 婚姻之道廢, 則男女之道悖, 而淫泆之路興矣.'

7-48에서는 정치를 제대로 하는 이치는 결국 백성을 편안케 하는 것〔安民〕임을 밝히고 있다.

권8

존현[尊賢]

뛰어난 이를 높여 대우하는 일

8-1

임금이 천하를 태평하게 다스려서 영예로운 이름을 후세에 드리우고자 한다면 반드시 뛰어난 이를 높이고 선비에게 자신을 낮춰야 한다. 『주역』(익괘(益卦, ䷩) 단전(彖傳))에서 이르기를 "윗사람이 아랫사람에게 자기를 낮추니, 그 도리가 크게 빛난다"라고 했고, 또 (준괘(屯卦, ䷂) 초구(初九) 상전(象傳)에서) 이르기를 "존귀한 자가 미천한 자에게 몸을 낮추면 크게 백성 마음을 얻는다"라고 했다.

무릇 눈 밝은 임금[明王]이 자신의 임금다움을 베풀면서 아랫사람들에게 몸을 낮추면 장차 먼 지역 사람들을 품어주게 되고 가까이에 있는 사람들을 오게 만든다.

무릇 조정에 뛰어난 사람이 없는 것은 마치 기러기나 고니에게 날개가 없는 것과 같아서, 1,000리를 가려는 소망이 있다 하더라도 오히려 그 이르고자 하는 곳에 제대로 이를 수가 없다. 이 때문에 강이나 바다를 건너려는 자는 배에 의탁하고, 먼 길을 가려는 자는 수레에 의탁하며, 패왕이 되려는 자는 뛰어난 이에게 의탁한다. 이윤(伊尹)·여상(呂尙-강태공)·관이오(管夷吾-관중)·백리해(百里奚), 이들은 패왕이 되려는 자들이 탄 배와 수레다. 이들이 부형과 자손을 멀리한 것은 그들을 소원하게 대해서가 아니고, 이들이 요리사·낚시꾼·백정·원수·노예·포로까지도 임용한 것은 그들에게 아첨해서가 아니다. 사직(社稷)을 지키고 공명(功名)을 세우는 도리상 그렇게 하지 않을 수 없었기 때문이다. 이는 마치 큰 목수가 집을 지을 때는 집의 크고 작음을 헤아려서 써야 할 재목을 알고 건축 결과를 예상해서 써야 할 사람 수를 아는 것과 같다. 이 때문에 여상을 초빙하자 천하는 장차 상나라가 망하고 주나라가 왕이 되리라는 것을 알았고, 관이오와 백리해가 임용되자 천하는 제나라와 진나라가 반드시 패자가 되리라는 것을 알았다. 어찌 다만 배와 수레뿐이겠는가? 무릇 왕도와 패도를 이룰 수 있는 것은 분명 사람이 있었기 때문이고, 나라를 망하게 하고 집안을 망치게 하는 것도 분명 사람이 있었기 때문이다. 걸(桀)은 간신(干莘)을 쓰고, 주(紂)는 악래(惡來)를 쓰고, 송(宋)나라는 당앙(唐鞅)을 쓰고, 제(齊)나라는 소진(蘇秦)을 쓰고, 진(秦)나라는 조고(趙高)를 썼으니, 이에 천하는 그 나라들이 장차 망하리라는 것을 알았다.

적임자가 아닌데 공로가 있기를 바라는 것은, 비유하자면 마치 하짓날에 밤이 길기를 바라는 것과 같고 물고기를 잡으면서 하늘에다 쏘아놓고는 작살이 맞기를 바라는 것과 같다. (이렇게 하면) 순임금과 우왕이라도 오히려 실로 곤란을 당할 터인데 하물며 세속의 평범한 임금이야 어떻겠는가!

人君之欲平治天下而垂榮名者, 必尊賢而下士. 易曰: '自上下下, 其道大光', 又曰: '以貴下賤, 大得民也.' 夫明王之施德而下下也, 將懷遠而致近也. 夫朝無賢人, 猶鴻鵠之無羽翼也, 雖有千里之望, 猶不能致其意之所欲至矣. 是故 游江海者託於船, 致遠道者託於乘, 欲霸王者託於賢. 伊尹·呂尙·管夷吾·百里奚, 此霸王之船乘也. 釋父兄與子孫, 非疏之也; 任庖人釣屠與仇讎僕虜, 非阿之也, 持社稷立功名之道, 不得不然也. 猶大匠之爲宮室也, 量小大而知材木矣, 比功效而知人數矣. 是故 呂尙聘而天下知商將亡, 而周之王也; 管夷吾·百里奚任, 而天下知齊秦之必霸也. 豈特船乘哉! 夫成王霸固有人, 亡國破家亦固有人; 桀用于莘, 紂用惡來, 宋用唐鞅, 齊用蘇秦, 秦用趙高, 而天下知其亡也. 非其人而欲有功, 譬其若夏至之日而欲夜之長也, 射魚指天而欲發之當也, 雖舜禹猶亦困, 而又況乎俗主哉!

8-1은 임금이 어떤 공업을 이루기 위해서는 반드시 뛰어난 신하부터

찾아야 함을 말하고 있다. 『논어』「학이(學而)」편에서는 자하(子夏)가 존현(尊賢)의 문제를 말하고 있다. "현현역색(賢賢易色)"이 그것이다. 이는 뛰어난 이를 뛰어나게 대우하기를 마치 여색을 좋아하듯이 그렇게 하라는 말이다. 「자장(子張)」편에서는 자하와 자장이 공자가 죽은 후의 올바른 벗 삼음을 두고 논란을 벌이는 과정에서 자장이 존현(尊賢)을 언급하고 있다.

> 자하의 한 제자가 자장에게 친구 사귐에 관해 물어보자 자장은 먼저 "자하는 뭐라고 하던가?"라고 되물었다. 이에 그 제자가 "스승인 자하께서는 '사귈 만한 자는 사귀고 사귈 만하지 못한 자는 물리치라'라고 했습니다"라고 답하자, 자장은 이렇게 말했다.
> "내가 들은 것과는 다르다. 군자는 뛰어난 이를 높이고[尊賢] 뭇 대중을 포용하며[容衆] 잘하는 이를 아름답게 여기고 능하지 못한 이를 불쌍하게 여기라고 하셨다. 내가 크게 뛰어나다면 남들에 관해 누구인들 용납하지 못할 것이며, 내가 뛰어나지 못하다면 장차 남들이 (먼저) 나를 물리칠 터이니 어떻게 남을 물리칠 수 있겠는가?"

8-2

춘추시대 때, 천자가 미약하니 제후들은 무력으로 서로 정벌하며 모두 (주나라 천자를) 배반하고 조현하지 않았다. 군사가 많은 제후는 적은 제후에게 사납게 굴었고 강한 제후는 약한 제후를 겁박했으며 남쪽 오랑캐와 북쪽 오랑캐가 번갈아 침략하니, 중국의 명운은 마치 한 오라기 실처럼 겨우 끊어지지 않는 꼴이었다.

(제나라) 환공(桓公)이 이에 관중(管仲)·포숙(鮑叔)·습붕(隰朋-습명(隰明))·빈서무(賓胥無)·영척(甯戚)을 써서 망해가던 세 나라를 존속시켜

주고 한 차례 끊어진 왕실을 이어주었으니, 중국을 구제하고 융적을 물리치며 마침내 형만(荊蠻)을 협박함으로써 주나라 왕실을 높이고 제후들을 제패했다.

진(晉)나라 문공(文公)은 구범(咎犯)·선진(先軫)·양처보(陽處父)를 써서 중국을 강하게 하고 강한 초나라를 패퇴시켰으며 제후들을 모아 천자에게 조현함으로써 주나라 왕실을 훤히 드러나게 해주었다.

초(楚)나라 장왕(莊王)은 손숙오(孫叔敖)·사마자반(司馬子反)과 장군 자중(子重)을 써서 진(陳)나라를 정벌하고 정(鄭)나라를 복종시켰으며 강한 진(晉)나라를 꺾으니, 천하에 대적할 나라가 없었다.

진(秦)나라 목공(穆公)은 백리자(百里子)·건숙자(蹇叔子), 왕자 료(廖)와 유여(由余)를 써서 옹주(雍州)를 근거지로 소유하고서 서융(西戎)을 물리쳤다.

오(吳)나라는 연주래계자(延州來季子-계찰)를 써서 익주(益州)를 삼키고 계보(雞父)에서 위엄을 떨쳤다.

정(鄭)나라 희공(僖公)은 부유하기로는 천승의 나라를 소유하고 귀하기로는 제후가 되었으나 바른 도리로 다르지 않고 백성 마음을 고분고분 따르지 않아 신하에게 시해를 당했으니, (이는 다스림에 있어) 뛰어난 이를 얻는 것을 우선시하지 않았기 때문이다. 그러나 간공(簡公) 때 이르러 자산(子産)·비침(裨諶)·세숙(世叔)과 행인 자우(子羽)를 써서 적신(賊臣)을 제거하고 정신(正臣)을 나아오게 함으로써 강한 초나라를 물리치고 중원의 제후들과 연합했으니, 국가가 평안해져서 20여 년 동안 강한 초나라로 인한 우환이 없었다.

그러므로 우(虞)나라에 궁지기(宮之奇)가 있을 때 진(晉)나라 헌공(獻公)은 그로 인해 밤새 잠들지 못했고, 초나라에 자옥득신(子玉得臣)이 있을 때 (진나라) 문공(文公)은 그로 인해 자리를 바로 하고 앉을 수가 없었다. 심원하도다! 뛰어난 이가 어려움을 극복하고 적을 물리침이여! 무릇 송(宋)나라 양공(襄公)은 공자 목이(目夷)의 말을 쓰지 않아서 초나라에 큰 모욕을 당했고, 조(曹)나라는 희부기(僖負羈)의 간언을 쓰지 않아서 융족에게 패배해 죽었다. 그래서 가만히 생각건대, 오시(五始)의 요체와 치란의 실마리는 자기를 깊이 살펴서 뛰어난 이에게 맡기느냐에 달렸다. 국가가 뛰어난 이를 임용하면 길하고 불초한 이를 임용하면 흉하니, 이는 지나간 시대를 고찰하고 현재의 일을 살펴보면 부절이 딱 맞는 것처럼 필연적이다. 이것이 바로 남의 임금 된 자라면 신중하지 않을 수 없음을 보여준다.

국가가 혼란할 때 훌륭한 신하가 나오는 것이니, 노나라가 크게 어지러울 때 계우(季友)라는 뛰어난 이가 나왔다. 희공(僖公)이 즉위해 계우를 임용하자 노나라는 평안함을 찾고 안팎으로 근심이 없어졌는데, 계자가 21년 동안 정사를 행하고서 졸하자 주(邾)나라가 그 남쪽을 치고 제나라가 그 북쪽을 정벌했다. 노나라는 그 근심을 이기지 못하고 장차 초나라에 요청해서 온전함을 유지할 수 있을 뿐이었다. 그러므로 전(傳-『춘추공양전』)에 이르기를 "근심이 생겨나는 것은 반드시 이로부터 시작된다"라고 말했던 것이다. 공자 매(買)는 위(衛)나라를 지키러 가서는 안 되었고, 공자 수(遂)는 임금의 명을 따르지 않고 마음대로 진(晉)나라에 가서 안으로는 신하들에게 침범을 당하고 밖으로는 전쟁으로 인해 곤경을 겪었으니, 모두 국력이 약화되어 일어난 환난이다. 희공의 성품이 21년 동안은 늘 뛰어나다가 뒤에 갑자기 불초하게 변한 것이 아니라, 이는 다만 계자가 살아 있을 때는 유익했다가 죽고 나서는 손실을 초래한 것일 뿐이다.

무릇 뛰어난 이를 얻고 잃음에 따른 유익함과 손실의 결과가 이와 같은데도 임금들이 사람을 쓰는 일에 소홀하니, 심히 가슴 아픈 일이다. 무릇 임금의 지혜가 제대로 뛰어난 이를 알아보지 못한다면 어쩔 수 없는 일이지만, 그런 지혜가 있는데도 강하게 결단하지 못해 오히려 머뭇거리고 쓰지 않는다면 크게는 자기가 죽고 나라를 멸망하며 작게는 어지러워지고 기울게 되니, 심히 슬픈 일이다. 송나라 상공(殤公)이 공보(孔父)의 뛰어남을 몰랐겠는가? (그랬다면) 공보가 죽으면 자기도 반드시 죽는다는 것을 어떻게 알아서 급히 달려가서 그를 구했겠는가? 급히 달려가서 구했다는 사실, 이것은 바로 상공이 그의 뛰어남을 알고 있었다는 뜻이다. 노나라 장공(莊公)이 계자(季子)의 뛰어남을 몰랐겠는가? (그랬다면) 그가 병들어 장차 죽으려 할 때 계자를 불러서 국정을 맡겨야 함을 어떻게 알았겠는가? 그에게 국정을 맡기려 했다는 사실, 이것은 바로 장공이 그의 뛰어남을 알고 있었다는 뜻이다. (다만) 이 두 임금은 능히 뛰어난 이를 알아볼 수 있었음에도 모두 제대로 쓰지 못했다. 그래서 송나라 상공은 살해되어 죽었고, 노나라 장공은 후사가 살해당했다. 만약에 송나라 상공이 일찍 공보에게 (재상 자리를) 맡기고 노나라 장공이 평소에 계자를 썼더라면 장차 마침내 이웃 나라들도 안정시킬 수 있었을 터인데, 하물며 자신을 보존하는 일임에랴!

春秋之時, 天子微弱, 諸侯力政(征), 皆叛不朝; 衆暴寡, 強劫弱, 南夷與北狄交侵, 中國之不絕若線. 桓公於是用管仲·鮑叔·隰朋·賓胥無·甯戚, 三存亡國, 一繼絕世, 救中國, 攘戎狄, 卒脅荊蠻, 以尊周室, 霸諸侯. 晉文公用咎犯·先軫·陽處父, 強中國, 敗強楚, 合諸侯, 朝天子, 以顯周室. 楚莊王用孫叔敖·司馬子反·將軍子重, 征陳從鄭, 敗強晉, 無敵於天下. 秦穆公用百里子·蹇叔子·王子廖及由余, 據有雍州, 攘敗西戎. 吳用延州萊季子, 并翼州, 揚威於雞父. 鄭僖公富有千乘之國, 貴爲諸侯, 治義不順人心, 而取弑於臣者, 不先得賢也, 至簡公用子產·裨諶·世叔·行人子羽, 賊臣除, 正臣進, 去強楚, 合中國, 國家安寧, 二十餘年, 無強楚之患. 故虞有宮之奇, 晉獻公爲之終夜不寐; 楚有子玉得臣, 文公爲之側席而坐, 遠乎賢者之厭難折衝也. 夫宋襄公不用公子目夷之言, 大辱於楚; 曹不用僖負羈之諫, 敗死於戎. 故共惟五始之要, 治亂之端, 在乎審己而任賢也. 國家之任賢而吉, 任不肖而凶, 案往世而視己事, 其必然也, 如合符, 此爲人君者, 不可以不愼也. 國家惛亂而良臣見, 魯國大亂, 季友之賢見, 僖公即位而任季子, 魯國安寧, 外內無憂, 行政二十一年, 季子之卒後, 邾擊其南, 齊伐其北, 魯不勝其患, 將乞師於楚以取全耳. 故傳曰: 患之起必自此始也. 公子買不可使戍衛, 公子遂不聽君命而擅之晉, 內侵於臣下, 外困於兵亂, 弱之患也. 僖公之性, 非前二十一年常賢, 而後乃漸變爲不肖也, 此季子存之所益, 亡之所損也. 夫得賢失賢, 其損益之驗如此, 而人主忽於所用, 甚可疾痛也. 夫智不足以見賢, 無可奈何矣, 若智能見之, 而強不能決, 猶豫不用, 而大者死亡, 小者亂傾, 此甚可悲哀也. 以宋殤公不知孔父之賢乎, 安知孔父死己必死, 趨而救之, 趨而救之者, 是知其賢也. 以魯莊公不知季子之賢乎, 安知疾將死, 召季子而授之國政, 授之國政者, 是知其賢也. 此二君知能見賢而皆不能用, 故宋殤公以殺死, 魯莊公以賊嗣. 使宋殤蚤任孔父, 魯莊素用季子, 乃將靖鄰國, 而況自存乎!

8-2는 『논어』 「안연(顔淵)」편에 나오는 공자의 말 그대로다. 곧은 자를 들어 쓰고 굽은 자를 내치는 것이야말로 바른 정사를 행하는 요체다.

번지(樊遲)가 먼저 어질다는 것(仁)이 무엇이냐고 묻자 공자는 "사람을 사랑하는 것(愛人)"이라고 답했고, 이어 안다는 것(知)은 무엇이냐고 묻자 "사람을 아는 것(知人)"이라고 말했다. 번지가 이 말을 미처 이해하지 못하자, 공자가 말했다.
"곧은 사람을 들어 쓰고 모든 굽은 사람은 제자리에 두면 굽은 자로 하여금 곧아지게 할 수 있다."

번지가 공자 앞을 물러 나와 자하를 찾아가서 물었다.

"지난번에 내가 부자를 뵙고서 안다는 것[知]이 무엇인지 묻자 부자께서는 '곧은 사람을 들어 쓰고 모든 굽은 사람은 제자리에 두면 굽은 자로 하여금 곧아지게 할 수 있다'라고 하셨다. 무엇을 말함인가?"

자하는 이미 공자의 말뜻을 알아차렸다는 듯이 "풍부하도다! 그 말씀이여!"라고 말한 뒤에 구체적인 사례를 들어 번지의 궁금증을 풀어주었다.

"순(舜)임금이 천하를 소유했을 때 여러 사람 중에서 선발해 고요(皐陶)를 들어 쓰시니 어질지 못한 자들이 멀리 사라졌고, 탕(湯)임금이 천하를 소유했을 때 여러 사람 중에서 선발해 이윤(伊尹)을 들어 쓰시니 어질지 못한 자들이 멀리 사라졌다."

8-3

추자(鄒子)가 양(梁)나라 효왕(孝王)에게 유세해서 말했다.

"이윤(伊尹)은 원래 유신씨(有莘氏)의 잉신(媵臣)이었지만, 탕왕(湯王)이 (그를) 세워 삼공(三公)으로 삼으니 천하가 다스려져 태평해졌습니다.

관중은 원래 성양(成陽)의 개도둑에다가 천하에 둘도 없는 용렬한 사내였지만, 제나라 환공은 그를 얻어 중보(仲父)로 삼았습니다.

백리해는 길에서 밥을 빌어먹다가 양 5마리 가죽에 팔렸으나, 진나라 목공이 그에게 정사를 맡겼습니다.

영척은 원래 수레를 몰던 사람으로 수레 끌채를 두드리며 큰길에서 노래나 했지만, 환공이 그에게 정사를 맡겼습니다.

사마희(司馬喜)는 송나라에서 무릎이 잘리는 형벌을 받았으나, 끝내 중산국(中山國) 재상이 되었습니다.

범수(范睢-범저라고도 읽음)는 위(魏)나라에서 갈비뼈와 이빨이 부러지는 박해를 받았으나, 뒤에 응후(應侯)가 되었습니다.

태공망(太公望-강태공 여상)은 원래 늙은 부인으로부터 쫓겨난 사내로서 조가(朝歌)에서 백정 일을 도왔으며 극진(棘津)에서 손님맞이를 담당하던 심부름꾼이었으나, 나이 70세에 주나라 재상이 되고 90세에 제(齊)나라에 봉해졌습니다.

그러므로 『시경』에 이르기를 '끊어질 듯 겨우 이어진 칡덩굴, 넓은 들판에서 자라도다. 좋은 직공 이를 얻어 갈포 마포를 만들었네, 좋은 직공이 얻지 못했으면 들판에서 말라 죽었으리라[枯死]'[011]라고 한 것입니다. 이 일곱 선비는 눈 밝은 임금과 빼어난 군주를 만나지 못했더라면[不遇] 아마도 길에서 빌어먹다가 들판 한복판에서 말라 죽었을 것이니, 비유하자면 마치 '끊어질 듯 겨우 이어진 칡덩굴' 신세였던 것입니다."

鄒子說梁王曰: '伊尹故有莘氏之媵臣也, 湯立以爲三公, 天下之治太平. 管仲故成陽之狗盜也, 天下之庸夫也, 齊桓公得之以爲仲父. 百里奚乞食於路, 傳賣五羊之皮, 秦穆公委之以政. 甯戚故將車人也, 叩轅行歌於康之衢, 桓公任之以國. 司馬喜髕腳於宋, 而卒相中山. 范睢折脅拉齒於魏而後爲應侯. 太公望故老婦之出夫也, 朝歌之屠佐也, 棘津迎客之舍人也, 年七十而相周, 九十而封齊. 故詩曰: "綿綿之葛, 在於曠野, 良工得之, 以爲絺紵, 良工不得, 枯死於野." 此七士者, 不遇明君聖主, 幾行乞丐, 枯死於中野, 譬猶綿綿之葛矣.'

011 지금의 『시경』에는 실려 있지 않다.

8-3은 8-2에 이어 임금이 지녀야 할, 사람을 알아보는 눈〔知人之鑑〕의 중요성을 다양한 사례를 통해 보여준다. 사람을 알아보고 쓰기 위한 첫 출발은 그 사람에게 모든 재주와 다움이 다 갖춰지기를 요구하지 않는 것이다. 그것을 한 글자로는 관(寬), 두 글자로는 기지(器之), 여섯 글자로는 무구비어일인(無求備於一人)이라고 하는데, 모두 다 『논어』에 나오며 같은 뜻이다.

먼저 「팔일(八佾)」편이다.

공자가 말했다.
"윗자리에 있는 사람이 너그럽지 못하고〔不寬〕, 예를 행하는 사람이 삼가지 못하고〔不敬〕, 부모상을 당한 사람이 진정으로 슬퍼하지 않는다면〔不哀〕, 내가 과연 무엇으로써 그 사람됨을 알아보겠는가?"

다음은 「자로(子路)」편이다.

공자가 말했다.
"군자(다운 임금)는 섬기기는 쉬워도 기쁘게 하기는 어려우니, 기쁘게 하기를 도로써 하지 않으면 기뻐하지 아니하고, 사람을 부릴 때는 그 그릇에 맞게 부린다〔器之〕. 소인(같은 임금)은 섬기기는 어려워도 기쁘게 하기는 쉬우니, 기쁘게 하기를 비록 도로써 하지 않아도 기뻐하고, 사람을 부릴 때는 능력이 완비되기를 요구한다〔求備〕."

이를 통해 우리는 '그릇에 맞게 부리다'와 반대되는 말이 '아랫사람에게 능력이 완비되기를 요구하다'임을 알 수 있다.

다음은 「미자(微子)」편이다.

주공이 아들 노공에게 말했다.

"참된 군주는 그 친척을 버리지 않으며, 대신으로 하여금 써주지 않는 것을 원망하지 않게 하며, 선대왕의 옛 신하들이 큰 문제〔大故〕가 없는 한 버리지 않으며, 한 사람에게 모든 것이 갖춰져 있기를 바라지 않는다〔無求備於一人〕."

8-4

눈썹과 속눈썹은 미미하지만 서로 잘 조화를 이루면 안색에서 (아름다운) 모습을 드러내고, 목소리는 (한갓 작은) 바람이지만 느낌이 담기면 사람 마음을 움직인다. 영척이 쇠뿔을 두드리면서 애환이 담긴 노래를 부르고 다니자, 환공이 그것을 듣고서 그를 들어 썼다. 포룡(鮑龍)이 돌 위에 꿇어앉아 「등산(登嵳)」이라는 시를 읊조리자, 공자는 그를 위해 수레에서 내렸다. 요와 순이 서로를 만났을 때 (요는) 하루도 되지 않아 선위를 결심했다. 문왕이 태공을 들어 쓸 때도 오랜 시간이 걸리지 않았다. 그러므로 뛰어난 이나 빼어난 이가 서로 만나게 되면 오래 기다리지 않고 상대를 제 몸과 같이 여기고, 능력이 뛰어난 사람이 서로 만나게 되면 시험해보지 않고서도 상대를 알아본다.

그렇기 때문에 선비가 서로 만나게 될 때는 반드시 함께 재물에 대해 이익을 나눠보고서야 마침내 그의 청렴함을 아는 것이 아니고, 반드시 함께 어려운 일을 겪고 위험한 일을 해결하고서야 마침내 그의 용맹함을 아는 것이 아니다. 일을 갖고 결단하는 것을 보고서 그 사람의 용맹함을 아는 것이고, 주고받음에 사양함이 있는 것을 보고서 그 사람의 청렴함을 아는 것이다. 그래서 호랑이 꼬리를 보면 그것이 살쾡이보다 크다는 것을 알 수 있고 코끼리 어금니를 보면 그것이 소보다 크다는 것을 알 수 있으니, 한 마디를 보면 백 마디를 알 수 있는 것이다. 이로 말미암아 보건대, 이미 본 것을 갖고서 아직 나타나지 않은 것을 미리 알 수 있고, 작은 마디를 보면 실로 충분히 큰 몸체를 미리 알 수 있다.

眉睫之微, 接而形於色; 聲音之風, 感而動乎心. 甯戚擊牛角而商歌, 桓公聞而擧之; 鮑龍跪石而登嶂, 孔子爲之下車; 堯·舜相見不違桑陰, 文王擧太公不以日久. 故賢聖之接也, 不待久而親; 能者之相見也, 不待試而知矣. 故士之接也, 非必與之臨財分貨, 乃知其廉也; 非必與之犯難涉危, 乃知其勇也. 擧事決斷, 是以 知其勇也; 取與有讓, 是以 知其廉也. 故見虎之尾, 而知其大於貍也; 見象之牙, 而知其大於牛也, 一節見則百節知矣. 由此觀之, 以所見可以占未發, 睹小節固足以知大體矣.

8-4는 공자가 늘 강조했던 미뤄 헤아림(推)을 아주 자세하게 풀어내고 있다.

먼저 『논어』 「공야장(公冶長)」편에서는 바로 이 미뤄 헤아림이 공자 제자들 사이의 우열(優劣)을 가리는 잣대임을 보여준다.

공자가 자공에게 물었다.

"너를 안회와 비교할 때 누가 더 낫다고 생각하느냐?"

자공이 대답했다.

"제가 어찌 안회와 비슷하기를 바랄 수 있겠습니까? 안회는 하나를 들으면 열을 아는 사람이고, 저는 하나를 들으면 둘밖에 모르는 사람입니다."

공자가 말했다.

"너는 안회만큼 되지는 않는다. (그러나) 네가 안회만큼 되지 못함을 스스로 인정한 것은 높이 평가한다."

공자가 미뤄 헤아림의 중요성을 보다 직접적으로 말하는 대목은 「술이(述而)」편에 나온다.

공자가 말했다.
"네 귀퉁이가 있는 물건을 갖고서 한 귀퉁이를 들어 보여주었을 때 나머지 세 귀퉁이를 미뤄 알아차리지 못한다면 다시 반복해서 가르쳐주지 않았다."

8-5

우왕(禹王)은 하(夏)나라를 근거로 삼아 천하에서 왕 노릇을 했으나 걸(桀)은 같은 하나라를 갖고서도 망했고, 탕왕(湯王)은 은(殷)나라를 근거로 삼아 천하에서 왕 노릇을 했으나 주(紂)는 같은 은나라를 갖고서도 망했다. 합려(闔廬 또는 闔閭)는 오(吳)나라를 근거로 삼아서 전쟁에서 이겨 천하에 맞설 자가 없었으나 부차(夫差)는 월(越)나라에 사로잡혔고, 문공은 진(晉)나라를 갖고서 패자(霸者)가 되었으나 여공(厲公)은 장려씨(匠麗氏) 집에서 시해당했다. 위왕(威王)은 제(齊)나라를 갖고서 천하에서 가장 강한 나라가 되었으나 민왕(湣王)은 종묘의 들보에 매달려 시해당해 죽었고, 목공(穆公)은 진(秦)나라를 갖고서 이름을 드날리고 명성을 높였지만 2세 황제는 망이궁(望夷宮)에서 겁박당했다.

이들이 군왕이 같았다는 점에서는 같지만, 공로와 행적이 같이 않았던 것은 일을 맡긴 신하들이 달랐기 때문이리라! 이 때문에 (주나라) 성왕(成王)이 포대기에 있으면서 제후들 조현을 받은 것은 주공(周公)이 정사를 맡고 있었기 때문이고, 조(趙)나라 무령왕(武靈王)이 50세에 사구(沙丘)에서 굶어 죽은 것은 이충(李充)에게 일을 맡겼기 때문이다. (제나라) 환공(桓公)이 관중(管仲)을 얻었을 때는 제후들을 규합해 일거에 천하를 바로잡았지만, 관중을 잃고 수조(豎刁)·역아(易牙)에게 일을 맡겨서는 죽은 뒤에 제대로 장례도 치르지 못하고 천하 사람들에게 웃음거리가 되었으니, 한 사람의 몸에 영광과 치욕이 함께 있을 수 있다는 것도 일을 맡긴 신하에 달렸다.

위(魏)나라는 공자 무기(無忌)가 있어 잃었던 땅을 되찾았고, 조나라가 인상여(藺相如)에게 일을 맡기자 진(秦)나라 군대가 감히 나라 밖으로 나오지 못했으며, (위(魏)나라 부용국) 언릉(鄢陵)이 당저(唐雎)에게 일을 맡기자 나라가 홀로 설 수 있었다. 초나라는 신포서(申包胥)가 있어 소왕(昭王)이 임금 자리에 돌아갈 수 있었고, 제나라에는 전단(田單)이 있어 양왕(襄王)이 나라를 되찾을 수 있었다. 이로 말미암아 보건대, 나라에 뛰어난 보좌와 훌륭한 인재가 없는데도 능히 공을 이루고 이름을 세우고 위태로움을 안정시키며 끊어진 대를 다시 잇게 하는 일은 일찍이 없었다. 그러므로 나라는 강대국이 되려는 데 힘써서는 안 되고 백성 마음을 얻는 데 힘써야 하며, 보좌하는 신하의 경우 (그들을) 많이 두는 데 힘써서는 안 되고 뛰어나고 훌륭한 사람을 얻는 데 힘써야 한다.

백성 마음을 얻은 자에게는 백성이 몰려가고, 뛰어난 보좌를 얻은 자에게는 선비들이 귀의한다. (그래서) 문왕이 (주에게) 포락형(炮烙刑)을 없앨 것을 청하자 은나라 백성이 따랐고 탕왕이 (사냥을 할 때) 사방 그물 중에서 삼면에 쳤던 그물을 제거하자 하나라 백성이 따랐으며, 월왕(越王) 구천(句踐)이 오나라 옛 조상 무덤들을 훼손하지 않자 오나라 사람들이 복종했다. 이는 그들의 행위가 백성 마음에 순응했기 때문이다. 그래서 소리가 같으면 있는 곳이 달라도 서로 호응하고 다움이 일치하면 아직 보지 않았는데도 서로를 제 몸처럼 여기는 것이니, 뛰어난 이가 그 나라 조정에 서게 되면 천하 호걸들이 서로를 이끌고서 달려오게 된다. 무엇으로 그렇게 된다는 것을 알 수 있는가? 말하겠다. 관중은 (원래) 환공의 적이었지만 포숙(鮑叔)이 자기보다 (관중이) 더 뛰어나다고 여겨 그를 추천해 재상으로 삼게 했으니, 환공으로 하여금 70마디 말만으로도 기뻐하면서 마침내 자신의 말을 따르게 했으며 드디어 복수하려는 마음을 없애고 국정을 맡기게 했다. 환공이 옷소매를 늘어뜨리고서 두 손을 모은 채 아무 일도 하지 않았는데도 제후들로부터 조현을 받을 수 있었던 것은 포숙의 힘이다. 관중이 환공에게 달려가면서 스스로 위험하다는 생각을 하지 않을 수 있었던 것은 자기와 포숙이 같은 소리를 내는 사람이었기 때문이다.

주(紂)가 비간(比干)을 죽이자 기자(箕子)는 머리를 풀어헤치고 거짓으로 미친 척했고, 진(陳)나라 영공(靈公)이 설야(泄冶)를 죽이자 등원(鄧元)이 진나라를 떠나버렸다. 이후로 은나라는 주나라에 먹혔고 진나라는 초나라에 멸망당했으니, 이는 비간과 설야를 죽이는 바람에 기자와 등원을 잃었기 때문이다. (반대로) 연(燕)나라 소왕(昭王)이 곽외(郭隗)를 얻자 추연(鄒衍)과 악의(樂毅)가 각각 제나라와 조나라에서 찾아왔고 소진(蘇秦)과 굴경(屈景)이 주(周)나라와 초나라에서 찾아왔다. 이에 군자를 일으켜 제나라를 쳐서 민왕(閔王)을 거(莒) 땅에 몰아넣었는데, (사실) 연나라 땅과 백성을 헤아려보면 제나라에 상대가 되지 않았는데도 이처럼 능히 뜻을 펼칠 수 있었던 이유는 좋은 인재들을 얻은 때문이다. 그러므로 늘 안정된 나라도 없고 항상 잘 다스려지는 백성도 없다. 뛰어난 이를 얻으면 안정되고 번창하지만 뛰어난 이를 잃으면 위태로워지고 망하니, 예로부터 지금에 이르기까지 그렇지 않는 경우는 없었다.

밝은 거울은 형체를 비춰주고 지난 역사는 지금을 알게 해준다. 무릇 옛날에 위태로워지고 망한 까닭을 알기 싫어하고 안정되고 번창한 까닭을 따라서 행하는 데 힘쓰지 않는 것은, 뒷걸음질로 앞에 가는 사람을 따라잡으려는 것과 조금도 다를 바 없다. 태공은 이런 이치를 잘 알았다. 그랬기에 미자의 후손을 천거해서 비간 무덤의 봉분을 쌓게 해주었던 것이다. 무릇 빼어난 이는 죽은 사람에 대해서도 오히려 이와 같이 두텁게 해주었는데 하물며 같은 시대에 살아 있는 사람임에랴! 이것만 봐도 태공이 뛰어난 이를 잃지 않았음을 알 수 있다.

禹以夏王, 桀以夏亡; 湯以殷王, 紂以殷亡. 闔廬以吳戰勝無敵於天下, 而夫差以見禽於越; 文公以晉國霸, 而厲公以見弒於匠麗之宮; 威王以齊強於天下, 而湣王以弒死於廟梁; 穆公以秦顯名尊號, 而二世以劫於望夷. 其所以君王者同, 而功跡不等者, 所任異也! 是故 成王處襁褓而朝諸侯, 周公用事也; 趙武靈王五十年而餓死於沙丘, 任李充故也. 桓公得管仲, 九合諸侯, 一匡天下, 失管仲, 任豎刁易牙, 身死不葬, 爲天下笑, 一人之身, 榮辱俱施焉, 在所任也. 故魏有公子無忌, 削地復得; 趙任藺相如, 秦兵不敢出; 鄢陵任唐睢, 國獨特立. 楚有申包胥, 而昭王反位; 齊有田單, 襄王得國. 由此觀之, 國無賢佐俊士, 而能以成功立名, 安危繼絕者, 未嘗有也. 故國不務大而務得民心; 佐不務多, 而務得賢俊. 得民心者民往之, 有賢佐者士歸之, 文王請除炮烙之刑而殷民從; 湯去張網者之三面而夏民從; 越王不隳舊冢而吳人服, 以其所爲之順於民心也. 故聲同則處異而相應, 德合則未見而相親, 賢者立於本朝, 則天下之豪, 相率而趨之矣. 何以知其然也? 曰: 管仲, 桓公之賊也, 鮑叔以爲賢於己而進之爲相, 七十言而說乃聽, 遂使桓公除報讎之心而委國政焉. 桓公垂拱無事而朝諸侯, 鮑叔之力也; 管仲之所以能走桓公無自危之心者, 同聲於鮑叔也. 紂殺王子比干, 箕子被髮而佯狂, 陳靈公殺泄冶而鄧元去陳, 自是之後, 殷兼於周, 陳亡於楚, 以其殺比干·泄冶而失箕子與鄧元也. 燕昭王得郭隗, 而鄒衍·樂毅以齊趙至, 蘇子·屈景以周楚至, 於是舉兵而攻齊, 棲閔王於莒. 燕校地計衆, 非與齊均也, 然所以能信意至於此者, 由得士也. 故無常安之國, 無恒治之民, 得賢者則安昌, 失之者則危亡, 自古及今, 未有不然者也. 明鏡所以昭形也, 往古所以知今也, 夫知惡往古之所以危亡, 而不務襲跡於其所以安昌, 則未有異乎卻走而求逮前人也. 太公知之, 故舉微子之後而封比干之墓, 夫聖人之於死尙如是其厚也, 況當世而生存者乎! 則其弗失可識矣.

8-5의 내용과 관련해서는 『논어』「위령공(衛靈公)」편에 나오는 공자의 말을 살펴보자.

자공이 어짊을 행하는 것(爲仁)에 관해 묻자 공자가 말했다.
"공인이 그 일을 잘하려면 반드시 먼저 그 기구를 예리하게 만들어야 하니, 이 나라에 살면서 대부 가운데서도 뛰어난 자를 섬기고 선비 가운데서도 어진 사람을 벗 삼아야 한다."

이는 곧 임금이 어진 정사를 펼치기 위해서는 무엇보다도 재상부터 잘 골라야 한다는 말이다.

8-6

제나라 경공(景公)이 공자에게 물었다.

"진(秦)나라 목공은 그 나라가 작고 (서쪽의) 궁벽한 곳에 있었는데도 패자(霸者)가 된 것은 어째서인가?"

대답해 말했다.

"그 나라는 작았지만, 뜻은 원대했고 궁벽한 곳에 있었지만, 그 정사가 실상에 적중했습니다.

그는 일을 행하는 것이 과감했고, 그의 모의는 조화를 이뤘으며, 그의 명령은 구차스럽지 않았습니다. 감옥에 있는 오고대부(五羖大夫-백리해)를 몸소 천거해서 함께 3일 동안 이야기를 나누고는 정사를 맡겼습니다. 이런 식으로 천하를 얻는다면 비록 왕자(王者)라도 될 수 있으니, 패자는 작다고 할 것입니다."

齊景公問於孔子曰: '秦穆公其國小, 處僻而霸, 何也?' 對曰: '其國小而志大, 雖處僻而其政中, 其擧果, 其謀和, 其令不偷; 親擧五羖大夫於係縲之中, 與之語三日而授之政. 以此取之, 雖王可也, 霸則小矣.'

8-6의 핵심은 목공이 오고대부 백리해와 3일 동안 이야기를 나눠보고서 그에게 정사를 맡겼다는 사실이다.

8-7

어떤 사람이 말했다.

"장차 환공을 어질고 마땅했다고 할 수 있겠는가? 형을 죽이고 자리에 올랐으니 어질지도 않고 마땅하지도 않다. 장차 환공을 공손하고 검박했다고 할 수 있겠는가? 부인과 함께 수레를 타고 도성 안을 말로 치달렸으니 공손하지도 않고 검박하지도 않다. 장차 환공을 맑고 깨끗했다고 할 수 있겠는가? 규문(閨門-대궐 안방) 안에 정식 혼례를 거친 여인들이 없으니 맑지도 않고 깨끗하지도 않다.

이 세 가지는 나라를 망하게 하고 임금 자리를 잃게 만드는 행위인데도 환공은 이 모두를 가지고 있었다. 그러나 관중과 습붕을 얻어 제후들을 규합함으로써 일거에 천하를 바로잡고 제후들을 모두 주나라 왕실에 조현하게 했으며 오패 중 으뜸이 되었으니, 이는 뛰어난 보좌를 얻었기 때문이다.

관중과 습붕을 잃고 조와 역아에게 일을 맡기게 되니, 자기가 죽은 뒤에 장례조차 제대로 치르지 못했고 벌레가 문밖으로 흘러나왔다. 한 사람 몸에도 영광과 치욕이 함께 있을 수 있는 것은 어째서인가? 그가 일을 맡긴 사람이 달랐기 때문이다."

이로 말미암아 보건대 보좌를 잘 임용하는 일이 가장 시급하다.

或曰: '將謂桓公仁義乎? 殺兄而立, 非仁義也; 將謂桓公恭儉乎? 與婦人同輿, 馳於邑中, 非恭儉也; 將謂桓公淸潔乎? 閨門之內, 無可嫁者, 非淸潔也. 此三者亡國失君之行也, 然而桓公兼有之, 以得管仲隰朋, 九合諸侯, 一匡天下, 畢朝周室, 爲五霸長, 以其得賢佐也. 失管仲隰朋, 任豎刁易牙, 身死不葬, 蟲流出戶. 一人之身, 榮辱俱施者, 何者? 其所任異也.' 由此觀之, 則任佐急矣.

8-7은 앞서 8-5에서 나왔던 "(제나라) 환공(桓公)이 관중(管仲)을 얻었을 때는 제후들을 규합해 일거에 천하를 바로잡았지만, 관중을 잃고 수조(豎刁)·역아(易牙)에게 일을 맡기자 죽은 뒤에 제대로 장례도 치르지 못하고 천하 사람들에게 웃음거리가 되었으니, 한 사람 몸에도 영광과 치욕이 함께 있을 수 있는 것은 일을 맡긴 신하에 달려 있다"라는 부분을 보다 상세하게 풀어낸 것이다.

8-8

주공 단(旦)이 가난한 집에 사는 선비 72명에게 몸을 낮추자 천하 선비들이 모두 다 찾아왔고, 안자(晏子-안영)가 100명과 함께 옷과 음식을 같이하자 역시 천하 선비들이 모두 다 찾아왔다. 그리고 중니(仲尼-공자)가 도리와 행실을 닦고 문장(文章-예악)을 다스리자 역시 천하 선비들이 찾아왔다.

周公旦白屋之士, 所下者七十人, 而天下之士皆至; 晏子所與同衣食者百人, 而天下之士亦至; 仲尼修道行, 理文章, 而天下之士亦至矣.

8-8은 8-1에 나온 다음 문장, 즉 "임금이 천하를 태평하게 다스려 영예로운 이름을 후세에 드리우고자 한다면 반드시 뛰어난 이를 높이고(尊賢) 선비에게 자신을 낮춰야 한다(下士)"의 분명한 사례들이다. 출발은 윗사람의 겸손한 마음과 태도(謙)에서 비롯되는 것이다.

8-9

백아자(伯牙子)가 거문고를 탈 때 종자기(鍾子期)가 그것을 듣고 있었는데, 바야흐로 그 연주의 뜻이 태산에 가 있자 종자기가 말했다.

"좋도다, 거문고 연주여! 높디높아 태산과 같도다!"

잠깐 사이에 백아의 뜻이 흐르는 물에 가 있자, 종자기가 다시 말했다.

"좋도다, 거문고 연주여! 넘실넘실 흐르는 물과 같도다!"

종자기가 죽자 백아는 거문고를 부수고 현을 끊어버리고서는 죽을 때까지 더는 거문고를 연주하지 않았으니, 세상에 거문고를 연주해서 들려줄 만한 사람이 없다고 여긴 때문이다.

거문고 연주만 이러한 것이 아니라 뛰어난 이 또한 그러하다. 비록 뛰어난 이가 있다 하더라도 그를 대접할 수 없다면 뛰어난 이가 어떻게 충직을 다하겠는가? 준마는 스스로 1,000리를 갈 수 없고, 백락(伯樂)을 기다린 뒤에야 갈 수 있는 것이다.

伯牙子鼓琴, 鍾子期聽之, 方鼓而志在太山, 鍾子期曰: '善哉乎鼓琴! 巍巍乎若太山.' 少選之間, 而志在流水, 鍾子期復曰: '善哉乎鼓琴! 湯湯乎若流水.' 鍾子期死, 伯牙破琴絕絃, 終身不復鼓琴, 以爲世無足爲鼓琴者. 非獨鼓琴若此也, 賢者亦然, 雖有賢者而無以接之, 賢者奚由盡忠哉! 驥不自至千里者, 待伯樂而後至也.

8-9는 『논어』 「이인(里仁)」편에 나오는 다음 구절과 연결된다.

공자가 말했다.
"다움(德)은 외롭지 않아 반드시 이웃이 있다."

그런 이웃이 사라지자 백아는 거문고를 부수고 현을 끊어버렸다.

8-10

주나라 위공(威公)이 영자(甯子)에게 물었다.
"선비를 뽑는 데 도리가 있는가?"
대답해 말했다.

"있습니다. 궁한 사람을 현달하게 해주고 망한 사람을 존속하게 해주고 벼슬을 잃고 버려진 사람을 기용하십시오. 그러면 사방의 선비들이 사면에서 찾아올 것입니다. 궁한 사람을 현달하게 해주지 않고 망한 사람을 존속하게 해주지 않고 벼슬을 잃고 버려진 사람을 기용해주지 않는다면, 사방의 선비들이 사면에서 배반할 것입니다. 무릇 성이 견고한데도 스스로 지키지 못하고 무기가 날카로운데도 스스로 보존하지 못하고 선비를 얻었으나 다시 잃게 되는 것은, 반드시 거기에 빈틈이 있기 때문입니다. 무릇 선비가 보존되면 임금은 존귀해지고, 선비가 없어지면 임금은 비천해집니다."

주나라 위공이 말했다.

"선비란 이처럼 한결같이 지중(至重)한가?"

대답해 말했다.

"임금께서는 저 초나라 일을 듣지 못하셨습니까? 초왕에게는 초혜서(楚傒胥)·구부객(丘負客)[012]이라는 선비들이 있었는데 왕이 장차 죽이려 하자 진(晉)나라로 달아났고, 진나라 문공이 그들을 써서 (초나라를) 깨뜨렸으니 이것이 성복(城濮) 전투입니다. 또 초왕에게는 묘분황(苗賁皇)이라는 선비가 있었는데 왕이 장차 죽이려 하자 진나라로 달아났고, 진나라 여공(厲公)이 그를 써서 (초나라를) 깨뜨렸으니 이것이 언릉(鄢陵) 전투입니다. 또 상해우(上解于)라는 선비가 있었는데 왕이 장차 죽이려 하자 진나라로 달아났고, 진나라 임금이 그를 써서 (초나라를) 깨뜨렸으니 이것이 양당(兩棠) 전투입니다. 또 오자서(伍子胥)라는 선비가 있었는데 왕이 그 아버지와 형을 죽이자 오(吳)나라로 달아났고, 오왕 합려가 그를 써서 이에 군대를 일으켜 (초나라 수도)

012 혹은 초혜(楚傒)·서구(胥丘)·부객(負客)으로 읽기도 한다.

영(郢)을 습격했습니다. 초나라는 양(梁)·정(鄭)·송(宋)·위(衛) 네 나라 임금에게 큰 죄를 지었는데도 오히려 갑자기 이런 지경에는 이르지 않았는데, 자기 선비에게 죄를 지은 것으로써 세 번은 백성 해골이 들판에 그대로 드러났고 한 번은 국도(國都)를 잃었습니다. 이로 말미암아 보건대, 선비가 보존되면 나라도 보존되고 선비를 잃으면 나로도 망합니다. 자서가 화를 나자 초나라 국도를 잃게 되었고 신포서가 화를 나자 초나라는 보존될 수 있었으니, 선비를 어찌 귀중하게 여기지 않을 수 있겠습니까!"

周威公問於甯子曰: '取士有道乎?' 對曰: '有, 窮者達之, 亡者存之, 廢者起之; 四方之士, 則四面而至矣. 窮者不達, 亡者不存, 廢者不起; 四方之士, 則四面而畔矣. 夫城固不能自守, 兵利不能自保, 得士而失之, 必有其間, 夫士存則君尊, 士亡則君卑.' 周威公曰: '士壹至如此乎?' 對曰: '君不聞夫楚乎, 王有士曰楚傒胥丘負客, 王將殺之, 出亡之晉; 晉人用之, 是爲城濮之戰. 又有士曰苗賁皇, 王將殺之, 出亡走晉; 晉人用之, 是爲鄢陵之戰. 又有士曰上解于, 王將殺之, 出亡走晉; 晉人用之, 是爲兩棠之戰. 又有士曰伍子胥, 王殺其父兄, 出亡走吳; 闔閭用之, 於是 興師而襲郢. 故楚之大得罪於梁鄭宋衛之君, 猶未遽至于此也, 此四得罪於其士, 三暴其民骨, 一亡其國. 由是觀之, 士存則國存, 士亡則國亡. 子胥怒而亡之, 申包胥怒而存之, 士胡可無貴乎!'

8-10은 인재를 잘 골라 쓰는 문제를 절절하게 드러내고 있다. 이것이 『논어』에서 말하는 임금의 필수 덕목인 '강명(剛明)'이다. 인재를 잘 알아보는 것은 눈 밝음(明)이며, 좋은 신하는 굳게 지키고 나쁜 신하는 조정에 설 수 없도록 굳게 막아내는 것이 바로 굳셈, 즉 한결같음(剛=一)이다.

8-11

(노나라) 애공(哀公)이 공자에게 물었다.

"사람이 어떠해야 취할 만한가?"

공자가 대답해 말했다.

"입을 다물고 있는 사람[拑者=詌者], 탐욕스러운 사람, 말재주에 능한 사람을 써서는 안 됩니다."

애공이 말했다.

"무슨 뜻인가?"

공자가 말했다.

"입을 다물고 있는 사람은 큰 이익을 바라니 끝까지 다 쓸 수가 없고, 탐욕스러운 사람은 반드시 남을 이기려 하니 모범으로 삼을 수 없고, 말재주에 능한 사람은 대부분 하는 말에 실상이 없어 믿음이 적으니 뒤에 그 말이 효험이 없을까 걱정됩니다.

무릇 활과 화살은 서로 조화를 이룬 다음이라야 명중할 수가 있고, 말은 온순하게 잘 길들인 다음이라야 훌륭한 재질이 될 수 있으며, 사람은 반드시 충직하고 신뢰가 있으며 진중하고 두터운 다음이라야 그의 지혜와 능력을 구하게 됩니다. (그런데) 지금 어떤 사람이 충직·신뢰·진중·두터움이 없는데 지혜와 능력이 많다면 이런 사람은 비유컨대 승냥이나 이리와 같다고 할 것이니, 그런 사람과는 몸을 가까이해서는 안 됩니다. 이 때문에 먼저 그가 어짊과 마땅함을 열렬히 하는 사람인지를 본 다음에야 그를 제 몸처럼 여기고, 그러고 나서 그 사람이 지혜와 능력이 있으면 그때 가서 그에게 일을 맡겨야 합니다. 그래서 말하기를 어진 이를 제 몸처럼 여기고 능력 있는 사람을 부리라고 하는 것입니다.

무릇 사람을 취하는 방법은, 먼저 그가 하는 말을 살피고 이어서 그가 행하는 것을 깊이 들여다봐야 합니다. 무릇 말이란 그 가슴속에 있는 것을 펼쳐내는 것이고 그 마음속 실상을 드러내는 것이기 때문입니다. 제대로 그것을 할 수 있는 선비라야 반드시 그 말도 믿을 수가 있습니다. 이 때문에 먼저 그 말을 살피고서 그 사람이 일을 행하는 것을 재봐야 하는 것이니, 무릇 이렇게 말로써 그 사람이 하는 일을 재어본다면 설사 간사한 사람이라 할지라도 자기 속내를 숨길 수 없을 것입니다."

애공이 말했다.

"좋도다."

哀公問於孔子曰: '人若何而可取也?' 孔子對曰: '毋取拑者, 無取健者, 毋取口銳者.' 哀公曰: '何謂也?' 孔子曰: '拑者大給利不可盡用; 健者必欲兼人, 不可以爲法也; 口銳者多誕而寡信, 後恐不驗也. 夫弓矢和調而後求其中焉; 馬愨愿順, 然後求其良材焉; 人必忠信重厚, 然後求其知能焉. 今有人不忠信重厚而多智能, 如此人者, 譬猶豺狼與, 不可以身近也. 是故 先其仁義之誠者, 然後親之; 於是 有知能者, 然後任之; 故曰: 親仁而使能. 夫取人之術也, 觀其言而察其行, 夫言者所以抒其匈而發其情者也, 能行之士必能言之, 是故 先觀其言而揆其行, 夫以言揆其行, 雖有姦軌之人, 無以逃其情矣.' 哀公曰: '善.'

8-11에는 『논어』와 관련되는 구절들이 다수 포함되어 있다. 첫째는 입을 다물고 있는 사람의 문제점이다.

「계씨(季氏)」편이다.

공자가 말했다.

"(아랫사람이) 군자(혹은 군주)를 모심에 있어 세 가지 허물이 있으니, 말쏨이 미치지 않았는데 먼저 말하는 것을 조급함[躁]이라 하고, 말씀이 미쳤는데도 말하지 않는 것을 숨김[隱]이라 하고, 안색을 보지 않고 말하는 것을 눈뜬장님[瞽]이라 한다."

두 번째는 곧 입을 다물고 있는 사람이고 이어서 준마의 문제인데, 이는 「헌문(憲問)」편에 나온다.

공자가 말했다.
"우리가 어떤 말을 준마(駿馬)라고 부르는 것은, 그 힘을 지칭해서가 아니라 그 준마다움[德]을 지칭해서다."

그다음에 공자는 충직·신뢰·진중·두터움을 말했는데 이는 모두 바탕[質]이고, 사리를 아는 지혜와 능력은 애씀[文]이다. 문질(文質)의 문제는 책 뒷부분에서 집중적으로 다루고 있다. 이어 다른 사람의 '말하는 법'과 '일하는 법'을 살피는 문제다. 먼저 「공야장(公冶長)」편이다.

재여가 낮잠을 자자 공자가 말했다.
"썩은 나무는 조각할 수 없고, 거름흙으로 쌓은 담장은 손질할 수 없다. 내 재여에 대해 꾸짖을 것이 있겠는가?"
공자가 말했다.
"내가 원래는 사람에 대해 그의 말을 듣고 나서 그의 행실을 믿었는데 지금은 사람에 대해 그의 말을 듣고는 다시 그의 행실을 살펴보게 되었으니, 나는 재여로 인해 이렇게 고치게 되었다."

썩은 나무나 거름흙은 질(質)이고, 조각이나 손질은 문(文)이다. 끝으로 「위정(爲政)」편에 나오는 '사람을 살펴보는 법'이다.

공자가 말했다.

"(사람을 알고 싶을 경우) 먼저 그 사람이 행하는 바[所以=所行]를 잘 보고[視], 이어 그렇게 하는 까닭이나 이유[所由]를 잘 살피며[觀], 그 사람이 속으로 우러나서 했는지[所安]를 깊이 들여다보라[察]. (이와 같이 한다면) 사람들이 어찌 그 자신을 숨기겠는가? 사람들이 어찌 그 자신을 숨기겠는가?"

8-12

주공이 천자 자리를 대신 지킨 7년 동안에 평민 선비 중에 폐백을 갖고 가서 스승처럼 여긴 이가 12명이었고 궁벽한 거리에서 가난하게 사는 사람 중에 나아가 만나본 이가 49명이었으며, 수시로 좋은 말을 올린 자가 백에 달했고 교화를 갖춘 선비가 천에 달했으며 조정에서 벼슬한 이가 만에 달했다. 이런 때를 맞아 만일 주공이 정말로 교만하고 인색했다면[驕且吝] 천하의 뛰어난 선비 중에서 찾아온 이들이 적었을 것이고, 혹시라도 찾아오는 사람이 있었다 해도 반드시 탐욕스럽고 하는 일 없이 녹봉이나 타 먹으려는[尸祿] 자들이었을 것이다. 이런 시록지신(尸祿之臣)은 임금을 제대로 보전할 수 없다.

周公攝天子位七年, 布衣之士, 執贄所師見者十二人, 窮巷白屋所見者四十九人, 時進善者百人, 教士者千人, 官朝者萬人. 當此之時, 誠使周公驕而且吝, 則天下賢士至者寡矣, 苟有至者, 則必貪而尸祿者也. 尸祿之臣, 不能存君矣.

8-12는 그대로 『논어』「태백(泰伯)」편에 나오는 말과 합치한다.

공자가 말했다.

"만일 주공과 같은 빼어난 재주를 지녔다 하더라도 일을 행함에 있어 교만하고 인색하다면〔驕且吝〕 그 나머지는 족히 살펴볼 것도 없다."

인색함은 다시 '성품으로서의 인색함'과 '일을 행하는 방식으로서의 인색함'으로 구별되는데, 여기서는 후자다. 그래서 관(寬)과 대비되니, 그 뜻은 '아랫사람 한 사람에게 모든 것이 갖춰져 있기를 요구함〔求備於一人〕'이다.

시록(尸祿)은 시위소찬(尸位素餐)이라고도 한다. 제사상의 시동처럼 덩그러니 앉아서 하는 일도 없이 녹봉만 타 먹는다는 말이다.

8-13

제나라 환공이 궁정 뜰에 횃불을 설치해 두고서 선비 중에 찾아와 만나려는 사람을 기다렸으나 1년이 되어도 선비들이 찾아오지 않았다. 이때 동야(東野) 시골 사람으로서 구구법을 갖고서 만나뵈려는 자가 있었다.

환공이 말했다.

"구구법을 한다고 해서 어찌 족히 만나볼 수 있겠는가?"

시골 사람이 대답해 말했다.

"신은 구구법으로써 족히 만나뵐 수 있다고 여긴 것이 아닙니다. 신이 듣건대, 임금께서는 뜰에 횃불을 설치해 두고서 선비들을 기다리셨으나 1년이 지나도록 선비들이 찾아오지 않았다고 했습니다. 무릇 선비가 찾아오지 않은 이유는, 임금께서 천하의 뛰어난 임금이시니 사방의 선비들이 모두 스스로 그 뛰어남에 있어서 임금에게 미칠 수 없다고 여기기 때문에 찾아오지 않는 것입니다. 구구법은 하찮은 재능일 뿐인데도 임금께서 오히려 예우하신다면, 하물며 구구법보다 더 뛰어난 재능을 가진 사람들이야 말할 것도 없을 터입니다. 무릇 태산은 한 덩이 흙, 하나의 돌도 사양하지 않으며 큰 강과 바다는 작은 물도 거절하지 않으니, 이 때문에 그렇게 크게 된 것입니다. 『시경』(「대아(大雅)·판(板)」편)에 이르기를 '옛날의 뛰어난 이들이 말하기를, 꼴 베고 나무하는 이들에게도 물어보라'라고 했으니, 널리 의견을 구하라는 말입니다."

환공이 "좋다"고 하고서 마침내 그를 예우하니, 한 달이 지나자 사방의 선비들이 서로 손을 잡고서 함께 이르렀다. 『시경』(「주송(周頌)·사의(絲衣)」편)에 이르기를 '당에서 문전으로 가고 양에게서 소에게로 가도다'라고 했으니, 안에서 시작해 바깥에 이르고 작은 것에서 시작해 큰 것에 이름을 말한 것이다.

齊桓公設庭燎, 爲士之欲造見者, 期年而士不至, 於是 東野鄙人有以九九之術見者. 桓公曰: '九九何足以見乎?' 鄙人對曰: '臣非以九九爲足以見也. 臣聞主君設庭燎以待士, 期年而士不至, 夫士之所以不至者, 以君天下賢君也; 四方之士, 皆自以爲不及君, 故不至也. 夫九九薄能耳, 而君猶禮之, 況賢於九九者乎? 夫太山不辭壤石, 江海不逆小流, 所以成大也. 詩云: "先民有言, 詢于芻蕘", 言博謀也.' 桓公曰善, 乃因禮之, 期月四方之士, 相攜而並至. 詩曰: '自堂徂基, 自羊徂牛', 言以內及外, 以小及大也.

8-13은 널리 인재를 구하는 방법 한 가지를 소개하고 있다. 이 또한 미뤄 헤아림[推]의 하나다.

8-14

제나라 경공이 송나라를 칠 때, 기제(岐隄) 위에 이르러 높이 올라서는 멀리 바라보면서 크게 한숨을 쉬고 탄식하며 말했다.

"옛날에 우리 선군 환공께서는 장곡(長轂-바퀴통이 긴 수레) 800대로도 제후들을 제패하셨건만 지금 나는 장곡 3,000대로도 감히 이 자리에 오래 서 있을 수 없으니, 어찌 관중 같은 이가 없어서가 아니랴!"

현장(弦章)이 대답해 말했다.

"신이 듣건대, 물이 넓으면 물고기가 크고 임금이 눈 밝으면 신하는 충직하다고 했습니다. 옛날에는 환공이 계셨기에 관중도 있었던 것입니다. 지금 만일 환공이 여기에 계신다면 수레 아래 신하들은 모두 다 관중이었을 것입니다."

齊景公伐宋, 至於岐隄之上, 登高以望, 太息而歎曰: '昔我先君桓公, 長轂八百乘以霸諸侯, 今我長轂三千乘, 而不敢久處於此者, 豈其無管仲歟!' 弦章對曰: '臣聞之, 水廣則魚大, 君明則臣忠. 昔有桓公, 故有管仲; 今桓公在此, 則車下之臣盡管仲也.'

8-14는 전형적인 직간(直諫)이다. 뛰어난 신하를 찾아내는 것은 눈 밝은 임금이라야 가능함을 직간한 것이다.

8-15

(진(晉)나라 대부) 조간자(趙簡子)가 서하(西河)에서 뱃놀이를 하면서

즐기던 중 탄식하며 말했다.

"어떻게 하면 뛰어난 선비를 얻어서 함께할 수 있을까!"

뱃사공 고승(古乘)이 무릎을 꿇고서 대답해 말했다.

"귀한 옥에는 발이 없고 (그것이 나는 곳과) 이곳의 거리가 수천 리인데도 여기까지 올 수 있었던 까닭은 사람들이 그것을 좋아하기 때문입니다. (반면에) 지금 선비들에게는 발이 있는데도 오지 않는 까닭은 바로 우리 주군께서 그들을 좋아하지 않으시기 때문입니다."

조간자가 말했다.

"내 문하 좌우에 빈객이 1,000명인지라 아침밥이 부족해서 저녁에 시장에서 세금을 거두고 저녁밥이 부족해서 아침에 시장에서 세금을 거두니, 이런데도 내가 선비를 좋아하지 않는다고 말할 수 있는가?"

뱃사공 고승이 대답해 말했다.

"큰 기러기와 고니[鴻鵠-큰 인물]가 높이 날아 멀리 갈 때 믿는 것은 여섯 깃촉뿐입니다. 등 위의 털과 배 밑의 솜털 중에는 척촌만큼도 긴 것이 없으니, 그것을 한 줌 가득 뽑아버린다 해서 날아가는 것이 더 낮아지는 것은 아니고 한 줌 가득 더해준다고 해서 날아가는 것이 더 높아지는 것은 아닙니다.

문하 좌우의 빈객 1,000명 중에서 여섯 깃촉과 같은 쓰임새를 지닌 선비가 있는지 모르겠습니다. 아마도 죄다 등 위의 털이나 배 밑의 솜털 같은 사람들일 것입니다."

趙簡子游於西河而樂之, 歎曰: '安得賢士而與處焉!' 舟人古乘跪而對曰: '夫珠玉無足, 去此數千里而所以能來者, 人好之也; 今士有足而不來者, 此是吾君不好之乎!' 趙簡子曰: '吾門左右客千人, 朝食不足, 暮收市征, 暮食不足, 朝收市征. 吾尙可謂不好士乎?' 舟人古乘對曰: '鴻鵠高飛遠翔, 其所恃者六翮也. 背上之毛, 腹下之毳, 無尺寸之數, 去之滿把, 飛不能爲之益卑; 益之滿把, 飛不能爲之益高. 不知門下左右客千人者, 有六翮之用乎? 將盡毛毳也.'

8-15는 8-14와 마찬가지로 직간이다.

8-16

제나라 선왕(宣王)이 옥좌에 앉아 있을 때 순우곤(淳于髡)이 모시고 있었는데, 선왕이 말했다.

"선생은 과인이 무엇을 좋아하는지를 논해보겠소?"

순우곤이 말했다.

"옛날 임금들이 좋아한 것은 네 가지인데, 왕께서 좋아하시는 것은 세 가지입니다."

선왕이 말했다.

"옛날 임금들이 좋아한 것을 과인이 좋아하는 것과 비교하면 어떻소?"

순우곤이 말했다.

"옛날 임금들은 말을 좋아했는데, 왕께서도 말을 좋아하십니다. 옛날 임금들은 맛있는 음식을 좋아했는데, 왕께서도 맛있는 음식을 좋아하십니다. 옛날 임금들은 여색을 좋아했는데, 왕께서도 여색을 좋아하십니다. 옛날 임금들은 좋은 선비들을 좋아했는데, 왕께서는 홀로 선비를 좋아하지 않으십니다."

선왕이 말했다.

"나라에 선비가 없어서일 뿐이지, 만약에 있다면 과인도 그들을 맞이하는 것을 기뻐할 것이오."

순우곤이 말했다.

"옛날에는 화류(驊騮)·기기(騏驥) 같은 준마가 있었지만, 지금은 없는데도 왕께서는 여러 말 중에서 고르고 계시니[選], 말을 좋아하시는 것입니다. 옛날에는 표범이나 코끼리 태반으로 만든 요리가 있었지만, 지금은 없는데도 왕께서는 여러 음식 중에서 맛있는 음식을 고르고 계시니, 맛있는 음식을 좋아하시는 것입니다. 옛날에는 모장(毛廧)·서시(西施) 같은 미녀가 있었지만, 지금은 없는데도 왕께서는 여러 여인 중에서 고르고 계시니, 여색을 좋아하시는 것입니다. (반면) 왕께서는 반드시 요·순·우·탕을 보필했던 선비를 장차 기다린[待] 뒤에야 좋아하신다고 하니, 그렇게 하신다면 요·순·우·탕을 보필했던 선비들도 역시 왕을 좋아하지 않을 것입니다."

선왕은 침묵하고서 응답하지 못했다.

齊宣王坐, 淳于髡侍, 宣王曰: '先生論寡人何好?' 淳于髡曰: '古者所好四, 而王所好三焉.' 宣王曰: '古者所好, 何與寡人所好?' 淳于髡曰: '古者好馬, 王亦好馬; 古者好味, 王亦好味; 古者好色, 王亦好色; 古者好士, 王獨不好士.' 宣王曰: '國無士耳, 有則寡人亦說之矣.' 淳于髡曰: '古者驊騮騏驥, 今無有, 王選於衆, 王好馬矣; 古者有豹象之胎, 今無有, 王選于衆, 王好味矣; 古者有毛廧西施, 今無有, 王選於衆, 王好色矣. 王必將待堯舜禹湯之士而後好之, 則堯舜禹湯之士亦不好王矣.' 宣王嘿然無以應.

8-16은 『논어』 「학이(學而)」편에 나오는 "현현역색(賢賢易色)"을 절절하게 풀어낸 말이다.

이 또한 직간이다.

8-17

위(衛)나라 임금이 전양(田讓)에게 물었다.

"과인이 1,000리 땅을 다 써서 제후를 봉하고 왕실 창고에 있는 비단을 다 내어 상으로 준다고 했건만 선비들이 오지 않는 것은 어째서인가?"

전양이 대답해 말했다.

"임금께서 내리시는 상은 공로로는 미칠 수가 없고 임금께서 가하시는 형벌은 정당한 이치로는 피할 수 없으니, 이는 마치 몽둥이를 들고서 개를 부르고 활시위를 당겨서 닭을 구구하며 부르는 것과 같습니다. 아무리 향기로운 미끼로 부르더라도 능히 찾아오지 않는 것은, 해를 당할 것이 틀림없기 때문입니다."

衛君問於田讓曰: '寡人封侯盡千里之地, 賞賜盡御府繒帛而士不至, 何也?' 田讓對曰: '君之賞賜, 不可以功及也; 君之誅罰, 不可以理避也. 猶舉杖而呼狗, 張弓而祝雞矣. 雖有香餌而不能致者, 害之必也.'

8-17도 선비를 부르는 잘못된 방법에 대한 직간이다.

8-18

종위(宗衛)가 제나라 재상으로 있다가 쫓겨나서 파직을 당해 집으로 돌아와서는 문을 지키는 가신 전요(田饒) 등 27인을 불러서 물었다.

"사대부 중에 누가 능히 나와 함께 다른 제후들에게 가겠는가?"

전요 등은 모두 엎드린 채 대답하지 않았다. 종위가 말했다.

"어찌 사대부들은 얻기는 쉬운데 쓰기는 어려운 것인가!"

요가 대답해 말했다.

"사대부를 쓰기가 어려운 것이 아니라, 이는 주군께서 제대로 쓰지 못하시는 것입니다."

종위가 말했다.

"사대부를 제대로 쓰지 못하는 것은 어째서인가?"

전요가 대답해 말했다.

"부엌에 썩은 고기가 있으면 문하에는 목숨을 걸 선비가 없는 법입니다. 지금 무릇 3되의 양식도 선비에게는 충분치 못하건만, 주군께서는 기러기·오리 고기를 드시고도 곡식이 남아돕니다. 곱고 깨끗한 비단과 꽃무늬 화려한 비단이 마루 난간을 화려하게 꾸몄다가 바람에 날리며 낡아가고 있는데, 선비들은 일찍이 옷 가장자리선도 두르지 못하고 있습니다. 과수원의 배와 밤은 후궁 부인들이 주워서 서로 던지며 놀이는 하는데, 선비들은 일찍이 한 번도 맛을 본 적이 없습니다. 무릇 재물이란 주군께서 가벼이 여기시는 것이고 죽음은 선비가 무겁게 여기는 것입니다. 그런데 주군께서는 가벼이 여기시는 재물을 쓰지 않으면서도 선비들로 하여금 그들이 무겁게 여기는 죽음을 바치게 하려 하시니, 어찌 어렵지 않겠습니까?"

이에 종위는 얼굴에 부끄러운 기색을 나타내다가 뒷걸음으로 자리를 피하면서 사과해 말했다.

"이는 내 잘못이다."

宗衛相齊, 遇逐罷歸舍, 召門尉田饒等二十有七而問焉, 曰: '士大夫誰能與我赴諸侯者乎?' 田饒等皆伏而不對. 宗衛曰: '何士大夫之易得而難用也!' 饒對曰: '非士大夫之難用也, 是君不能用也.' 宗衛曰: '不能用士大夫何若?' 田饒對曰: '廚中有臭肉, 則門下無死士矣. 今夫三升之稷不足於士; 而君雁鶩有餘粟. 紈素綺繡靡麗, 堂楯從風而弊, 而士曾不得以緣衣; 果園梨粟, 後宮婦人摭以相擿, 而士曾不得一嘗, 且夫財者, 君之所輕也; 死者士之所重也, 君不能用所輕之財, 而欲使士致所重之死, 豈不難乎哉?' 於是 宗衛面有慚色, 逡巡避席而謝曰: '此衛之過也.'

8-18은 성품으로서의 인색함[吝]을 비판한 직간이다. 관(寬)도 성품으로서의 뜻을 갖는데, 너그러움이 바로 그것이다. 다음은 『논어』「양화(陽貨)」편에 나오는 공자와 제자 자장 간의 대화다.

자장이 공자에게 어짊[仁]에 관해 물으니, 이에 공자가 말했다.
"다섯 가지를 천하에 능히 행한다면 어짊을 행한다고 할 수 있다."
자장이 그것이 무엇인지를 묻자 공자는 이렇게 말했다.
"공손함[恭], 너그러움[寬], 믿음[信], 주도면밀함[敏], 은혜로움[惠]이다. 공손하면 남들로부터 업신여김을 당하지 않고, 너그러우면 뭇사람들을 얻게 되고[寬則得中], 믿음을 주면 사람들이 따르고, 주도면밀하면 공로가 있게 되고, 은혜로우면 충분히 사람을 부릴 수 있다."

8-19

노나라 애공이 공자에게 물었다.
"당대의 군주 중에서 누가 뛰어난가?"
대답해 말했다.
"위(衛)나라 영공(靈公)입니다."
공이 말했다.

“내가 듣건대, 그의 내실에서는 고모와 누님과 누이가 아무런 구별이 없다고 했소.”

대답해 말했다.

“신은 조정만 살펴보았지 집 안 대청과 섬돌 사이를 살핀 적은 없습니다. 영공의 동생은 공자(公子) 거모(渠牟)라고 하는데, 그의 지혜면 천승의 제후국을 충분히 다스릴 수 있고 그의 신의면 그 나라를 충분히 지킬 수 있어 영공이 그를 아낍니다. 또 왕림(王林)이라는 선비가 있는데, 나라에 뛰어난 사람이 있으면 반드시 벼슬에 나아오게 해서 일을 맡기니 현달하지 않은 이가 없습니다. 현달시키지 못했을 경우에는 자신이 물러나 그 녹봉을 나눠주니, 영공이 그를 높입니다. 또 경족(慶足)이라는 선비가 있는데, 나라에 큰일이 있으면 반드시 나아가 잘 다스려서 성공하지 못하는 경우가 없으니 영공이 그를 좋아합니다. 사추(史鰌)가 위나라를 떠났을 때, 영공은 그의 집에 석 달 동안 묵으면서 거문고를 연주하지 않다가 사추가 나라에 들어오기를 기다린 뒤에야 대궐에 들어왔습니다. 신은 이 때문에 그가 뛰어나다는 것을 압니다.”

魯哀公問於孔子曰: ‘當今之時, 君子誰賢?’ 對曰: ‘衛靈公.’ 公曰: ‘吾聞之, 其閨門之內, 姑姐妹無別.’ 對曰: ‘臣觀於朝廷, 未觀於堂陛之間也. 靈公之弟曰公子渠牟, 其知足以治千乘之國, 其信足以守之, 而靈公愛之. 又有士曰王林, 國有賢人, 必進而任之, 無不達也; 不能達, 退而與分其祿, 而靈公尊之. 又有士曰慶足, 國有大事, 則進而治之, 無不濟也, 而靈公說之. 史鰌去衛, 靈公邸舍三月, 琴瑟不御, 待史鰌之入也而後入, 臣是以知其賢也.’

8-19는 위나라 영공에 대한 인물평이다. 사실 『논어』 「위령공(衛靈公)」

편에서 공자는 영공을 직접 만나기도 했는데, 영공이 진법(陣法)에 관해 묻자 공자는 그가 전쟁에 마음이 있음을 알고 떠나버렸다. 그럼에도 불구하고 공자는 영공을 높이 평가했는데, 「헌문(憲問)」편에 이와 연관된 내용이 나온다.

공자가 위령공의 무도함에 대해 비평하자 계강자가 말했다.

"사정이 이러한데 어찌 그 지위를 잃지 않았는가?"

공자가 말했다.

"중숙어(仲叔圉)가 빈객을 다스리는 외교를 맡아 잘하고 있고 축타(祝鮀)가 종묘를 맡아 잘하고 있으며 왕손가(王孫賈)는 군대를 맡아 잘 다스리고 있으니, 무릇 사정이 이러한데 어찌 그 지위를 잃겠습니까?"

영공은 적재적소에 사람을 쓸 줄 아는 임금이었다. 즉 무구비어일인(無求備於一人)으로서의 관(寬)을 행할 줄 아는 임금이었다는 말이다. 이 점에서는 관중에 대한 공자의 평가와도 통한다. 관중 개인은 거만했지만, 그가 제후들을 규합해서 일거에 천하를 바로잡고 오랑캐의 침입을 막아낸 일은 큰 어짊(大仁)을 실천한 것이라고 극찬했다.

8-20

개자추가 나이 15세에 형(荊-초)나라 재상이 되었는데, 중니가 그것을 듣고는 사람을 시켜 가서 살펴보게 하니 돌아와서 말했다.

"낭(廊-행랑) 아래에 훌륭한 선비가 25명 있었고, 당 위에 노인이 25명 있었습니다."

중니가 말했다.

"25명의 지혜를 합치면 그 지혜는 탕왕이나 무왕보다 지혜로울 것이고, 25명의 힘을 모은다면 그 힘은 팽조(彭祖)보다 나을 것이다. 이렇게 해서 천하를 다스리면 실로 난을 면할 수 있겠도다."

介子推行年十五而相荊, 仲尼聞之, 使人往視之, 還曰: '廊下有二十五俊士, 堂上有二十五老人.' 仲尼曰: '合二十五人之智, 智於湯武; 并二十五人之力, 力於彭祖. 以治天下, 其固免矣乎!'

8-21

공자가 한가로이 머물다가 한숨을 쉬며 탄식해서 말했다.

"동제백화(銅鞮伯華)가 죽지 않았더라면 천하는 이에 안정되었으리라."

자로가 말했다.

"돌이켜보건대 그 사람됨이 어떠했는지 듣고 싶습니다."

공자가 말했다.

"그 사람은 어릴 때는 주도면밀하면서도 배우기를 좋아했고, 장성해서는 용기가 있어 굽히지 않았으며, 나이가 들어서는 도리를 갖추고 있으면서 능히 다른 사람에게 자기를 낮출 수 있었다."

자로가 말했다.

"그가 어릴 때 주도면밀하면서도 배우기를 좋아한 것이나 장성해서 용기가 있어 굽히지 않은 것은 그럴 수 있다지만, 무릇 도리가 있으면서도 누구에게 자기를 낮춘 것입니까?"

공자가 말했다.

"너는 잘 모르는구나. 내가 듣건대 많은 무리를 거느리고 적은 무리를 공격하면 상대를 소멸시키지 않음이 없고, 귀한 사람이 천한 사람에게 몸을 낮추면 무리를 얻지 않음이 없다. 옛날에 주공 단이 천하의 정사를 제어하면서도 선비 70인에게 자기를 낮춘 것이 어찌 도리가 없어서였겠는가? 선비를 얻기 위해서였다. 무릇 도리를 갖추고 있으면서 천하 선비들에게 자기를 낮출 수 있다면 군자일 것이로다!"

孔子閒居, 喟然而歎曰: '銅鞮伯華而無死, 天下其有定矣.' 子路曰: '願聞其爲人也何若.' 孔子曰: '其幼也敏而好學, 其壯也有勇而不屈, 其老也有道而能以下人.' 子路曰: '其幼也敏而好學則可, 其壯也有勇而不屈則可; 夫有道又誰下哉?' 孔子曰: '由不知也. 吾聞之, 以衆攻寡 無不消也; 以貴下賤, 無不得也. 昔在周公旦制天下之政而下士七十人, 豈無道哉? 欲得士之故也. 夫有道而能下於天下之士, 君子乎哉!'

8-21에서는 군자 혹은 군주가 겸손해야 하는 까닭은 '선비를 얻기 위해서'임을 분명히 하고 있다.

8-22

위(魏)나라 문후(文侯)가 중산국(中山國)에서 안읍(安邑)으로 달려가 명을 내릴 때 전자방(田子方)이 따라갔는데, 그때 태자 격(擊)이 전자방을 만나자 수레에서 내려 종종걸음을 했다. 자방은 그대로 수레에 앉아서 태자에게 일러 말했다.

"저를 대신해서 임금에게 청하시어 저를 조가(朝歌)에서 기다리시라고 해주십시오."

태자가 불쾌해하며 그 참에 자방에게 말했다.

"빈궁한 사람이 교만한지 부귀한 사람이 교만한지 잘 모르겠습니다."

자방이 말했다.

"빈궁한 사람이 교만하지, 부귀한 사람이 어찌 감히 교만하겠습니까? 임금이 교만하면 그 나라가 망하니, 저는 아직 나라를 갖고서 망하기를 기다리는 사람을 본 적이 없습니다. 대부가 교만하면 그 집안이 망하니, 저는 아직 집 안을 갖고서 망하기를 기다리는 사람을 본 적이 없습니다. 빈궁한 사람은 뜻대로 되지 않으면 신을 신고 떠나버리니, 어디에 간들 빈궁하지 않을 수 있겠습니까? 빈궁한 사람이 교만하지, 부귀한 사람이 어찌 감히 교만하겠습니까?"

태자가 문후에게 가서 전자방이 했던 말을 전하자 문후는 탄식하며 말했다.

"내 자식의 잘못이 없었더라면 내가 어찌 뛰어난 이의 말을 들을 수 있었겠는가? 나는 자방에게 몸을 낮춰[下] 행동함으로써 그를 벗으로 삼을 수 있었으니, 내가 자방을 벗 삼은 이래로 임금과 신하는 더욱 서로를 제 몸과 같이 여겼고 백성은 더욱 의지해 따랐다. 나는 이 때문에 벗 같은 신하[右士=友臣]를 사귄 공로가 무엇인지를 알고 있다. 내가 중산국을 치고 싶어서 무(武)로써 악양(樂羊)에게 몸을 낮췄더니, 3년 만에 그는 중산국을 나에게 바쳤다. 나는 이 때문에 무사를 벗 삼았을 때의 공로가 무엇인지를 알고 있다. (그렇지만) 내가 여기서 조금도 더 나아가지 못한 까닭은, 나는 아직 지혜로 나에게 교만을 부리는 자를 만나지 못했기 때문이다. 만약에 지혜로 나에게 교만을 부리는 자를 만난다면 어찌 옛 뛰어난 군왕에게 미치지 못하랴!"

魏文侯從中山奔命安邑, 田子方從, 太子擊遇之, 下車而趨. 子方坐乘如故, 告太子曰: '爲我請君, 待我朝歌.' 太子不說, 因爲子方曰: '不識貧窮者驕人乎, 富貴者驕人乎?' 子方曰: '貧窮者驕人, 富貴者安敢驕人, 人主驕人而亡其國, 吾未見以國待亡者也; 大夫驕人而亡其家, 吾未見以家待亡者也. 貧窮者若不得意, 納履而去, 安往而不得貧窮乎? 貧窮者驕人, 富貴者安敢驕人.' 太子及文侯道田子方之語, 文侯歎曰: '微吾子之故, 吾安得聞賢人之言, 吾下子方以行, 得而友之. 自吾友子方也, 君臣益親, 百姓益附, 吾是以知友士之功; 我欲伐中山, 吾以武下樂羊, 三年而中山爲獻於我, 我是以知友武之功. 吾所以不少進於此者, 吾未見以智驕我者也; 若得以智驕我者, 豈不及古之人乎?'

8-22는 위 문후가 벗 같은 신하는 얻었지만, 도리를 열어줄 스승 같은 신하(師臣)를 만나지 못해서 안타까워하는 것을 잘 보여준다. 사신(師臣), 우신(友臣), 예신(隷臣)에 대해서는 앞에서 살펴본 바 있다. 빈자와 부자의 교만 문제에 대해 공자도 『논어』「학이(學而)」편에서 다음과 같이 언급했다.

자공이 말했다.
"가난하지만 비굴하게 아첨을 하지 않는 자와 부유하지만 교만(驕)하지 않는 자는 어떠합니까?"
공자가 말했다.
"그것도 좋다. 하나 가난하지만, 즐거이 살 줄 아는 자와 부유하지만, 예를 좋아하는 자에는 비할 바가 못 된다."
자공이 말했다.
"『시경』에 '잘라내 문지르듯, 갈듯, 쪼고 다듬듯, 그리고 또 갈듯'이라 했으니, 바로 스승님께서 말씀하시려는 바를 말한 것입니다."
공자가 말했다.

"사(賜)야! 비로소 (너와) 더불어 시를 말할 수 있게 되었구나! 이미 지나간 것을 일깨워주자 앞으로 올 것도 아는구나!"

자공은 곧 절차탁마(切磋琢磨)를 말하고 있다. 그것은 곧 즐거이 살 줄 알고 예를 좋아하는 것으로, 한마디로 문(文)이다. 그랬더니 공자는 자공이 미뤄 헤아릴[推] 줄 안다는 것을 그대로 인정해주었다.

8-23

진(晉)나라 문후(文侯-문공)가 평지를 가다가 산길을 오르게 되었는데, 대부들이 모두 그를 부축했으나 수회(隨會)만이 부축하지 않으니 문후가 말했다.

"회야! 무릇 남의 신하가 되어 자기 임금에게 잔인하게 군다면 그 죄는 어떻게 되는가?"

대답해 말했다.

"그 죄는 거듭해서 죽이는 것입니다."

문후가 말했다.

"거듭해 죽인다는 것은 무슨 말인가?"

대답해 말했다.

"자기도 죽고 처자식도 도륙되는 것입니다."

수회가 (다시) 말했다.

"임금께서는 어찌 남의 신하 된 자가 자기 임금에게 잔인하게 구는 것만 물으시고 남의 임금 된 자가 자기 신하에게 잔인하게 구는 것에 대해서는 묻지 않으십니까?"

문후가 말했다.

"남의 임금 된 자가 자기 신하에게 잔인하게 군다면 그 죄는 어떻게 되는가?"

수회가 말했다.

"남의 임금 된 자가 자기 신하에게 잔인하게 군다면, 지혜로운 선비는 더는 임금을 위해 계책을 내지 않고 변론을 잘하는 선비는 더는 말을 하지 않으며 어진 선비는 더는 어진 행동을 하지 않고 용맹스러운 선비는 더는 임금을 위해 죽지 않습니다."

문후는 수레에 맨 손잡이 줄을 잡고 수레에서 내려 대부들에게 사과해 말했다.

"과인이 허리와 넓적다리에 병이 있어 그런 것이니, 바라건대 대부들께서는 죄를 묻지 않기를 바라오."

晉文侯行地登隧, 大夫皆扶之, 隨會不扶. 文侯曰: '會! 夫爲人臣而忍其君者, 其罪奚如?' 對曰: '其罪重死.' 文侯曰: '何謂重死?' 對曰: '身死, 妻子爲戮焉.' 隨會曰: '君奚獨問爲人臣忍其君者, 而不問爲人君而忍其臣者耶?' 文侯曰: '爲人君而忍其臣者, 其罪何如?' 隨會對曰: '爲人君而忍其臣者, 智士不爲謀, 辨士不爲言, 仁士不爲行, 勇士不爲死.' 文侯援綏下車, 辭大夫曰: '寡人有腰髀之病, 願諸大夫勿罪也.'

8-23은 신하들의 충(忠)에 관한 이야기다. "지혜로운 선비는 더는 임금을 위해 계책을 내지 않고 변론을 잘하는 선비는 더는 말을 하지 않으며 어진 선비는 더는 어진 행동을 하지 않고 용맹스러운 선비는 더는 임금을 위해 죽지 않습니다"라는 부분은 여러 유형의 신하가 모두 충을 거두고 불충으로 돌아선 모습이다.

수회는 충이란 결국 임금의 신하 사랑에서 출발한다는 점을 명쾌하게 보여준다.

8-24

제나라 장군 전귀(田瞶)가 군대를 거느리고 출정할 때 장생(張生)이 교외에서 전송하며 말했다.

"옛날에 요임금이 천하를 허유(許由)에게 양보하려고 하자 (허유는) 귀를 씻고 받지 않았다고 하는데, 장군은 그것을 아시오?"

말했다.

"예 그렇지요, 알고 있습니다."

"백이(伯夷)·숙제(叔齊)가 제후 자리를 사양하고 제후가 되지 않았다고 하는데, 장군은 그것을 아시오?"

말했다.

"예 그렇지요, 알고 있습니다."

"오릉중자(於陵仲子)가 삼공 자리를 사양하고 품팔이로 남의 정원에 물을 주며 살았다고 하는데, 장군은 그것을 아시오?"

말했다.

"예 그렇지요, 알고 있습니다."

"지과(智過)가 임금의 동생 자리를 사양하고 이름을 바꾼 채 귀족 신분을 벗고 서인이 되었다는데, 장군은 그것을 아시오?"

말했다.

"예 그렇지요, 알고 있습니다."

"손숙오(孫叔敖)가 세 번이나 재상을 그만두면서 후회하지 않았다고 하는데, 장군은 그것을 아시오?"

말했다.

"예 그렇지요, 알고 있습니다."

"이 다섯 대부는 명분상으로는 사양한 것이지만 실상은 그런 자리를 받는 것을 부끄럽게 여긴 것이오. (그런데) 지금 장군은 바야흐로 한 나라의 권력을 삼키고서 북을 잡고 깃발을 세우며 견고한 갑옷을 입고 예리한 무기를 쥐고서 10만 군사를 지휘해 도끼로 주살할 수 있는 권한을 독점하고 있으니, 부디 조심해서 선비들이 부끄럽게 여기는 것으로써 선비들에게 교만을 부려서는 안 될 것이오."

전귀가 말했다.

"오늘 많은 분은 모두 저를 위해 술과 안주를 준비해 전송하는데 선생 홀로 빼어난 이의 큰 도리로 저를 가르쳐주시니, 삼가 말씀을 따르도록 하겠습니다."

齊將軍田瞶出將, 張生郊送曰: '昔者堯讓許由以天下, 洗耳而不受, 將軍知之乎?' 曰: '唯然, 知之.' '伯夷叔齊辭諸侯之位而不爲, 將軍知之乎?' 曰: '唯然, 知之.' '於陵仲子辭三公之位而傭爲人灌園, 將軍知之乎?' 曰: '唯然, 知之.' '智過去君弟, 變姓名, 免爲庶人, 將軍知之乎?' 曰: '唯然, 知之.' '孫叔敖三去相而不悔, 將軍知之乎?' 曰: '唯然, 知之.' '此五大夫者, 名辭之而實羞之. 今將軍方吞一國之權, 提鼓擁旗, 被堅執銳, 旋回十萬之師, 擅斧鉞之誅, 愼毋以士之所羞者驕士.' 田瞶曰: '今日諸君皆爲瞶祖道具酒脯, 而先生獨教之以聖人之大道, 謹聞命矣.'

8-24는 이제 신하의 도리를 말한다. 임금의 도리가 겸손[謙]에서 출발한다면 신하의 도리는 사양[讓]에서 출발한다. 장생이 전귀에게 일깨워준 것은 바로 사양할 줄 아는 마음이다.

8-25

위나라 문후가 단간목(段干木)을 만났을 때는 서 있느라 피곤했지만, 감히 쉬지를 못했는데, 적황(翟璜)을 만나볼 때는 다리를 당 위에 뻗은 채로 말을 하니 적황이 기분이 좋지 않았다.

문후가 말했다.

"단간목은 벼슬을 주어도 기꺼이 받지 않고 녹봉을 준다 해도 받지 않았는데, 지금 그대는 관직은 재상에 이르고 싶어 하고 녹봉은 상경에 이르고 싶어 한다. 이미 내가 주는 녹봉을 받고는 다시 예로써 대하지 않는다고 책망하려 하니, 이는 어려운 일이 아니겠는가?"

魏文侯見段干木, 立倦而不敢息; 及見翟璜, 踞堂而與之言, 翟璜不說. 文侯曰: '段干木, 官之則不肯, 祿之則不受; 今汝欲官則相至, 欲祿則上卿. 既受吾實, 又責吾禮, 毋乃難乎?'

8-25도 사양할 줄 아는 신하와 그렇지 못한 신하에 대해 눈 밝은 임금의 대우는 다를 수밖에 없음을 보여준다.

8-26

공자가 담(郯)나라에 가던 중에 길에서 정자(程子)를 만나서는 수레 덮개를 기울여 놓은 채 종일 이야기를 나누었다. 얼마 후에 자로(子路)를 돌아보며 말했다.

"비단 한 묶음을 가져와서 선생께 드리도록 하라."

자로가 대답하지 않았다.

얼마 후에 또 (자로를) 돌아보며 말했다.

"비단 한 묶음을 가져와 선생께 드리도록 하라."

자로가 심드렁해서 대답해 말했다.

"제가 듣건대, 선비가 소개 없이 만난다거나 딸을 중매 없이 시집 보내는 일을 군자는 하지 않는다고 했습니다."

공자가 말했다.

"유(由-자로)야! 『시경』(「정풍(鄭風)·야유만초(野有蔓草)」편)에 이르지 않았더냐! '들판에 덩굴풀이 있는데 이슬이 흠뻑 내렸도다. 미인 한 사람 맑고도 이뻐라, 약속도 않고 만났으니 내 소원에 딱 들어맞았네.' 지금 정자는 천하의 뛰어난 선비이니, 이때 드리지 않는다면 평생 만나보지 못할 것이다. 큰 다움은 한계를 뛰어넘어서는 안 되지만 작은 다움은 얼마든지 들고날 수 있는 법이다."

孔子之郯, 遭程子於塗, 傾蓋而語終日. 有間, 顧子路曰: '取束帛一以贈先生.' 子路不對. 有間, 又顧曰: '取束帛一以贈先生.' 子路屑然對曰: '由聞之, 士不中間而見, 女無媒而嫁, 君子不行也.' 孔子曰: '由, 詩不云乎: "野有蔓草, 零露溥兮, 有美一人, 淸揚婉兮, 邂逅相遇, 適我願兮." 今程子天下之賢士也, 於是 不贈, 終身不見. 大德毋踰閑, 小德出入可也.'

8-26은 『논어』 「위령공(衛靈公)」편에 나오는 다음 구절에 대한 풀이로 봐도 무방하다.

공자가 말했다.
"군자는 작은 일로써는 (그가 군자인지를) 알 수 없고 큰일로써 그가 군자임을 받아들이게 되는 반면, 소인은 큰일로써는 받아들일 수 없고 작은 일로써만 그가 소인임을 알 수 있다."

이에 따르면 공자는 군자, 자로는 소인이 되는 셈이다.

8-27

제나라 환공이 관중으로 하여금 나라를 다스리게 하자, 관중이 대답해 말했다.

"천한 몸으로 능히 귀한 일에 임할 수 없습니다."

환공이 그를 상경(上卿)으로 삼았으나 나라는 제대로 다스려지지 않았다. 환공이 왜 잘 다스려지지 않는지를 묻자, 관중이 대답해 말했다.

"가난한 자는 능히 부유한 자를 부릴 수 없습니다."

환공이 그에게 제나라 시장에서 걷는 1년 치 세금을 내려주었으나 나라는 제대로 다스려지지 않았다. 환공이 왜 잘 다스려지지 않는지를 묻자, 대답해 말했다.

"임금과 소원한 사람은 능히 임금과 친한 사람을 제어할 수 없습니다."

환공이 그를 세워 중보(仲父)로 삼자 나라는 크게 안정되었고, 드디어 천하를 제패했다.

공자가 말했다.

"관중처럼 뛰어남을 갖고서도 이 세 가지 권한을 갖지 못했더라면 실로 능히 자기 임금으로 하여금 제대로 임금 노릇 하며 패자가 될 수 있게 하지 못했을 것이다."

齊桓公使管仲治國, 管仲對曰: '賤不能臨貴.' 桓公以爲上卿而國不治, 桓公曰何故, 管仲對曰: '貧不能使富.' 桓公賜之齊國市租一年而國不治, 桓公曰何故, 對曰: '疏不能制親.' 桓公立以爲仲父, 齊國大安, 而遂霸天下. 孔子曰: '管仲之賢, 不得此三權者, 亦不能使其君南面而霸矣.'

8-27은 매우 중요한 현실적 조건들을 이야기하고 있다. 지위와 부 그리고 총애야말로 제대로 뛰어난 이를 높이는 현실적인 수단들임을 공자는 말하고 있다.

8-28

제나라 환공이 관중에게 물었다.

"나는 술이 잔 안에서 썩고 고기가 도마 위에서 상하게 하고 싶은데, 패업을 이루는 데 해가 되지 않겠는가?"

관중이 대답해 말했다.

"이는 심하게 고귀하지 못한 일일 뿐이지, 실로 패업을 이루는 데 해가 되지는 않습니다."

환공이 말했다.

"어떡해야 패업에 해가 되는가?"

관중이 대답해 말했다.

"뛰어난 이를 알아보지 못하면 패업에 해가 됩니다. 알아보고도 쓰지 않으면 패업에 해가 됩니다. 쓰고도 중대한 일을 맡기지 않으면 패업에 해가 됩니다. 중임을 맡기고도 신뢰하지 않으면 패업에 해가 됩니다. 신뢰하면서도 다시 소인이 정사에 끼어들게 하면 패업에 해가 됩니다."

환공이 말했다.

"좋도다."

桓公問於管仲曰: '吾欲使爵腐於酒(酒腐於爵), 肉腐於俎, 得無害於霸乎?' 管仲對曰: '此極非其貴者耳; 然亦無害於霸也.' 桓公曰: '何如而害霸?' 管仲對曰: '不知賢, 害霸; 知而不用, 害霸; 用而不任, 害霸; 任而不信, 害霸; 信而復使小人參之, 害霸.' 桓公: '善.'

8-28에서 관중의 마지막 말은 현현역색(賢賢易色)하는 요체를 말하고 있다.

8-29

노나라 사람들이 비(鄪 또는 費)나라를 공격하려 하자 증자(曾子)가 비나라 군주에게 사직하며 말했다.

"떠나게 해주십시오. (대신에) 적을 깨뜨리고 나서 돌아올 테니, 청컨대 그동안 개나 돼지들이 우리 집으로 들어오지 못하게 해주십시오."

비나라 군주가 말했다.

"과인이 선생을 어떻게 대하는지에 대해서는 사람들이 들어서 모르는 사람이 없습니다. (그런데) 지금 노나라 사람들이 우리를 공격하는데 선생은 나를 버리시니, 내가 무엇 때문에 선생의 집을 지켜야 한단 말이오?"

노나라 사람들이 과연 비나라를 공격해서 열 가지 죄를 열거했는데, 그중 아홉 가지가 (그전에) 증자가 간쟁(諫爭)했던 것들이었다. 노나라 군대가 물러가자 비나라 군주는 다시 증자의 집을 수리한 다음에 그를 맞이하러 갔다.

魯人攻鄪, 曾子辭於鄪君曰: '請出, 寇罷而後復來, 請姑毋使狗豕入吾舍.' 鄪君曰: '寡人之於先生也, 人無不聞; 今魯人攻我而先生去我, 我胡守先生之舍?' 魯人果攻鄪而數之罪十, 而曾子之所爭者九. 魯師罷, 鄪君復修曾子舍而後迎之.

8-29는 임금이 신하를 부리는 도리를 잃은 사례다.

8-30

송나라 사성자한(司城子罕)이 자위(子韋)를 귀하게 대해 들어와서는 함께 밥을 먹고 나갈 때는 같은 옷을 입었으나, 사성자한이 망명할 때 자위는 따라가지 않았다.

자한이 돌아오자 다시 자위를 불러 그를 귀하게 해주니, 이에 좌우 사람들이 말했다.

"주군께서는 자위를 잘 대해주었으나 주군께서 망명하실 때 따라가지 않았는데, 돌아오시자 또다시 그를 귀하게 해주셨습니다. 주군께서는 홀로 주군을 따르는 충신들에게 부끄럽지 않으십니까?"

자한이 말했다.

"내가 실로 자위를 제대로 쓰지 못했기 때문에 망명을 하기에 이른 것이다. (그런데) 지금 돌아올 수 있었던 것은 오히려 바로 자위가 남겨준 은덕과 가르침 때문이니, 그래서 나는 그를 귀하게 해준 것이다. 또한 내가 망명할 때 내 신하 중에 수레바퀴 자취를 없애고 나무를 뽑아 넘어뜨림을 당하는 곤경[削跡拔樹]에서 나를 따른 자들이 내 망명에 무슨 도움이 되었는가?"

宋司城子罕之貴子韋也, 入與共食, 出與同衣; 司城子罕亡, 子韋不從, 子罕來, 復召子韋而貴之. 左右曰: '君之善子韋也, 君亡不從, 來又復貴之, 君獨不愧於君之忠臣乎?' 子罕曰: '吾唯不能用子韋, 故至於亡, 今吾之得復也, 尙是子韋之遺德餘教也, 吾故貴之. 且我之亡也, 吾臣之削跡拔樹以從我者, 奚益於吾亡哉?'

8-30에서 삭적발수(削跡拔樹)란 공자가 주유천하할 때 겪은 두 가지 일을 말한다. 먼저 삭적(削跡)이란, 공자가 위(衛)나라에 갔다가 떠나가자 공자가 탄 수레의 바퀴 자취를 없애 더는 등용하지 않겠다는 뜻을 보인 것이다. 다음으로 발수(拔樹)란, 공자가 송나라에 가서 큰 나무 밑에서 제자들과 강습을 하고 있을 때 힘센 장수가 그 나무를 뽑아 공자를 죽이려 했던 일을 가리킨다.

이에 대해 사마천은 『사기』「공자세가(孔子世家)」에서 다음과 같이 말하고 있다.

공자가 조(曹)나라를 떠나 송(宋)나라로 가서 제자들과 함께 큰 나무 아래에서 예(禮)를 강습하고 있었는데, 송나라 사마(司馬)인 환퇴(桓魋)가 공자를 죽이고자 해 그 나무를 뽑아버렸다. 공자가 거기를 떠나니, 제자들이 '빨리 가자'라고 했다. 그러므로 공자가 이 말을 하게 된 것이다.

이때 했던 말이 『논어』「술이(述而)」편에 나온다.

공자가 말했다.
"하늘이 나에게 다움(德)을 주셨으니, (나를 해치려 했던) 환퇴라 하더라도 나에게 어쩌겠는가?"

이는 명(命)에 대한 공자의 확신을 보여준다.

8-31

(춘추시대 진(晉)나라 사람) 양인(楊因)이 조간주(趙簡主)를 만나려 하면서 말했다.

"제가 마을에 살면서 세 번 쫓겨났고, 임금을 섬기다가 다섯 번 떠났습니다. 제가 듣건대 주군께서는 선비를 좋아하신다 하니, 그래서 달려와 뵙고자 합니다."

간주가 이를 듣고서 식사를 중단하고 탄식하며 무릎걸음으로 나가서 만나보려 하니, 좌우에서 간언을 올려 말했다.

"마을에 살면서 세 번 쫓겨났다고 했으니 이는 무리를 포용하지 못한 때문이요, 임금을 섬기다가 다섯 번 떠났다고 했으니 이는 임금에게 충직하지 못한 때문입니다. 지금 주군께서는 선비 중에서도 여덟 번 잘못한 선비를 만나보려 하십니다."

간주가 말했다.

"그대들은 모른다. 무릇 미녀는 추한 아낙네들의 원수이고, 다움이 성대한 선비는 난세의 기피 인물이며, 바르고 곧은 행실은 간사하고 굽은 자들이 미워하는 바이다."

드디어 나아가 그를 만나보고 그 참에 재상 자리를 주니 나라가 크게 잘 다스려졌다. 이로 말미암아 살펴보건대, 멀리해야 할 사람과 가까이해야 할 사람에 대해서는 깊이 잘 살피지 않으면 안 된다.

楊因見趙簡主曰: '臣居鄕三逐, 事君五去, 聞君好士, 故走來見.' 簡主聞之, 絶食而歎, 跽而行, 左右進諫曰: '居鄕三逐, 是不容衆也; 事君五去, 是不忠上也. 今君有士見過八矣.' 簡主曰: '子不知也. 夫美女者, 醜婦之仇也; 盛德之士, 亂世所疏也; 正直之行, 邪枉所憎也.' 遂出見之, 因授以爲相, 而國大治. 由是觀之, 遠近之人, 不可以不察也.

8-31에 나타난 조간주는 직접 만나보지 않은 사람까지도 알아보는 지인지감을 가졌다 할 것이다. 그러나 이 글에는 조간주가 무엇을 갖고서〔何以〕 그런 결정을 내렸는지에 대한 언급이 없다. 다만 『논어』 「이인(里仁)」 편에 나오는 다음 말은 참고할 만하다.

공자가 말했다.
"오직 어진 사람만이 제대로 사람을 좋아할 수 있고 제대로 사람을 미워할 수 있다."

「위령공(衛靈公)」편에 나오는 다음 말은 좀 더 도움이 된다.

공자가 말했다.
"여러 사람이 어떤 사람을 미워하더라도 반드시 자신이 살펴봐야 하고, 여러 사람이 어떤 사람을 좋아하더라도 반드시 자신이 살펴봐야 한다."

8-32

응후가 가오자(賈午子)와 앉아서 그가 타는 거문고 소리를 듣고 있다가, 응후가 말했다.

"오늘 거문고 소리는 어째서 한결같이 슬픈가?"

가오자가 말했다.

"무릇 현을 팽팽히 당겨 곡조를 낮게 했기에 사람들을 슬프게 만듭니다. 현을 팽팽히 당긴 것은 거문고 재질이 좋음을 나타내고, 곡조를 낮게 한 것은 벼슬이 낮음을 나타냅니다. 무릇 좋은 재질을 취해서는 그를 낮은 벼슬자리에 두었으니, 어찌 슬퍼하지 않을 수 있겠습니까?"

응후가 말했다.

"좋도다."

應侯與賈午子坐, 聞其鼓琴之聲, 應侯曰: '今日之琴, 一何悲也?' 賈午子曰: '夫急張調下, 故使人悲耳. 張急者, 良材也; 調下者, 官卑也. 取夫良材而卑官之, 安能無悲乎!' 應侯曰: '善哉!'

8-33

(제나라 위왕) 13년에 제후들이 군사를 일으켜 제나라를 치려 하니, 제나라 임금이 이를 듣고는 무섭고 두려워서 여러 신하와 대부를 불러 말했다.

"지혜가 있다면 과인을 위해 쓰도록 하라."

이에 박사 순우곤이 하늘을 우러러보면서 크게 웃고는 아무런 응답을 하지 않으니, 왕이 다시 물었으나 또 크게 웃고는 아무런 응답을 하지 않았다. 세 번 물었으나 세 번 모두 웃기만 하고 응답을 하지 않으니, 왕이 발끈해 얼굴빛을 바꾸고 불쾌해하면서 말했다.

"선생은 과인의 말을 장난으로 여기는가?"

대답해 말했다.

"신이 감히 대왕의 말씀을 장난으로 여긴 것은 아니고, 신이 웃은 것은 신의 이웃 사람이 농사의 신에게 제사를 지낸 일이 떠올라서입니다. 그 사람은 밥 한 찬합, 술 한 병, 붕어 3마리를 준비하고서 이렇게 기원했습니다.

'높은 땅에는 벼가 잘되게 하고 낮은 땅에는 100수레를 수확하게 해서, 후세에 전하는 것이 많고 많아서 넉넉함이 있게 해주십시오.'

신이 볼 때, 제물은 적은데 바라는 것이 많기에 웃은 것입니다."

이에 왕이 마침내 순우곤을 세워 상경으로 삼고 1,000금과 군사용 수레 100승을 주고서 제후들을 화평하는 일을 맡겼다. 제후들이 이를 듣고서 즉시 군대를 해산하고 병사들을 쉬게 하고서 드디어 감히 제나라를 공격하지 않았으니, 이는 순우곤의 힘이 아니겠는가!

十三年, 諸侯舉兵以伐齊, 齊王聞之, 惕然而恐, 召其群臣大夫告曰: '有智爲寡人用之.' 於是 博士淳于髡仰天大笑而不應, 王復問之, 又大笑不應. 三問三笑不應, 王艴然作色不悅曰: '先生以寡人語爲戲乎?' 對曰: '臣非敢以大王語爲戲也, 臣笑臣鄰之祠田也, 以一奩飯, 一壺酒, 三鮒魚, 祝曰: "蟹堁者宜禾, 洿邪者百車, 傳之後世, 洋洋有餘." 臣笑其賜鬼薄而請之厚也.' 於是 王乃立淳于髡爲上卿, 賜之千金, 革車百乘, 與平諸侯之事. 諸侯聞之, 立罷其兵, 休其士卒, 遂不敢攻齊, 此非淳于髡之力乎?

8-33과 거의 비슷한 내용을 우리는 6-21에서 짚어본 바 있다. 그때는 은혜를 갚는 차원에서 살펴보았고, 여기서는 뛰어난 이를 높이는 문맥에서 다루었다. 내용에는 약간 차이가 있다.

8-34

전기(田忌)가 제나라를 떠나 초나라로 달아나니, 초나라 왕이 교외에서 맞이해 객사(客舍)에 이르러 물었다.

"초나라는 만승지국이고 제나라 역시 만승지국이어서 늘 서로를 삼키려 하니, 이를 어떻게 해야 하는가?"

대답해 말했다.

"이는 알기 쉬울 따름입니다. 제나라가 신유(申孺)를 장수로 삼으면, 초나라가 5만 군사를 발동해서 상장군으로 하여금 그들을 지휘하게 한다면 제나라 장군의 머리를 얻어서 돌아올 수 있을 뿐입니다. 제나라가 전거(田居)를 장수로 삼으면, 초나라가 20만 군사를 발동해서 상장군으로 하여금 그들을 지휘하게 한다면 (승부가 나지 않아) 서로 나뉘어 떠나갈 것입니다. 제나라가 면자(眄子)를 장수로 삼으면, 초나라는 사방 국경 안 병사들을 모두 발동해 왕께서 몸소 나서서 군사를 거느리고 저도 따르게 하며 상국(相國-재상)과 상장군을 좌우 사마(司馬)로 삼아야 하니, 이렇게 하더라도 왕께서는 겨우 나라를 보존하실 수 있을 따름입니다."

이때 제나라에서 신유를 장수로 삼으니, 초나라는 5만 군사를 발동해 상장군으로 하여금 나아가게 해서 제나라 장군의 머리를 얻어 돌아왔다. 이에 제나라 임금이 분노해 마침내 다시 면자를 장수로 삼으니, 초나라는 사방 국경 안 병사들을 모두 발동하고 왕이 몸소 나서서 군사를 거느리고 전기도 따르게 하며 상국과 상장군을 좌우 사마로 삼은 데다가 왕이 탄 수레에다 9대의 수레를 더했으나, 겨우 패배를 면할 수 있을 뿐이었다. 객사에 이르러 왕이 북쪽을 향해 옷깃을 바로 하고 소매를 여민 다음에 물었다.

"선생은 이런 일을 어찌 일찍 알 수 있었던 것인가?"

전기가 말했다.

"신유의 사람됨은 뛰어난 이를 업신여기고 불초한 자를 가벼이 여기니, 뛰어난 이나 불초한 자나 모두 그에게 쓰이지 않기 때문에 망한 것입니다. 전거의 사람됨은 뛰어난 이를 높이고 불초한 자를 천시하니, 뛰어난 이는 임무를 떠맡지만 불초한 자는 쫓겨나기 때문에 (승부가 나지 않아) 서로 나뉘어 떠나가는 것입니다. 면자의 사람됨은 뛰어난 이를 높이고 불초한 자를 아껴주니, 뛰어난 이나 불초한 자나 모두 임무를 떠맡게 되기 때문에 왕께서는 겨우 나라를 보존하실 수 있었을 따름입니다."

田忌去齊奔楚, 楚王郊迎至舍, 問曰: '楚, 萬乘之國也, 齊亦萬乘之國也, 常欲相并, 爲之奈何?' 對曰: '易知耳, 齊使申孺將, 則楚發五萬人, 使上將軍將之, 至禽將軍首而反耳. 齊使田居將, 則楚發二十萬人, 使上將軍將之, 分別而相去也. 齊使眄子將, 則楚悉發四封之內, 王自出將而忌從, 相國上將軍爲左右司馬, 如是則王僅得存耳.' 於是 齊使申孺將, 楚發五萬人, 使上將軍至, 擒將軍首反. 於是 齊王忿然, 乃更使眄子將, 楚悉發四封之內, 王自出將, 田忌從, 相國上將軍爲左右司馬, 益王車屬九乘, 僅得免耳. 至舍, 王北面正領齊袪, 問曰: '先生何知之早也?' 田忌曰: '申孺爲人, 侮賢者而輕不肖者, 賢不肖者俱不爲用, 是以 亡也; 田居爲人, 尊賢者而賤不肖者, 賢者負任, 不肖者退, 是以 分別而相去也; 眄子之爲人也, 尊賢者而愛不肖者, 賢不肖俱負任, 是以 王僅得存耳.'

8-35

위나라 문후가 곡양(曲陽)에서 대부들에게 술자리를 베풀었는데, 술자리가 무르익자 문후가 한숨을 쉬며 탄식해 말했다.

"나 홀로 예양(豫讓) 같은 이를 신하로 삼지 못했구나!"

건중(蹇重)이 술잔을 들어 올리며 말했다.

"신은 임금께 벌주를 올릴 것을 청하옵니다."

문후가 말했다.

"어째서인가?"

대답해 말했다.

"신이 듣건대, 좋은 명이 있는 부모는 자식이 효자인 줄을 모르고 도리가 있는 임금은 자기 신하가 충신인 줄을 모른다고 했습니다. 예양의 임금은 실로 어떤 사람이었습니까?"

문후가 말했다.

"좋도다."

벌주를 받아 마시면서 사양하지 않고 한 잔을 단번에 다 마셔버리고는 말했다.

"관중이나 포숙을 신하로 삼지 못했으니, 그렇기 때문에 예양의 공로가 있게 된 것이다."

魏文侯觴大夫於曲陽, 飲酣, 文侯喟然歎曰: '吾獨無豫讓以爲臣.' 蹇重舉酒進曰: '臣請浮君.' 文侯曰: '何以?' 對曰: '臣聞之, 有命之父母, 不知孝子; 有道之君, 不知忠臣. 夫豫讓之君, 亦何如哉?' 文侯曰: '善!' 受浮而飲之, 嚼而不讓, 曰: '無管仲鮑叔以爲臣, 故有豫讓之功也.'

8-36

조간자가 말했다.

"나는 범씨(范氏)와 중항씨(中行氏)가 거느렸던 양신(良臣)을 얻고 싶다."

사염(私鬣)이 말했다.

"어디에 쓰시렵니까?"

간자가 말했다.

"양신은 사람이라면 누구나 원하는 바인데 어째서 또 묻는가?"

말했다.

"신이 볼 때 그들에게는 양신이 없었다고 여기기 때문입니다. 무릇 주군을 섬긴다는 것은, 주군의 허물을 간언하고 쓸 만한 인물을 천거하며 좋은 점을 드러내고 나쁜 일을 없애며 능력 있는 사람을 바치고 뛰어난 이를 (벼슬길에) 나아오게 하는 것입니다. 또한 아침저녁으로 좋은 사례를 읊조리고 패망한 일을 바쳐서, 들어주면 벼슬에 나아가고 들어주지 않으면 물러나는 것입니다. (그런데) 지금 범씨와 중항씨의 양신이라는 사람들은 자기 주군을 제대로 바로잡거나 돕지를 못해서 환난에 빠지게 했고 나라 밖으로 나가 있는데도 돌아오게 하지 못했습니다. 주군이 달아나자 그들은 주군을 버렸으니, 어찌 양신이라고 하겠습니까? 그들이 (그들의 주군을) 버리지 않았더라면 주군께서 어찌 그들을 얻겠습니까? 무릇 양신이란 장차 자기 주군을 어려움에서 구하고 복위를 획책하기를 죽어서야 그치는 것인데, 어찌 여기에 올 수 있겠습니까? 만일 그것을 능히 하지 못했다면 곧 양신이라 할 수 없습니다."

간자가 말했다.

"좋도다."

趙簡子曰: '吾欲得范中行氏之良臣.' 史黶曰: '安用之?' 簡子曰: '良臣, 人所願也, 又何問焉?' 曰: '臣以無爲良臣故也. 夫事君者, 諫過而薦可, 章善而替否, 獻能而進賢; 朝夕誦善, 敗而納之, 聽則進, 否則退. 今范中行氏之良臣也, 不能匡相其君, 使至於難; 出在於外, 又不能入. 亡而棄之, 何良之爲; 若不棄, 君安得之. 夫良將營其君, 使復其位, 死而後止, 何由以來, 若未能, 乃非良也.' 簡子曰: '善.'

8-37

자로가 공자에게 물었다.

"나라 다스림은 어떠해야 합니까?"

공자가 말했다.

"뛰어난 이를 높이고 불초한 자는 낮게 두는 데 달려 있다."

자로가 말했다.

"범씨와 중항씨는 뛰어난 이를 높이고 불초한 자는 낮게 두었는데, 그들이 망한 것은 어째서입니까?"

말했다.

"범씨와 중항씨는 뛰어난 이를 높이기만 했지 제대로 쓰지 못했고, 불초한 자를 낮추기만 했지 제대로 물리치지 못했다. 뛰어난 이는 자기가 쓰이지 않는다는 것을 알아서 원망하고, 불초한 자는 자기를 낮추는 것을 알아서 원수로 여긴다. 뛰어난 이가 원망하고 불초한 자가 원수로 여기니, 원망하는 자와 원수로 여기는 자가 나란히 앞에 있는데 중항씨가 망하지 않으려 한들 그럴 수 있었겠느냐?"

子路問於孔子曰: '治國何如?' 孔子曰: '在於尊賢而賤不肖.' 子路曰: '范中行氏尊賢而賤不肖, 其亡何也?' 曰: '范中行氏尊賢而不能用也, 賤不肖而不能去也; 賢者知其不己用而怨之, 不肖者知其賤己而讎之. 賢者怨之, 不肖者讎之; 怨讎並前, 中行氏雖欲無亡, 得乎?'

8-38

진(晉)나라와 형(荊-楚)나라가 필(邲) 땅에서 전투를 벌였는데, 진나라 군대가 패하니 순림보(荀林父)가 돌아와서 장차 죽겠다고 청했다. 경공(景公)이 장차 허락하려 하니, 이에 사정백(士貞伯)이 말했다.

"안 됩니다. 성복(城濮) 전투에서 진나라가 형나라에 승리했으나, 문공은 오히려 근심스런 기색을 하고서 이렇게 말씀하셨습니다.

'초나라에는 아직 자옥(子玉)이 살아 있으니 걱정이 끝나지 않는구나. 궁지에 몰린 짐승도 오히려 싸우려고 하는데, 하물며 나라의 재상이야 어떻겠는가?'

형나라에서 자옥을 죽이자 마침내 문공께서는 기뻐하며 말씀하셨습니다.

'(이제) 우리에게 해독을 끼칠 자는 없다.'

그런데 이번 전투는 하늘이 혹시 진나라에 크게 경계시킨 것일지도 모릅니다. 임보가 임금을 섬길 때는 벼슬에 나아와서는 충직을 다할 것을 생각했고 물러나서는 임금의 허물을 보완할 것을 생각했으니 사직을 지키는 신하인데, 지금 그를 죽인다면 이는 형나라가 거듭 승리하는 것입니다."

소공이 말했다.

"좋도다."

마침내 장수에 복귀시켰다.

晉荊戰於邲, 晉師敗績, 荀林父將歸請死. 景公將許之, 士貞伯曰: '不可, 城濮之役, 晉勝于荊, 文公猶有憂色曰: "子玉猶存, 憂未歇也. 困獸猶鬥, 況國相乎?" 及荊殺子玉, 乃喜曰: "莫予毒也." 今天或者大警晉也, 林父之事君, 進思盡忠, 退思補過, 社稷之衛也, 今殺之, 是重荊勝也.' 景公曰: '善!' 乃使復將.

권9

정간[正諫]

바르게 간언하는 법

9-1

『주역』에 이르기를 "왕의 신하가 어려움 속에서 더욱 어려운[蹇蹇] 것은 자기 때문이 아니다"[013]라고 했다. 남의 신하 된 자가 힘겹게 어려움을 당하면서도 자기 임금에게 간언을 올리는 것은, 자기 자신을 위해서가 아니라 장차 임금의 허물을 바로잡고 임금의 잘못을 교정하기 위해서다. 임금에게 허물과 잘못이 있게 되면 이는 위태로움과 멸망의 싹이 되니, 임금의 허물과 잘못을 보고서도 간언을 하지 않는다면 이는 임금이 겪게 될 위태로움과 멸망을 가벼이 여기는 것이다. 무릇 임금이 겪게 될 위태로움과 멸망을 가벼이 여기는 짓은 충신이라면 차마 하지 못하니, 세 번 간언해서 그 말을 쓰지 않으면 떠나야 한다. 떠나지 않으면 자기 몸이 죽게 되는데, 몸이 죽는 것은 어진 사람이라면 하지 않는 것이다. 이 때문에 간언하는 법에는 다섯 가지가 있다. 첫째는 (바른 도리를 들어서 하는) 정간(正諫), 둘째는 (겸손한 말로써 하는) 강간(降諫), 셋째는 (충직함으로써 남김없이 하는) 충간(忠諫), 넷째는 (고지식하게 하는) 당간(戇諫), 다섯째는 (에둘러서 하는) 풍간(諷諫)이다. 공자가 말했다.

"나는 그렇다면 풍간을 따르리라."

무릇 간언하지 않으면 임금을 위태롭게 하고 고집스럽게 간언하면 자기 몸이 위태로워진다면, 임금을 위태롭게 하기보다는 자기 몸이 위태로워지는 것이 낫다. (하지만) 자기 몸이 위태로워지고서도 끝내 그 말이 쓰이지 않는다면, 간언은 실로 아무런 효과가 없다. (그렇기 때문에) 일의 이치를 아는 자[智者]는 임금의 마음을 헤아려 상황에

013 건괘(蹇卦, ䷦) 아래에서 두 번째 음효에 대한 풀이다.

알맞게 해서 완급을 조절함으로써 그 마땅함을 따르니, 위로는 감히 임금을 위태롭게 하지 않고 아래로는 자기 몸이 위태로워지지 않는다. 그래서 나라의 경우에는 나라가 위태로워지지 않고 자기 몸의 경우에도 자기 몸이 위태로워지지 않는다.

옛날에 진(陳)나라 영공(靈公)은 설야(泄冶)의 간언을 들어주지 않고 그를 죽였으며, (조나라 사람) 조기(曹羈)는 세 번 간언해도 조나라 임금이 들어주지 않자 떠나버렸다. 『춘추』에서는 의리상 (설야와 조기) 둘 다 뛰어나다[賢]고 했지만, 조기가 일의 이치에 맞다[合禮].

易曰: '王臣蹇蹇, 匪躬之故.' 人臣之所以蹇蹇爲難, 而諫其君者非爲身也, 將欲以匡君之過, 矯君之失也. 君有過失者, 危亡之萌也; 見君之過失而不諫, 是輕君之危亡也. 夫輕君之危亡者, 忠臣不忍爲也. 三諫而不用則去, 不去則亡身; 亡身者, 仁人之所不爲也. 是故 諫有五: 一曰正諫, 二曰降諫, 三曰忠諫, 四曰戇諫, 五曰諷諫. 孔子曰: '吾其從諷諫乎.' 夫不諫則危君, 固諫則危身, 與其危君寧危身, 危身而終不用, 則諫亦無功矣. 智者度君權時, 調其緩急而處其宜, 上不敢危君, 下不以危身, 故在國而國不危, 在身而身不殆. 昔陳靈公不聽泄冶之諫而殺之, 曹羈三諫曹君不聽而去, 春秋序義雖俱賢而曹羈合禮.

9-1은 간언이 상황에 맞아야 함을 분명히 제시하고 있다. 이 점은 공자 또한 마찬가지다.

『논어』「헌문(憲問)」편에 이와 관련된 표현이 나온다.

공자가 말했다.

"나라에 도리가 있을 때는 말이나 행동 모두 당당하게 하고, 나라에 도리가 없을 때는 행실을 당당하게 하되 말은 공손하게 해야 한다."

이때의 말이란 당연히 간언이다. 그런 점에서는 공자가 "나는 그렇다면 풍간을 따르리라"라고 한 것과도 부합한다.

9-2

제(齊)나라 경공(景公)이 바닷가에 놀러 가서 즐기느라 6개월 동안 돌아가지 않다가, 좌우 신하들에게 영을 내려 말했다.

"감히 돌아가자고 먼저 말하는 자가 있다면 죽여버리고 용서치 않을 것이다."

안촉추(顔燭趨)가 나아가서 간언해 말했다.

"임금께서 바닷가에서 노는 것만 즐기시고 나라 다스리는 일을 즐거워하지 않으시어 6개월이 되어도 돌아가시지 않으니, 혹시라도 저 궁궐에서 나라를 다스리는 자가 나온다면 임금께서는 장차 어찌 이 바닷가의 즐거움을 누릴 수 있겠습니까?"

경공이 창을 잡고 장차 쳐서 죽이려 하자, 안촉추가 앞으로 나아가 옷을 가다듬고 창을 찌르기를 기다리며 말했다.

"임금께서는 어째서 치지 않으십니까? 옛날에 (하나라 마지막 임금) 걸왕(桀王)은 관룡봉(關龍逢)을 죽였고 (은나라 마지막 임금) 주왕(紂王)은 왕자 비간(比干)을 죽였는데, 임금의 뛰어남은 이 두 임금만 못하시고 신의 재주 또한 이 두 사람만 못합니다. 그런데 임금께서는 어찌 신을 치지 않으십니까? 신이 이 두 신하의 대열에 들 수 있다면 실로 좋지 않겠습니까?"

경공은 기뻐하며 드디어 돌아갔는데, 도중에 조정 관리들[國人]이 공이 도성에 들어오지 못하게 모의한다는 소식을 들었다.

齊景公遊於海上而樂之, 六月不歸, 令左右曰: '敢有先言歸者致死不赦.' 顏燭趨進諫曰: '君樂治海上, 不樂治國而六月不歸, 彼儻有治國者, 君且安得樂此海也!' 景公援戟將斫之, 顏燭趨進, 撫衣待之曰: '君奚不斫也? 昔者桀殺關龍逢, 紂殺王子比干, 君之賢, 非此二主也, 臣之材, 亦非此二子也. 君奚不斫? 以臣參此二人者, 不亦可乎?' 景公說, 遂歸, 中道聞國人謀不內矣.

9-2는 직간(直諫) 중에서도 강간(强諫)에 속한다. 다음은 『논어』「헌문(憲問)」편에 나오는 공자와 자로의 대화다.

자로가 임금을 섬기는 도리(事君)에 관해 묻자 공자가 말했다.
"속이지 말고, 안색을 범하더라도(犯顔) 간언하는 것이다."

9-3

초(楚)나라 장왕(莊王)이 세워져 임금이 된 지 3년 동안 조정 일을 듣지 않다가, 마침내 나라에 명을 내렸다.

"과인은 남의 신하가 되어 갑자기 자기 임금에게 간언하는 자를 미워한다. 지금 과인은 국가를 소유해 사직을 세웠으니, 간언하는 자가 있으며 죽여버리고 용서치 않을 것이다."

소종(蘇從)이 말했다.

"임금이 내려준 높은 벼슬에 있고 임금이 내려준 두터운 녹봉을 먹으면서 자기가 죽을까 봐서 임금에게 간언하지 않는다면 충신이라 할 수 없다."

마침내 들어가서 간언했다.

장왕은 북과 종 사이에 있었는데, 왼쪽에는 양희(楊姬)를, 오른쪽에는 월희(越姬)를 끼고 있었으며 왼쪽으로 이불과 요가 펴져 있었고 오른쪽으로는 조복이 너부러져 있었다.

장왕이 말했다.

"내가 지금 음악을 즐기느라 겨를이 없는데 무슨 간언하는 말을 듣겠는가!"

소종이 말했다.

"신이 듣건대, 도리를 좋아하는 자는 믿고 의지할 사람이 많지만 놀기를 좋아하는 자는 미혹됨이 많고, 도리를 좋아하는 자는 양식(良識)이 많지만 놀기를 좋아하는 자는 패망하는 일이 많다고 했습니다. 형(荊-초)나라가 망할 날이 얼마 남지 않았기에, 신이 목숨을 걸고서 감히 왕에게 고합니다."

왕이 좋다고 말한 뒤 왼손으로 소종의 손을 잡고서 오른손으로는 숨겨두었던 칼을 꺼내 매달려 있는 종과 북의 끈을 잘라버리고, 다음 날 소종에게 재상의 자리를 내려주었다.

楚莊王立爲君, 三年不聽朝, 乃令於國曰: '寡人惡爲人臣而遽諫其君者. 今寡人有國家, 立社稷, 有諫則死無赦.' 蘇從曰: '處君之高爵, 食君之厚祿, 愛其死而不諫其君, 則非忠臣也.' 乃入諫. 莊王立鼓鐘之間, 左伏楊姬, 右擁越姬, 左裯衽, 右朝服, 曰: '吾鼓鐘之不暇, 何諫之聽!' 蘇從曰: '臣聞之, 好道者多資, 好樂者多迷, 好道者多糧, 好樂者多亡. 荊國亡無日矣, 死臣敢以告王.' 王曰善, 左執蘇從手, 右抽陰刃, 刎鐘鼓之懸, 明日授蘇從爲相.

9-3은 바른 도리를 들어서 하는 정간(正諫)이다.

9-4

진(晉)나라 평공(平公)이 음악을 좋아해서 세금을 많이 거두고 성곽도 제대로 손보지 않고는 말했다.

"감히 간언하는 자가 있으면 죽여버리겠다."

조정 관리들이 근심했는데, 그중에 구범(咎犯)이라는 자가 궁궐 문을 관장하는 대부를 만나서 말했다.

"신이 듣건대 임금께서 음악을 좋아하신다 하니, 음악을 갖고서 만나 뵈려 합니다."

문을 관장하는 대부가 들어가 말했다.

"진나라 사람 구범이 음악을 갖고서 알현하기를 원합니다."

평공이 말했다.

"들이라!"

구범이 전 위에 올라가 앉으니 종·경쇠·피리·거문고를 꺼내 왔다. 자리에 앉아 얼마간 시간이 흘렀다.

평공이 말했다.

"객이 음악을 할 줄이나 아는가?"

구범이 대답해 말했다.

"신이 음악은 할 줄 모르고, 수수께끼[隱=讔]는 잘합니다."

평공이 수수께끼를 잘하는 사람 12명을 불렀다. 구범이 말했다.

"수수께끼에 능한 신이 죽음을 무릅쓰고 작은 문제 하나를 내고자 합니다."

평공이 허락했다.

구범이 왼팔을 뻗어 다섯 손가락을 굽히자, 평공이 수수께끼를 잘하는 사람들에게 물었다.

"무엇인지 맞혀보라!"

그들이 모두 "알지 못하겠습니다"라고 하자, 평공이 말했다.

"돌아가라."

구범이 한 손가락을 펴면서 말했다.

"이것은 하나인데, (임금께서) 평소 노시는 곳 기둥에는 붉은 칠을 하면서도 성과 망루는 제대로 손질하지 않는다는 뜻입니다. 둘은 기둥과 대들보에는 수놓은 비단을 입혀놓으면서도 선비와 백성은 거친 베옷도 제대로 입히지 못한다는 뜻입니다. 셋은 배우와 악공들의 술잔에는 술이 넘치는데도 목숨을 걸고 싸우는 무사들은 목말라한다는 뜻입니다. 넷은 백성 사이에는 굶주리는 기색이 있는데도 (대궐에서 기르는 임금의) 말은 곡식이 남아돈다는 뜻입니다. 다섯째는 근신은 간언을 할 수 없고 원신들은 뜻을 전할 수 없다는 뜻입니다."

평공은 좋다고 말하고, 마침내 종과 북을 거두고 피리와 거문고를 없앤 다음에 드디어 구범과 함께 나라를 다스리는 일에 참여했다.

晉平公好樂, 多其賦斂, 不治城郭, 曰: '敢有諫者死.' 國人憂之, 有咎犯者, 見門大夫曰: '臣聞主君好樂, 故以樂見.' 門大夫入言曰: '晉人咎犯也, 欲以樂見.' 平公曰: '內之.' 止坐殿上, 則出鐘磬竽瑟. 坐有頃, 平公曰: '客子爲樂?' 咎犯對曰: '臣不能爲樂, 臣善隱.' 平公召隱士十二人. 咎犯曰: '隱臣竊願昧死御.' 平公諾. 咎犯申其左臂而詘五指, 平公問於隱官曰: '占之爲何?' 隱官皆曰: '不知.' 平公曰: '歸之.' 咎犯則申其一指曰: '是一也, 便遊赭畫不峻城闕. 二也, 柱梁衣繡, 士民無褐. 三也, 侏儒有餘酒, 而死士渴. 四也, 民有饑色, 而馬有粟秩. 五也, 近臣不得諫, 遠臣不敢達.' 平公曰善, 乃屏鐘鼓, 除竽瑟, 遂與咎犯參治國.

9-4는 약간 에둘러서 하는 휼간(譎諫)이라 할 수 있다. 많이 에둘러서 하면 풍간(諷諫)이 된다.

9-5

(제나라 사람) 맹상군(孟嘗君)이 장차 서쪽으로 가서 진(秦)나라에 들어가고자 하니, 빈객들이 100번이나 간언했으나 듣지 않고서 말했다.

"사람의 일을 갖고서 나에게 간언한다면 내가 다 아는 일이지만, 만일 귀신의 도리를 갖고서 나에게 간언한다면 내가 깊이 살펴볼 것이오."

말 심부름하는 사람이 들어와서 말했다.

"빈객 중에 귀신의 도리로 말씀드리겠다는 사람이 있습니다."

말했다.

"빈객을 들이라."

빈객이 말했다.

"제가 이리로 오면서 치수(淄水) 가를 지나다가 마침 흙으로 만든 인형과 나무로 만든 인형이 이야기하고 있는 것을 보았는데, 나무 인형이 흙 인형에게 이렇게 말했습니다.

'그대는 원래는 흙이었는데, 흙을 반죽해서 인형으로 만들었으니 하늘에서 큰비가 내려 물이 흘러넘치는 때를 만나면 그대는 반드시 무너져 내릴 것이다.'

응답해 말했습니다.

'나는 허물어지면 마침내 원래의 내 참모습으로 돌아갈 뿐이지만, 지금 그대는 (원래) 동원(東園)의 복숭아나무였으니 하늘에서 큰비가 내려 물이 흘러넘치는 때를 만나면 반드시 물에 둥둥 떠내려가서 어디에 범출시도 모르게 될 것이다.'

지금 진나라는 사방이 요새인 나라로 호랑이와 이리의 (탐욕스러운) 마음을 가졌으니, 나무 인형이 당하게 될 우환이 있을까 두렵습니다."

이에 맹상군은 머뭇거리다가 아무런 대답을 하지 못하고 물러나더니, 결국 감히 서쪽 진나라로 향하지 못했다.

孟嘗君將西入秦, 賓客諫之百通, 則不聽也, 曰: '以人事諫我, 我盡知之; 若以鬼道諫我, 我則察之.' 謁者入曰: '有客以鬼道聞.' 曰: '請客入.' 客曰: '臣之來也, 過於淄水上, 見一土耦人, 方與木梗人語, 木梗謂土耦人曰: "子先, 土也, 埏子以爲耦人, 遇天大雨, 水潦並至, 子必沮壞." 應曰: "我沮乃反吾真耳, 今子, 東園之桃也, 刻子以爲梗, 遇天大雨, 水潦並至, 必浮子, 泛泛乎不知所止." 今秦, 四塞之國也, 有虎狼之心, 恐其有木梗之患.' 於是 孟嘗君逡巡而退, 而無以應, 卒不敢西嚮秦.

9-5는 비유를 들어 한 풍간(諷諫)의 일종이다.

9-6

오(吳)나라 왕이 형(荊)나라를 치고 싶어 하다가 좌우 신하들에게 알려 말했다.

"감히 간언하는 자가 있으면 죽여버리겠다!"

사인(舍人) 가운데 소유(少孺)라는 자가 있었는데, 간언을 하고 싶었으나 감히 하지 못해서 탄환(彈丸)을 지닌 채 후원을 오락가락하느라 옷만 이슬에 젖었다. 이렇게 하기를 사흘 아침이나 하니, 오나라 왕이 말했다.

"그대는 이리 오라! 어째서 이렇게 고생하며 옷을 적시고 있는가?"

대답해 말했다.

"정원에 나무가 있고 그 위에 매미가 있습니다. 매미는 높은 곳에 살면서 슬피 울고 있는데, 이슬을 받아먹느라 사마귀가 자기 뒤에 있다는 것을 알지 못합니다. 사마귀는 몸을 내맡기고 구부려서 매미를 잡으려 하다 보니 꾀꼬리가 자기 뒤에 있다는 것을 돌아보지도 않습니다. 꾀꼬리는 목을 늘여서 사마귀를 쪼아 먹으려다 보니 탄환이 그 아래에 있다는 것을 알지 못합니다. 이 세 동물은 모두 자기 앞에 있는 이익을 얻는 데 힘쓰느라 자기 뒤에 있는 환난을 돌아보지 않습니다."

오나라 왕이 말했다.

"좋도다!"

마침내 군대를 해산했다.

吳王欲伐荊, 告其左右曰: '敢有諫者, 死!' 舍人有少孺子者, 欲諫不敢, 則懷丸操彈, 遊於後園, 露沾其衣. 如是者三旦, 吳王曰: '子來何苦沾衣如此?' 對曰: '園中有樹, 其上有蟬, 蟬高居悲鳴飲露, 不知螳螂在其後也! 螳螂委身曲附欲取蟬, 而不顧知黃雀在其傍也! 黃雀延頸欲啄螳螂, 而不知彈丸在其下也! 此三者皆務欲得其前利, 而不顧其後之有患也.' 吳王曰: '善哉!' 乃罷其兵.

9-6은 전형적인 풍간(諷諫)이다.

9-7

초나라 장왕이 양하(陽夏)를 정벌했는데, 군대가 출정한 지 오래되었는데도 중지하지 않으니 여러 신하가 간언하고 싶었지만, 감히 하지 못했다. 장왕이 운몽(雲夢)에서 사냥할 때 초거(椒擧)가 나아가 간언해 말했다.

"왕께서 많은 짐승을 잡을 수 있었던 것은 말 때문입니다. 그런데 왕의 나라가 망한다면 왕께서는 말을 어떻게 얻을 수 있겠습니까?"

장왕이 말했다.

"좋도다. 불곡(不穀-제후의 자칭)이 강한 나라를 굴복시켜 제후들의 우두머리가 될 수 있다는 것과 땅을 얻으면 부유해질 수 있다는 것은 알았지만 우리 백성을 잘 써야 한다는 것은 잊고 있었다."

다음날 대부들과 술을 마실 때 초거를 상객(上客)으로 삼고 양하의 군대를 철수했다.

楚莊王伐陽夏, 師久而不罷, 群臣欲諫而莫敢. 莊王獵於雲夢, 椒擧進諫曰: '王所以多得獸者, 馬也; 而王國亡, 王之馬豈可得哉?' 莊王曰: '善, 不穀知詘強之可以長諸侯也, 知得地之可以爲富也, 而忘吾民之不用也.' 明日飮諸大夫酒, 以椒擧爲上客, 罷陽夏之師.

9-7은 바른 이치를 갖고서 한 정간(正諫)이다.

9-8

진시황제(秦始皇帝)의 (어머니인) 태후가 몸가짐을 함부로 해 낭관 노애(嫪毒)를 사랑해서, 그를 봉해 장신후(長信侯)로 삼고 두 아들을 낳았다. 노애는 나랏일을 제 마음대로 하면서 점점 더 교만하고 사치해져서 시중(侍中)이나 좌우의 존귀한 신하들과 함께 도박을 하고 술을 마셨는데, 술에 취하면 다투어 말하면서 싸움질을 했다. 한 번은 눈을 부릅뜨고 크게 꾸짖어 말했다.

"나는 곧 황제의 의붓아버지이거늘, 별 볼일 없는 것들이 어찌 감히 마침내 나에게 맞서려 하는가!"

그와 싸운 사람이 달려가 황제에게 고하니 황제는 크게 화를 냈고, 노애는 주살될까 두려워 그 참에 난을 일으켜 함양궁(咸陽宮)에서 전투를 벌였다. 노애가 패하자 시황은 마침내 노애를 붙잡아서 거열형으로 사지를 찢어 죽이고, 두 동생을 붙잡아 자루에 넣어서 몽둥이로 때려서 죽였다. 또 황태후를 데려다가 부양궁(萯陽宮)으로 옮겨두고 영을 내려 말했다.

"감히 태후 일로 간언하는 자는 도륙을 내서 죽일 것이다. 그리고 가시나무로 등줄기와 사지를 꿰어 궐 아래에 쌓아둘 것이다."

(그래도) 간언하다가 죽은 자가 27명이었다. 제나라에서 온 나그네 모초(茅焦)가 마침내 가서 알현을 청해 말했다.

"제나라 나그네 모초가 황제께 간언을 올리고자 합니다."

황제가 사자를 시켜 나그네에게 태후의 일로써 간언하려는 것이 아니냐고 물으니, 모초가 그렇다고 했다. 사자가 돌아가서 보고했다.

"과연 태후의 일로 간언하려 했습니다."

황제가 말했다.

"달려가서 그에게 말해주되 '궐 아래에 쌓여 있는 죽은 사람을 보지 못했느냐?'라고 하라."

모초가 말했다.

"신이 듣건대 하늘에는 별자리 28수(宿)가 있는데 지금 죽은 자가 이미 27명이니, 신이 여기에 온 까닭은 그 수를 다 채우기 위해서일 뿐입니다. 신은 죽음을 두려워하는 사람이 아닙니다."

달려 들어가 아뢰려 하니, 모초의 동네 사람들과 함께 밥을 먹던 사람들은 모두 옷가지와 기물을 들고 달아나버렸다. 사자가 들어가서 아뢰자 황제가 크게 노해 말했다.

"이자는 고의로 와서 내가 금한 명을 범했으니, 속히 가마솥에 불을 피워 삶아 죽이도록 하라. 이런 자를 어찌 궐 아래에 쌓아두겠는가!"

급히 가서 그를 불러들이게 하고 황제는 칼을 잡고 앉았는데, 입에서는 거품이 흘러나왔다. 사자가 그를 불러들였는데, 모초는 기꺼이 빨리 가려고 하지 않고 발걸음을 서로 스치듯이 하며 걸을 뿐이었다. 사자가 재촉하자 모초가 말했다.

"신은 폐하 앞에 가면 죽을 것인데, 그대 홀로 나만의 짧은 시간을 참아주지 못하겠소?"

사자가 너무도 불쌍히 여겼다. 모초는 황제 앞에 이르러 두 번 절하고 뵈온 뒤에 일어나서 말했다.

"신이 듣건대 무릇 살아 있는 사람은 죽음에 대해 말하는 것을 꺼리지 않고, 나라를 소유한 사람은 나라가 망하는 것에 대해 말하는 것을 꺼리지 않는다고 했습니다. 죽음에 대해 말하는 것을 꺼리는 자는 삶을 얻을 수 없고, 나라가 망하는 것에 대해 말하는 것을 꺼리는 임금은 나라를 보전할 수 없기 때문입니다. 죽고 살고 보전하고 망하는 것은 빼어난 군주라면 서둘러 듣고 싶어 하는 것들입니다. 잘은 모르겠지만, 폐하께서는 그것을 듣고 싶어 하십니까, 그렇지 않으십니까?"

황제가 말했다.

"그게 무슨 말이냐?"

모초가 말했다.

"폐하께서는 광망하고 패역스러운[狂悖] 행위를 하시고도 폐하 스스로는 알지 못하고 계십니다."

황제가 말했다.

"어떤 것들인가? 듣고 싶다."

모초가 대답해 말했다.

"폐하께서는 의부를 거열형으로 죽이셨으니, 질투하시는 마음이 있었던 것입니다. 두 동생을 자루에 넣어 때려서 죽이셨으니, 인자하지 못하다는 이름을 얻게 되었습니다. 어머니를 부양궁으로 옮겨두셨으니, 불효한 행위가 있게 되었습니다. 간언하는 선비에 대해 가시나무로 등줄기를 꿰었으니, 걸왕이나 주왕 같은 폭정이 있게 되었습니다. 지금 천하 사람들이 그것을 듣고서는 모두 마음이 무너져 내려 진나라를 사모하는 사람이 없습니다. 신은 진나라가 망해서 폐하께서도 위태로워질까 남몰래 걱정이 됩니다.

할 말을 다 마쳤으니 모루로 나아가 형을 받기를 청합니다."

마침내 옷을 벗고 모루에 엎드렸다. 황제가 전에서 내려와 왼손으로 그를 붙잡고 오른손을 좌우의 신하들에게 휘저으며 말했다.

"풀어주어라. 선생은 옷을 입으시오. 지금 당장 가르침을 받고 싶소."

마침내 초를 세워 중보(仲父)로 삼고 그에게 상경(上卿) 벼슬을 주었다. 황제는 즉시 수레를 준비시켜서 천승만기(千乘萬騎)를 거느리고 (수레의) 왼쪽 자리를 비워둔 채 직접 부양궁에 가서 태후를 맞이해 함양으로 돌아왔다. 태후가 크게 기뻐해, 마침내 크게 술자리를 베풀고 모초를 대접했다. 술을 마시게 되자 태후가 말했다.

"그릇된 일에 맞서 바르게 하고 실패한 일을 고쳐 성공으로 만들어서 진나라 사직을 안정시키고 우리 모자가 다시 서로 만날 수 있게 해준 것은 모두 다 모군(茅君)의 힘이다."

秦始皇帝太后不謹, 幸郎嫪毒, 封以爲長信侯, 爲生兩子. 毒專國事, 浸益驕奢, 與侍中左右貴臣俱博飲, 酒醉爭言而鬥, 瞋目大叱曰: '吾乃皇帝之假父也, 窶人子何敢乃與我亢!' 所與鬥者走行白皇帝, 皇帝大怒, 毐懼誅, 因作亂, 戰咸陽宮. 毐敗, 始皇乃取毐四肢車裂之, 取其兩弟囊撲殺之, 取皇太后遷之于萯陽宮, 下令曰: '敢以太后事諫者, 戮而殺之! 從蒺藜其脊, 幹四肢而積之闕下.' 諫而死者二十七人矣. 齊客茅焦乃往上謁曰: '齊客茅焦願上諫皇帝.' 皇帝使使者出問客, 得無以太后事諫也, 茅焦曰然. 使者還白曰: '果以太后事諫.' 皇帝曰: '走往告之, 若不見闕下積死人邪?' 使者問茅焦, 茅焦曰: '臣聞之, 天有二十八宿, 今死者已有二十七人矣. 臣所以來者, 欲滿其數耳, 臣非畏死人也.' 走入白之, 茅焦邑子同食者, 盡負其衣物行亡. 使者入白之, 皇帝大怒曰: '是子故來犯吾禁, 趣炊鑊湯煮之. 是安得積闕下乎!' 趣召之入, 皇帝按劍而坐, 口正沫出. 使者召之入, 茅焦不肯疾行, 足趣相過耳, 使者趣之, 茅焦曰: '臣至前則死矣, 君獨不能忍吾須臾乎?' 使者極哀之. 茅焦至前再拜謁起, 稱曰: '臣聞之, 夫有生者不諱死, 有國者不諱亡. 諱死者不可以得生, 諱亡者不可以得存. 死生存亡, 聖主所欲急聞也, 不審陛下欲聞之不?' 皇帝曰: '何謂也?' 茅焦對曰: '陛下有狂悖之行, 陛下不自知邪!' 皇帝曰: '何等也? 願聞之.' 茅焦對曰: '陛下車裂假父, 有嫉妒之心; 囊撲兩弟, 有不慈之名; 遷母萯陽宮, 有不孝之行; 從蒺藜於諫士, 有桀紂之治. 今天下聞之, 盡瓦解, 無嚮秦者. 臣竊恐秦亡爲陛下危之. 所言已畢, 乞行就質.' 乃解衣伏質. 皇帝下殿, 左手接之, 右手麾左右曰: '赦之. 先生就衣, 今願受事.' 乃立焦爲仲父, 爵之爲上卿. 皇帝立駕, 千乘萬騎, 空左方自行迎太后萯陽宮, 歸於咸陽. 太后大喜, 乃大置酒待茅焦, 及飮, 太后曰: '抗枉令直, 使敗更成, 安秦之社稷; 使妾母子復得相會者, 盡茅君之力也.'

9-8은 목숨을 건 직간(直諫)이요 충간(忠諫)이다. 자기 몸보다 임금과 나라를 사랑하는 마음이 있지 않고서는 하기 어려운 간언이라 하겠다. 『논어』「자로(子路)」편이다.

(노나라) 정공(定公)이 물었다.

"한마디 말로써 나라를 흥하게 할 수 있다고 했는데, 그런 일이 있을 수 있는가?"

공자가 말했다.

"말은 이와 같이 기약할 수 없거니와, 사람들의 말 중에 '임금 노릇 하기가 어렵고 신하 노릇 하기가 쉽지 않다'라는 것이 있습니다. 만일 임금 노릇 하기의 어려움을 안다면 한마디 말로 나라를 흥하게 하는 것을 기약할 수 없겠습니까?"

다시 정공이 물었다.

"한마디 말로써 나라를 망하게 할 수 있다 하니, 그런 일이 있을 수 있는가?"

이에 공자가 말했다.

"말은 이와 같이 기약할 수 없거니와, 사람들의 말 중에 '군주 된 것은 내 즐거울 것이 없고, 오로지 내가 말을 하면 어기지 않는 것이 즐겁다'라는 것이 있습니다. 만일 군주의 말이 선한데 어기는 이가 없다면 이 또한 좋지 않겠습니까마는, 만일 군주의 말이 선하지 못한데 어기는 이가 없다면 어찌 한마디 말로 나라를 망하게 함을 기약하지 못하겠습니까?"

그 한마디 말이 여기에서는 "폐하께서는 광망하고 패역스러운 행위를 하시고도 폐하 스스로는 알지 못하고 계십니다"이다.

9-9

초나라 장왕이 여러 층의 누대를 지으면서 1,000리 밖에서 돌을

가져오고 100리 밖에서 흙을 가져왔는데, 인부들은 석 달 치 양식만 갖고 있었고 대신 중에서 이를 간언하던 자 72명이 모두 죽었다. 제어기(諸御己)라는 사람이 있어 초나라 도성에서 100리 떨어진 곳에서 농사를 짓고 있었는데, 함께 밭을 갈던 사람에게 일러 말했다.

"내가 장차 들어가 왕을 알현해야겠다."

함께 밭을 갈던 사람이 말했다.

"자네 신분으로? 내가 듣건대 임금에게 유세한 사람들은 모두 여유로운 사람들이었는데도 가자마자 죽었는데, 지금 그대는 단지 초가집 시골 사람일 뿐이네."

제어기가 말했다.

"그대와 함께 농사를 짓는 경우에는 내 힘이 그대와 비슷하겠지만, 임금에게 유세를 하는 경우에는 내 지혜가 그대와 비할 바는 아니지."

농사일을 그에게 맡기고 (도성에) 들어가 장왕을 알현했다. 장왕이 그에게 일러 말했다.

"제어기 너는 이리로 오라. 너는 장차 간언하려는 것인가?"

제어기가 말했다.

"임금은 마땅한 말을 쓰고, 법에 따라 일을 집행함이 있어야 합니다. 또 제가 듣건대 흙에 물이 들어가면 평평해지고, 나무에 먹줄이 닿으면 수직으로 바르게 되며, 임금이 간언하는 자를 받아들이면 빼어나게 된다고 했습니다. 임금께서 누대를 지으면서 1,000리 밖에서 돌을 가져오고 100리 밖에서 흙을 가져오느라 백성이 고통을 당해서 피가 큰길에 흐를 정도임에도 (아무도) 감히 간언하지 못하고 있는데, 제가 어찌 감히 간언을 하겠습니까?

다만 어리석은 신이 가만히 듣건대, 옛날에 우(虞)나라는 궁지기(宮之奇)를 쓰지 않아 진(晉)나라에 병탄되었고, 진(陳)나라는 자가기(子

家羈)를 쓰지 않아 초나라에 병탄되었고, 조(曹)나라는 희부기(僖負羈)를 쓰지 않아 송나라에 병탄되었고, 내(萊)나라는 자맹(子猛)을 쓰지 않아 제나라에 병탄되었고, 오(吳)나라는 자서(子胥)를 쓰지 않아 월나라에 병탄되었고, 또 진(秦)나라는 건숙(蹇叔)이 간언하는 말을 쓰지 않아 위태로워졌습니다. 걸왕이 관룡봉을 죽이자 탕왕이 천하를 차지했고, 주왕이 왕자 비간을 죽이자 무왕이 천하를 차지했고, 주나라 선왕(宣王)이 두백(杜伯)을 죽이자 주나라 왕실은 쇠퇴했습니다.

이들 세 천자와 여섯 제후는 모두 뛰어난 이와 변사의 말을 높여 쓰지 않았기 때문에 자기 몸은 죽고 나라는 망했습니다."

(말을 마치고는) 서둘러 나가는데, 초나라 왕이 황급히 그를 따라가며 말했다.

"제어기 그대는 돌아오라. 나는 장차 그대가 했던 간언을 쓰리라. 지난날 과인에게 유세했던 사람들은 그 말이 과인의 마음을 움직이기에 부족했고 또 과인에게 위험을 가중시켰다. 그래서 모두 오자마자 죽은 것이다. 지금 그대의 말은 과인의 마음을 움직이기에 충분하고 또 과인에게 위험을 가중시키지도 않았다. 그래서 나는 장차 그대가 한 간언을 쓸 것이다."

다음날 영을 내려 말했다.

"능히 들어와 간언하는 자가 있으면 내 장차 그를 형제로 삼을 것이다."

드디어 누대 공사를 중단하고 백성을 해산시키니, 초나라 사람들이 노래를 지어 불렀다.

"나무를 할까, 풀을 벨까? 제어기가 없었더라면 마침내 우리 자식들이 없었으리라.

풀을 벨까, 나무를 할까? 제어기가 없었더라면 마침내 초나라에는 사람이 없었으리라."

楚莊王築層臺, 延石千里, 延壤百里, 士有三月之糧者, 大臣諫者七十二人皆死矣. 有諸御己者, 違楚百里而耕, 謂其耦曰: '吾將入見於王.' 其耦曰: '以身乎? 吾聞之, 說人主者, 皆閒暇之人也, 然且至而死矣, 今子特草茅之人耳.' 諸御己曰: '若與子同耕則比力也, 至於說人主, 則不與子比智矣.' 委其耕而入見莊王. 莊王謂之曰: '諸御己來, 汝將諫邪?' 諸御己曰: '君有義之用, 有法之行. 且己聞之, 土負水者平, 木負繩者正, 君受諫者聖. 君築層臺, 延石千里, 延壤百里, 民之釁咎血成於通塗, 然且未敢諫也, 己何敢諫乎? 顧臣愚竊聞, 昔者虞不用宮之奇而晉并之, 陳不用子家羈而楚并之, 曹不用僖負羈而宋并之, 萊不用子猛而齊并之, 吳不用子胥而越并之, 秦人不用蹇叔之言而秦國危, 桀殺關龍逢而湯得之, 紂殺王子比干而武王得之, 宣王殺杜伯而周室卑. 此三天子六諸侯, 皆不能尊用賢人辯士之言, 故身死而國亡.' 遂趨而出, 楚王遽而追之曰: '己子反矣, 吾將用子之諫. 先日說寡人者, 其說也不足以動寡人之心, 又危加諸寡人, 故皆至而死. 今子之說, 足以動寡人之心, 又不危加諸寡人, 故吾將用子之諫.' 明日令曰: '有能入諫者, 吾將與爲兄弟.' 遂解層臺而罷民, 楚人歌之曰: '薪乎萊乎? 無諸御己訖無子乎? 萊乎薪乎? 無諸御己訖無人乎!'

9-9는 바른 도리를 들어 하는 정간(正諫)의 사례다.

9-10

제(齊)나라 환공(桓公)이 포숙(鮑叔)에게 일러 말했다.

"과인이 큰 종을 주조해서 과인의 이름을 훤히 드러내고자 하니, 과인이 행한 바가 어찌 요순(堯舜)에 못 미치겠는가?"

포숙이 말했다.

"감히 임금께서 행하신 바에 관해 묻고자 합니다."

환공이 말했다.

"옛날에 내가 담(譚)나라를 3년 동안이나 포위해서 얻었지만 스스로 차지하지 않은 것은 어짊을 행한 것[仁]이다. 내가 북쪽으로 고죽국(孤竹國)을 쳐서 영지(令支)를 멸망시키고 돌아온 것은 무위를 떨친 것[武]이다. 내가 규구(葵丘)에서 회맹해 천하의 전쟁을 그치게 한 것은 문치를 떨친 것[文]이다. 제후 중에서 아름다운 옥을 싸가지고 나에게 조현한 나라가 아홉 나라였으나 과인이 그것을 받지 않은 것은 마땅함을 행한 것[義]이다.

그렇다면 문무인의(文武仁義)를 과인이 모두 갖고 있는 것이니, 과인이 행한 바가 어찌 요순에 미치지 못하겠는가?"

포숙이 말했다.

"임금께서 솔직히 말씀하시니 신도 솔직하게 대답하겠습니다. 옛날에 공자 규(糾)가 윗자리에 있었는데도 (그에게) 사양하지 않으셨으니 어질다고 할 수 없습니다[非仁]. (제나라 시조인) 태공(太公)의 말을 어기고 노(魯)나라 경계를 침범하셨으니 마땅하다고 할 수 없습니다[非義]. 회맹하는 단상에서 칼 한 자루에 굴복하셨으니 무위를 떨쳤다고 할 수 없습니다[非武]. 여러 여자 틈에서 벗어나지 못하셨으니 문치를 떨쳤다고 할 수 없습니다[非文].

무릇 좋지 못한 행위를 일마다 두루 하고서도 스스로 이를 알지 못하는 자에게는, 하늘이 내리는 재앙이 없을 경우 반드시 사람이 부르는 재해가 있게 됩니다. 하늘은 아주 높은 곳에 있지만 아주 낮은 곳의 소리까지 다 들으니, 임금께서 잘못한 말씀을 버리시더라도 하늘은 장차 그것을 다 들어 알게 될 것입니다."

환공이 말했다.

"과인이 허물을 지은 것을 그대가 다행히 다 기억하고 있으니, 이는 사직의 복이로다. 그대가 다행히 가르쳐주지 않았다면 거의 사직을 욕되게 하는 큰 죄를 지을 뻔했도다."

齊桓公謂鮑叔曰: '寡人欲鑄大鐘, 昭寡人之名焉, 寡人之行, 豈避堯舜哉?' 鮑叔曰: '敢問君之行?' 桓公曰: '昔者吾圍譚三年, 得而不自與者, 仁也; 吾北伐孤竹, 剗令支而反者, 武也; 吾爲葵丘之會, 以偃天下之兵者, 文也; 諸侯抱美玉而朝者九國, 寡人不受者, 義也. 然則文武仁義, 寡人盡有之矣, 寡人之行豈避堯舜哉!' 鮑叔曰: '君直言, 臣直對. 昔者公子糾在上位而不讓, 非仁也; 背太公之言而侵魯境, 非義也; 壇場之上, 詘於一劍, 非武也; 姪娣不離懷衽, 非文也. 凡爲不善遍於物不自知者, 無天禍必有人害. 天處甚高, 其聽甚下, 除君過言, 天且聞之.' 桓公曰: '寡人有過, 子幸記之, 是社稷之福也. 子不幸教, 幾有大罪以辱社稷.'

9-10은 정간 중에서도 임금의 주장을 정면으로 강하게 반박하는 강간(强諫)의 한 사례다. 다만 이는 그럴 만한 임금일 때라야 가능하다. 자칫하면 목숨을 잃을 수도 있다.

9-11

초나라 소왕(昭王)이 형대(荊臺)에 놀러 가려고 하니, 사마자기(司馬子綦)가 나아와 간언해 말했다.

"형대의 유람지는 왼쪽에는 동정호(洞庭湖)의 파도가 있고 오른쪽에는 팽려호(彭蠡湖)의 물결이 있으며 남쪽으로는 엽산(獵山)을 바라보고 아래로는 방회(方淮)와 접해 있습니다. 그 즐거움은 사람들로 하여금 늙고 죽는 것조차 잊게 하기에, 임금 중에서 이곳에서 놀이한 임금은 죄다 그 나라가 망했습니다. 바라건대 대왕께서는 그곳에 놀러 가지 마소서."

왕이 말했다.

"형대는 곧 내 땅이다. 소유한 땅이 있어 그곳에 놀러 가려는데, 그대는 어째서 내가 놀러 가는 것을 막는가?"

화가 나서 그를 매질했다. 이에 영윤(令尹-초나라 재상) 자서(子西)가 말 4마리가 끄는 좋은 수레인 안거(安車)를 끌고서 지름길을 달려 전 아래에 이르러 말했다.

"오늘 형대 유람은 가서 구경하지 않을 수 없습니다."

왕이 수레에 올라 자서의 등을 어루만지며 말했다.

"이번 형대 유람은 그대와 함께 즐기도록 하겠소."

말을 몰아 10리쯤 갔을 때, (자서가) 고삐를 당겨 말을 멈추고 말했다.

"신은 감히 수레에서 내리지 않고 도리에 대해 말하고자 합니다. 대왕께서는 기꺼이 들어주시겠습니까?"

왕이 말했다.

"일단 말해보시오."

영윤 자서가 말했다.

"신이 듣건대, 남의 신하가 되어 자기 임금에게 충성하는 자는 벼슬과 녹봉으로 상을 주더라도 부족하고, 남의 신하가 되어 자기 임금에게 아첨하는 자는 형벌로 주살하더라도 부족합니다. 사마자기는 임금에게 충성을 나했고, 신은 아첨하는 신하입니다. 바라건대 대왕께서는 신의 몸을 죽이고 신의 집안을 벌하시며, 사마자기에게는 녹을 내려주십시오."

왕이 말했다.

"내가 능히 여기서 유람을 그친다면 그대 말을 따른 것이지만, 단지 내 유람만을 그치게 한 것일 뿐이오. 만일 내 후세들이 끝도 없이 유람을 한다면 어떻게 되겠소?"

영윤 자서가 말했다.

"후세들에게 유람을 금지하는 일은 쉬울 뿐입니다. 바라건대 대왕께서 세상을 떠나신 다음에 형대에다 능을 조성하게 하소서. 일찍이 종·북·관현악기 등을 갖고 와서 아버지와 조상의 무덤 위에서 노는 자는 없었습니다."

이에 왕은 수레를 돌려 끝내 형대에 가서 놀지 않았고, 영을 내려 미리 준비해 두었던 기물들을 다 철거했다. 공자가 노나라에서 이 일을 듣고 말했다.

"아름답도다, 영윤 자서여! 10리 앞에서 간언을 올려 100대까지 이어질 알맞은 조치를 취했도다."

楚昭王欲之荊臺游, 司馬子綦進諫曰: '荊臺之游, 左洞庭之波, 右彭蠡之水, 南望獵山, 下臨方淮. 其樂使人遺老而忘死, 人君游者盡以亡其國. 願大王勿往游焉.' 王曰: '荊臺乃吾地也, 有地而游之, 子何爲絕我游乎?' 怒而擊之. 於是 令尹子西, 駕安車四馬, 徑於殿下曰: '今日荊臺之游, 不可不觀也.' 王登車而拊其背曰: '荊臺之游, 與子共樂之矣.' 步馬十里, 引轡而止曰: '臣不敢下車, 願得有道, 大王肯聽之乎?' 王曰: '第言之.' 令尹子西曰: '臣聞之, 爲人臣而忠其君者, 爵祿不足以賞也; 爲人臣而諛其君者, 刑罰不足以誅也. 若司馬子綦者忠君也, 若臣者諛臣也. 願大王殺臣之軀, 罰臣之家, 而祿司馬子綦.' 王曰: '若我能止, 聽公子, 獨能禁我游耳. 後世游之, 無有極時, 奈何?' 令尹子西曰: '欲禁後世易耳. 願大王山陵崩阤, 爲陵於荊臺. 未嘗有持鐘鼓管絃之樂而游於父祖之墓上者也.' 於是 王還車, 卒不游荊臺, 令罷先置. 孔子從魯聞之曰: '美

哉! 令尹子西, 諫之於十里之前, 而權之於百世之後者也.'

9-11은 9-1에서 공자가 가장 높게 평가했던 풍간(諷諫)의 전형을 보여준다.

9-12

형(荊)나라 문왕(文王)은 여황(如黃)이라는 사냥개와 균로(箘簬-좋은 대나무)로 만든 활을 얻게 되자 운몽(雲夢)에서 사냥을 하며 석 달 동안 돌아오지 않았고, 단(丹)이라는 희첩을 얻게 되자 향락에 빠져서 1년 동안 조정 정사를 듣지 않았다.

보신(保申)이 간언해 말했다.

"선왕께서 점을 치시어 신을 태보(太保)로 삼으면 길하다는 점괘를 얻으셨습니다. 그런데 지금 왕께서는 여황이라는 사냥개와 균로로 만든 활을 얻어 운몽에서 사냥을 하시며 석 달 동안 돌아오지 않으셨고, 단이라는 희첩을 얻어 향락에 빠져서 1년 동안 조정 정사를 듣지 않으셨습니다. 왕의 죄는 태형에 해당하옵니다. 엎드리십시오. 장차 왕께 태형을 집행하겠습니다."

왕이 말했다.

"불곡(不穀)은 포대기에서 벗어났고 제후들에게 의탁하고 있으니, 바라건대 방법을 바꿔 태형은 행하지 않기를 바라오."

보신이 말했다.

"신은 선왕의 명을 받들어야 하니 감히 폐기할 수 없습니다. 태형을 받지 않으시는 것은 선왕의 명을 저버리는 것입니다. 신은 차라리 왕께 죄를 얻을지언정 선왕을 저버릴 수는 없습니다."

왕이 말했다.

"삼가 허락하리라."

마침내 왕에게 자리를 펴주니 왕이 엎드렸고, 보신은 가는 화살대 50개를 묶어서 꿇어앉아 왕의 등에 올려놓기를 두 번 한 뒤 왕에게 일어나라고 했다. 왕이 말했다.

"태형을 받았다는 명분은 같으니, 끝내 아프게 때려주시오."

보신이 말했다.

"신이 듣건대 군자는 태형 당하는 것을 부끄러워하고 소인은 아파한다고 했습니다. 부끄러워만 하고 고치지 않는다면 아프게 한들 무슨 도움이 되겠습니까?"

보신이 빠른 걸음으로 나가 스스로 유배형을 받기로 하고서 마침내 왕에게 죄를 청하니, 왕이 말했다.

"이는 불곡의 허물인데 태보에게 장차 무슨 죄가 있겠는가!"

왕이 마침내 행실을 고쳐서, 보신의 말을 따라 사냥개 여황을 죽이고 균로로 만든 화살을 꺾으며 단희를 추방하고 형나라를 잘 다스리는 데 힘썼다. 제후들을 병탄한 것이 30국이었으니, 형나라를 이처럼 광대하게 만든 것은 보신이 감히 극언(極言)한 공로 덕분이다. (한나라 명신) 소하(蕭何)와 왕릉(王陵)이 이를 듣고서 말했다.

"빼어난 임금 중에서 능히 선대의 대업을 받들어 그로써 공명(功名)을 이룬 자는 아마도 형나라 문왕이 유일할 것이다. 그래서 천하 사람들이 지금도 그를 기리고 있으니, 눈 밝은 임금이나 충성스러운 신하, 효도하는 자식은 그를 모범으로 삼아야 한다."

荊文王得如黃之狗, 箘簵之矰, 以畋於雲夢, 三月不反; 得丹之姬, 淫期年不聽朝. 保申諫曰: '先王卜以臣爲保吉, 今王得如黃之狗, 箘簵之矰, 畋於雲夢, 三月不反; 得丹之姬, 淫期年不聽朝, 王之罪當笞. 匍伏將笞王.' 王曰: '不穀免於襁褓, 託於諸侯矣, 願請變更而無笞.' 保申曰: '臣承先王之命不敢廢, 王不受笞, 是廢先王之命也; 臣寧得罪於王, 無負於先王.' 王曰: '敬諾.' 乃席王, 王伏, 保申束細箭五十, 跪而加之王背, 如此者再, 謂王起矣. 王曰: '有笞之名一也. 遂致之.' 保申曰: '臣聞之, 君子恥之, 小人痛之; 恥之不變, 痛之何益?' 保申趨出, 欲自流, 乃請罪於王, 王曰: '此不穀之過, 保將何罪?' 王乃變行從保申, 殺如黃之狗, 折箘簬之矰, 逐丹之姬, 務治乎荊; 兼國三十, 令荊國廣大至於此者, 保申敢極言之功也. 蕭何王陵聞之曰: '聖主能奉先世之業, 而以成功名者, 其惟荊文王乎! 故天下譽之至今, 明主忠臣孝子以爲法.'

9-12는 목숨을 건 극간(極諫)이다.

9-13

진나라 평공이 숙향(叔向)을 보내 오나라에 빙문하게 하니 오나라 사람들은 배를 꾸며서 그를 맞았는데, 왼쪽에 500명, 오른쪽에 500명이었다. 그중에는 수놓은 옷에 표범 갖옷을 입은 자도 있었고 비단옷에 여우 갖옷을 입은 자도 있었다. 숙향이 돌아와 평공에게 아뢰니 평공이 말했다.

"오나라는 아마도 망할 것이다. 어찌 배를 존중할 수 있는가? 이래서야 어찌 백성을 존중하랴!"

숙향이 대답해 말했다.

"임금께서는 지금 치저(馳底)에 누대를 짓고 계신데, 위로는 병사 1,000명을 징발해둘 수 있고 아래로는 종과 북을 늘어놓을 수 있습니다. 제후들이 임금의 일을 듣는다면 역시 이렇게 말할 것입니다.

'어찌 누대를 존중할 수 있는가? 이래서야 어찌 백성을 존중하랴!' 존중하는 바가 각기 다를 뿐입니다."

이에 평공은 마침내 누대 공사를 그만두었다.

晉平公使叔向聘於吳, 吳人拭舟以逆之, 左五百人, 右五百人; 有繡衣而豹裘者, 有錦衣而狐裘者, 叔向歸以告平公, 平公曰: '吳其亡乎! 奚以敬舟? 奚以敬民?' 叔向對曰: '君爲馳底之臺, 上可以發千兵? 下可以陳鐘鼓? 諸侯聞君者, 亦曰: "奚以敬臺, 奚以敬民?" 所敬各異也.' 於是 平公乃罷臺.

9-13은 은근하면서도 곧은 직간(直諫)이라 하겠다.

9-14

(진(晉)나라 대부) 조간자(趙簡子)가 군사를 일으켜 제(齊)나라를 치려 하면서, 군중에 영을 내려 감히 간언하는 자는 죄가 사형에 해당하게 될 것이라고 밝혔다. 갑옷 입은 병사 중에 공려(公慮)라는 사람이 있었는데, 그가 간자를 바라보며 크게 웃으니 간자가 말했다.

"그대는 어째서 웃는가?"

대답해 말했다.

"신은 평소에 잘 웃습니다."

간자가 말했다.

"해명이 된다면 괜찮겠지만, 해명하지 못할 경우 죽이겠다."

대답해 말했다.

"뽕을 따는 시기를 맞아 신의 이웃집 사내가 처와 함께 밭에 갔다가, 뽕밭 속에 여인이 있는 것을 보고는 따라갔으나 뜻을 이루지 못했습니다. 도로 돌아오니, 그 아내는 이미 화가 나서 가버리고 없었습니다. 신은 그 사람이 황당해서 웃은 것입니다."

간자가 말했다.

"지금 내가 남의 나라를 치려다가 내 나라를 잃는다면, 이것이야말로 내가 황당한 것이로다."

이에 군대를 해산하고 돌아왔다.

趙簡子擧兵而攻齊, 令軍中有敢諫者罪至死. 被甲之士, 名曰公盧, 望見簡子大笑. 簡子曰: '子何笑?' 對曰: '臣有宿笑.' 簡子曰: '有以解之則可, 無以解之則死.' 對曰: '當桑之時, 臣鄰家夫與妻俱之田, 見桑中女, 因往追之, 不能得. 還反, 其妻怒而去之. 臣笑其曠也.' 簡子曰: '今吾伐國失國, 是吾曠也.' 於是 罷師而歸.

9-14는 전형적인 풍간(諷諫)이다.

9-15

(제나라) 경공이 대를 지었는데, 완성되자 또 종(鐘)을 주조하려 하니 안자(晏子)가 간언해 말했다.

"임금께서는 욕심을 이겨내지 못하시고 누대를 지으시고는 지금 다시 종을 주조하려 하시니, 이는 백성에게 세금을 무겁게 하는 것인지라 백성은 반드시 고통을 당하게 됩니다. 무릇 세금을 거둬 백성을 고통스럽게 하면서 임금이 자신만 즐기는 것은 상서롭지 못합니다."

경공이 마침내 종 주조를 중단했다.

景公爲臺, 臺成, 又欲爲鐘, 晏子諫曰: '君不勝欲爲臺, 今復欲爲鐘, 是重斂於民, 民必哀矣. 夫斂民之哀而以爲樂, 不祥.' 景公乃止.

9-15는 바른 도리를 들어서 행한 직간(直諫)이다.

9-16

경공이 말을 소유하고 있었는데, 말 관리인이 잘못해서 그 말이 죽자 공이 노해 창을 잡고 직접 그를 찌르려 하니 안자가 말했다.

"이 사람은 자기 죄를 알지도 못하고 죽습니다. 신이 임금을 위해 그의 죄를 열거해서 그로 하여금 그 죄를 알게 한 다음에 죽이겠습니다."

공이 말했다.

"그리하시오."

안자가 창을 들고 그에게 다가가 말했다.

"너는 우리 임금을 위해 말을 기르다가 죽게 했으니, 죄가 죽음에 해당한다.

너는 우리 임금으로 하여금 말 때문에 말 기르는 사람을 죽이게 했으니, 죄가 또 죽음에 해당한다.

너는 우리 임금으로 하여금 말 때문에 사람을 죽였다는 사실이 사방 제후들에게 알려지게 했으니, 죄가 또 죽음에 해당한다."

공이 말했다.

"선생은 그를 풀어주시오. 선생은 그를 풀어주시오. 나의 어짊에 손상이 가지 않게 하시오."

景公有馬, 其圉人殺之, 公怒, 援戈將自擊之, 晏子曰: '此不知其罪而死, 臣請爲君數之, 令知其罪而殺之.' 公曰: '諾.' 晏子舉戈而臨之曰: '汝爲吾君養馬而殺之, 而罪當死; 汝使吾君以馬之故殺圉人, 而罪又當死; 汝使吾君以馬故殺人, 聞於四鄰諸侯, 汝罪又當死.' 公曰: '夫子釋之! 夫子釋之! 勿傷吾仁也.'

9-16은 전형적인 풍간(諷諫)의 힘을 보여준다. 이어지는 9-17도 거의 같은 논법을 활용한 간언이다.

9-17

경공이 주살로 새 잡기를 좋아하더니 촉추(燭雛)로 하여금 잡은 새를 관리하게 했는데, 그가 새를 놓쳐버리자 경공이 화가 나서 죽이려 했다. 안자가 말했다.

"촉추에게는 죄가 있으니, 그의 죄를 열거한 다음에 마침내 죽일 것을 청합니다."

경공이 말했다.

"그리하시오."

이에 마침내 촉추를 불러 경공 앞에서 그의 죄를 열거해 말했다.

"너는 우리 임금을 위해 새를 관리하다가 놓쳤으니, 이것이 첫 번째 죄다.

우리 임금으로 하여금 새 때문에 사람을 죽이게 했으니, 이것이 두 번째 죄다.

제후들로 하여금 우리 임금께서 죄를 중하게 여기고 사람을 가벼이 여김을 알게 했으니, 이것이 세 번째 죄다.

촉추가 지은 죄를 열거하는 일을 이미 마쳤으니, 청컨대 그를 죽이소서."

경공이 말했다.

"그만두시오. 죽이지 말라. 내가 사과하겠소."

景公好弋, 使燭雛主鳥而亡之, 景公怒而欲殺之. 晏子曰: '燭雛有罪, 請數之以其罪, 乃殺之.' 景公曰: '可.' 於是 乃召燭雛數之景公前曰: '汝爲吾君主鳥而亡之, 是一罪也; 使吾君以鳥之故殺人, 是二罪也; 使諸侯聞之以吾君重鳥而輕士, 是三罪也. 數燭雛罪已畢, 請殺之.' 景公曰: '止, 勿殺而謝之.'

9-18

경공이 한낮에 머리를 풀어헤친 채 말 6마리가 끄는 수레에 올라 부인을 데리고 궁궐 작은 문을 통해 나갔는데, 다리를 자르는 월형(刖刑)을 당한 문지기가 말을 쳐서 궁궐로 되돌아가게 하면서 말했다.

"너는 우리 임금이 아니다."

공이 부끄러워서 조회를 열지 않자, 안자가 예오(裔敖)를 보고 물었다.

"임금께서 어쩐 이유로 조회를 열지 않으시는가?"

대답해 말했다.

"얼마 전에 임금께서 한낮에 머리를 풀어헤친 채 말 6마리가 끄는 수레에 올라 부인을 데리고 궁궐 작은 문을 통해 나가시는데, 월형 당한 문지기가 말을 쳐서 궁궐로 되돌아가게 하면서 말하기를 '너는 우리 임금이 아니다'라고 했습니다. 공이 부끄러워서 돌아가시고는 더는 과감하게 외출을 못 하시기 때문에 조회를 열지 않으시는 것입니다."

안자가 들어와 알현하니 공이 말했다.

"얼마 전에 과인이 죄가 있어 한낮에 머리를 풀어헤친 채 말 6마리가 끄는 수레를 타고 부인과 함께 궁궐 작은 문을 통해 나갔는데, 월형 당한 문지기가 말을 쳐서 궁궐로 되돌아가게 하면서 말하기를 '너는 우리 임금이 아니다'라고 했소. 과인이 천자의 대부라는 자리를 하사받아 백성을 통솔해서 종묘를 지켰는데, 지금 월형 당한 문지기에게 모욕을 당해 사직을 욕되게 했으니 내가 그러고도 제후들과 나란히 할 수 있겠소?"

안자가 대답했다.

"임금께서 잘못하신 것은 없습니다. 신이 듣건대 아래에서 곧은 말을 하지 않으면 위에는 어두운 임금이 있게 되고, (반대로) 백성이 기피하는 말이 많으면 임금에게 교만한 행동이 있다고 했습니다. 옛날에 눈 밝은 임금이 위에 있으면 아래에는 곧은 말이 있었습니다. 임금이 위에서 좋은 일이나 말을 듣기를 좋아하면 백성은 기피하는 말이 없습니다. 지금 임금께서 잘못된 행위를 하자 월형 당한 문지기가 곧바로 곧은 말을 올렸으니, 이는 임금의 복입니다. 그래서 신이 와서 경하를 드리는 것이오니, 그에게 상을 내리시어 임금께서 좋은 일이나 말을 듣기를 좋아하심을 밝히시고 그를 예우하심으로써 임금께서 간언을 받아들이셨음을 밝게 드러내십시오."

공이 웃으며 말했다.

"그래도 되겠소?"

안자가 말했다.

"됩니다."

이에 영을 내려 월형 당한 문지기에게 재물을 두 배로 내려주고 세금을 면제해주었다. 이 당시 조정에는 아무런 일도 없었다.

景公正晝被髮乘六馬, 御婦人出正閨, 刖跪擊其馬而反之, 曰: '爾非吾君也.' 公慚而不朝, 晏子睹裔敖而問曰: '君何故不朝?' 對曰: '昔者君正晝被髮乘六馬, 御婦人以出正閨, 刖跪擊其馬而反之, 曰: '爾非吾君也.' 公慚而反, 不果出, 是以 不朝.' 晏子入見, 公曰: '昔者寡人有罪, 被髮乘六馬以出正閨, 刖跪擊其馬而反之, 曰: "爾非吾君也." 寡人以子大夫之賜, 得率百姓以守宗廟, 今見戮於刖跪以辱社稷, 吾猶可以齊於諸侯乎?' 晏子對曰: '君無惡焉. 臣聞之, 下無直辭, 上有隱君; 民多諱言, 君有驕行. 古者明君在上, 下有直辭; 君上好善, 民無諱言. 今君有失行, 而刖跪有直辭, 是君之福也, 故臣來慶, 請賞之, 以明君之好善, 禮之, 以明君之受諫!' 公笑曰: '可乎?' 晏子曰: '可.' 於是 令刖跪倍資無正, 時朝無事.

9-18에서 명심해야 할 구절은 "옛날에 눈 밝은 임금이 위에 있으면 아래에는 곧은 말이 있었습니다"이다. 명군직신(明君直臣)은 예나 지금이나 바람직한 군신 관계, 상하 관계에서의 핵심 원리다.

9-19

경공이 술을 마시다가 안자 집으로 옮겨가니, 앞에서 길을 인도하는 사람이 문 앞에서 말했다.

"임금께서 도착하셨다."

안자가 현단복(玄端服)을 입고 문 앞에 서서 말했다.

"제후들 사이에 무슨 변고가 있는 것은 아닙니까? 국가에 무슨 변고가 있는 것은 아닙니까? 임금께서 어찌 그럴 시간이 아닌데 밤에 수고롭게 찾아오셨습니까?"

공이 말했다.

"맛있는 술과 좋은 음악 소리를 그대와 함께 즐기고 싶어서 왔소."

안자가 대답했다.

"무릇 자리를 깔고 훌륭한 그릇과 술잔을 진열하는 일을 맡아서 하는 사람은 따로 있으니, 신은 감히 술자리에 참여하지 않겠습니다."

공이 말했다.

"사마양저(司馬穰苴) 집으로 옮겨가자."

앞에서 길을 인도하는 사람이 문 앞에서 말했다.

"임금께서 도착하셨다."

사마양저가 갑옷과 투구를 쓴 채 창을 들고 문 앞에 서서 말했다.

"제후들 사이에 무슨 전란이 있는 것은 아닙니까? 대신 중에 반란을 일으킨 자가 있는 것은 아닙니까? 임금께서 어찌 그럴 시간이 아닌데 밤에 수고롭게 찾아오셨습니까?"

공이 말했다.

"맛있는 술과 좋은 음악 소리를 그대와 함께 즐기고 싶어서 왔소."

사마양저가 대답했다.

"무릇 자리를 깔고 훌륭한 그릇과 술잔을 진열하는 일을 맡아서 하는 사람은 따로 있으니, 신은 감히 술자리에 참여하지 않겠습니다."

공이 말했다.

"양구거(梁丘據) 집으로 옮겨가자."

앞에서 길을 인도하는 사람이 문 앞에서 말했다.

"임금께서 도착하셨다."

양구거가 왼손에는 거문고를 잡고 오른손에는 피리를 쥐고서 노래를 부르며 나아왔다. 공이 말했다.

"즐겁도다. 오늘 저녁에 나와 함께 술을 마신 일이여! 저 두 사람이 없었다면 어떻게 내 나라를 다스렸을 것이며, 이 한 신하가 없었다면 어떻게 내 몸을 즐겁게 할 수 있었으랴!"

뛰어나고 빼어난 임금은 모두 도움을 주는 벗[益友]이 있었고, 구차하게 향락을 탐하게 해주는 신하는 없었다. 경공은 능히 거기에는 미치지 못하고 두 부류의 신하를 다 썼으니, 근근이 멸망하지는 않을 수 있었다.

景公飮酒, 移於晏子家, 前驅報閭曰: '君至'. 晏子被玄端立於門曰: '諸侯得微有故乎? 國家得微有故乎? 君何爲非時而夜辱?' 公曰: '酒醴之味, 金石之聲, 願與夫子樂之.' 晏子對曰: '夫布薦席, 陳簠簋者有人, 臣不敢與焉.' 公曰: '移於司馬穰苴之家.' 前驅報閭曰: '君至'. 司馬穰苴介冑操戟立於門曰: '諸侯得微有兵乎? 大臣得微有叛者乎? 君何爲非時而夜辱?' 公曰: '酒醴之味, 金石之聲, 願與夫子樂之.' 對曰: '夫布薦席, 陳簠簋者有人, 臣不敢與焉.' 公曰: '移於梁丘據之家.' 前驅報閭曰: '君至'. 梁丘據左操瑟, 右挈竽, 行歌而至, 公曰: '樂哉! 今夕吾飮酒也, 微彼二子者何以治吾國! 微此一臣者何以樂吾身!' 賢聖之君皆有益友, 無偷樂之臣. 景公弗能及, 故兩用之, 僅得不亡.

9-19는 『논어』 「계씨(季氏)」편에 나오는 공자의 말 두 가지가 직접 도움을 준다.

공자가 말했다.

"(자신의 다움을) 더해주는 세 가지 벗 삼음[友]이 있고 덜어내는 세 가지 벗 삼음이 있다. 곧음을 벗 삼고 진실함을 벗 삼고 견문이 넓음을 벗 삼는 것이 더해주는 세 가지이고, 겉치레만 중시함을 벗 삼고 좋은 말만 하는 아첨을 벗 삼고 말만 번드레하게 함을 벗 삼는 것이 덜어내는 세 가지다."

공자가 말했다.

"(자신의 다움을) 더해주는 세 가지 좋아함이 있고 덜어내는 세 가지 좋아함이 있다. '예악(禮樂)으로써 절제하는 것'을 좋아하고 '다른 사람의 선함을 끌어내는 것'을 좋아하고 '어진 벗이 많음'을 좋아하는 것이 유익한 세 가지이고, 교만과 쾌락을 좋아하고 마냥 노는 것을 좋아하고 향락을 좋아하는 것이 손해 보는 세 가지다."

고스란히 임금이 지켜야 할 일의 이치라 하겠다.

9-20

오나라가 오자서(伍子胥)와 손무(孫武)의 계책을 써서 서쪽으로는 강한 초나라를 깨뜨리고 북쪽으로는 제나라와 진(晉)나라를 위협하더니 남쪽으로 월(越)나라를 쳤다. 월나라 왕 구천(句踐)이 오나라를 맞아 싸워서 고소(姑蘇)에서 오나라를 꺾고 합려(闔閭)의 엄지발가락에 부상을 입히자 오나라 군대가 퇴각했다. 합려가 (임종하면서) 태자 부차(夫差)에게 일러 말했다.

"너는 구천이 네 아버지를 죽인 일을 잊겠는가?"

부차가 대답해 말했다.

"감히 잊지 않을 것입니다."

이날 밤에 합려가 죽고 부차가 세워져 왕이 되었다. 백비(伯嚭)

를 태재(太宰-재상)로 삼아 전쟁과 활쏘기를 익히더니, 3년 후에 월나라를 쳐서 부추(夫湫)에서 월나라를 꺾었다. 월왕 구천이 이에 병사 5,000명을 거느리고 회계산(會稽山) 위에 머물다가, 태부 문종(文種)을 시켜 폐물을 두터이 갖고 가서 오나라 태재에게 주고서 강화를 청했다. (구천이) 나라를 맡기고 자신을 신하로, 부인을 첩으로 삼아달라고 하자 오왕이 장차 이를 허락하려 했는데, 오자서가 간언해 말했다.

"월왕은 사람됨이 능히 어려움과 괴로움을 잘 견뎌내니, 지금 왕께서 멸망시키지 않으면 뒤에 반드시 뉘우치시게 될 것입니다."

오왕은 듣지 않고 태재 비의 계책을 써서 월나라와 강화를 맺었다. 5년 후, 제나라 경공이 죽으면서 대신들은 총애만 다투고 있고 새 임금은 미약하다는 소식을 듣고서 마침내 군대를 일으켜 북쪽으로 제나라를 치려 하니, 자서가 간언해 말했다.

"안 됩니다. 구천이 (지금) 두 가지 이상 맛있는 반찬을 먹지 않고 죽은 자를 조문하고 병든 자를 문안하며 또 인재를 잘 쓰고 있으니, 이 사람이 죽지 않는 한 반드시 오나라에 근심이 될 것입니다. 지금 월나라는 뱃속의 질병이고 제나라는 오히려 피부병일 뿐이니, 왕께서 월나라를 먼저 치지 않고 마침내 제나라를 치는 일에 힘쓰신다면 실로 잘못된 것이 아니겠습니까?"

오왕이 들어주지 않고 제나라를 쳐서 애릉(艾陵)에서 제나라 군대를 크게 깨뜨리고, 드디어 추(鄒)·노(魯) 두 나라의 임금과 회맹을 하고서 돌아오더니 더욱 자서의 말을 멀리하게 됐다. 4년 후에 오나라가 장차 다시 북쪽으로 제나라를 치려고 하자, 월왕 구천은 자공(子貢)의 계책을 써서 마침내 군대를 이끌고 오나라를 도왔으며 많은 보물을 태재 비에게 바쳤다. 태재 비는 월나라로부터 이미 여러 차례 뇌물을 받았기 때문에 월나라를 아끼고 믿는 마음이 특별히 심해서, 밤낮으로 월나라를 위해 오왕에게 좋은 말을 했다. 왕이 비의 계책만을 쓰자 이에 오자서가 간언해 말했다.

"저 월나라는 뱃속의 질병인데 지금 들뜬 말과 거짓 계책을 믿고서 제나라를 탐하니, 비유컨대 (제나라는) 돌밭과 같아서 어디에도 쓸모가 없습니다. (『서경』「상서(商書)」) 「반경(盤庚)」편에 이르기를 '옛날 사람 중에 교훈을 실추해서 공손하지 못한 자가 있었다'라고 했으니, 이것이 바로 상나라가 일어나게 된 원인입니다. 바라건대 왕께서는 제나라는 내버려 두고 월나라를 먼저 도모해야 합니다. 그렇지 않으면 장차 후회해도 소용이 없습니다."

오왕이 이를 듣지 않고 자서를 제나라에 사신으로 보내니, 자서가 아들에게 일러 말했다.

"내가 왕에게 간언했으나 왕께서 내 말을 쓰지 않으시니, 나는 지금 오나라가 멸망하리라고 본다. 네가 오나라와 함께 멸망하는 것은 아무런 의미가 없다."

마침내 그의 아들을 제나라 포씨(鮑氏)에게 맡기고 돌아와서 오왕에게 사신 업무를 보고했다. 태재 비는 이미 자서와 서로 틈이 있었기에 그로 인해 참소해 말했다.

"자서는 사람됨이 강포하고 은혜를 베푸는 것이 적어서, 그가 원망하고 시기해 적의를 품으면 화가 심할 것입니다. 전날에 왕께서 제나라를 토벌하려 하실 때 자서는 안 된다고 했지만, 왕께서 끝내 제나라를 쳐서 큰 공을 이루시자 오자서는 자기 계모가 쓰이지 못했다 해 마침내 도리어 원망했습니다. 지금 왕께서 다시 제나라를 치려고 하시자 자서는 제 마음대로 강퍅하게 굳센 간언을 올리면서 왕께서 하시는 일을 훼방하고 저지하니, 이는 요행히 오나라가 패하기를 바라면서 이를 통해 자기 계책이 뛰어났음을 보이려는 것일 뿐입니다. 지금 왕께서 몸소 출정하시어 나라 안의 무력을 모두 써서 제나라를 치려고 하시는데도, 자서는 자기 간언이 쓰이지 않았다 해 나오지 않고 짐짓 병을 핑계 대고 있습니다. 왕께서는 이를 대비하지 않으시면 안 되니, 이 사람은 왕에게 화란을 일으키는 것을 어렵게 여기지 않습니다. 또 신이 사람을 시켜 몰래 그를 엿보았더니, 그는 제나라에 사신으로 가면서 마침내 그 아들을 포씨에게 맡겼습니다. 무릇 남의 신하 된 자가 나라 안에서 뜻을 얻지 못했다 해 밖으로 제후들과 교제하고, 자신은 선왕의 모신(謀臣)으로서 지금 자기 모책이 쓰이지 않는다고 해서 늘 앙앙불락하니, 바라건대 왕께서는 서둘러 그를 도모하셔야 할 것입니다."

오왕이 말했다.

"그대의 말이 없었다 해도 나 역시 그를 의심하고 있었소."

마침내 사자를 보내 오자서에게 명검 촉루(屬鏤)를 내리며 말했다.

"그대는 이 칼로 자결하라."

자서가 말했다.

"참소하는 신하 태재 비가 난을 일으키는데 왕은 도리어 나를 주살하는구나. 나는 그대의 아버지를 패자로 만들었고, 여러 자제가 왕위를 두고 다툴 때 나는 선왕께 목숨을 걸고 그대를 위해 간언했다. (내가 안 그랬다면 그대는) 거의 세워질 수 없었을 것이다. 이미 세워지고서는 나에게 오나라를 나눠주려 했지만 나는 도리어 감히 받지 않았다. 그런데 그대는 어찌 참소하는 신하의 말만 듣고 장자(長者-덕망 있는 사람)를 죽이려 하는가!"

마침내 사인에게 당부해 말했다.

"반드시 내 무덤가에 가래나무를 심어서 그 나무가 자라 기물을 만들 만하게 되거든, 내 눈알을 파내어 오나라 동문에 걸어두었다가 월나라 침략군이 오나라를 멸망시키는 것을 볼 수 있게 하라."

마침내 스스로 칼로 찔러서 죽었다. 오왕이 이를 듣고서 크게 화를 내며 곧바로 자서의 시체를 가죽 자루에다 넣어 강물에 띄워 보내게 했는데, 오나라 사람들이 이를 불쌍히 여겨서 이에 강변에 사당을 세우고 이름을 서산(胥山)이라 했다. 10여 년 후에 월나라가 오나라를 습격해 오자 오왕이 (북쪽으로 가서 제후들과 회맹하던 중에) 군대를 돌려와서 싸웠으나 이기지 못했다. 이에 대부를 보내 월나라에 강화를 청했지만, 허락을 받지 못하니, 오왕이 장차 죽으려 하면서 말했다.

“내가 자서의 말을 쓰지 않았다가 이 지경에 이르렀구나. 죽은 자가 알지 못한다면 그만이지만, 죽은 자가 지각이 있다면 내 무슨 면목으로 자서를 만나볼 것인가!”

드디어 얼굴에 솜을 덮고는 스스로 목을 찔렀다.

吳以伍子胥孫武之謀, 西破強楚, 北威齊晉, 南伐越, 越王句踐迎擊之, 敗吳於姑蘇, 傷闔廬指, 軍卻. 闔廬謂太子夫差曰: ‘爾忘句踐殺而父乎?’ 夫差對曰: ‘不敢.’ 是夕闔廬死, 夫差既立爲王, 以伯嚭爲太宰, 習戰射. 三年伐越, 敗於夫湫, 越王句踐乃以兵五千人棲於會稽山上, 使大夫種厚幣遺吳太宰嚭以請和, 委國爲臣妾, 吳王將許之. 伍子胥諫曰: ‘越王爲人能辛苦, 今王不滅, 後必悔之.’ 吳王不聽, 用太宰嚭計與越平. 其後五年, 吳王聞齊景公死, 而大臣爭寵, 新君弱, 乃興師北伐齊, 子胥諫曰: ‘不可. 句踐食不重味, 弔死問疾, 且能用人, 此人不死, 必爲吳患; 今越, 腹心之疾, 齊猶疥癬耳, 而王不先越, 乃務伐齊, 不亦謬乎?’ 吳王不聽, 伐齊, 大敗齊師於艾陵, 遂與鄒魯之君會以歸, 益疏子胥之言. 其後四年, 吳將復北伐齊, 越王句踐用子貢之謀, 乃率其衆以助吳, 而重寶以獻遺太宰嚭. 太宰嚭既數受越賂, 其愛信越殊甚, 日夜爲言於吳王, 王信用嚭之計, 伍子胥諫曰: ‘夫越, 腹心之疾, 今信其游辭僞詐而貪齊, 譬猶石田, 無所用之, 盤庚曰: “古人有顚越不恭”, 是商所以興也. 願王釋齊而先越, 不然, 將悔之無及也.’ 吳王不聽, 使子胥於齊, 子胥謂其子曰: ‘吾諫王,王不我用, 吾今見吳之滅矣. 女與吳俱亡無爲也.' 乃屬其子於齊鮑氏而歸報吳王. 太宰嚭既與子胥有隙, 因讒曰: '子胥爲人, 剛暴少恩, 其怨望猜賊爲禍也深. 前日王欲伐齊, 子胥以爲不可, 王卒伐之, 而有大功, 子胥計謀不用, 乃反怨望; 今王又復伐齊, 子胥專愎強諫, 沮毀用事, 徼幸吳之敗, 以自勝其計謀耳. 今王自行, 悉國中武力以伐齊, 而子胥諫不用, 因輟佯病不行, 王不可不備, 此起禍不難. 且臣使人微伺之, 其使齊也, 乃屬其子於鮑氏. 夫人臣內不得意, 外交諸侯, 自以先王謀臣, 今不用, 常怏怏, 願王早圖之.' 吳王曰: '微子之言, 吾亦疑之.' 乃使使賜子胥屬鏤之劍, 曰: '子以此死.' 子胥曰: '嗟乎! 讒臣宰嚭爲亂, 王顧反誅我. 我令若父霸, 又若立時, 諸子弟爭立, 我以死爭之於先王, 幾不得立, 若既立, 欲分吳國與我, 我顧不敢當, 然若之何聽讒臣殺長者!' 乃告舍人曰: '必樹吾墓上以梓, 令可以爲器, 而抉吾眼著之吳東門, 以觀越寇之滅吳也', 乃自刺殺. 吳王聞之大怒, 乃取子胥屍, 盛以鴟夷革, 浮之江中, 吳人憐之, 乃爲立祠於江上, 因名曰胥山. 後十餘年, 越襲吳, 吳王還與戰不勝, 使大夫行成於越不許. 吳王將死曰: '吾以不用子胥之言至於此. 令死者無知則已, 死者有知, 吾何面目以見子胥也?' 遂蒙絮覆面而自刎.

9-20은 임금 입장에서 간언하는 신하를 받아들이는 문제로 볼 수 있다. 『논어』「학이(學而)」편에 나오는 공자의 다음 말은 오왕이 명심했어야 하는 내용이다.

공자가 말했다.
"(어떤 사람을 관찰할 때는) 그의 아버지가 살아 계실 때는 그 아들이 아버지를 향하는 뜻을 살피고, 아버지가 돌아가신 경우에는 그 행동을 주의 깊게 지켜봐 3년이 지나도록 아버지가 살아 계실 때 보여준 도리를 조금도 잊지 않고 따른다면 효라고 이를 만하다."

9-21

제나라 간공(簡公)에게 제어앙(諸御鞅)이라는 신하가 있었는데, 간공에게 간언해 말했다.

"전상(田常)과 재여(宰予) 이 두 사람은 서로를 몹시 미워하니, 그들이 서로를 공격하게 될까 봐 두렵습니다. 서로 공격해서 이반하게 되면 위태롭게 될 테니, 안 될 일입니다. 바라건대 임금께서 한 사람을 없애시기 바랍니다."

간공이 말했다.

"미천한 사람이 감히 의견을 낼 일이 아니다."

얼마 안 가서 전상이 과연 재여를 조정 뜰에서 공격하고 조정에서 간공을 해치니, (당시에) 간공이 한숨을 쉬며 탄식해 말했다.

"내가 앙의 말을 쓰지 않았다가 이런 환란에 이르렀도다."

그래서 충성스러운 신하가 하는 말은 잘 살피지 않으면 안 되는 것이다.

齊簡公有臣曰諸御鞅, 諫簡公曰: '田常與宰予, 此二人者甚相憎也, 臣恐其相攻; 相攻離叛而危之, 不可. 願君去一人.' 簡公曰: '非細人之所敢議也.' 居無幾何, 田常果攻宰予於庭, 賊簡公於朝, 簡公喟焉太息曰: '余不用鞅之言以至此患也.' 故忠臣之言, 不可不察也.

9-21은 9-20과 맥락이 이어져 있다.

9-22

노나라 양공(襄公)이 형(荊)나라에 조현하러 가다가 회수(淮水)에 이르러 형나라 강왕(康王)이 졸했다는 소식을 들었다. 공이 돌아가고자 하니 숙중소백(叔仲昭伯)이 말했다.

"임금께서 이렇게 오신 것은 초나라의 위세 때문입니다. 지금 그 왕이 죽었으나 그 위세는 사라지지 않았는데 어찌 돌아가려 하십니까?"

대부들은 모두 돌아가고 싶어 했지만 자복경백(子服景伯)이 말했다.

"그대들이 (임금을 따라) 이렇게 온 것은 국가의 이로움을 위해서요. 그래서 수고로움도 꺼리지 않고 길도 멀다 하지 않았으니, 형나라 명을 따르는 것은 그 위세를 두려워하기 때문이오.

무릇 마땅함을 아는 사람은 진정 남의 기쁜 일에는 경하해주고 남의 슬픈 일에는 위로하는 법인데, 게다가 두려워서 빙문(聘問)하는 나라임에랴! 두려운 위세가 있음을 듣고서 가다가 상사(喪事)가 있음을 듣고서 돌아가 버린다면 누군들 모욕스럽지 않겠소? (형나라는) 미성(芈姓)이 다음 왕위를 이을 것이고 태자 또한 장성했으며 집정 대신들도 바뀌지 않았으니, 임금을 섬기고 정치를 맡아 하면서 이 모욕을 없애기 위해 즉위한 임금을 안정시키고 후대 사람들에게 보이고자 한다면 우리에 대한 복수심은 더욱 커질 것이오. 그런 마음으로 우리 같은 작은 나라와 싸운다면 그 누가 능히 그것을 막아내겠소? 임금을 따르다가 환난에 이르는 것보다는 임금의 뜻을 멀리함으로써 환난을 피하는 것이 훨씬 나을 것이오. 또 군자는 계획을 세운 다음에 일을 행하는 법인데, 여러분은 이에 계획이 있소? 초나라를 막을 방법이 있고 우리나라를 지킬 방비가 있다면 괜찮겠지만, 그렇지 못하다면 형나라에 가는 것만 못 할 것이오."

마침내 형나라로 갔다.

魯襄公朝荊, 至淮, 聞荊康王卒. 公欲還, 叔仲昭伯曰: '君之來也, 爲其威也; 今其王死, 其威未去, 何爲還?' 大夫皆欲還, 子服景伯曰: '子之來也, 爲國家之利也, 故不憚勤勞, 不遠道塗, 而聽於荊也, 畏其威也! 夫義人者, 固將慶其喜而弔其憂, 況畏而聘焉者乎! 聞畏而往, 聞喪而還, 其誰曰非侮也. 芊姓是嗣王, 太子又長矣, 執政未易, 事君任政, 求說其侮, 以定嗣君, 而示後人, 其讎滋大, 以戰小國, 其誰能止之? 若從君而致患, 不若違君以避難, 且君子計而後行, 二三子其計乎? 有御楚之術, 有守國之備, 則可, 若未有也, 不如行!' 乃遂行.

9-22에서 자복경백은 일의 이치, 즉 예(禮)에 입각한 간언을 보여준다.

9-23

(한나라) 효경황제(孝景皇帝) 때 오왕(吳王) 비(濞)가 반란을 일으켰다. 양효왕(梁孝王)의 중랑(中郞) 매승(枚乘)은 자가 숙(叔)인데, 이 소식을 듣고 (오왕에게) 간언해 말했다.

"군왕의 외신 매승이 듣건대 '온전함을 얻는 자는 모두 잘될 것이고 온전함을 잃는 자는 모두 잃게 된다'[014]라고 했습니다. 순(舜)임

014 이 말은 사마천의 『사기(史記)』「전경중완세가(田敬仲完世家)」에서 순우곤(淳于髡)이 한 말이다. 맥락상으로는 신하가 임금을 모심에 있어 예를 온전히 갖추면 몸과 명예가 모두 창성하게 되고, 그렇지 못하면 패망하게 된다는 말이다.

금은 송곳 하나 꽂을 땅이 없었지만, 천하를 소유했고, 우왕(禹王)은 10가구의 봉읍도 없었지만, 제후들을 다스리는 왕이 됐습니다. 탕왕(湯王)이나 무왕(武王)의 땅도 (처음에는) 사방 100리를 넘지 못했지만, 위로는 해·달·별[三光]의 밝음을 끊지 않고 아래로는 백성의 마음을 다치게 하지 않았으니 이는 임금 된 자의 지모[王術]가 있었기 때문입니다. 아버지와 자식의 도리는 또한 하늘이 준 본성[天性]이지만 충성스러운 신하는 무거운 주벌을 피하지 않고서 곧은 간언을 해야 하니, 그리하여 일에 빈틈이 없게 돼 공훈이 만세에 전해지게 되는 것입니다. 신 승(乘)이 바라건대 속마음을 다 터놓고 어리석으나마 충성스러움을 다하고자 하오니, 오직 대왕께서는 신 승의 말에 대해 측은지심을 조금이라도 가져주셨으면 합니다.

'무릇 실 한 가닥의 임무에 천균(鈞)의 무게를 매달아 위로는 끝이 없는 저 높은 곳에 매달고 아래로는 잴 수 없는 저 깊은 곳에 드리운다면, 비록 아주 어리석은 사람이라도 오히려 장차 그것이 끊어지게 될 것임을 알 것입니다. 이는 말이 바야흐로 놀라고 있을 때 북을 쳐서 말을 또 놀라게 하는 격이요, 실이 바야흐로 끊어졌는데 그 위에 또 무거운 것을 올려놓는 격입니다. 만일 저 하늘에 닿은 실의 윗부분이 끊어지면 다시 이을 수 없고 아랫부분이 끊어져 깊은 못에 빠지면 다시 끌어올릴 수 없습니다.'[015]

끌어 올리느냐 끌어 올리지 못 하느냐[016]는 터럭만큼의 차이도 용납하지 않습니다. 만일에 (저와 같은) 충성스러운 신하의 말을 능히 들어주신다면 각종 위험으로부터 반드시 벗어나겠지만, 반드시 원하는

015 저울과 연못의 비유는 『공총자(孔叢子)』에 실려 있는 공자의 말에서 나온 것인데, 『공총자』는 한나라 초기 공자의 9대손이 지었다고 전해진다.

016 이는 곧 반역을 할 것인지 말 것인지를 의미한다.

대로 하고자 하신다면 계란을 쌓아 올리는 것만큼 위태롭고 하늘로 오르는 것보다 더 힘들 것입니다. 그러나 지금 하시고자 하는 바를 바꾸신다면 모든 일은 손바닥 뒤집듯 쉬울 것이고 태산보다 안정될 것입니다. (그런데 대왕께서는) 지금 하늘의 명이 내려준 목숨을 마다하고 무궁한 즐거움을 내팽개친 채 만승의 세력에 달려들어, 손바닥 뒤집기보다 쉽고 태산보다 안정된 것을 버리고서 계란을 쌓아놓은 듯한 위태로움에 올라타시어 하늘로 오르는 어려움을 향해 달려가고자 하시니, 이것이 바로 어리석은 신이 크게 당혹스러워하는 바입니다.

사람의 본성에는 자기 그림자를 두려워하고 자기 발자국을 싫어하는 바가 있어서 이것들을 벗어나고자 달아날수록 발자국은 더 많아지고 그림자는 더 빨라지니, 그늘에 들어가서 가만히 있으면 그림자도 사라지고 발자국도 나지 않는다는 것을 (사람들은) 알지 못합니다.[017] 말을 듣지 못하게 하고 싶으면 말을 말아야 하고, 남들이 알지 못하게 하고 싶으면 아무런 행동도 하지 말아야 하는 법입니다. 끓는 물을 식히고자 할 경우, 만일 한 사람이 불을 때고 100명이 부채질을 한다 해도 아무 소용이 없고 오직 장작의 불을 끄는 것만 함이 없습니다. 이것을 저기서 끊지 않고 여기서 구하려 한다면, 이는 비유컨대 마치 섶을 지고서 불을 끄겠다고 하는 것과 같습니다. 양유기(養由基)는 초(楚)나라의 활 잘 쏘는 사람인데, 100걸음 밖에서 버드나무 잎을 쏘면 백발백중이었다고 합니다. 버드나무 같은 (작은) 크기의 물건을 100번 다 맞혔으니 뛰어난 궁사[善射]라 할 만합니다. 그러나 그 거리라는 게 100보에 그칠 뿐이었으니, 신 승(乘)과 비교해본다면 활을 쥘 줄도 모르고 화살을 다룰 줄도 모르는 것과 같습니다. (신의 멀리 내

017 이는 『장자(莊子)』 「어부(漁父)」편에 나오는 말을 압축한 내용이다.

다보는 능력은 100보에 그치지 않습니다.)

복(福)이 생겨나는 것에는 기반[基]이 있고, 화(禍)가 생겨나는 것에는 태반[胎]이 있습니다. 그 기반을 받아들이고 그 태반을 끊어버린다면 화가 어찌 스스로 찾아오겠습니까? 태산의 낙숫물[霤]이 바위를 뚫고 우물의 두레박줄이 난간을 자른다고 했습니다. 물은 돌을 자르는 끌이 아니고 줄은 나무를 자르는 톱이 아닌데, 점점 갈리다 보니 그렇게 되는 것입니다. 무릇 저울을 눈금 단위로 달 경우 석(石)에 이르면 반드시 차이가 생기고 길이를 촌 단위로 잴 경우 장(丈)에 이르면 반드시 지나침이 생기니, 석 단위로 무게를 달고 장 단위로 길이를 재면 곧바로 모자라거나 짧은 것을 알 수 있습니다. 무릇 열 아름의 큰 나무도 처음에는 산나물과 다름없어 얼마든지 긁어내거나 손으로 뽑을 수 있으니, 아직 제대로 자라지 않았을 때라야 미리 그 형체를 없애버릴 수 있습니다. 숫돌에 갈면 그 줄어듦이 보이지는 않으나 시간이 지나면 결국 다 닳아 없어질 것이고, 나무를 심어서 기를 때도 커가는 것이 보이지는 않으나 시간이 지나면 결국 크게 자라게 됩니다. 이와 마찬가지로, 다움을 쌓고 행실을 다지는 것도 그 좋아지는 바를 알 수는 없지만, 시간이 지나면 결국 쓰이게 되고, 의로움을 저버리고 이치를 등지는 것도 그 나빠지는 바를 알 수는 없지만, 시간이 지나면 결국 망하게 됩니다.

신은 바라건대, 대왕께서는 곰곰이 계책을 세우시어 그것을 몸소 행하셔야 합니다. 이것은 100세대가 흘러도 변치 않는 도리입니다."

오왕은 듣지 않았다가 결국 단도(丹徒)에서 죽었다.

孝景皇帝時, 吳王濞反, 梁孝王中郎枚乘字叔聞之, 爲書諫王, 其辭曰: '君王之外臣乘, 竊聞得全者全昌, 失全者全亡. 舜無立錐之地, 以有天下; 禹無十戶之聚, 以王諸侯. 湯武之地, 方不過百里, 上不絕三光之明,下不傷百姓之心者, 有王術也! 故父子之道, 天性也, 忠臣不敢避誅以直諫, 故事無廢棄而功流於萬世也. 臣誠願披腹心而效愚忠, 恐大王不能用之, 臣誠願大王少加意念惻怛之心於臣乘之言. 夫以一縷之任, 係千鈞之重, 上懸之無極之高, 下垂不測之淵, 雖甚愚之人, 且猶知哀其將絕也. 馬方駭而重驚之, 係方絕而重鎮之; 係絕於天, 不可復結; 墜入深淵, 難以復出; 其出不出, 間不容髮! 誠能用臣乘言, 一擧必脫; 必若所欲爲, 危如重卵, 難於上天; 變所欲爲, 易於反掌, 安於太山. 今欲極天命之壽, 弊無窮之樂, 保萬乘之勢, 不出反掌之易, 以居太山之安; 乃欲乘重卵之危, 走上天之難, 此愚臣之所大惑也! 人性有畏其影而惡其跡者, 卻背而走無益也, 不如就陰而止, 影滅跡絕. 欲人勿聞, 莫若勿言; 欲人勿知, 莫若勿爲. 欲湯之冷, 令一人炊之, 百人揚之, 無益也; 不如絕薪止火而已. 不絕之於彼, 而救之於此, 譬猶抱薪救火也. 養由基, 楚之善射者也. 去楊葉百步, 百發百中, 楊葉之小, 而加百中焉, 可謂善射矣, 所止乃百步之中耳, 比於臣未知操弓持矢也. 福生有基, 禍生有胎; 納其基, 絕其胎; 禍何從來哉? 泰山之溜穿石, 引繩久之乃以挈木; 水非石之鑽, 繩非木之鋸也, 而漸靡使之然. 夫銖銖而稱之, 至石必差; 寸寸而度之, 至丈必過; 石稱丈量, 徑而寡失. 夫十圍之木, 始生於蘖, 可引而絕, 可擢而拔, 據其未生, 先其未形; 磨礱砥礪, 不見其損, 有時而盡; 種樹畜長, 不見其益, 有時而大; 積德修行, 不知其善, 有時而用; 行惡爲非, 棄義背理, 不知其惡, 有時而亡. 臣誠願大王孰計而身行之, 此百王不易之道也.' 吳王不聽, 卒死丹徒.

9-23에서 매승은 다양한 일의 이치를 들면서 직간(直諫)의 전형을 보여주었다.

9-24

오왕이 백성과 어울려 술을 마시려 하니 오자서가 간언해 말했다.

"안 됩니다. 옛날에 백룡(白龍)이 맑고 차가운 연못에 내려와서 물고기로 바뀌자 어부 예저(豫且)가 그 눈을 쏘아 맞혔는데, 백룡이 하늘로 올라가 천제에게 하소연했습니다. 그때 천제가 말했습니다.

'그 순간에 너는 어디서 어떤 모습을 하고 있었느냐?'

백룡이 대답했습니다.

'저는 맑고 차가운 연 속에 내려가 물고기로 변해 있었습니다.'

천제가 말했습니다.

'물고기란 원래 사람들이 작살을 쏘는 것이다. 그렇다면 예저에게 무슨 죄가 있느냐.'

무릇 백룡이란 천제가 귀하게 기르는 물건이고, 예저는 송나라의 미천한 신하입니다. 백룡이 물고기로 바뀌지 않았더라면 예저가 쏘는 일도 없었을 것입니다. 지금 만승의 지위를 버리시고 포의의 일반 선비들과 어울려 술을 마시게 되면 혹시라도 예저의 환난이 있을까 두렵습니다."

왕이 마침내 그쳤다.

吳王欲從民飮酒, 伍子胥諫曰: '不可. 昔白龍下淸冷之淵, 化爲魚, 漁者豫且射中其目. 白龍上訴天帝, 天帝曰: "當是之時, 若安置而形?" 白龍對曰: "我下淸冷之淵化爲魚." 天帝曰: "魚固人之所射也; 若是, 豫且何罪?" 夫白龍, 天帝貴畜也; 豫且, 宋國賤臣也. 白龍不化, 豫且不射; 今棄萬乘之位而從布衣之士飮酒, 臣恐其有豫且之患矣.' 王乃止.

9-24는 우화(寓話)를 동원한 직간(直諫)이다. 일종의 풍간(諷諫)이라 할

수 있다.

9-25

공자가 말했다.

"좋은 약은 입에 쓰지만, 병에는 이롭고, 충직한 말은 귀에는 거슬리지만 일을 행하는 데는 이롭다. 그래서 무왕(武王)은 맘껏 직언할 수 있게 해서 창성했고, 주왕은 신하들 입을 틀어막아서 멸망했다. 임금에게 직언하는 신하가 없고 아버지에게 직언하는 자식이 없고 형에게 직언하는 동생이 없고 지아비에게 직언하는 지어미가 없고 선비에게 직언하는 벗이 없으면, 이는 그 패망을 서서 기다리는 것이나 마찬가지다. 그래서 말하기를, 임금이 잘못하면 신하가 그것을 바로잡아주고 아버지가 잘못하면 자식이 그것을 바로잡아주고 형이 잘못하면 동생이 그것을 바로잡아주고 지아비가 잘못하면 지어미가 그것을 바로잡아주고 선비가 잘못하면 벗이 그것을 바로잡아준다고 했다. 그렇기 때문에 나라는 망하지 않고 집 안은 깨지지 않고 아버지는 도리를 거스르지 않고 아들은 도리를 어지럽히지 않고 형은 방탕하지 않고 동생은 버림받지 않고 지아비는 광망하지 않고 지어미는 음란하지 않고 선비들 간에는 교제를 끊거나 관계가 엉망이 되는 일이 없다."

孔子曰: '良藥苦於口, 利於病; 忠言逆於耳, 利於行. 故武王諤諤而昌, 紂嘿嘿而亡. 君無諤諤之臣, 父無諤諤之子, 兄無諤諤之弟, 夫無諤諤之婦, 士無諤諤之友; 其亡可立而待. 故曰君失之, 臣得之; 父失之, 子得之; 兄失之, 弟得之; 夫失之, 婦得之; 士失之, 友得之. 故無亡國破家·悖父亂

子·放兄棄弟·狂夫淫婦·絕交敗友.'

9-25는 군군신신부부자자(君君臣臣父父子子)로 돌아가는 길이 결국은 간언에 있음을 보여준다.

9-26

안자가 경공에게 물었다.

"조정에 계실 때 엄하게 하십니까?"

공이 말했다.

"조정에 있을 때 엄하면 국가에 무슨 해로움이 있겠는가?"

안자가 대답해 말했다.

"조정에 계실 때 엄하게 하시면 아랫사람들은 말을 하지 못하고, 아랫사람들이 말을 하지 못하면 위에서는 나라의 실상을 듣지 못합니다. 아래에서 말을 하지 못하는 것을 벙어리라 하고, 위에서 실상을 듣지 못하는 것을 귀머거리라 합니다. (위아래가) 귀머거리와 벙어리가 된다면 나라를 다스리는 데 해가 되지 않고 어찌 되겠습니까? 콩이나 좁쌀 같은 작은 것들이 모두 모여서 창고를 가득 채우고, 성긴 실들이 교직되어 장막을 이루는 법이며, 태산의 높이도 돌 하나로 된 것이 아니고 낮은 곳에 돌들이 쌓인 다음에야 높아진 것입니다. 무릇 천하를 다스리는 자는 한 사람만의 말을 써서는 안 되니, 실로 받아들여서 쓰지 않을지언정 어찌 (처음부터) 막아서 들어올 수 없게 해야겠습니까?"

晏子復於景公曰: '朝居嚴乎?' 公曰: '朝居嚴, 則曷害於國家哉?' 晏子對曰: '朝居嚴, 則下無言, 下無言, 則上無聞矣. 下無言則謂之暗, 上無聞則謂之聾; 聾暗則非害治國家如何也? 具合菽粟之微以滿倉廩, 合疏縷之緯以成幃幕, 太山之高, 非一石也, 累卑然後高也. 夫治天下者, 非用一士之言也, 固有受而不用, 惡有距而不入者哉?'

9-26은 먼저 윗사람이 듣고자 하는 자세를 갖춰야 함을 말하고 있다. 그 점을 보여주는 것이 바로 『논어』 「학이(學而)」편에 나오는 "유붕자원방래(有朋自遠方來) 불역낙호(不亦樂乎)"라는 구절이다. 아직도 "먼 데서 벗이 찾아오면 이 또한 즐겁지 아니한가?"라는 몽매한 해석 속에서 허우적거리고 있는 "유붕자원방래 불역낙호"는, 실은 신하가 직언이나 직간을 하면 임금은 진심으로 즐거워하라는 권고다. 여기서 원(遠)은 먼 곳이 아니라 공적인 영역을 말한다. 임금은 늘 근신·후궁·환관 등 가까운 사람들에 둘러싸여 있게 마련이다. 이럴 때 그냥 벗이 아니라 신임하는 동지가 멀리 가서 사람들이 자유롭게 떠드는 말을 듣고 와서 전해줄 때, 그것을 배척하거나 싫어하지 않고 오히려 진심으로 즐거워해야만 다음에도 바른말을 할 수 있다는 뜻이다. 설마 공자가 멀리서 온 벗은 잘해주고 가까이에서 온 벗은 대충해주라고 이런 말을 했겠는가!

권10

경신[敬愼]

삼가고 조심함

10-1

존망과 화복은 그 요체가 몸가짐에 달려 있기에 (공자 같은) 빼어난 이가 거듭 경계했으니, (망하고 화를 불러들이는 것은) 삼감과 조심함을 소홀히 하기 때문이다. 『중용』에 이르기를 "은미한 것보다 훤히 드러나는 것은 없다. 그래서 군자는 능히 그 홀로 있을 때도 조심한다"라고 했고, 속담에 이르기를 "경계하면 허물을 짓지 않고, 깊이 사려하면 치욕을 당하지 않는다"라고 했다. 무릇 경계하지 않고 깊이 사려하지 않고서 몸을 보전하고 나라를 온전하게 하는 일은 실로 어렵다. 『시경』(「소아(小雅)·소민(小旻)」편)에 이르기를 "전전긍긍해, 마치 깊은 연못가에 있는 듯이 하고 얇은 얼음을 밟는 듯이 하라"라고 했으니, 이를 가리키는 것이다.

存亡禍福, 其要在身, 聖人重誡, 敬愼所忽. 中庸曰: '莫見乎隱, 莫顯乎微; 故君子能愼其獨也.' 諺曰: '誡無垢, 思無辱.' 夫不誡不思而以存身全國者亦難矣. 詩曰: '戰戰兢兢, 如臨深淵, 如履薄冰.' 此之謂也.

10-1에서 말하는 은미함이란 곧 사람의 깊은 마음속을 뜻한다. 그리고 삼감과 조심함은 한 사람의 다움(德)의 근본이자 시작이다.

『논어』「태백(泰伯)」편에 『시경』의 이 구절이 똑같이 인용된다. 그 문맥을 살펴야 한다.

증자(曾子)가 병환이 있자 문하 제자들을 불러 이렇게 말했다.

"이불을 걷어내고서 나의 발과 손을 보라. 『시경』에 이르기를 '두려워하고 또 두려워하며 조심하고 또 조심해(戰戰兢兢), 마치 깊은 연못가에 있는 듯이 하고 얇은 얼음을 밟는 듯이 하라'라고 했는데, (내 그 뜻에서 크게 벗어나지 않으며 살았기에) 이제야 나는 (형륙이나 신체 훼손을) 면하게 되었다는 것을 알겠도다, 제자들아!"

공자의 제자 증자가 자신은 평생토록 경신(敬愼)하는 삶을 살았음을 제자들에게 보여준 것이다.

또 「공야장(公冶長)」편에는 공자가 이 책에 많이 등장한 안영(晏嬰)에 대해 평하는 대목이 실려 있다.

공자가 말했다.
"안평중(晏平仲)은 사람들과 잘 사귀었다. 사이가 오래되어도 삼가는 마음을 잃지 않았다〔久而敬之〕."

10-2

옛날에 (주나라) 성왕(成王)이 주공(周公)을 봉했으나 주공이 사양하며 받지 않자 마침내 주공의 아들 백금(伯禽)을 노(魯)나라에 봉했다. (백금이) 장차 하직 인사를 드리고 떠나려는데 주공이 그를 경계시켜 말했다.

"가거라! 너는 이에 노나라를 갖고서 선비들에게 교만하게 대해서는 안 될 것이다. 나는 문왕(文王)의 아들이자 무왕(武王)의 동생이며 지금 왕의 숙부로서 또한 천자를 돕고 있으므로, 나는 천하에서 그 지위가 실로 가볍지 않다. 그러나 일찍이 한 번 머리를 감으면서 (뛰어난 선비가 찾아왔다고 하면) 세 번이나 머리카락을 잡고 나왔고 한 번 밥을 먹으면서 (뛰어난 선비가 찾아왔다고 하면) 세 번이나 입에 있는 음식을 뱉어내었으니, 그러면서도 오히려 천하의 뛰어난 선비들을 잃게 될까 두려워했다.

내가 듣건대, 다움과 행실이 넓고도 큰데도 공손함으로써 자기를 지키는 자는 영예롭고, 땅이 넓고 넉넉한데도 검소함으로써 자기를 지키는 자는 평안하며, 복록과 지위가 높은데도 겸손함으로써 자기를 지키는 자는 존귀하고, 병력이 많고 강한데도 두려움을 갖고서 자기를 지키는 자는 승리하며, 귀 밝고 눈 밝고 일에 밝고 사람에 밝으면서도 어리석음으로써 자기를 지키는 자는 유익하고, 널리 듣고 많이 기억하면서도 낮춤으로써 자기를 지키는 자는 넓다고 했다. 이 여섯 가지 지켜야 할 바는 모두 겸손이라는 다움이다. 무릇 귀함으로는 천자이고 부유함으로는 사해를 소유하고서도 겸손하지 못한 자는 천하보다 먼저 자기 몸이 망하게 되니, 걸주(桀紂)가 이들이다. 조심하지 않을 수 있겠는가! 『역』에 이르기를 '한 가지 도리만 있어도 크게는 족히 천하를 지킬 수 있고 중간으로는 족히 국가를 지킬 수 있으며 작게는 족히 자기 몸을 지킬 수 있다'라고 했으니, 한 가지 도리란 겸손함을 말한 것이다.

무릇 하늘의 도리는 가득 찬 것을 이지러지게 하고 겸손함을 더해주며, 땅의 도리는 가득 찬 것을 바꿔 겸손한 쪽으로 흐르게 한다. 귀신은 가득 찬 것을 해치고 겸손한 것에는 복을 주며, 사람의 도리는 가득 찬 것을 미워하고 겸손함을 좋아한다.[018] 이 때문에 옷을 지을 때는 옷깃의 한쪽을 남겨두고 궁실을 지을 때는 한구석을 비워두며 방을 만들 때는 덧칠을 하는 것이다. 이는 아직 다 완성되지 않았음을 보여주는 것이니, 하늘의 도리가 바로 그러하다. 『역』에 이르기를 '겸손하면 형통하니, 군자는 잘 마침이 있어 길하다'라고 했고, 『시

018 이는 뒤에도 나오는데, 공자가 주공의 이 말을 인용해 겸괘(謙卦)를 풀이했다.

경』(「상송(商頌)·장발(長發)」편)에 이르기를 '탕왕(湯王)이 자신을 낮춤을 조금도 지체하지 않으니, 빼어난 삼감이 날로 높아졌도다'라고 했다. 이에 경계해야 할 것이다. 너는 이에 노나라를 갖고서 선비들에게 교만하게 대해서는 안 될 것이다."

昔成王封周公, 周公辭不受, 乃封周公子伯禽於魯. 將辭去, 周公戒之曰: '去矣! 子其無以魯國驕士矣. 我, 文王之子也, 武王之弟也, 今王之叔父也, 又相天子, 吾於天下亦不輕矣. 然嘗一沐三握髮, 一食而三吐哺, 猶恐失天下之士. 吾聞之曰: 德行廣大而守以恭者榮, 土地博裕而守以儉者安, 祿位尊盛而守以卑者貴, 人衆兵強而守以畏者勝, 聰明睿智而守以愚者益, 博聞多記而守以淺者廣; 此六守者, 皆謙德也. 夫貴爲天子, 富有四海, 不謙者先天下亡其身, 桀紂是也, 可不愼乎! 故易曰, 有一道, 大足以守天下, 中足以守國家, 小足以守其身, 謙之謂也. 夫天道毁滿而益謙, 地道變滿而流謙, 鬼神害滿而福謙, 人道惡滿而好謙. 是以 衣成則缺衽, 宮成則缺隅, 屋成則加錯; 示不成者, 天道然也. 易曰: "謙亨, 君子有終吉." 詩曰: "湯降不遲, 聖敬日躋." 其戒之哉! 子其無以魯國驕士矣.'

10-2에서 주공이 백금에게 당부한 이 말은 『논어』 「미자(微子)」편에 있는 주공의 말과 상호 보완을 이룬다.

주공이 아들 노공(魯公-백금)에게 말했다.
"참된 군주는 그 친척을 버리지 않으며, 대신으로 하여금 써주지 않는 것을 원망하지 않게 하며, 선대왕의 옛 신하들이 큰 문제[大故]가 없는 한 버리지 않으며, 한 사람에게 모든 것이 갖춰져 있기를 바라지 않는다[無求備於一人]."

이 모든 것을 행함에 있어서의 마음가짐은 '경신(敬愼)', 한 글자로는 '겸(謙)'에 귀결되는 것이다.

또 『주역』에서 겸괘(謙卦)는 6효가 모두 주공의 삶을 체현하고 있다. 명(明-눈 밝음)은 임금에게, 직(直-곧은 마음)은 신하에게 각기 요구되는 군덕(君德)과 신덕(臣德)이므로, 겸(謙)은 임금과 신하 모두에게 공통으로 요구되는 다움이라 할 수 있다.

10-3

공자(孔子)가 『주역』을 읽다가 손괘(損卦, ䷨)와 익괘(益卦, ䷩)에 이르러 한숨을 쉬며 탄식하니, 자하(子夏)가 자리에서 일어나 물었다.

"스승님께서는 어찌 탄식을 하십니까?"

공자가 말했다.

"무릇 스스로를 덜어내는 자는 더하게 되고 스스로를 더하려는 자는 모자라게 되니, 나는 이 때문에 탄식하는 것이다."

자하가 말했다.

"그렇다면 배우는 자는 더해서는 안 되는 것입니까?"

공자가 말했다.

"그렇지 않다. 하늘의 도리에 따르면 다 이룬 것은 일찍이 오래갈 수가 없는 법이다. 무릇 배우는 자는 자기를 비워서 그것을 받아들이니, 그래서 얻을 수 있다고 말하는 것이다. 만약에 가득 찬 것을 지키는 도리를 알지 못하면 천하의 좋은 말들이 그의 귀에 들어오지 못할 것이다.

옛날에 요(堯)임금은 천자의 자리에 올랐으나 오히려 진실로 공손함으로써 그것을 지켰고 자기를 비워 고요한 마음으로 아랫사람을 대했다. 그래서 100년이 지나도 더욱 창성했고 지금도 더욱 훤히 드러나는 것이다. (반면에) 곤오(昆吾)는 스스로 잘났다고 여겨 자만했고 높은 곳까지 다 올라갔는데도 이런 오만이 수그러들지 않았다. 그래서 당시에는 허물어지고 실패했으며 지금도 더욱 악명을 날리고 있는 것이다. 이것이 바로 손괘와 익괘(혹은 덜어냄과 더함)의 징험이 아니겠는가? 나는 그러므로 겸손함이란 공손함을 지극히 해서 자기 지위를 보존하는 방도라고 말하는 것이다.

무릇 풍(豐-넉넉함)이란 밝음이자 움직임이니 그래서 능히 크다고 할 수 있는데, 큰 것은 쪼그라들게 마련이다. 나는 이를 경계한다. 그러므로 말하기를 해가 정오가 되면 기울고 달이 차면 이지러진다고 하니, 하늘과 땅이 가고 기우는 것도 때와 더불어 소멸하고 자라는 것이다. 이 때문에 빼어난 이는 감히 성대한 자리에 자기를 두지 않았다. 수레를 탈 때도 세 사람을 만나면 수레에서 내리고 두 사람을 만나면 가로막대에 몸을 기대 예를 표함으로써 가득 참과 비움을 조절했다. 그랬기에 빼어난 이들은 능히 장구할 수 있었다."

자하가 말했다.

"좋습니다. 청컨대 평생토록 이 말씀을 외워 잊지 않겠습니다."

孔子讀易至於損益, 則喟然而歎. 子夏避席而問曰: '夫子何爲歎?' 孔子曰: '夫自損者益, 自益者缺, 吾是以歎也.' 子夏曰: '然則學者不可以益乎?' 孔子曰: '否, 天之道成者, 未嘗得久也. 夫學者以虛受之, 故曰得, 苟不知持滿, 則天下之善言不得入其耳矣. 昔堯履天子之位, 猶允恭以持之, 虛靜以待下, 故百載以逾盛, 迄今而益章. 昆吾自臧而滿意, 窮高而不衰, 故當時而虧敗, 迄今而逾惡. 是非損益之徵與? 吾故曰謙也者, 致恭以存其位者也. 夫豐明而動故能大, 苟大則虧矣, 吾戒之, 故曰: 日中則昃, 月盈則食, 天地盈虛, 與時消息; 是以 聖人不敢當盛. 升輿而遇三人

則下, 二人則軾, 調其盈虛, 故能長久也.' 子夏曰: '善, 請終身誦之.'

10-3은 『논어』「양화(陽貨)」편에 나오는 다음 대화에 관한 풀이라 해도 될 것이다.

공자가 말했다.

"나는 더는 말을 하고 싶지 않다."

이에 자공이 말했다.

"스승님께서 말씀을 안 하시면 저희들이 어떻게 스승님의 도리를 배워 후대에 전하겠습니까?"

공자가 말했다.

"하늘이 무슨 말씀을 하던가? 사시가 운행되고 온갖 생물이 나고 자란다. 하늘이 무슨 말씀을 하던가?"

그렇다면 공자가 전하려던 말씀은 겸(謙) 한 글자였다고 할 수 있다.

10-4

공자가 주묘(周廟-문왕 사당)를 관람하는데, 의기(欹器)가 있는 것을 보고서 사당지기에게 물었다.

"이는 뭐 하는 기물이요?"

대답해 말했다.

"아마도 오른쪽에 두는 기구일 겁니다."

공자가 말했다.

"내가 듣건대 오른쪽에 두는 기구는 가득 차면 엎어지고 비면 기울고[欹] 알맞게 차면 바르게 된다고 했는데, 맞는가요?"

대답해 말했다.

"그렇습니다."

공자가 자로(子路)를 시켜 물을 갖고 와서 시험해보게 하니, (실제로) 가득 차면 엎어지고 비면 기울고 알맞게 차면 바르게 섰다. 공자가 한숨을 쉬고 탄식해 말했다.

"아, 어찌 가득 차고도 엎어지지 않는 자가 있겠는가!"

자로가 말했다.

"감히 묻겠습니다. 가득 차고도 그대로 유지할 수 있는 도리가 있습니까?"

공자가 말했다.

"가득 차고도 그대로 유지할 수 있는 도리란 떠내고 덜어내는 것이다."

자로가 말했다.

"덜어내는 데도 도리가 있습니까?"

공자가 말했다.

"높은 자리에 있으면서도 능히 자기를 낮출 수 있고, 가득 찼으면서도 능히 비울 줄 알고, 부유하면서도 능히 검소할 수 있고, 귀하면서도 능히 낮출 수 있고, 지혜로우면서도 능히 어리석은 듯이 처신할 수 있고, 용맹스러우면서도 능히 겁쟁이인 듯이 할 수 있고, 말을 잘하면서도 능히 어눌할 수 있고, 학식이 넓으면서도 얕은 사람인 듯이 할 수 있고, 눈 밝으면서도 능히 어두운 사람인 듯이 할 수 있다면, 이를 일러 덜어내면서도 극에는 이르지 않는 것이라 한다. 능히 이런 도리를 행할 수 있는 것은 오직 지극한 다움[至德]을 갖춘 자만이 미칠 수 있다. 『역』에 이르기를 '덜어내지 않으면서도 더하기 때문에 손(損-덜어냄)이고, 스스로 덜어내어 일을 잘 끝마치기 때문에 익(益-더함)이다'라고 했다."

孔子觀於周廟而有欹器焉, 孔子問守廟者曰: '此爲何器?' 對曰: '蓋爲右坐之器.' 孔子曰: '吾聞右坐之器, 滿則覆, 虛則欹, 中則正. 有之乎?' 對曰: '然.' 孔子使子路取水而試之, 滿則覆, 中則正, 虛則欹. 孔子喟然嘆曰: '嗚呼! 惡有滿而不覆者哉!' 子路曰: '敢問持滿有道乎?' 孔子曰: '持滿之道, 挹而損之.' 子路曰: '損之有道乎?' 孔子曰: '高而能下, 滿而能虛, 富而能儉, 貴而能卑, 智而能愚, 勇而能怯, 辯而能訥, 博而能淺, 明而能闇; 是謂損而不極. 能行此道, 唯至德者及之. 易曰: "不損而益之, 故損; 自損而終, 故益."'

10-4는 공자가 문왕의 사당을 찾았을 때의 이야기다. 『논어』「팔일(八佾)」편에는 공자가 주공의 사당을 찾는 장면이 나온다.

공자가 주공의 사당인 태묘에 가서 매사(每事)를 물었다. 이때 사당지기가 말했다.
"과연 누가 당신 같은 추 땅의 자식을 예(禮)를 아는 사람이라고 했는가? 태묘에 들어와 매사를 물어대지 않는가?"
공자가 이 말을 듣고서 말했다.
"이렇게 매사를 물어보는 것이 바로 예다."

이것이 바로 공자 자신이 말한 "학식이 넓으면서도 얕은 사람인 듯이 할 수 있고"에 해당하는 덜어내는 도리이자 겸(謙)이다.

10-5

상창(常摐)이 위중한 병에 걸리자 노자(老子)가 가서 문안하며 말했다.

"선생의 병이 매우 위중하시니, 제자들에게 남겨줄 만한 가르침이 없으신지요?"

상창이 말했다.

"그대가 묻지 않아도 내가 장차 그대에게 말하려 했네."

이어 말했다.

"자기 고향을 지나가면서 수레에서 내리는데, 그대는 그 이유를 아는가?"

노자가 말했다.

"자기 고향을 지나가면서 수레에서 내리는 것은 고향을 잊지 않아서이기 때문이 아니겠습니까?"

상창이 말했다.

"아 맞는 말이네."

상창이 말했다.

"높은 나무를 지나가면서 종종걸음을 하는데, 그대는 그 이유를 아는가?"

노자가 말했다.

"높은 나무를 지나가면서 종종걸음을 하는 것은 노인을 공경해서이기 때문이 아니겠습니까?"

상창이 말했다.

"아 맞는 말이네."

그러고는 자기 입을 벌려 노자에게 보여주면서 말했다.

"내 혀가 있는가?"

노자가 말했다.

"있습니다."

"내 이빨은 있는가?"

노자가 말했다.

"없습니다."

상창이 말했다.

"그대는 그 이유를 아는가?"

노자가 말했다.

"무릇 혀가 남아 있을 수 있었던 것이 어찌 그것이 부드럽기 때문이 아니겠습니까? 이빨이 없어진 것이 어찌 그것이 굳세기 때문이 아니겠습니까?"

상창이 말했다.

"아 맞는 말이네. 천하의 일은 이미 다했으니 그대에게 더 해줄 말은 없다네."

常摐有疾, 老子往問焉, 曰: '先生疾甚矣, 無遺教可以語諸弟子者乎?' 常摐曰: '子雖不問, 吾將語子.' 常摐曰: '過故鄉而下車, 子知之乎?' 老子曰: '過故鄉而下車, 非謂其不忘故耶?' 常摐曰: '嘻, 是已.' 常摐曰: '過喬木而趨, 子知之乎?' 老子曰: '過喬木而趨, 非謂其敬老耶?' 常摐曰: '嘻, 是已.' 張其口而示老子曰: '吾舌存乎?' 老子曰: '然.' '吾齒存乎?' 老子曰: '亡.' 常摐曰: '子知之乎?' 老子曰: '夫舌之存也, 豈非以其柔耶? 齒之亡也, 豈非以其剛耶?' 常摐曰: '嘻, 是已. 天下之事已盡矣, 無以復語子哉!'

10-5에서 상창은 노자와의 대화에서 비유를 들어 겸손함의 중요성을 보여준다.

10-6

(진(晉)나라 대부) 한평자(韓平子)가 숙향(叔向)에 물었다.

"굳센 것과 부드러운 것 중에서 어느 것이 더 견고합니까?"

대답해 말했다.

"신의 나이가 80인데, 이빨은 빠지고 또 빠졌지만, 혀는 아직 남아 있습니다. 노담(老聃-일설에는 노자)이 말하기를 '천하의 지극한 부드러움이라야 천하의 지극히 견고한 곳을 마구 내달릴 수 있다'라고 했고, 또 말하기를 '사람이 살아 있을 때는 부드럽고 약하지만 죽게 되면 굳세고 강해진다. 만물초목도 살아 있을 때는 부드럽고 무르지만 죽게 되면 말라서 딱딱해진다'라고 했습니다. 이로써 살펴보건대, 부드럽고 약한 것은 살아 있는 부류이고 굳세고 강한 것은 죽은 부류입니다. 무릇 살아 있는 것은 훼손되면 반드시 복원되지만 죽은 것은 깨지면 더 망가집니다. 나는 이를 통해 부드러움이 굳셈보다 견고함을 알고 있습니다."

평자가 말했다.

"좋습니다. 그렇다면 그대는 일을 행할 때 어느 쪽을 따르렵니까?"

숙향이 말했다.

"신 또한 부드러움을 따를 뿐 어찌 굳셈을 행하겠습니까?"

평자가 말했다.

"부드러움이란 물러터짐이 아니겠습니까?"

숙향이 말했다.

"부드러움은 감아 묶어도 부러지지 않고 모가 나긴 해도 이지러지지 않으니, 어찌 무르다 하겠습니까? 하늘의 도리에서는 미약함이 이깁니다. 이 때문에 두 군대가 서로 붙게 되면 부드러운 군대가 이기고, 두 적수가 이익을 다투면 약한 쪽이 얻게 됩니다. 『역』에 이르기를 '하늘의 도리는 가득 찬 것을 이지러지게 하고 겸손함을 더해주며, 땅의 도리는 가득 찬 것을 바꿔 겸손한 쪽으로 흐르게 한다. 귀신은 가득 찬 것을 해치고 겸손한 것에는 복을 주며, 사람의 도리는 가득 찬 것을 미워하고 겸손함을 좋아한다'[019]라고 했습니다. 무릇 겸손한 마음을 품고 늘 스스로를 부족하게 여겨서 부드럽고 약하게 행동한다면 『역』에서 말한 네 가지 도리가 도와줄 것이니, 그렇다면 어디로 간들 그 뜻을 얻지 못하겠습니까?"

평자가 말했다.

"좋은 말씀입니다."

韓平子問於叔向曰: '剛與柔孰堅?' 對曰: '臣年八十矣, 齒再墮而舌尚存. 老聃有言曰: "天下之至柔, 馳騁乎天下之至堅." 又曰: "人之生也柔弱, 其死也剛強; 萬物草木之生也柔脆, 其死也枯槁." 因此觀之, 柔弱者生之徒也, 剛強者死之徒也. 夫生者毀而必復, 死者破而愈亡; 吾是以 知柔之堅於剛也.' 平子曰: '善哉! 然則子之行何從?' 叔向曰: '臣亦柔耳, 何以剛爲?' 平子曰: '柔無乃脆乎?' 叔向曰: '柔者紐而不折, 廉而不缺, 何爲脆也? 天之道, 微者勝, 是以 兩軍相加而柔者克之; 兩仇爭利而弱者得焉. 易曰: "天道虧滿而益謙, 地道變滿而流謙, 鬼神害滿而福謙, 人道惡滿而好謙", 夫懷謙不足之, 柔弱而四道者助之, 則安往而不得其志乎?' 平子曰: '善!'

019 원래 이 말은 주공이 한 말인데, 뒤에 공자가 겸괘(謙卦)에 대한 문왕의 단사(彖辭)를 풀어내면서 이 말을 다시 활용했다.

10-7

(제나라) 환공(桓公)이 말했다.

"쇠가 너무 굳세면 부러지고, 가죽이 너무 굳세면 찢어지며, 남의 임금 된 자가 너무 굳세면 나라가 멸망하고, 남의 신하 된 자가 너무 굳세면 벗과의 관계가 끊어진다. 무릇 너무 굳세면 화합하지 못하고, 화합하지 못하면 쓸 수가 없다. 이 때문에 말 4마리가 화순하지 못하면 먼 길을 가지 못하고, 부자가 화합하지 못하면 그 대(代)에 파멸을 맞으며, 형제가 화합하지 못하면 오랫동안 함께할 수가 없고, 부부가 화합하지 못하면 집안이 크게 흉하게 된다. 『역』에 이르기를 '두 사람이 마음을 같이하니 그 날카로움[利]이 쇠를 자른다[斷金]'라고 했으니, 이는 너무 굳세지 않기 때문이다."

桓公曰: '金剛則折, 革剛則裂; 人君剛則國家滅, 人臣剛則交友絕. 夫剛則不和, 不和則不可用. 是故 四馬不和, 取道不長; 父子不和, 其世破亡; 兄弟不和, 不能久同; 夫妻不和, 家室大凶. 易曰: "二人同心, 其利斷金", 由不剛也.'

10-7에서 인용한 『주역』 구절은 동인괘(同人卦, ䷌)의 밑에서 다섯 번째에 붙은 양효를 풀이한 것이다. 주공(周公)의 이 효사(爻辭)는 원래 다음과 같다.

나른 사람과 함께하면서 처음에 울부짖지만, 나중에는 웃으니, 큰 군사로 이겨야 서로 만난다.

이것만 봐서는 도무지 무슨 말인지 알 수가 없다. 이 효사를 풀어낸 것이 공자의 「소상전(小象傳)」이다. 공자가 『주역』을 일반 사람도 이해 가능한 텍스트로 바꾸었다는 평가를 받는 것도 대부분 바로 이 「소상전」을 지은 때문이다. 우선 공자가 이를 뭐라고 풀었는지를 보자.

> 다른 사람과 함께하면서 처음에 울부짖는 것은 마음속이 (둘 다) 곧기〔直〕 때문이요, 큰 군사로 이겨야 서로 만난다는 것은 결국에는 이길 수 있다는 말이다.

공자는 나중에는 웃게 되는 것에 대해서는 말하지 않고 '처음에 울부짖지만'을 콕 집어내 그 이유를 '마음속이 곧기〔直〕 때문'이라고 풀었다. 울부짖는 이유는 자신의 곧은 마음을 펼칠 수가 없어서 울부짖는 것이다. 자신은 아래에 있는 음효 육이(六二)와 호응 관계라 서로 뜻을 합치려 하는데, 둘 사이에 있는 두 양효 구삼(九三)과 구사(九四)가 가로막고 있어 억울하고 분해 울부짖는 것이다. 그러나 공자는 이런 곧은 마음만 간직한다면 결국은 그 뜻이 전달된다고 보았기에 오직 '처음에 울부짖지만'을 콕 집어내어 그 이유를 '마음속이 곧기〔直〕 때문'이라고 푼 것이다.

「소상전」의 뒷부분, 즉 "큰 군사로 이겨야 서로 만난다는 것은 결국에는 이길 수 있다는 말이다"라는 구절은 바로 구오와 육이를 가로막고 있는 구삼과 구사를 제거하려면 전력을 다해야 하며 그렇게만 한다면 결국은 이겨낼 수 있다는 뜻이다.

이제 대체적인 뜻을 알았을 것이다. 바른 도리〔正道〕를 지키며 함께하는 사람들은 그렇지 못한 자들에 의해 방해를 받게 되는 일들이 많지만, 그러나 그 도리를 끝까지 지키고 힘을 합쳐 싸운다면 반드시 이길 수 있으리라는 뜻이다.

그런데 군주 자리인 구오가 이런 상황에 처하게 된 것은 스스로가 불러온 것〔自招〕이다. 신하들에 대해 공적으로 대하지 않고 사사로이 친밀함을 보여서 특정 신하에게만 노골적이고 과도한 총애를 보일 경우, 그 신하보다 지위가 높은 신하들은 처음에는 그 신하만 미워하다가 끝내는 임금에 대한 충성심도 거둬들이게 된다. 따라서 구오가 육이를 친밀하게 하는 것 또한 도리에 따라야 한다. 그래야 군주도 거기서 큰 힘을 얻을 수 있게 된다. 공자가 「계사상전」 8장에서 특히 이 동인괘 구오를 언급한 것도 그 때문이다. 「계사상전」 8장의 전문을 읽어보자.

> 다른 사람과 함께하되[同人] 먼저는 울부짖다가 뒤에는 웃는다. 공자가 말하기를 "군자의 도리란 혹은 나아가고 혹은 머물러 있고 혹은 입을 다물고 혹은 말을 하는데, 두 사람이 마음을 같이하니 그 날카로움이 쇠를 자른다. 마음을 똑같이 하는 말은 그 향기가 난초와 같다"라고 했다.

여기서 '그 날카로움이 쇠를 자른다'라는 것은 임금과 신하가 도리로 마음을 합칠 경우 못할 일이 없다는 뜻이다. '그 향기가 난초와 같다'라는 것은 도리로 맺어진 임금과 신하가 하는 말은 맑고 그윽하기가 마치 난초와도 같아서 그 사이에 그릇된 도리에서 나온 말이 끼어들 여지가 없다는 뜻이다.

10-8

노자가 말했다.

"이익을 얻으려면 반드시 손해 되는 바를 깊이 생각하고, 성공을 즐기려면 반드시 실패할 것을 고려하라."

좋은 일을 하는 사람은 하늘이 복으로 갚아주고, 좋지 않은 일을 하는 사람은 하늘이 화로써 갚아준다. 그래서 (『노자』 58장에서) 말하기를 "재앙이여, 복이 그 안에 숨어 있고 복이여, 재앙이 그 안에 잠복해 있도다" 하고 했으니, 경계하고 조심해야 할 것이로다. 군자가 여기에 힘쓰지 않는다면 무엇으로 재앙에 대비할 것인가? 무릇 위로 하늘(의 도리)을 알면 때를 놓치지 않고 아래로 땅(의 도리)을 안다면 재물을 잃지 않으니, 밤낮으로 조심한다면 아무런 재해가 없으리라.

老子曰: '得其所利, 必慮其所害; 樂其所成, 必顧其所敗'. 人爲善者, 天報以福; 人爲不善者, 天報以禍也. 故曰: '禍兮福所倚, 福兮禍所伏', 戒之, 愼之! 君子不務, 何以備之? 夫上知天·則不失時; 下知地·則不失財, 日夜愼之, 則無害災.

10-8은 삼감과 조심을 깨뜨리는 적은 다름 아닌 이익을 바라는 마음이나 각종 욕심임을 말하고 있다. 즉 일을 이뤄주는 것은 삼감과 조심함이며, 일을 망치는 것은 이익을 바라는 마음이나 각종 욕심이다.

10-9

증자가 병이 들어 위독해지자 (아들) 증원(曾元)은 머리를 감싸 안았고 증화(曾華)는 다리를 안았다.

증자가 말했다.

"나는 안씨(顏氏-안회)와 같은 재주가 없으니 너희들에게 무엇을 말해주겠느냐!

비록 능력이 없더라도 군자는 힘씀을 더해야 한다. 무릇 꽃이 많이 피면 열매가 적게 열리는 것이 하늘의 법도이고, 말이 많으면 실행이 적은 것이 사람의 본모습이다. 무릇 날아다니는 새는 산을 낮다고 여겨 산꼭대기에 둥지를 틀고, 물고기와 자라는 연못이 얕다고 여겨 구멍을 뚫고 그 속에서 산다. 그러나 사람이 이것들을 잡을 수 있는 이유는 미끼 때문이다. 군자가 만일 능히 이익 때문에 자기 몸을 해치지 않는다면 치욕을 당할 일이 어디서 생겨나겠는가? 관리는 높은 자리에 올랐기에 게을러지고, 병은 조금 낫는 데서 더 심해지며, 재앙은 안이하고 나태한 데서 생겨나고, 효도는 처자식을 두면서 쇠퇴한다. 이 네 가지를 잘 살펴 그 끝을 조심해서, 마치기를 시작할 때처럼 삼가야 한다. 『시경』(「대아(大雅)·탕(蕩)」편)에 이르기를 '그 처음을 잘하지 못하는 자는 없지만, 능히 그 끝을 잘 마치는 이는 드물다'라고 했다."

曾子有疾, 曾元抱首, 曾華抱足. 曾子曰: '吾無顏氏之才, 何以告汝? 雖無能, 君子務益. 夫華多實少者, 天也; 言多行少者, 人也. 夫飛鳥以山爲卑, 而層巢其巔; 魚鱉以淵爲淺, 而穿穴其中; 然所以得者餌也. 君子苟能無以利害身, 則辱安從至乎? 官怠於宦成, 病加於少愈, 禍生於懈惰, 孝衰於妻子; 察此四者, 愼終如始. 詩曰: "靡不有初, 鮮克有終."'

10-9에서 안회를 언급했는데, 『논어』 「태백(泰伯)」편에는 이 점을 보다 구체적으로 보여주는 대목이 나온다.

증자가 말했다.
"능하면서 능하지 못한 이에게 묻고, 학식이 풍부하면서 적은 이에게 묻고, 있으면서 없는 듯이 하고, 꽉 차 있으면서 비어 있는 듯이 하며, 남에게 침범을 당해도 보복하지 않는 것(혹은 잘못을 범해도 따지지 않는 것)을 옛날에 나의 벗이 몸소 보여주었다."

증자가 말하는 벗은 안회다. 안회의 겸손한 처신을 압축해서 말해주고 있다. 또 군자가 힘씀에 더욱 공을 들여야 하는 이유를 보여주는 증자 말 하나가 더 있다.

증자는 말했다.
"선비는 도량이 넓고 뜻이 굳세지 않으면 안 되니, 맡은 바가 무겁고 가야 할 길이 멀기 때문이다. 인(仁)을 자신의 맡은 바로 삼으니, 또한 무겁지 않겠는가? (그 길은) 죽은 뒤에라야 끝나니, 또한 멀지 않겠는가?"

10-10

선쾌(單快)가 말했다.

"나라에 다섯 가지 차가운(-한심한) 일[五寒]이 있는데, 물이 얼어 붙는 것은 그중에 포함되지 않는다.

첫째는 정사를 외부 사람에게 맡기는 것이고, 둘째는 여자로 인한 어지러움이고, 셋째는 기밀을 누설하는 것이고, 넷째는 경사(卿士)를 공경하지 않아 나라가 패망하는 것이고, 다섯째는 나라 안을 제대로 다스리지도 못하면서 나라 밖에만 힘쓰는 것이다.

이 다섯 가지 중에서 하나라도 나타난다면 비록 제사를 지내더라도 복을 받지 못하고 화란을 제거하려 해도 반드시 이를 것이니, 설사 복이 이르더라도 (그것은 잠시) 빌린 것이다."

單快曰: '國有五寒, 而冰凍不與焉; 一曰政外, 二曰女厲, 三曰謀泄, 四曰不敬卿士而國家敗, 五曰不能治內而務外; 此五者一見, 雖祠無福, 除禍

必得, 致福則貸.'

10-10은 『논어』 「학이(學而)」편에 나오는 "경사이신(敬事而信)"에 대한 풀이다. 경(敬)에는 '마음가짐'으로서의 경과 '일을 행하는 자세'로서의 경이 있는데, 경사(敬事)는 후자다. 그래서 필자는 경우에 따라 경을 주도면밀(周到綿密)로 옮기기도 한다. 여기서 언급한 다섯 가지는 마음가짐과 일을 행하는 자세를 다 포함하고 있다.

여기서부터는 특히 임금의 삼감과 조심함이 나라의 존망을 결정하는 기틀임을 강조하고 있다. 즉 삼감과 조심함은 단순한 수양의 문제가 아니다.

10-11

공자가 말했다.

"존망과 화복은 모두 자기에게 달려 있을 뿐이니, 천재(天災)와 지요(地妖)도 바꿀 수 없다.

옛날에 은왕(殷王) 제신(帝辛) 시절에 참새가 성 모퉁이에서 까마귀를 낳았는데, 공인(工人)이 앞날을 예측해 말하기를 '무릇 작은 것이 큰 것을 낳았으니, 국가에 반드시 복이 있고 왕의 명성도 반드시 두 배로 높아질 것입니다'라고 했다. 제신은 참새가 가져온 상서로움을 기뻐해 국가를 다스리지 않고 흉포함을 자행하는 것이 끝이 없었으니, 마침내 외적이 쳐들어와서 드디어 은나라는 망하고 말았다. 이는 하늘의 때를 거슬러서 복이 도리어 화가 된 경우다.

은왕 무정(武丁) 시절에 선왕의 도리가 무너지고 형법이 느슨해지니 조정에서 뽕나무와 닥나무가 한 몸뚱이에서 자라나 7일 만에 한 아름이 되었는데, 공인이 앞날을 예측해 말하기를 '뽕나무와 닥나무는 들판에서 자라는 것인데, 들판에서 자라야 할 것이 조정에서 났으니 아마도 은나라가 망할 듯합니다'라고 했다. 무정이 두려워하며 몸을 편하게 두지 않고 행실을 닦으면서 선왕의 정치를 사모해, 멸망한 나라를 다시 세워주고 끊어진 왕조를 이어주며 내버려진 선비들을 들어 쓰고 노인을 봉양하는 도리를 밝히니, 3년이 지나자 먼 나라 임금들이 여러 차례 통역을 거쳐가면서 조회한 나라가 여섯 곳이었다. 이는 하늘의 때를 거슬러서 화가 도리어 복이 된 경우다.

그러므로 비록 요얼(妖孽-상서롭지 못한 일)이란 하늘이 천자와 제후에게 내리는 경계이고 악몽이란 사대부에게 내리는 경계라고 하지만, 요얼이 선정(善政)을 이길 수는 없고 악몽이 선행(善行)을 이길 수는 없다. 지극히 잘 다스려지는 정치는 화를 도리어 복이 되게 한다. 그래서 (『서경』「상서(商書)」) 「태갑(太甲)」편에 이르기를 '하늘이 내리는 요얼은 오히려 피할 수 있지만 스스로 지어낸 재앙은 면할 수 없다'라고 했다."

孔子曰: '存亡禍福, 皆在己而已, 天災地妖, 亦不能殺也. 昔者殷王帝辛之時, 爵生烏於城之隅, 工人占之曰: "凡小以生巨, 國家必祉, 王名必倍." 帝辛喜爵之德, 不治國家, 亢暴無極, 外寇乃至, 遂亡殷國, 此逆天之時, 詭福反爲禍至. 殷王武丁之時, 先王道缺, 刑法弛, 桑穀俱生於朝, 七月而大拱, 工人占之曰: "桑穀者, 野物也; 野物生於朝, 意朝亡乎!" 武丁恐駭, 側身修行, 思先王之政, 興滅國, 繼絕世, 擧逸民, 明養老之道; 三年之後, 遠方之君, 重譯而朝者六國, 此迎天之時得禍反爲福也. 故妖孽者, 天所以警天子諸侯也; 惡夢者, 所以警士大夫也. 故妖孽不勝善政, 惡夢不勝善行也; 至治之極, 禍反爲福. 故太甲曰: "天作孽, 猶可違; 自作孽, 不可逭."'

10-11은 삼가고 조심하는 것이 하늘과 땅이 내리는 재앙보다 우선함을 강조한 것이다. 이는 물론 임금에게 해당하는 말이다. "멸망한 나라를 다시 세워주고 끊어진 왕조를 이어주며 내버려진 선비들을 들어 쓰고"는 흔히 어진 정치(仁政)의 핵심 내용을 가리키는데, 『논어』「요왈(堯曰)」편에도 나온다. 주나라 초기의 선정을 말하면서다.

> 멸망한 나라를 다시 세워주고 끊어진 왕조를 이어주며 내버려진 선비들을 들어 쓰자 천하의 민심이 돌아왔다.

10-12

석수(石讎)가 말했다.

"『춘추』에는 소홀히 여기다가 족히 망한 자들이 있으니 나라의 임금이라면 조심하지 않으면 안 된다. 비첩이 하나가 아니면 족히 망할 수 있고, 왕족들이 서로를 제 몸처럼 여기지 않으면 족히 망할 수 있고, 대신이 신임받지 못하면 족히 망할 수 있고, 나라의 벼슬자리가 제대로 뛰어난 이들에게 쓰이지 않으면 족히 망할 수 있고, 곁에서 아첨하고 참소를 일삼는 신하들을 가까이하면 족히 망할 수 있고, 온갖 일을 하면서 때에 맞게 하지 않으면 족히 망할 수 있고, 백성을 부리면서 절도에 맞게 하지 않으면 족히 망할 수 있고, 형벌이 실상에 맞지 않으면 족히 망할 수 있고, 안으로 백성 마음을 잃으면 족히 망할 수 있고, 밖으로 큰 나라를 업신여기면 족히 망할 수 있다."

石讎曰: '春秋有忽然而足以亡者, 國君不可以不愼也! 妃妾不一, 足以亡; 公族不親, 足以亡; 大臣不任, 足以亡; 國爵不用, 足以亡; 親佞近讒,足以亡; 擧百事不時, 足以亡; 使民不節, 足以亡; 刑罰不中, 足以亡; 內失衆心, 足以亡; 外嫚大國, 足以亡.'

10-12는 모두 삼가지 않고 조심하지 않는 사례들이다.

10-13

무릇 복이란 스스로를 은밀하게 다잡는 데서[隱約] 생겨나고 화란 뜻을 얻어 득의양양하는 데서 생겨나니, 제나라 경공(頃公)이 이에 해당한다.

제나라 경공은 환공의 손자로 땅은 넓고 백성은 많으며 군대는 강하고 나라는 부유한 데다가 패자(霸者)의 여열(餘烈)이라서 존귀함을 인정받았다. 그러다 보니 교만하고 태만해 일찍이 제후들과의 회동에 기꺼이 나아가려 하지 않더니, 마침내 군대를 일으켜 노(魯)나라를 치고서 돌아가는 일에 신축(新築)에서 위(衛)나라 군대를 깨뜨렸다. 이는 작은 나라를 깔보고 큰 나라를 업신여기는 행위가 심한 것이었는데, 얼마 후에는 진(晉)나라와 노나라 사신이 가서 빙문했다가 사신이 희롱당했다. 두 나라가 노해 돌아가서 함께할 동맹국을 구한 끝에 위나라와 조(曹)나라를 얻고, 네 나라가 서로 도와 안(鞍)에서 싸우기로 기약해 제나라 군사를 크게 패배시켰으며 제나라 경공을 사로잡고 방추보(逢丑父)를 목 베었다. 이에 깜짝 놀라 크게 두려워했는데, (경공은) 방추보의 기만술에 힘입어서 도망쳐 달아나 돌아올 수 있었다. 죽은 자를 조문하고 병든 자를 위문하기를 7년 동안에 술을 끊고 고기를 입에 대지 않으며 각종 악기 소리를 외면하고 여색을 멀리했으며, 동맹에 나아가서는 제후들에게 자신을 낮추었다. 나라 안에서 마땅함을 행하고 명성이 제후들 사이에서 진동하니, 잃어버린 땅을 찾으려 하지 않았는데도 스스로 돌아왔고 존귀와 총애는 무력을 쓰지 않고서도 얻을 수 있었다. 이는 능히 몸을 굽혀 겸양으로써 변화를 이뤄낸 것이라고 할 수 있다.

그렇기 때문에 복이란 스스로를 은밀하게 다잡는 데서[隱約] 생겨나고 화란 뜻을 얻어 득의양양하는 데서 생겨난다고 했으니, 이것이 마음가짐에 따른 얻고 잃음의 효험이다.

夫福生於隱約, 而禍生於得意, 齊頃公是也. 齊頃公, 桓公之孫也, 地廣民衆, 兵強國富, 又得霸者之餘尊, 驕蹇怠傲, 未嘗肯出會同諸侯, 乃興師伐魯, 反敗衛師于新築, 輕小嫚大之行甚. 俄而晉魯往聘, 以使者戲, 二國怒, 歸求黨與, 得衛及曹, 四國相輔期戰於鞍, 大敗齊師, 獲齊頃公, 斬逢丑父. 於是 懼然大恐, 賴逢丑父之欺, 奔逃得歸. 弔死問疾七年, 不飮酒, 不食肉, 外金石絲竹之聲, 遠婦女之色, 出會與盟, 卑下諸侯. 國家內得行義, 聲問震乎諸侯, 所亡之地弗求而自爲來, 尊寵不武而得之, 可謂能詘免變化以致之. 故福生於隱約, 而禍生於得意, 此得失之效也.

10-13의 사례는 앞서 10-11에서 "존망과 화복은 모두 자기에게 달려 있을 뿐"이라는 공자 말의 효험이라 하겠다.

10-14

큰 공로를 세우는 효험은 뛰어난 이를 쓰고 도리를 쌓는 데 달려 있으니 그렇게 함으로써 점점 공로가 드러나고 밝아지며, 쇠퇴하고 멸망하는 잘못은 뜻을 이룬 뒤 태만해지는 데 달려 있으니 그렇게 함으로써 점점 교만해지고 망해간다. 진(晉)나라 문공(文公)이 그 징험이다.

진문공은 나라 밖으로 달아났지만, 도리를 닦는 데 조금도 게을리하지 않았기에 (다시) 나라를 향유하는 데까지 이를 수 있었다. 나라를 향유했을 때 위로는 눈 밝은 천자가 없고 아래로는 뛰어난 방백(方伯-제후 중에서 힘 있는 제후)이 없어서 강한 초나라가 회맹을 주도하고 제후들은 천자를 배반하니, 천자는 도리를 잃어 정(鄭)나라에 나가서 살았다. 문공이 이에 중국(中國-천자의 나라)이 쇠퇴함을 안타깝게 여겨서 구범(咎犯)·선진(先軫)·양처보(陽處父)에게 정치를 맡기고 백성을 길러주며 병사들을 훈련시켰다. 4년이 지나 나라 안 정치가 안정되자 군사를 일으켜서 위(衛)나라를 치고 조나라 임금을 사로잡았으며 돌아와서는 강한 초나라를 꺾었으니, 위세가 천하를 진동케 했다. 왕법(王法-천자의 법)을 밝혀 제후들을 거느리고 천자를 조현하니 감히 누구도 따르지 않는 자가 없었으며, 이에 천하가 널리 평정되고 주나라 왕실이 존귀하게 드러날 수 있었다. 그러므로 말하기를, 큰 공로를 세우는 효험은 뛰어난 이를 쓰고 도리를 쌓는 데 달려 있고, 그렇게 하면 점점 공로가 드러나고 밝아진다고 한 것이다. 문공은 이에 패공(霸功)을 세워 뜻을 이루었으나 탕왕이나 무왕처럼 되려는 마음이 생기자 백성의 일을 잊어버리게 되어, 1년에 세 번이나 군사를 출동시키고도 휴식을 취하게 하지 않았다. 드디어 진격해서 (작은) 허(許)나라를 포위했지만, 병사들이 극도로 피폐해진 까닭에 제대로 굴복시키지도 못한 채 제후들과의 연합을 풀고 그냥 돌아오니, 이때부터 정사를 게을리하고 적천(狄泉)의 회맹에는 직접 가지도 않음으로써 신뢰가 허물어져서 마치 수리할 수 없는 그물과도 같은 꼴이 되었다. 위세와 무력이 꺾이어 신임을 잃게 되자 제후들은 조현하지 않았고 정나라는 드디어 배반했으며 오랑캐들이 내침해 오니, 위(衛)나라는 상구(商丘)로 천도했다.

그러므로 말하기를, 쇠퇴하고 멸망하는 잘못은 뜻을 이룬 뒤 태만해지는 데 달려 있으니 그렇게 함으로써 점점 교만해지고 망해간다.

大功之效, 在於用賢積道, 浸章浸明; 衰滅之過, 在於得意而怠, 浸蹇浸亡, 晉文公是其效也. 晉文公出亡, 修道不休, 得至于饗國. 饗國之時, 上無明天子; 下無賢方伯, 強楚主會, 諸侯背畔, 天子失道, 出居于鄭. 文公於是憫中國之微, 任咎犯·先軫·陽處父, 畜愛百姓, 厲養戎士, 四年政治內定, 則舉兵而伐衛, 執曹伯, 還敗強楚, 威震天下, 明王法率諸侯而朝天子; 莫敢不聽, 天下曠然平定, 周室尊顯. 故曰, 大功之效, 在於用賢積道, 浸章浸明. 文公於是霸功立, 期至意得湯武之心, 作而忘其衆, 一年三用師, 且弗休息. 遂進而圍許, 兵亟弊不能服, 罷諸侯而歸, 自此而怠政事, 爲狄泉之盟, 不親至, 信衰誼缺, 如羅不補. 威武詘折不信, 則諸侯不朝, 鄭遂叛, 夷狄內侵, 衛遷於商丘. 故曰: 衰滅之過, 在於得意而怠, 浸蹇浸亡.

10-14는 10-13의 반대 사례라 할 것이다. 좋았다가 나빠진 경우다.

10-15

전자방(田子方)이 위(魏)나라 문후(文侯)를 모시고 앉아 있을 때 태자 격(擊)이 종종걸음으로 들어와 뵙자 빈객과 여러 신하가 모두 일어났는데, 전자방 홀로 일어나지 않으니 문후가 불쾌한 얼굴빛을 했고 태자 또한 마찬가지였다. 전자방이 이에 말했다.

"태자를 위해 혹시 일어나야 합니까? (그런데) 사리에는 맞지 않으니 어떻게 할까요? 태자를 위해 일어나지 않아도 될까요? (그런데) 죄가 되지도 않는데 어떻게 할까요? 태자를 위해 초나라 공왕(恭王)이 태자로 있을 때의 일을 읊기를 청합니다. 장차 운몽택(雲夢澤)에 가려고 하다가 대부 공윤(工尹-초나라의 벼슬로, 공조판서에 해당)을 만났는데, 공윤이 마침 남의 집 문안으로 달려가 피하자 태자가 수레에서 내려 그 집 안으로 따라 들어가서 물었습니다.

'그대는 대부이면서 어찌 이렇게 하는 것입니까? 내가 듣건대 그 아버지를 존경하는 사람은 그 아들까지 겸해서 존경하지는 않는다고 했습니다. 그 아들까지 겸해서 존경하면 상서롭지 못함이 이보다 클 수가 없습니다. 그런데 그대는 대부이면서 어찌 이렇게 하는 것입니까?'

공윤이 말했습니다.

'그동안은 멀리서 태자의 외모만 바라보았는데, 지금부터는 태자의 마음을 기억하겠습니다.'

이 이야기를 잘 살펴보십시오. 태자께서는 장차 어떻게 하시겠습니까?"

문후가 말했다.

"좋은 말이오."

태자 격이 앞으로 나아가 공왕의 이야기를 읊고, 다시 세 번 외우면서 익히겠다고 청했다.

田子方侍魏文侯坐, 太子擊趨而入見, 賓客群臣皆起, 田子方獨不起, 文侯有不說之色, 太子亦然. 田子方稱曰: '爲子起歟? 無如禮何! 不爲子起歟? 無如罪何! 請爲子誦楚恭王之爲太子也. 將出之雲夢, 遇大夫工尹, 工尹遂趨避家人之門中, 太子下車從之家人之門中曰: "子大夫何爲其若是? 吾聞之, 敬其父者不兼其子, 兼其子者不祥莫大焉, 子大夫何爲其若是?" 工尹曰: "向吾望見子之面, 今而後記子之心." 審如此, 汝將何之?' 文侯曰: '善.' 太子擊前誦恭王之言, 誦三遍而請習之.

10-16

(공자의 제자) 자공(子贛 또는 子貢)이 징(承) 땅에 가다가 길거리에서 해진 두건으로 얼굴을 가린 채 상복을 입고 있는 사람을 보았는데, 그의 이름은 주작(舟綽)이었다.

자공이 물었다.

"여기서 징까지는 거리가 얼마입니까?"

입을 다물고 대답하지 않았다. 자공이 말했다.

"사람이 자기에게 묻는데도 응답을 하지 않으니, 무슨 까닭입니까?"

두건으로 얼굴을 더 가리면서 말했다.

"멀리서 바라보면서 남을 업신여기는 것이 어진 일입니까? 가까이 와서 보고도 사람을 알아보지 못하는 것이 사리를 아는 것입니까? 사람을 가벼이 여기고 모독하는 것이 마땅함입니까?"

자공이 수레에서 내려 말했다.

"제가 어질지 못해서 잘못 물었으니, (지금 하신) 세 가지 말씀을 다시 들어볼 수 있겠습니까?"

말했다.

"이걸로 그대에게는 충분하니 나는 더는 고해주지 않겠습니다."

이때부터 자공은 함께 오는 세 사람을 만나면 가로막대를 잡아 예를 표했고, 다섯 사람을 만나면 수레에서 내려 예를 표했다.

子贛之承或, 在塗見道側巾幣布擁蒙而衣衰, 其名曰舟綽. 子贛問焉, 曰: '此至承幾何?' 嘿然不對. 子贛曰: '人問乎己而不應, 何也?' 屏其擁蒙而言曰: '望而黷人者, 仁乎? 睹而不識者, 智乎? 輕侮人者, 義乎?' 子贛下車曰: '賜不仁, 過問, 三言可復聞乎?' 曰: '是足於子矣, 吾不告子.' 於是 子贛三偶則式, 五偶則下.

10-16은 자공이 삼가지 못해[不敬] 상복 입은 사람에 대해 예를 잃어버린 일을 지적하고 있다.

10-17

손숙오(孫叔敖)가 초나라 영윤(令尹-재상)이 되자 온 나라 관리와 백성이 와서 축하했는데, 한 노인이 거친 베옷을 입고 흰 관을 쓰고 뒤늦게 와서 슬퍼했다. 손숙오가 의관을 바로 하고 나가서 만나보고는 노인에게 말했다.

"초나라 임금께서 신이 불초함을 알아보지 못하고 신에게 관리와 백성을 다스리는 책임을 맡기시자 사람들이 모두 와서 축하를 하는데, 그대만이 홀로 뒤늦게 와서 슬퍼하니 무슨 이유가 있는 것이오?"

노인이 말했다.

"그럴 이유가 있습니다. 몸이 이미 귀하게 되었다고 해서 남들에게 교만을 부리게 되면 백성은 떠나갑니다. 지위가 이미 높아졌다고 해서 권세를 제 마음대로 하게 되면 임금이 미워합니다. 녹봉이 이미 두터워졌는데도 만족할 줄 모르면 환난이 찾아옵니다."

손숙오가 두 번 절하고 말했다.

"삼가 가르침을 받겠으니, 바라건대 나머지 가르침을 들려주시오."

노인이 말했다.

"지위가 이미 높아졌으면 뜻을 더욱 낮게 해야 하고, 벼슬이 더욱 커졌으면 마음을 더욱 작게 해야 하며, 녹봉이 이미 두터워졌으면 조심하면서 함부로 재물을 취하지 말아야 합니다. 주군께서 이 세 가지를 삼가며 지키신다면 초나라는 잘 다스려질 수 있을 것입니다."

孫叔敖爲楚令尹, 一國吏民皆來賀, 有一老父衣麤衣, 冠白冠, 後來弔. 孫叔敖正衣冠而出見之, 謂老父曰: '楚王不知臣不肖, 使臣受吏民之垢, 人盡來賀, 子獨後來弔, 豈有說乎?' 父曰: '有說, 身已貴而驕人者民去之; 位已高而擅權者君惡之, 祿已厚而不知足者患處之.' 孫叔敖再拜曰: '敬受命, 願聞餘教.' 父曰: '位已高而意益下, 官益大而心益小, 祿已厚而愼不敢取. 君謹守此三者足以治楚矣.'

10-17에서 노인의 마지막 말은 경(敬)이라는 추상적 개념을 구체적으로 풀어낸 것이다.

10-18

위(魏)나라 안희왕(安釐王) 13년에 진(秦)나라 소왕(昭王)이 좌우 신하들에게 일러 말했다.

"오늘날 한(韓)나라 · 위나라 · 진나라 중에서 누가 가장 강한가?"

내납해 말했다.

"진나라만큼 강한 나라는 없습니다."

왕이 말했다.

"오늘날 여이(如耳) · 위제(魏齊) · 맹상군(孟嘗君) · 망묘(芒卯) 중에서 누가 가장 뛰어난가?"

대답해 말했다.

"맹상군과 망묘가 가장 뛰어납니다."

왕이 말했다.

"맹상군과 망묘의 뛰어남을 갖고서 강한 한나라와 위나라의 군대를 이끌고 진나라를 공격한다고 해도 오히려 과인을 어쩌지 못할 터인데, 지금 무능한 여이와 위제를 갖고서 약한 한나라와 위나라의 군대를 이끌고 진나라를 공격한다고 하니, 이에 과인을 어쩌지 못할 것은 실로 분명하도다.!"

좌우 신하들이 모두 그렇다고 했으나, 신기(申旗)라는 신하가 거문고 위에 엎어져 대답해 말했다.

"왕께서 천하를 파악하심이 지나칩니다. 진(晉)나라를 육경(六卿)이 다스리던 당시에는 지씨(智氏)가 가장 강성해서 범씨(范氏)와 중항씨(中行氏)를 멸망시켰습니다. (그는) 또한 한씨(韓氏)와 위씨(魏氏)의 군대를 이끌고 진양(晉陽)에서 조양자(趙襄子)를 포위했는데, 진수(晉水)를 터서 진양의 성들을 물에 잠기게 하니 물이 차지 않은 곳은 삼판(三板) 정도였습니다. 지백(智伯)이 물가를 순시할 때 위선자(魏宣子)가 수레를 몰고 한강자(韓康子)가 참승(驂乘)이 되어 시위했는데, 이때 지백이 말했습니다.

'나는 처음에는 물이 남의 나라를 망하게 할 수 있다는 것을 몰랐는데, 마침내 지금 그것을 알았다. 분수(汾水)는 안읍(安邑)을 물에 잠기게 할 수 있고 강수(絳水)는 평양(平陽)을 물에 잠기게 할 수 있구나.'

위선자가 한강자에게 팔꿈치로 툭 치자, 강자가 위선자의 발을 꾹 밟아 알았다는 뜻을 표했습니다. 수레 위에서 이처럼 팔꿈치와 발로써 접촉하게 되더니, 지씨는 땅이 분할되고 몸이 죽었으며 나라는 망해서 천하의 웃음거리가 되었습니다. 지금 비록 진나라가 강하기는 하지만 지씨보다는 낫지 못하고, 한나라와 위나라가 비록 약하다고는 하지만 오히려 진양성 아래에 있을 때보다는 낫습니다. 이때가 바로 팔꿈치와 발로써 만날 때이니, 바라건대 왕께서는 반드시 쉽게 여겨서는 안 될 것입니다."

이에 진왕이 두려워했다.

魏安釐王十一年, 秦昭王謂左右曰: '今時韓魏與秦孰強?' 對曰: '不如秦強.' 王曰: '今時如耳魏齊與孟嘗芒卯孰賢?' 對曰: '不如孟嘗芒卯之賢.' 王曰: '以孟嘗芒卯之賢, 率強韓魏以攻秦, 猶無奈寡人何也? 今以無能如耳魏齊而率弱韓魏以伐秦, 其無奈寡人何, 亦明矣!' 左右皆曰然, 申旗伏瑟而對曰: '王之料天下過矣. 當六晉之時, 智氏最強, 滅范中行氏, 又率韓魏之兵以圍趙襄子於晉陽, 決晉水以灌晉陽之城, 不滿者三板. 智伯行水, 魏宣子御, 韓康子爲驂乘, 智伯曰: "吾始不知水可以亡人國也, 乃今知之; 汾水可以灌安邑, 絳水可以灌平陽." 魏宣子肘韓康子, 康子履魏宣子之足, 肘足接於車上, 而智氏分, 身死國亡, 爲天下笑. 今秦雖強不過智氏, 韓魏雖弱, 尙賢其在晉陽之下也, 此方其用肘足之時, 願王之必勿易也.' 於是 秦王恐.

10-18은 오만해지려는 진왕을 신기라는 신하가 적절한 사례로 경계시킨 경우다.

10-19

위(魏)나라 공자 모(牟)가 동쪽으로 행차하려 하니, 양후(穰侯)가 그를 전송하며 말했다.

"선생께서는 장차 이 위염(魏冉)을 떠나 산동으로 가려 하시면서 유독 한 말씀도 가르침을 주지 않으시는 것입니까?"

위공자 모가 말했다.

"군께서 말씀하지 않으셨다면 저는 군께 해드릴 말을 잊을 뻔했습니다.

무릇 높은 벼슬은 권세를 기약하지 않더라도 권세가 저절로 찾아오고, 권세는 부유함을 기약하지 않더라도 부유함이 저절로 찾아오고, 부유함은 존귀함을 기약하지 않더라도 존귀함이 저절로 찾아오고, 존귀함은 교만함을 기약하지 않더라도 교만함이 저절로 찾아오고, 교만함은 죄를 기약하지 않더라도 죄가 저절로 찾아오고, 죄는 죽음을 기약하지 않더라도 죽음이 저절로 찾아오는데, 군께서는 이를 알고 계신지요?"

양후가 말했다.

"좋은 말씀입니다. 삼가 밝은 가르침을 받들겠습니다."

魏公子牟東行, 穰侯送之曰: '先生將去冉之山東矣, 獨無一言以教冉乎?' 魏公子牟曰: '微君言之, 牟幾忘語君. 君知夫官不與勢期, 而勢自至乎? 勢不與富期, 而富自至乎? 富不與貴期, 而貴自至乎? 貴不與驕期, 而驕自至乎? 驕不與罪期, 而罪自至乎? 罪不與死期, 而死自至乎?' 穰侯曰: '善, 敬受明教.'

10-19는 삼감을 해치는 욕망의 뿌리를 연쇄적으로 잘 풀어내 보여주고 있다.

위공자 모의 말은 유가보다는 노장풍이다.

10-20

도리와 다움이 높고 지위가 존귀할수록 남에게 교만해서는 안 되고, 귀 밝고 눈 밝고 빼어나고 지혜로울수록 남을 궁하게 해서는 안 되며, 자질이 민첩하고 빠를수록 남보다 앞서서는 안 되고, 굳세고 반듯하고 용맹할수록 남을 이기려 해서는 안 된다. 모르면 묻고 능하지 못하면 배워야 한다. 설사 지혜롭더라도 반드시 질문한 뒤에 분변해야 하며, 설사 능하더라도 반드시 양보한 뒤에 그 일을 해야 한다. 그래서 선비는 설사 귀 밝고 눈 밝고 빼어나고 지혜롭다 하더라도 어리석음으로써 자기를 지키고, 공로가 천하를 덮는다고 하더라도 양보로써 자기를 지키며, 용력이 세상을 뛰어넘는다 하더라도 두려워하는 마음으로써 자기를 지키고, 부가 천하를 소유한다 하더라도 청렴함으로써 자기를 지킨다. 이것이 이른바 지위가 높아도 위태롭지 않고 가득 차도 넘치지 않는 방법이다.

高上尊貴, 無以驕人; 聰明聖智, 無以窮人; 資給疾速, 無以先人; 剛毅勇猛, 無以勝人. 不知則問, 不能則學. 雖智必質, 然後辯之; 雖能必讓, 然後爲之. 故士雖聰明聖智, 自守以愚; 功被天下, 自守以讓; 勇力距世, 自守以怯; 富有天下, 自守以廉. 此所謂高而不危, 滿而不溢者也.

10-20은 모두 문질빈빈(文質彬彬)한 모습을 표현한 것이다. 다음은 『논어』「옹야(雍也)」편에 나오는 공자의 말이다.

공자가 말했다.
"바탕이 꾸밈을 이기면 거칠고 꾸밈이 바탕을 이기면 번지레하니, 바탕과 꾸밈이 잘 어우러진〔文質彬彬〕 뒤에야 군자가 될 수 있다."

10-21

제나라 환공이 대신들을 위해 술자리를 베풀기로 하고 정오에 모이기로 약속했다. 관중(管仲)이 늦게 도착하자 관중으로 하여금 큰 술잔을 들어 벌주를 마시게 했는데, 관중이 반은 마시고 반은 버렸다. 환공이 말했다.

“약속 시간에 늦게 도착해서 벌주를 마시다가 반을 버렸으니, 예(禮)에 있어서 어떠하오?”

관중이 대답해 말했다.

“신이 듣건대, 술이 들어가면 많은 말이 나오게 되고, 많은 말이 나오면 말실수를 하게 되며, 말실수를 하면 몸을 버리게 된다고 했습니다. 신의 생각으로는 몸을 버리느니 술을 버리는 것이 낫다고 여겼습니다.”

환공이 웃으며 말했다.

“중보(仲父)께서는 일어나 자기 자리로 가시오.”

齊桓公爲大臣具酒, 期以日中, 管仲後至, 桓公擧觴以飮之, 管仲半棄酒. 桓公曰: ‘期而後至, 飮而棄酒, 於禮可乎?’ 管仲對曰: ‘臣聞酒入舌出, 舌出者言失, 言失者身棄, 臣計棄身不如棄酒.’ 桓公笑曰: ‘仲父起就坐.’

10-21은 몸가짐을 삼가는 것의 중요성을 일깨워주는 짧은 일화다.

10-22

초나라 공왕이 진(晉)나라 여공(厲公)과 언릉(鄢陵)에서 전투를 할 때 사마자반(司馬子反)이 목이 말라 마실 것을 찾았는데, 어린 환관 곡양(穀陽)이 술을 가져다 올리자 자반이 말했다.

"물려라, 술이구나."

곡양이 말했다.

"술이 아닙니다."

자반이 또 말했다.

"물려라. 술이다."

곡양이 또 말했다.

"술이 아닙니다."

자반이 받아 마시고는 취해서 잠이 들었다. 공왕이 다시 싸우고자 사람을 시켜서 자반을 불렀으나, 자반은 심질이 있다고 핑계를 댔다. 이에 공왕이 수레를 몰고 막사에 들어갔다가 술 냄새를 맡고서는 말했다.

"금일의 전쟁에서 불곡(不穀-임금의 겸칭)은 몸소 부상을 당했다. 믿고 의지하는 사람이 사마인데 이처럼 취해버렸으니, 이는 내 나라를 잊고 내 군사를 돌보지 않는 것이다. 나는 더는 싸울 수 없도다!"

이에 마침내 자반을 주살하고 군사를 돌렸다. 무릇 곡양이 술을 올린 것은 자반을 질투해서가 아니라 충성과 사랑을 보인 것이지만, 마침내 그를 죽게 했다. 그래서 이런 말이 있다.

"작은 충성은 큰 충성을 해치고, 작은 이익은 큰 이익을 손상시킨다."

楚恭王與晉厲公戰於鄢陵之時, 司馬子反渴而求飮, 豎穀陽持酒而進之. 子反曰: '退, 酒也.' 穀陽曰: '非酒也.' 子反又曰: '退, 酒也.' 穀陽又曰: '非酒也.' 子反受而飮之, 醉而寢. 恭王欲復戰, 使人召子反, 子反辭以心疾. 於是 恭王駕往入幄, 聞酒臭曰: '今日之戰, 不穀親傷, 所恃者司馬,司馬至醉如此. 是亡吾國而不恤吾衆也, 吾無以復戰矣!' 於是 乃誅子反以爲戮, 還師. 夫穀陽之進酒也, 非以妒子反忠, 愛之而適足以殺之. 故曰: '小忠, 大忠之賊也; 小利, 大利之殘也.'

10-22는 아울러 작은 어짊(小仁)과 큰 어짊(大仁)에 대해서도 짚어보게 만든다. 『논어』「헌문(憲問)」편이다.

자공이 말했다.
"관중을 어진 사람이라고 할 수는 없을 것입니다. 환공이 공자 규를 죽였는데도 기꺼이 따라 죽지 못했고, 또 환공을 돕기까지 했습니다."
공자가 말했다.
"관중이 환공을 도와 제후의 패자가 되게 해서, 한 번 천하를 바로잡아 백성이 지금까지 그 혜택을 받고 있다. 관중이 없었다면 우리는 머리를 헤쳐 풀고 옷깃을 왼편으로 하는 오랑캐가 되었을 것이다. 필부필부들은 작은 신의(諒=小信)를 지키기 위해서 스스로 목매 죽어 시신들이 도랑에 뒹굴어 다닐 정도로 넘쳐나도 사람들이 알아주는 바가 없으니, 어찌 이와 같이 하겠는가?"

10-23

전쟁을 좋아하는 신하는 (사전에) 잘 살피지 않으면 안 된다. 작은 치욕을 부끄러워해서 큰 원망을 품으며, 작은 이익을 탐해서 많은 군사를 잃는다. 『춘추』에서 이를 경계했으니, 진(晉)나라 선진(先軫)이 이런 사람이다.

선진이 공로를 세워 이름을 얻기 위해서 진(秦)나라가 (진(晉)나라에) 길을 빌려달라고 하지 않았다는 이유로 그 군대를 공격할 것을 청하니, (진(晉)나라) 양공(襄公)이 말했다.

"불가하다. 무릇 진나라 임금과 우리 선군께서는 결맹을 한 적이 있었다. 그런데 선군이 돌아가시자마자 군대를 일으켜 저들을 친다면 이는 내가 우리 선군을 저버리는 것이니, 이웃 나라와의 친교를 망쳐 효자의 도리를 잃는 것이다."

선진이 말했다.

"선군이 돌아가셨는데도 조문과 부의를 하지 않았으니, 이는 우리의 상사를 슬퍼하지 않는 것입니다. 또 군대를 일으켜 우리 땅을 지나가면서도 길을 빌려달라고 말하지 않았으니, 이는 우리 새 임금을 약하게 여긴 것입니다. 선군의 영구가 아직도 빈소에 있는데도 우리 상사를 슬퍼하기는커녕 군대를 일으켰습니다."

점을 쳤더니 "대국의 군대가 장차 이르게 될 것이니 공격할 것을 청하노라"라고 나왔다. 그리하여 선진의 말에 따라 군대를 일으켜서, 효산(殽山)에서 기다렸다가 쳐서 말 1필, 수레 1대도 도망치지 못하게 했다. (그러나) 이로 인해 진(秦)나라와 큰 원한을 맺어 재앙의 싹을 심게 되었으니, (결국) 칼날이 부딪혀 피가 흐르더니 시체가 엎어지고 해골이 들판에 나뒹굴며 국가는 큰 타격을 입었다. 10여 년 만에 많은 군사를 잃게 되었고, 재앙이 대부들에게까지 미쳤으며, 근심은 후세에까지 드리워졌다. 그래서 전쟁을 좋아하는 신하는 잘 살피지 않으면 안 된다고 한 것이다.

好戰之臣, 不可不察也! 羞小恥以構大怨, 貪小利以亡大衆, 春秋有其戒, 晉先軫是也. 先軫欲要功獲名, 則以秦不假道之故, 請要秦師, 襄公曰: '不可. 夫秦伯與吾先君有結, 先君一日薨而興師擊之, 是孤之負吾先君, 敗鄰國之交而失孝子之行也.' 先軫曰: '先君薨而不弔贈, 是無哀吾喪也; 興師徑吾地而不假道, 是弱吾孤也; 且柩畢尙薄屋, 無哀吾喪也, 興師.' 卜曰: '大國師將至, 請擊之.' 則聽先軫興兵要之殽, 擊之, 匹馬隻輪無脫者, 大結怨構禍於秦; 接刃流血, 伏尸暴骸, 糜爛國家. 十有餘年, 卒喪其師衆, 禍及大夫, 憂累後世. 故好戰之臣, 不可不察也!

10-24

노(魯)나라 애공(哀公)이 공자에게 물었다.

"내가 듣건대 건망증이 심한 자는 이사를 가면서도 그 아내를 잊어버린다는데, 그런 일이 있소?"

공자가 대답해 말했다.

"이는 건망증이 그다지 심한 것이 아닙니다. 건망증이 심하면 자기 몸도 잊어버립니다."

애공이 말했다.

"그런 사례를 들어볼 수 있겠소?"

대답해 말했다.

"옛날에 하나라 걸왕이 존귀함으로는 천자이고 부유함으로는 천하를 소유하고서도 (선조인) 우왕의 도리를 닦지 않고 법도를 무너뜨리더니, 선대의 제사를 끊고 황음에 절어 여색과 음악을 즐기며 술에 깊이 빠졌습니다. 그 신하 중에 좌사(左師)인 촉룡(觸龍)이란 자가 있어 아첨을 그치지 않았습니다. 탕왕이 걸왕을 죽일 때 좌사 촉룡도 몸이 죽어 사지가 한 무덤에 묻히지 못했으니, 이것이 바로 그 몸을 잊은 자입니다."

애공이 근심스러운 표정으로 바뀌더니 말했다.

"좋은 말이오."

魯哀公問孔子曰: '予聞忘之甚者, 徙而忘其妻, 有諸乎?' 孔子對曰: '此非忘之甚者也, 忘之甚者忘其身.' 哀公曰: '可得聞與?' 對曰: '昔夏桀貴爲天子, 富有天下, 不修禹之道, 毁壞辟法, 裂絕世祀, 荒淫于樂, 沈酗于酒, 其臣有左師觸龍者, 謟諛不止. 湯誅桀, 左師觸龍者, 身死, 四支不同壇而居, 此忘其身者也.' 哀公愀然變色曰: '善!'

10-24는 애공이 욕심에 빠져서 삼가고 조심할 줄 모르는 인물임을 은연중에 드러내고 있다. 『논어』「안연(顔淵)」편에 나오는 일화도 애공이 어떤 인물인지를 잘 보여준다.

애공이 유약에게 물었다.
"올해는 기근으로 인해 나라의 재용이 부족하니, 어떻게 하면 좋겠는가?"
유약이 말했다.
"어찌 철법을 쓰지 않습니까?"
이에 애공이 말했다.
"(지금 거두고 있는) 10분의 2도 내 오히려 부족한데 어떻게 철법을 쓸 수 있겠는가?"
그러자 유약은 이렇게 답했다.
"백성의 양식이 족하면 군주가 누구와 더불어 부족할 것이며, 백성의 양식이 부족하면 군주가 누구와 더불어 족하겠습니까?"

10-25

공자가 주(周)나라 도성에 가서 태묘(太廟)를 구경할 때 오른쪽 계단 앞에 동상이 있었는데, 그 입은 세 겹으로 꿰매져 있었고 그 등에는 다음과 같은 글이 새겨져 있었다.

'옛날에 말을 조심해서 했던 사람이니, 경계하고 또 경계할지어다.

말을 많이 하지 말라! 말을 많이 하면 실패가 많다.

일을 많이 벌이지 말라! 일을 많이 벌이면 근심이 많다.

안락함을 반드시 경계하고 뉘우칠 일을 하지 말라!

무엇이 해롭겠냐고 말하지 말라! 그 재앙이 장차 자라날 것이다.

무엇이 해롭겠냐고 말하지 말라! 그 재앙이 장차 커질 것이다.

무엇이 해롭겠냐고 말하지 말라! 그 재앙이 장차 불타오를 것이다.

아무도 듣지 않는다고 말하지 말라! 하늘이 요얼로써 사람들을 들여다보고 있다.

미미하게 불타기 시작할 때 끄지 않으면 활활 타오를 때는 어떻게 할 것인가?

졸졸 흐를 때 막지 않으면 장차 큰 강물이 되고, 겨우 이어진 실을 끊지 않으면 장차 그물이 되며, 막 싹터 오를 때 베지 않으면 장차 도끼로 끊어내야 한다.

진실로 능히 조심하지 않으면 재앙의 근원이 된다.

말은 무엇을 해치는가? 재앙이 들어오는 문이다.

강하고 사나운 자는 제 명에 죽지 못하고,

남을 이기기를 좋아하는 사람은 반드시 적수를 만나게 된다.

도둑은 주인을 원망하고 백성은 귀한 사람을 해친다.

군자는 천하를 다 덮을 수 없음을 알아서,

뒤로 물러나고 몸을 낮춰 사람들이 자기를 흠모하게 만든다.

유순함을 지키고 겸손함을 간직해서 자기와 다툴 만한 사람이 없게 만든다.

사람들이 모두 저쪽으로 달려가더라도 나 홀로 이곳을 지키고,

많은 사람이 미혹되어 따르더라도 나 홀로 옮겨가지 않는다.

마음속에 나의 지혜를 저장해두고 남들과 기예를 다투지 않으며, 내가 비록 존귀하고 높다 하더라도 남들이 나를 해치지 않게 한다.

무릇 장강과 황하가 모든 계곡의 우두머리가 된 것은 낮은 곳에 있기 때문이다.

하늘의 도리는 따로 편애함이 없어 늘 좋은 사람을 도우니 경계하고 또 경계할지어다.'

공자가 제자들을 돌아보면서 말했다.

"기억해두어라. 이 말이 비록 속되기는 하지만 일의 실상에 부합한다. 『시경』(「소아(小雅)·소민(小旻)」편)에 이르기를 '전전긍긍해, 마치 깊은 연못가에 있는 듯이 하고 얇은 얼음을 밟는 듯이 하라'라고 했으니, 몸가짐을 이처럼 한다면 어찌 말로 인한 재앙을 만나겠는가?"

孔子之周, 觀於太廟 右陛之前, 有金人焉, 三緘其口而銘其背曰: '古之愼言人也, 戒之哉! 戒之哉! 無多言, 多口多敗; 無多事, 多事多患. 安樂必戒, 無行所悔. 勿謂何傷, 其禍將長; 勿謂何害, 其禍將大; 勿謂何殘, 其禍將然; 勿謂莫聞, 天妖伺人; 熒熒不滅, 炎炎奈何; 涓涓不壅, 將成江河; 綿綿不絕, 將成網羅; 靑靑不伐, 將尋斧柯. 誠不能愼之, 禍之根也; 口是何傷? 禍之門也. 強梁者不得其死, 好勝者必遇其敵. 盜怨主人, 民害其貴. 君子知天下之不可蓋也, 故後之下之, 使人慕之; 執雌持下, 莫能與之爭者. 人皆趨彼, 我獨守此; 衆人惑惑, 我獨不徙; 內藏我知, 不與人論技; 我雖尊高, 人莫害我. 夫江河長百谷者, 以其卑下也; 天道無親, 常與善人; 戒之哉! 戒之哉!' 孔子顧謂弟子曰: '記之, 此言雖鄙, 而中事情. 詩曰: "戰戰兢兢, 如臨深淵, 如履薄冰", 行身如此, 豈以口遇禍哉!'

이 10-25의 내용을 함축하는 대화가 『논어』「위정(爲政)」편에 나온다.

자장이 벼슬자리를 구하는 법을 배우고 싶다고 하자 공자가 말했다. "많이 듣고서 그중에 의심나는 것은 제쳐놓고 그 나머지 것들에 대해서만 신중하게 이야기한다면 허물이 적을 것이요, 많이 보고서 그중에 위태로운 것은 제쳐놓고 그 나머지를 신중하게 행한다면 후회가 적을 것이니, 말에 허물이 적고 행실에 후회할 일이 적으면 벼슬자리는 저절로 따라오게 될 것이다."

10-26

노나라 소공(昭公)이 나라를 버리고 제나라로 달아났는데, 제나라 후가 말했다.

"군은 나이도 어린데 어찌 이렇게 일찍 나라를 버린 것이오?"

노나라 소공이 말했다.

"신이 처음에 태자가 되었을 때 사람들이 신에게 간언을 많이 했으나 신은 듣기만 하고 쓰지 않았으며, 많은 사람이 신을 사랑했으나 신은 그들을 사랑하기만 하고 가까이하지 않았습니다. 그 결과 안으로는 제대로 듣지를 못하고 밖으로는 보좌를 받지 못했습니다. 이는 마치 가을 쑥이 뿌리는 망가진 채 가지와 잎만 아름다운 것과 같아서, 가을바람이 한 번 불어오기만 하면 뿌리가 장차 뽑히는 것이라 하겠습니다."

魯昭公棄國而走齊, 齊侯曰: '君何年之少而棄國之蚤?' 魯昭公曰: '臣始爲太子之時, 人多諫臣, 臣受而不用也; 人多愛臣, 臣愛而不近也, 是則內無聞而外無輔也. 是猶秋蓬, 惡於根本而美於枝葉, 秋風一起, 根且拔也.'

10-26은 권9의 주제인 간언의 문제와도 연결된다. 임금이 겸손할 때라야 간언을 들어 쓰고 신하와 백성을 제대로 가까이할 수 있다.

10-27

공자가 놀러 나갔다가 도중에 곡하는 소리를 들었는데, 그 소리가 매우 슬펐다. 공자가 말했다.

"빨리 몰아라! 빨리 몰아라! 앞에 특이한 사람의 소리가 있구나."

조금 나아가서 보니 구오자(丘吾子)였는데, 낫을 끼고 새끼를 허리에 둘러찬 채 곡을 하고 있었다. 공자가 수레에서 내려 물었다.

"그대는 상을 당한 것도 아닌데 어찌 이리 슬프게 곡을 하는가?"

구오자가 대답해 말했다.

"저는 세 가지 잘못이 있습니다."

공자가 말했다.

"그 세 가지를 들어보고 싶구나!"

구오자가 말했다.

"저는 어려서 배우고 묻기를 좋아해서 천하를 두루 돌아다녔는데, 돌아온 후에 (곧장) 부모가 돌아가셨으니 첫 번째 잘못입니다. 제가 섬긴 임금이 사치스럽고 교만한 탓에 간언을 제대로 행하지 못했으니 두 번째 잘못입니다. 벗들과 두텁게 사귀다가 절교했으니 세 번째 잘못입니다. 나무는 조용히 있고 싶으나 바람이 흔들어놓고, 자식은 부모를 잘 봉양하고 싶으나 기다려주지를 않습니다. 일단 가면 오지 않는 것이 나이이고, 두 번 다시 뵐 수 없는 것이 부모입니다. 청컨대 이 때문에 세상을 하직하겠습니다."

그러고는 스스로 목을 찔러 자살했다.

공자가 말했다.

"제자들아 기억해두어라. 이는 충분히 경계로 삼을 만한 일이다."

이에 제자 중에서 집으로 돌아가 부모를 봉양한 이가 13명이었다.

孔子行遊中路聞哭者聲, 其音甚悲. 孔子曰: '驅之! 驅之! 前有異人音.' 少進, 見之, 丘吾子也, 擁鎌帶索而哭. 孔子辟車而下, 問曰: '夫子非有喪也? 何哭之悲也.' 丘吾子對曰: '吾有三失.' 孔子曰: '願聞三失.' 丘吾子曰: '吾少好學問, 周遍天下, 還後吾親亡, 一失也. 事君奢驕, 諫不遂, 是二失也. 厚交友而後絕, 三失也. 樹欲靜乎風不定, 子欲養吾親不待; 往而不來者, 年也, 不可得再見者, 親也. 請從此辭.' 則自刎而死. 孔子曰: '弟子記之, 此足以爲戒也.' 於是 弟子歸養親者十三人.

10-27은 자식은 자식답고(子子) 신하는 신하답고(臣臣) 벗은 벗다워야 하는데(友友) 그러지 못했음을 스스로의 허물로 삼은 것이다.

10-28

공자가 시를 평론하다가 (『시경』 「소아(小雅)」) 「정월(正月)」편 제6장에 이르러 깜짝 놀라면서 말했다.

"때를 만나지 못한 군자는 어찌 위태롭지 않겠는가? 임금을 따르고 세상에 의지하면 도리를 내팽개치게 되고, 임금을 거스르고 세속을 떠나면 몸이 위태로워진다. 세상 사람들이 함께 선한 일을 하지 않는데 자기 혼자 선한 일을 하면 (그들은) 요망하다거나 아니면 상서롭지 못한 사람이라고 말한다. 이 때문에 걸왕은 관룡봉(關龍逢)을 죽였고 주왕은 왕자 비간(比干)을 죽였다. 그래서 뛰어난 이가 때를 만나지 못했을 경우에는 언제나 제대로 잘 마치지 못하면 어떡하나를 걱정하는 것이다. 『시경』(「소아·정월」편)에 이르기를 '하늘이 높지만, 감히 굽히지 않을 수 없고, 땅이 두텁지만, 감히 조심해서 걷지 않을 수 없다'라고 한 것은 이를 말한 것이다."

孔子論詩至於正月之六章, 戄然曰: '不逢時之君子, 豈不殆哉? 從上依世則廢道, 違上離俗則危身. 世不與善, 己獨由之, 則曰非妖則孽也. 是以桀殺關龍逢, 紂殺王子比干. 故賢者不遇時, 常恐不終焉. 詩曰: "謂天蓋高, 不敢不跼; 謂地蓋厚, 不敢不蹐", 此之謂也.'

10-29

공자가 그물로 참새 잡는 사람을 만났는데, 그가 잡은 것은 모두 (아직 자라지 못한) 부리가 노란 것들이었다.

공자가 말했다.

"노란 부리의 새끼 참새만 다 잡고 큰 참새만 잡지 않은 것은 어째서인가?"

그 사람이 대답해 말했다.

"부리가 노란 새끼 참새도 큰 참새를 따라다니면 잡을 수 없고, 큰 참새도 부리가 노란 새끼 참새를 따라다니면 잡을 수 있습니다."

공자가 제자들을 돌아보며 말했다.

"군자는 그 따라다닐 사람을 신중히 해야 하니, 따라다니기에 적합한 사람을 얻지 못하면 그물에 걸리는 환난이 있을 것이다."

孔子見羅者, 其所得者皆黃口也. 孔子曰: '黃口盡得, 大爵獨不得, 何也?' 羅者對曰: '黃口從大爵者不得, 大爵從黃口者可得.' 孔子顧謂弟子曰: '君子愼所從, 不得其人則有羅網之患.'

10-29를 간결하게 나타낸 표현이 『논어』「학이(學而)」편에 나온다.

유자(有子)가 말했다.
"개인적 차원의 약속이 (공적인 차원의) 마땅함에 가까울 경우 약속했을 때의 말은 이행될 수 있고, 공손한 태도가 사리에 가까울 경우 치욕을 당할 일은 멀어진다. 그리하면서도 그 주변 친지를 잃지 않고 있다면 그 사람은 종주(宗主)나 주인으로 삼을 만하다."

10-30

몸을 닦고 행실을 바로 하려면 조심하지 않으면 안 된다. 기호와 욕망은 행실을 무너뜨리고, 속이고 아첨하는 것은 바른 마음을 어지럽히며, 많은 사람의 말은 뜻을 꺾어놓는다. 우환은 소홀히 하는 데서 생겨나고 재앙은 세미한 데서 일어난다. 더럽혀진 명예는 씻어내기 어렵고 실패한 일은 만회할 수 없다. 깊이 생각하고 멀리 고려하지 않으면 뒤에 뉘우칠 일이 얼마나 많겠는가?

무릇 요행이란 본성을 베는 도끼이고, 기호와 욕망은 재앙을 쫓아가는 말이며, 속이고 아첨하는 것은 곤궁과 치욕의 집이고, 다른 사람에게 포학한 짓을 하는 것은 재앙을 향해 달려가는 길이다. 그러므로 말하기를, 요행을 버리고 충과 신에 힘쓰며 기호와 욕망을 절제하고 다른 사람에게 포학한 짓을 하지 않으면 군자라고 칭해져서 명성을 항상 보존할 수 있다.

修身正行, 不可以不愼, 嗜欲使行虧, 讒諛亂正心, 衆口使意回, 憂患生於所忽, 禍起於細微, 汙辱難湔灑, 敗事不可後追, 不深念遠慮, 後悔當幾何? 夫儌幸者, 伐性之斧也; 嗜欲者, 逐禍之馬也; 謾諛者, 窮辱之舍也; 取虐於人者, 趨禍之路也, 故曰去儌幸, 務忠信, 節嗜欲, 無取虐於人, 則稱爲君子, 名聲常存.

10-31

원망은 보답하지 않는 데서 생겨나고, 재앙은 복을 많이 누리는 데서 생겨나며, 안전과 위험은 자기가 어떻게 하느냐에 달려 있고, 곤경을 당하지 않는 것은 일찍부터 미리 대비함에 있으며, 존망은 사람을 얻는 데 달려 있다. 끝마침을 신중히 하기를 시작할 때처럼 하면 마침내 능히 장구할 수 있으니, 이 다섯 가지를 능히 행한다면 몸을 온전히 할 수 있다.

자기가 바라지 않는 일은 남에게도 가해서는 안 된다는 것, 이것이 바로 요체가 되는 도리다.

怨生於不報, 禍生於多福, 安危存於自處, 不困在於蚤豫, 存亡在於得人, 愼終如始, 乃能長久. 能行此五者, 可以全身. 己所不欲勿施於人, 是謂要道也.

10-31의 "기소불욕 물시어인(己所不欲勿施於人)"은 『논어』 「위령공(衛靈公)」편에도 나오는 말이다. 그것은 바로 서(恕)이며 인(仁)의 본바탕이다.

자공이 "평생토록 마음속에 간직하고 행할 만한 한마디 말씀이 있습니까"라고 묻자 공자가 말했다.

"그것은 서(恕)다. 자기가 바라지 않는 일은 남에게도 가하지 않는 것〔己所不欲勿施於人〕이다."

10-32

안회(顔回)가 장차 서쪽으로 유람을 가고자 하면서 공자에게 물었다.

"무엇으로 몸을 다스려야 합니까?"

공자가 말했다.

"공손·삼감·충직·신의라면 몸을 다스릴 수 있을 것이다. 공손하면 무리로부터 비난을 면할 수 있고, 삼가면 사람들이 사랑하게 되고, 충직하면 사람들이 함께할 것이며, 신의가 있으면 사람들이 믿고 의지한다. 사람들이 사랑하고 함께하며 믿고 의지하면 반드시 환난을 면할 것이다. 이렇게 하면 국가도 다스릴 수 있는데 어찌 하물며 몸을 다스림에랴! 그러므로 친밀해야 할 사람과 친하지 않고 소원해야 할 사람과 친하다면 이런 도리에서 실로 멀어지지 않겠는가? 마음을 닦지 않고 겉만 닦는다면 실로 거꾸로 되지 않겠는가? 일이 생겨나기 전에 미리 사려하지 않고 일에 임해서야 마침내 모의한다면 실로 늦지 않겠는가?"

顔回將西遊, 問於孔子曰: '何以爲身?' 孔子曰: '恭敬忠信, 可以爲身. 恭則免於衆, 敬則人愛之, 忠則人與之, 信則人恃之. 人所愛, 人所與, 人所恃, 必免於患矣. 可以臨國家, 何況於身乎? 故不比數而比疏, 不亦遠乎? 不修中而修外, 不亦反乎? 不先慮事, 臨難乃謀, 不亦晚乎?'

10-32는 『논어』「양화(陽貨)」편에 나오는 다음 구절과 상호 보완을 이룬다.

자장이 공자에게 어짊(仁)에 관해 물었다.

이에 공자가 말했다.

"다섯 가지를 천하에 능히 행한다면 인을 행한다(혹은 어진 이가 된다)고 할 수 있다."

이에 자장이 그것이 무엇인지를 묻자 공자는 이렇게 말했다.

"공손함(恭), 너그러움(寬), 믿음(信), 주도면밀함(敏), 은혜로움(惠)이다. 공손하면 남들로부터 업신여김을 당하지 않고, 너그러우면 뭇사람들을 얻게 되고, 믿음을 주면 사람들이 따르고, 주도면밀하면 공로가 있게 되고, 은혜로우면 충분히 사람을 부릴 수 있다."

10-33

모름지기 자기 몸을 잘 닦으려면 반드시 다섯 가지 근본을 조심해서 시행해야 한다. 첫째는 부드러움으로써 어질게 할 것, 둘째는 열렬함으로써 믿음직스럽게 할 것, 셋째는 부귀하다고 해서 감히 다른 사람에게 교만하지 말 것, 넷째는 공손함으로써 삼갈 것, 다섯째는 너그러움으로써 고요할 것이다. 이 다섯 가지를 잘 생각해서 일을 해간다면 흉한 명을 만나지 않을 것이다.

능력 있는 사람을 쓰고 삼가는 자세로 일을 하며, 그렇게 함으로써 하늘의 때에 순응하면 흉한 명은 이르지 않고 재앙은 찾아오지 않는다.

남을 공경하는 것은 남을 공경하는 것이 아니라 자신을 공경하는 것이며, 남을 귀하게 대하는 것은 남을 귀하게 여기는 것이 아니라 자기를 귀하게 여기는 것이다.

옛날에 나는 일찍이 하늘에서 쇠와 돌과 피가 내리는 것을 본 적이 있고, 달 4개와 태양 10개가 나란히 나타나 하늘과 더불어 날씨가 혼란해지는 것을 본 적이 있고, 나는 일찍이 높은 산이 무너지고 깊은 골짜기가 메워지며 큰 도읍의 왕궁이 파괴되고 큰 나라가 멸망하는 것을 본 적이 있고, 나는 일찍이 높은 산이 쪼개지고 깊은 못의 모래가 다 사라지며 귀한 사람이 거열형(車裂刑)을 당하는 것을 본 적이 있고, 나는 일찍이 빽빽한 숲의 나무가 다 없어지고 평원이 계곡이 되며 군자가 마부가 되는 것을 본 적이 있고, 나는 일찍이 큰 강이 말라 구덩이가 되고 한겨울에 느릅나무와 뽕나무 잎을 따고 한여름에 눈과 서리가 내리며 천승의 제후와 만승의 천자가 죽어서 장례도 치르지 못하는 것을 본 적이 있다.

이 때문에 군자는 삼감으로써 그 이름을 이루고 소인은 삼감으로써 형벌에서 벗어날 수 있으니, 어찌 경계해 이 다섯 가지 근본을 조심해서 시행하지 않을 수 있겠는가!

凡司其身, 必慎五本: 一曰柔以仁, 二曰誠以信, 三曰富而貴毋敢以驕人, 四曰恭以敬, 五曰寬以靜. 思此五者, 則無凶命, 用能治敬, 以助天時, 凶命不至, 而禍不來. 敬人者, 非敬人也, 自敬也. 貴人者, 非貴人也, 自貴也. 昔者吾嘗見天雨金石與血; 吾嘗見四月十日並出, 有與天滑; 吾嘗見高山之崩, 深谷之窒, 大都王宮之破, 大國之滅; 吾嘗見高山之爲裂, 深淵之沙竭, 貴人之車裂; 吾嘗見稠林之無木, 平原爲谿谷, 君子爲御僕; 吾嘗見江河乾爲坑, 正冬采榆桑, 仲夏雨雪霜, 千乘之君, 萬乘之主, 死而不葬. 是故 君子敬以成其名, 小人敬以除其刑, 奈何無戒而不慎五本哉!

10-34

노나라에 공손한 선비가 있었으니 이름은 기범(機氾)이다. 공손한 행실을 보인 것이 70년이었는데도 그는 공손함을 더욱 더해갔으니, 겨울에는 음지로 다니고 여름에는 양지로 다녔으며 시장을 담당하는 관리를 보게 되면 감히 찾아가 예를 행하지 않은 적이 없었다. 길을 갈 때는 반드시 남의 뒤를 따라갔고, 앉을 때는 반드시 무릎을 꿇고 앉았으며, 한 번 식사할 때도 세 번이나 일어났고, 거친 옷을 입은 선비를 보면 그를 향해 예를 표했다.

노나라 임금이 그에게 물었다.

"그대는 나이가 많으니 이제 그런 공손함에서 벗어나도 되지 않겠는가?"

기범이 대답해 말했다.

"군자는 공손함을 좋아해 그 이름을 이루고, 소인은 공손함을 배워 형벌에서 벗어날 수 있다고 했습니다. 임금과 마주해서 앉으면 어찌 편안하지 않겠습니까마는, 오히려 발을 헛디디는 일이 있을 수 있습니다. 한 식탁에서 먹는 음식이 어찌 맛있지 않겠습니까마는, 오히려 목이 멜 수가 있습니다. 지금 저와 같은 사람을 두고 행복한 사람이라고 하지만, 실은 아직 반드시 그렇다고 자신할 수 없습니다. 홍곡(鴻鵠)이 저 하늘로 날아오르면 어찌 높지 않겠습니까마는 주살[矰繳=弋箭]은 오히려 쏘아 맞힐 수 있고, 호랑이나 표범이 사납지마는 사람들은 오히려 그 고기를 먹고 그 가죽을 깔고 앉습니다. 남을 칭찬하는 사람은 적고 남을 미워하는 사람은 많습니다. 공손한 행실로 살아온 것이 70년이지만 늘 도끼형이 저에게 가해질까 두려운데, 어찌 공손함에서 벗어날 수 있겠습니까?"

魯有恭士, 名曰機氾, 行年七十, 其恭益甚, 冬日行陰, 夏日行陽, 市次不敢不行參, 行必隨, 坐必危, 一食之間, 三起, 見衣裘褐之士則爲之禮. 魯君問曰: '機子年甚長矣, 不可釋恭乎?' 機氾對曰: '君子好恭以成其名, 小人學恭以除其刑. 對君之坐, 豈不安哉? 尙有差跌; 一食之上, 豈不美哉? 尙有哽噎. 今若氾所謂幸者也, 固未能自必. 鴻鵠飛沖天, 豈不高哉? 矰繳尙得而加之; 虎豹爲猛, 人尙食其肉, 席其皮. 譽人者少, 惡人者多, 行年七十, 常恐斧質之加於氾者, 何釋恭爲?'

10-35

성회(成回)라는 사람이 자로에게 3년을 배웠는데, 회가 남을 공경함이 (지극하기) 그지없었다. 자로가 그 까닭이 무엇이냐고 물으니 회가 대답해 말했다.

"신이 듣건대, 일을 행하는 사람[行者]은 새와 같아서 위로는 솔개와 새매를 두려워해야 하고 아래로는 새그물을 두려워해야 한다고 했습니다.

무릇 사람 중에는 좋은 일을 하는 사람이 적고 중상모략이나 참소를 행하는 사람은 많습니다. 몸이 계속 살아 있는 한 이런 재앙이나 벌이 저에게 가해지지 않는다고 어찌 알 수 있겠습니까? 이렇게 살아온 것이 70년이지만, 일을 행하고 예절을 지키는 데 허물어짐이 있을까 늘 두렵습니다. 저는 이 때문에 공손함과 삼감으로써 큰 명을 기다리는 것입니다."

자로가 머리를 숙이며 말했다.

"군자로다."

成回學於子路三年, 回恭敬不已. 子路問其故何也? 回對曰: '臣聞之, 行者比於鳥, 上畏鷹鸇, 下畏網羅. 夫人爲善者少, 爲讒者多, 若身不死, 安知禍罪不施. 行年七十, 常恐行節之虧. 回是以恭敬待大命.' 子路稽首曰: '君子哉!'

10-35는 10-34와 거의 같은 내용으로, 제10권의 결론 역할을 하고 있다.

KI신서 10599
이한우의 설원(상)
유향 찬집 완역 해설

1판 1쇄 인쇄 2022년 12월 15일
1판 1쇄 발행 2023년 1월 2일

지은이 이한우
펴낸이 김영곤
펴낸곳 (주)북이십일 21세기북스

인문기획팀장 양으녕 **인문기획팀** 이지연 최유진 정민기
디자인 푸른나무디자인
출판마케팅영업본부장 민안기
마케팅1팀 배상현 한경화 김신우 강효원
영업팀 최명열 김다운
e-커머스팀 장철용 권채영
제작팀 이영민 권경민

출판등록 2000년 5월 6일 제406-2003-061호
주소 (10881) 경기도 파주시 회동길 201(문발동)
대표전화 031-955-2100 **팩스** 031-955-2151 **이메일** book21@book21.co.kr

ISBN 978-89-509-9141-8 04100
978-89-509-9140-1 04100 (세트)

함께 읽으면 좋은 21세기북스의 책

이한우의 설원 전 2권

유향 찬집 완역 해설 상·하

말의 정원에서 만난 논어의 본질
새로운 설원 읽기: 유향식 논어 풀이

이한우의 태종 이방원 전 2권

태종풍太宗風 탐구 상·하

태종 이방원의
지공至公한 삶에 대한 첫 총체적 탐구

이한우의 태종실록 전 19권

재위 1년~재위 18년·별책

새로운 해석, 예리한 통찰!
5년에 걸쳐 완성한 『태종실록』 완역본

이한우의 주역 전 3권

입문·상경·하경

시대를 초월한 리더십 교과서이자
세종과 정조를 길러낸 제왕들의 필독서

완역 한서 전 10권

본기·표·지(1~2권)·열전(1~6권)

유방의 건국부터 왕망의 찬탈까지 전한의 역사를 담은
2천 년 동아시아 지식인의 필독서